国家社科基金
重大项目成果

国家出版基金项目
NATIONAL PUBLICATION FOUNDATION

对外汉语教学语法丛书

◎总主编 齐沪扬

近20年
汉语作为第二语言语法习得研究
语　法（上）

范伟 ◎主编 ｜ 曹春静 李虹 ◎编著

北京语言大学出版社
BEIJING LANGUAGE AND CULTURE
UNIVERSITY PRESS

© 2023 北京语言大学出版社，社图号 22144

图书在版编目（CIP）数据

近20年汉语作为第二语言语法习得研究．语法．上 ／
范伟主编 ；曹春静，李虹编著．－－ 北京 ：北京语言大
学出版社，2023.1
（对外汉语教学语法丛书 ／ 齐沪扬总主编）
ISBN 978-7-5619-6200-8

Ⅰ．①近… Ⅱ．①范… ②曹… ③李… Ⅲ．①汉语－
语法－对外汉语教学－教学研究 Ⅳ．①H195.3

中国版本图书馆 CIP 数据核字 (2022) 第 226064 号

近 20 年汉语作为第二语言语法习得研究·语法（上）

JIN 20 NIAN HANYU ZUOWEI DI-ER YUYAN YUFA XIDE YANJIU·YUFA (SHANG)

排版制作：	北京光大印艺文化发展有限公司
责任印制：	周 燚

出版发行：	北京语言大学出版社
社　　址：	北京市海淀区学院路 15 号，100083
网　　址：	www.blcup.com
电子信箱：	service@blcup.com
电　　话：	编 辑 部　8610-82303647/3592/3395
	国内发行　8610-82303650/3591/3648
	海外发行　8610-82303365/3080/3668
	北语书店　8610-82303653
	网购咨询　8610-82303908
印　　刷：	北京联兴盛业印刷股份有限公司

版　　次： 2023 年 1 月第 1 版		**印　　次：** 2023 年 1 月第 1 次印刷	
开　　本： 787 毫米 × 1092 毫米　1/16		**印　　张：** 25	
字　　数： 415 千字			
定　　价： 98.00 元			

总　序

　　摆在读者面前的，是国家社科基金重大项目"对外汉语教学语法大纲研制和教学参考语法书系（多卷本）"（17ZDA307）的所有成果。这些成果包括大纲系列 4 册、书系系列 26 册、综述系列 8 册，以及选取研究过程中发表的一部分优秀学术论文集辑而成的论文集 1 册，共计 39 本著作，约 700 万字。这个项目的研制，历时 5 年有余，参加的研究人员多达 50 余人，来自全国和海外近 30 所高校。

　　2017 年 11 月，全国哲学社会科学工作办公室正式公布"2017 年度国家社科基金重大项目立项通知书"。2018 年 4 月 14 日，国家社科基金重大项目"对外汉语教学语法大纲研制和教学参考语法书系（多卷本）"的开题报告会举行。2019年 8 月，2017 年度国家社科基金重大项目中期检查评估报告提交，并将于 2023 年 1月召开课题结项鉴定会。

　　根据专家组意见，特别是专家组组长赵金铭教授两次谈话的意见，按照全国哲学社会科学工作办公室立项通知书上的要求，本项研究牢固树立问题意识、创新意识和精品意识，立足学术前沿，体现有限目标，突出研究重点，注重研究方法，符合学术规范。项目的执行情况、所解决的问题和最终成果如下：

　　大纲、书系和综述是主要的研究成果。三类不同的成果面对的读者是不一样的：大纲是给教师教学与科研使用的，同时也顾及学习汉语、研究汉语的一些国际学生；书系主要是给在一线教学的对外汉语教师看的，以解决这些教师在教学过程中的实际问题为目的；综述是对大纲和书系的补充，主要面向对外汉语教师、汉语国际教育专业研究生和本科生，以及需要进一步了解、研究相关领域的群体，为这些人继续研究相关问题提供材料和方法。三种不同的读者群体决定了三类成果的不同写法。

1.　大纲研制

大纲研制的最终成果是两套大纲：分级大纲（初级大纲和中级大纲）和分类大纲（书面语大纲和口语大纲），共 4 册。语法大纲不局限于语法知识本身，而是以学习者语言能力的培养为目标。凡是能促进学习者语言能力的语法项目都应析出为大纲的项目。语法项目的编排依据的是语法形式，使用条件式来描述细目的功能。使用条件式有利于促进语法知识转化为语言能力。

分级大纲中语法项目的等级不宜简单理解为语言本身的难度区分，更应理解为习得过程性的内在要求。以促进学习者生成语言能力为目标，支持学习者语言能力生成的语法项目都应列目，项目编排以语法结构为基础，细目的描写以促进语言能力生成为重。大纲体现习得的过程性，总体上为螺旋形呈现。

目前对外汉语教学和科研依据的都是通用语体的语法大纲，至今尚没有分语体的大纲问世，这种状况显然与发展迅速的第二语言教学事业是相悖的。书面语语法大纲和口语语法大纲的研制，填补了大纲研究的空白，在今后的教学指导、教材编撰、汉语水平测试等方面，都能发挥很大的作用。

2.　书系研发

我们在全国范围内分三批次遴选和推荐了撰稿人，这些撰稿人都有长期从事对外汉语教学的经历，且本人都是语法专业背景出身。从目前情况看，学术界和教学界都需要这一类书，这套书也具有填补空白的作用。而且，这套书是开放性的，条件成熟了可以再继续做下去，达到 30 本到 50 本的规模，甚至再多一些，都是可能的。

书系的特点是：以"语法项目"作为书名，不求体系完整，成熟一本撰写一本；专业性不能太强，要考虑到书系的读者需求，他们阅读这本书的目的是为了解决教学上的问题，除了必要的理论阐述和说明之外，要尽量早一点儿切入到教学上去；提出的问题要切合教学实际，60～80 个问题，其实就是这本书的目录，有人来查，很快就能对症下药，找到自己想要的东西；提的问题要有针对性，要有实用性，针对学生的水平等级，围绕这个语法项目，把教学上可能遇到的问题按等级排序。总之，这是一套深入浅出的普及性的小册子，一定会受到广大对外汉语教师的欢迎。

3. 综述编著

按照标书要求，阶段性成果包括两套综述汇编。编著这两套综述汇编，首先是项目研制的需要，是和大纲研制、书系研发互相支撑、互相配合的；其次是近20年的综述汇编，学术界和出版界均尚无成果问世，很多研究者迫切需要这方面的资料；最后是这套综述汇编的写法与其他综述成果不同，两套综述不仅仅是"资料汇编"，里面更有很多作者的评议和引导，是"编著"类的"综述"，这类"综述"其实是不多的。这样的写法比目前在做的或者已经出版的"综述"要科学得多，实用得多。

综述分为两套：《近20年对外汉语语法教学研究》和《近20年汉语作为第二语言语法习得研究》。综述的主要读者应该是研究者，是关心该领域的研究者，作者收集的材料要尽可能齐全，作者所做的分析要有依据，作者做出的解释要能让研究者信服。两套综述都能做到对相关问题做出梳理，述评结合，突出评价的学术性、原创性和实用性，力图使读者对相关论题有一个全面的认识和深刻的思考，并为进一步的研究提供方向。

对上述这些成果的介绍只能点到为止，事实上，具体到每一本著述，都是有必要重点介绍的。好在每套书都另有主编，请读者自行阅读每套书的主编写的"序"吧。我这里还想向读者介绍的是这些著述的作者们，没有他们，这些成果难以问世。

本项课题涉及面广，研究人员多，在最初填写招标书时我们已经意识到了："本项研究工程浩大，……大纲和书系非一校之力可完成，将集中全国不同高校共同承担。"本课题前后参加研究的人员有50多人，分布在全国及海外近30所高校。如何将这些研究人员组织起来，集思广益，凝神聚力？课题组在"集全国高校之力"上，下了大力气。

原先设想由某个高校具体负责某块项目研究，但该想法在实际操作中遇到了问题。开题报告会后，课题组调整后的组织方式体现出优势来。四个研发小组的组长取代了原来子课题负责人的职位和功能，优势体现在：他们面对的是具体的项目，而不是具体的研究人员；他们针对项目选取研究人员，而不是为已有的研究人员配备研究内容；他们可以从全国高校选择自己相中的研究人员，而不需采取先满足校内再满足校外的程序和方式。人尽其才，物尽其用，效率提高，质量保证，自然是意料之中的结果。例如，书系组的 20 多位作者来自 15 所高校，综述组的作者来自 12 所高校。这是第一个方面。

第二个方面，就是充分利用会议的机会，将会议定位于有目标的会议、有任务的会议，让会议开出成效来。自课题立项之后，围绕着课题的研究进展，课题组已经开过多次会议。一是一年一度的"教学语法学术讨论会"，课题组所有人员都参加，至今已经开过多届：淮北（2017）、扬州（2018）、南宁（2019）、黄山（2020）等等。二是一年多次的课题专项讨论会，有需要就开。如在杭州就分别开过综述组、数据平台组、书系组的专项讨论会；在南京、上海都开过大纲组的专项讨论会；2020 年 7 月，在腾讯会议上开过两次大纲组的专项讨论会；等等。这些会议目标明确，交流便捷，解决问题能力强，时间跨度短，是联络不同高校研究人员的好方式。

这套书的所有主编和作者都十分尽力。对外汉语教师的工作量很大，大多数人都有每周 10 节以上的课时量；况且，大多数人的手上还有自己的科研项目要做，还有自己指导的研究生的论文要看，还有各自的不同研究论文要写。种种忙碌和辛苦之中，要挤出这么多时间和精力，去从事另外一块研究任务，还是高标准、有要求、无报酬的研究任务，如果没有一种对对外汉语教师这个职业的由衷热爱，没有一种为对外汉语教学事业做点儿贡献的精神支撑，他们是断然不可能接受这样的研究任务的，更何况有些作者接受了两项不同的研究任务，研究强度和研究压力可想而知。因此可以这么说，这些成果渗透着作者们的辛劳，饱含着作者们的心血，每一本都是"呕心之作"，这样的赞誉是得当的。

北京语言大学出版社是这个项目的合作者和推动者。项目立项不久，出版社和课题组就有过接触。出版社前后两任社长和总编辑都向课题组表过态，希望这个课题的所有成果能在北京语言大学出版社出版，出版社愿意为课题的宣传、推广、出版尽责任，做贡献。2020 年 1 月，课题组和出版社有过进一步的密切联系，敲定了详细的合作计划。2022 年 3 月，出版社申报的"对外汉语教学语法丛书"成功入选 2022 年度国家出版基金资助项目。这些成果的出版，没有出版社的支持是做不到的。

再次感谢在漫长的研究过程中给予我们支持、帮助的所有老师和朋友。

再为这套综述写上几句。教学语法需要的不仅是描写的语法，更是讲条件的语法。编著综述的主要目的就是入选的内容要能契合教师的需要，要能解决教学中的实际问题。这套综述以本体研究的已有成果为引领，以指导教学实际应用为目标，在语言表达方面，尽量不使用过于专业的术语和概念，而用浅显的表述和直观的分析去解释所论述的问题；综述的切入点与已有的相关论文和专著有所不同，是系统地从语法教学和习得角度入手，以展示问题为主，评述相间，重在评论。可以这么说，综述追求的是"好用、管用"的编撰目的，是为了方便读者"看得懂、记得住"，从而具有"用得上"的实际效果。

还有一点值得称道的是，综述的作者们在漫长的编著过程中，始终坚持服务目标人群的"问题解决"的研究方向。综述是对大纲和书系的补充，主要面向对外汉语教师、汉语国际教育专业研究生和本科生，以及需要进一步了解、研究相关领域的群体。对目标人群具有了深刻理解后，研究者在发现问题、解决问题时就能做到有的放矢。两套综述都已提交出版社，责编们的反馈中有一条是"小结、评述部分较为恰切"，这些部分恰是这两套综述的点睛之处，也是作者们在实践"问题解决"过程中的着力处，值得读者细心品读。

谨以此作为总序。

齐沪扬

初稿于 2020 年 7 月

二稿于 2022 年 5 月

序

　　《近20年汉语作为第二语言语法习得研究》是国家社科基金重大项目"对外汉语教学语法大纲研制和教学参考语法书系（多卷本）"（17ZDA307）的中期成果之一，旨在对近20年（2000—2019）①汉语二语语法习得研究的成果进行较为全面、科学的总结和评述，为读者了解新时期汉语二语习得在理论综合性研究、语法项目习得研究、词汇习得研究方面的内容、特点、不足和发展前景提供参考。

　　汉语作为第二语言的习得研究始于20世纪80年代，至今已走过约40年的发展历程。从时间轴上来看，这40年正好可以世纪之交为界，划分为前后两个20年。前20年，汉语二语习得研究处于与汉语二语教学相融并开始独立发展且取得初步繁荣的阶段。国外的二语习得研究产生于外语教学，汉语二语的习得研究也发端于对外汉语教学理论体系的逐步建立。从第一本对外汉语专业学术刊物《语言教学与研究》中"汉语作为外语教学"和"汉语作为第二语言教学"两个概念的提出（李英哲，1980②；王靖宇，1980③），到吕必松先生（1982④、1983⑤）对"习得—学习""二语—外语"等相关概念的区分和论述，汉语二语习得最早作为影响和决定汉语二语教学特点的因素之一被关注和探讨。

　　1984年，鲁健骥先生首次引介并运用中介语理论分析外国学生汉语学习中

---

①　为了尽可能展现最新的研究成果，除此之外，在截稿前作者们还补充了少量2020年的文献。

②　李英哲（1980）语言学在汉语作为外语教学中的作用，《语言教学与研究》第4期。

③　王靖宇（1980）文学在把汉语作为第二语言教学中的作用，《语言教学与研究》第4期。

④　吕必松（1982）关于语言教学法问题，载《对外汉语教学探索》，北京：华语教学出版社。

⑤　吕必松（1983）谈谈对外汉语教学的性质和特点，《语言教学与研究》第2期。

的偏误①，汉语二语习得研究开始在国外二语习得研究的框架下进行并发展。但直至 20 世纪末，汉语二语习得研究的热门领域和主要研究成果集中在有限的几个方面，如对国外二语习得理论的介绍和探讨（温晓虹、张九武，1992a、b②；王建勤，1994③；袁博平，1995④；靳洪刚，1997⑤）、汉语各语言要素的偏误分析、汉语中介语研究、汉语二语的习得顺序和习得过程研究（田士琪、梅立崇、韩红，1987⑥；孙德坤，1993⑦；钱旭菁，1997⑧；施家炜，1998⑨）等，特别是汉语语音、词汇、语法、语用、汉字各方面的偏误分析研究成果丰硕，发展充分。汉语二语习得研究对国外二语习得的其他很多领域较少涉及，相关研究刚刚起步，比如对学习者个体因素的考察（包括汉语二语学习心理、学习策略等），学习者汉语输入的加工处理、内部习得机制研究，汉语习得的外部影响因素研究，等等。21 世纪以来，汉语二语习得研究开拓了更为广泛的研究领域，不仅关注汉语中介语语言系统本身，而且在汉语习得的心理过程、认知过程，影响汉语习得的学习者个体因素，汉语习得与社会、文化之间的关系等方面不断进行探索，并取得了一系列研究成果。

研究方法上，前 20 年中，汉语二语习得研究以理论介绍和经验描述为主，相关研究占到 80% 以上，理论性研究和实证性研究比较少。研究方法多举例、归纳，较少定量统计分析和实验考察（江新，1999⑩；施家炜，2006⑪）。而后 20 年中，汉语二语习得的研究方法有了较大转变，比较明显的是定量统计的实证研究方法得到广泛应用，占汉语二语习得研究的近 90%（徐婷婷、郝瑜鑫、邢红兵，2018⑫）。另外，语料库方法也几乎达到普及的状态，研究中开始综合运用多种实证研究方法，如问卷调查、对比实验等。

---

① 鲁健骥（1984）中介语理论与外国人学习汉语的语音偏误分析，《语言教学与研究》第 3 期。
② 温晓虹、张九武（1992a）语言习得研究概述，《世界汉语教学》第 1 期。
　温晓虹、张九武（1992b）语言习得研究概述（续），《世界汉语教学》第 2 期。
③ 王建勤（1994）中介语产生的诸因素及相互关系，《语言教学与研究》第 4 期。
④ 袁博平（1995）第二语言习得研究的回顾与展望，《世界汉语教学》第 4 期。
⑤ 靳洪刚（1997）《语言获得理论研究》，北京：中国社会科学出版社。
⑥ 田士琪、梅立崇、韩红（1987）从第二语言习得规律看教学方法的改进，《世界汉语教学》第 4 期。
⑦ 孙德坤（1993）中介语理论与汉语习得研究，《语言文字应用》第 4 期。
⑧ 钱旭菁（1997）日本留学生汉语趋向补语的习得顺序，《世界汉语教学》第 1 期。
⑨ 施家炜（1998）外国留学生 22 类现代汉语句式的习得顺序研究，《世界汉语教学》第 4 期。
⑩ 江新（1999）第二语言习得的研究方法，《语言文字应用》第 2 期。
⑪ 施家炜（2006）国内汉语第二语言习得研究二十年，《语言教学与研究》第 1 期。
⑫ 徐婷婷、郝瑜鑫、邢红兵（2018）汉语作为第二语言习得研究现状与展望（2007—2016），《云南师范大学学报（对外汉语教学与研究版）》第 1 期。

　　总的来说，近 20 年汉语二语习得研究在内容和方法上都有较大进展，而这些进展中所积累的经验需要总结，所暴露出的问题应该反思，未来的发展方向值得探索。近 20 年中也出现了一些回顾、总结汉语二语习得研究现状的文章，如徐子亮（2004）①，赵春利（2005）②，施家炜（2006），梁德惠（2012）③，宋扬（2014）④，毕晋、肖奚强、程仕仪（2017）⑤，徐婷婷、郝瑜鑫、邢红兵（2018），赵杨（2018）⑥等，这些文章对不同时期的汉语二语习得研究的总体状况和成果进行了梳理和分析，使我们能够及时了解汉语二语习得研究的发展状况及存在的问题。但这些综述文章的研究领域总是有限，比如有的研究针对偏误分析，有的研究针对语法习得等。且因篇幅限制，这些论文讨论的广度和深度也有限。鉴于此，本套丛书应时代的客观需求，全面介绍了汉语二语语法习得近 20 年的研究成果，并进行了系统分析和总结评论，为汉语二语教学和习得研究提供了参考和指导。

　　本套丛书所从属的重大课题主要攻关对外汉语教学语法体系的改革及大纲的研制。现有大纲及教材的教学分级不够科学，中高级阶段语法项目的编排零散粗疏，这些状况与大纲确立较早、未能参考外国学生的习得状况有一定的关系。因此，本套丛书所做的近 20 年汉语二语语法习得研究成果的梳理涉及面广，内容丰富，结论众多，关于外国学生汉语中介语的各方面特征，学习者的汉语习得过程和机制，教学输入等外部影响，以及学习者动机、焦虑、学习策略等个体习得因素的研究状况和程度，都有明确的介绍和分析。这些研究成果中有益的内容必然有助于大纲的科学研制，本套丛书为此提供了外国学生汉语语法习得方面重要的参考。

　　另外，本套丛书不但对近 20 年汉语二语习得研究成果进行了详细归类和介绍，而且进行了客观、切实的分析和评价，并说明了可进一步探讨、发展或突破的空

①　徐子亮（2004）对外汉语学习理论研究二十年，《世界汉语教学》第 4 期。
②　赵春利（2005）对外汉语偏误分析二十年研究回顾，《云南师范大学学报（对外汉语教学与研究版）》第 2 期。
③　梁德惠（2012）近 30 年来汉语作为第二语言语法习得考察与分析，《云南师范大学学报（对外汉语教学与研究版）》第 1 期。
④　宋扬（2014）汉语作为第二语言习得研究述评，《云南师范大学学报（对外汉语教学与研究版）》第 2 期。
⑤　毕晋、肖奚强、程仕仪（2017）新世纪以来汉语作为第二语言习得研究成果分析——基于四份 CSSCI 中国语言学来源期刊文献的统计，《语言与翻译》第 4 期。
⑥　赵杨（2018）汉语作为第二语言的习得研究四十年，《国际汉语教育（中英文）》第 4 期。

间，这对从事汉语二语教学及习得研究的工作者有一定的启发和指导。这也是本套丛书在述评方面的一个特点和亮点，结合汉语本体研究、汉语二语教学研究，突出评价的学术性、原创性和实用性。

本套丛书收集、整理的汉语二语语法习得研究文献主要来自《世界汉语教学》《语言教学与研究》《汉语学习》《语言文字应用》《华文教学与研究》《云南师范大学学报（对外汉语教学与研究版）》6 种对外汉语教学核心刊物，另外考虑到汉语二语语法习得研究不同领域的均衡，以及研究论题的相关性，我们也收集了部分其他刊物（如《海外华文教育》《对外汉语研究》等）的文献。收集文献的总量在 1000 篇左右，其中六大刊约 700 篇，其他刊物约 300 篇。另外，收集汉语二语语法习得研究综合类著作 55 部、专题类著作 37 部。综合类著作在《理论及综合》分册统一做了简介和简评，专题类著作在相应分册述评相关研究成果时一并提及。

本套丛书共 4 册，包括：

《近 20 年汉语作为第二语言语法习得研究·理论及综合》，范伟、崔维真、曾丽娟编著；

《近 20 年汉语作为第二语言语法习得研究·语法（上）》，曹春静、李虹编著；

《近 20 年汉语作为第二语言语法习得研究·语法（下）》，李宗宏、曹沸编著；

《近 20 年汉语作为第二语言语法习得研究·词汇》，李贤卓、丁萍编著。

各分册的作者大都从事对外汉语一线教学多年，且具有本体语法研究的经历，在理论上和教学上都有一定的造诣，在总结和评论中提出的问题具有针对性和启发性，在一定程度上保证了本套丛书综述和评价的质量。但书中所做的总结评价和前景展望等仍仅代表作者的个人看法，受学识所限，不当甚至谬误之处，敬请读者提出批评和宝贵意见。另外，本套丛书对近 20 年的文献收集难免存在疏漏，恳请予以谅解。

我们期待汉语二语语法习得研究在下一个 20 年能取得更大的发展！

范伟

2022 年 5 月

目 录

下编　句子成分习得研究

上编　词类习得研究

第一章　词类习得研究概述

汉语作为二语习得研究中，语法的习得一直是学界关注的热点。语法是语言的结构规律，即词、短语、句子等语言单位的结构规律，其中词又是短语和句子的重要组成单位，因而词类的习得是语法习得中一个重要的方面，也是学者们长期关注的问题之一。

进入 21 世纪以来，词类习得研究的相关论文和著作不断涌现，问题探讨的视角更为多元，研究也更趋深入。因此，对近 20 年汉语二语词类习得的研究进行一个阶段性的回顾和梳理，有助于加强对词类习得研究进展的把握，也有助于推动后续研究的细化和深化。

第一节　汉语二语词类习得研究概况

1.　文献来源

本书关于汉语二语词类习得研究的回顾主要基于近 20 年词类习得研究的期刊论文和专著（不包括学位论文）。综合考虑期刊的定位、发文质量等因素，本书以以下六种刊发汉语二语习得的研究性论文较为集中的期刊为主要文献来源：《世界汉语教学》《语言教学与研究》《语言文字应用》《汉语学习》《华文教学与研究》

《云南师范大学学报（对外汉语教学与研究版）》（此六种期刊，下文简称"六大期刊"）。我们穷尽性地检索了以上六种期刊中词类习得相关的论文，同时，也检索了上述期刊之外的部分 CSSCI 核心期刊中的相关论文作为补充，如《汉语学报》《现代外语》等。此外，受当前研究所限，部分内容在上述期刊中几乎没有相关论文进行讨论，因而在具体的写作过程中，本书也酌情纳入了少量其他期刊的论文，如《海外华文教育》等。

就词类习得文献的收集而言，我们共检索到相关期刊论文 179 篇，其中六大期刊的文献情况详见表 1-1。

表 1-1　六大期刊近 20 年词类习得论文发文情况

期刊	2000—2009 年	2010—2020 年	文献总量
《世界汉语教学》	5	11	16
《语言教学与研究》	11	12	23
《汉语学习》	13	14	27
《语言文字应用》	10	5	15
《华文教学与研究》	10	16	26
《云南师范大学学报 （对外汉语教学与研究版）》	10	17	27

此外，词类习得的相关专著有七部，即《面向汉语习得的常用动词带宾情况研究》（魏红，2009a）、《现代汉语介词习得研究》（周文华，2011a）、《多义副词的语法化顺序和习得顺序研究》（高顺全，2012）、《基于语法化理论的汉语兼类虚词习得顺序研究》（高顺全，2015）、《英语母语者汉语情态习得多角度探析》（赖鹏，2016）、《英语背景学习者汉语身体动作动词习得研究——基于词语联想的研究》（钱旭菁，2016）、《韩国留学生关联副词习得考察》（宋扬，2016）。

2. 研究领域与文献分布

从汉语词类的角度来看，目前检索到的文献的研究主要涉及以下领域，即：名词习得、动词习得、形容词习得、代词习得、副词习得、介词习得、助词习得、数词习得、量词习得、连词习得、语气词习得、叹词习得。相关文献的具体分布情况如表 1-2。

表 1-2 各词类习得研究文献分布情况

研究对象	论文数量	专著数量	文献情况
名词习得	12	0	刘慧清（2005）；彭淑莉（2006）；刘春梅（2007）；王松（2009）；张岚（2012）；蔡淑美、施春宏（2014）；祁淑玲（2014）；胡清国、HathaiSae-jia（2015）；于洋（2015）；江新、房艳霞、杨舒怡（2016）；徐富平（2018）；刘旭（2018）
动词习得	31	3	戴国华（2000）；吕滇雯（2000）；袁博平（2002）；陈若凡（2002）；冯丽萍、盛双霞（2004）；王瑞敏（2005）；萧频、张妍（2005）；萧频、李慧（2006）；李彤、王红娟（2006）；赖鹏（2006、2009、2012、2016）；王茂林（2007）；朱锦岚（2008）；马萍（2008）；张丽（2008）；魏红（2009a、2009b）；赵杨（2009a、2009b）；蔡北国（2010）；吕兆格（2010）；杨泉（2011）；张江丽、孟德宏、刘卫红（2011）；杨圳、施春宏（2013）；林才均（2015）；程潇晓（2015、2017）；赵静、王同顺、叶李贝贝（2015）；钱旭菁（2016）；应玮、骆健飞（2019）；吴琼（2016、2020）
形容词习得	10	0	王利峰、肖奚强（2007）；张蔚（2010）；张静静（2011）；吴继峰（2013a）；苏向丽（2015）；胡丛欢、骆健飞（2015）；郭伏良、刘鸿雁（2015）；孙慧莉、慕田子（2017）；李泽贤、郭曙纶（2018）；齐沪扬、韩天姿、亚鑫（2019）
代词习得	18	0	黄月圆、杨素英、高立群等（2005）；丁雪欢（2006、2009a）；徐开妍、肖奚强（2008）；汤路（2010）；袁嘉（2011）；曾莉（2012、2015、2016）；史静儿、赵杨（2014）；马志刚（2015、2017）；姚倩（2016）；汪玉霞（2017）；吕骏、吴芙芸（2017）；陈卉（2018）；张俊萍、任文娇（2018）；杨永生、肖奚强（2020）
副词习得	36	3	李晓琪（2002）；李英（2004、2009）；袁毓林（2005a、2005b）；郑艳群（2006）；张君博（2007）；周小兵、王宇（2007）；李琳（2009）；黄露阳（2009）；李英、徐霄鹰（2009）；王振来（2009）；黄薇（2010）；吴颖（2010）；丁崇明（2011）；姚倩（2011）；张麟声（2011）；高顺全（2011、2012、2015）；吴德新（2012）；郝瑜鑫（2013）；蒋协众（2013）；牟世荣（2013）；常辉、郑丽娜（2014）；刘相臣、丁崇明（2015）；朴珍仙（2015）；马志刚（2016）；宋扬（2016）；焉德才（2016、2018）；刘汉武、丁崇明（2016）；王嘉天、王振来（2016）；李俊、陈晨（2017）；周小兵、薄巍（2017）；武宏琛、赵杨（2018）；李杨、焉德才、代婷婷（2018）；姚倩（2018）；焉德才（2018）

续表

研究对象		论文数量	专著数量	文献情况
介词习得		31	3	赵葵欣（2000）；丁安琪、沈兰（2001）；崔希亮（2005）；张艳华（2005）；李金静（2005）；周刚（2005）；王茂林（2005）；林齐倩（2006）；崔立斌（2006）；刘瑜（2007）；白荃、岑玉珍（2007）；林齐倩、金明淑（2007）；陈珺（2008）；林柱（2008）；施文志（2008）；张静静（2008）；华相（2009）；周文华（2009、2011a、2011b、2011c、2013、2014）；刘香君（2010）；吴继峰（2012、2013b）；黄露阳（2012）；王振来、侯盼盼（2012）；王琳（2013）；高霞、佘松涛（2015）；韦九报（2015）；高顺全（2015、2017）；焉德才（2018）
助词习得		26	0	韩在均（2003）；崔立斌（2005）；高顺全（2006）；王利峰、肖奚强（2007）；王媚、张艳荣（2007）；刘瑜（2010）；刘瑜、陈德胜（2010）；肖任飞（2010）；陈晨（2011）；丁雪欢、喻迎春（2011）；齐春红、陈海燕（2011）；王红厂（2011）；丁崇明（2012）；刘敏、陈晨（2012）；彭臻（2013、2017）；丁雪欢、曹莉敏（2014）；周小兵、欧阳丹（2014）；王艺文（2015）；刘汉武、丁崇明（2015）；姜有顺（2017）；杨素英（2016、2017）；彭臻（2017）；丁崇明、荣晶（2018）；孙雁雁（2019）
其他词类习得	量词	8	0	王康海、陈绂（2006）；伏学凤（2007）；王振来（2008）；胡清国（2012）；闫丽（2012）；高玮（2014）；林新年、陈晟（2016）；杨娟（2018）
	数词	1	0	桑紫宏（2016）
	连词	3	1	黄玉花（2007b）；周静、杨海明（2008）；高顺全（2015）；李靖华（2018）
	语气词	3	0	徐棠、胡秀梅（2007）；邢玲、朴民圭（2009）；丁雪欢（2009b）
	叹词	1	0	刘蕾（2002）

从论文数量来看，汉语副词二语习得研究成果最为丰富，各词类习得研究的文献数量由高到低依次为：副词习得＞介词习得＞动词习得＞助词习得＞代词习得＞名词习得＞形容词习得＞量词习得＞连词习得／语气词习得＞数词习得／叹词习得，其中数词习得、叹词习得的文献都仅有1篇。有的词类如拟声词的习得尚未有专文探讨。文献数量的多少大体与词类本身的复杂程度、习得的难易程度等因素一致，比如汉语副词内部小类情况复杂，介词、动词、助词等用法较为特殊，因而相应的文献也较多。

3. 研究内容

从表 1-2 文献分布的情况，我们可以大致了解当前汉语词类习得研究覆盖的各大词类，而各词类习得又涉及该词类各小类的习得以及某一特定词的习得，具体情况如下。

3.1 名词习得研究

近 20 年来，关于名词的习得研究较为分散，研究对象和方法各不相同。名词习得方面的研究主要涉及两大方面。

一是特殊名词的习得研究。相对而言，名词是各词类中比较容易习得的，但其中也有一些名词较为特殊，二语学习者习得时容易出现问题。学界对这些名词的习得问题开展了相关的研究，如时间名词（刘慧清，2005）、方位词（胡清国、HathaiSae-jia，2015；徐富平，2018）、专有名词（彭淑莉，2006）、光杆名词（张岚，2012）、二价名词（蔡淑美、施春宏，2014）、人体名词（祁淑玲，2014）等。其中方位词的习得研究主要涉及"上、下、里、中"（胡清国、HathaiSae-jia，2015）和"上、里"（徐富平，2018）。

二是名词的其他问题的习得研究。这类研究主要涉及 A/AB 或 A/BA 式单双音同义名词、同素同义单双音名词的偏误分析（刘春梅，2007；于洋，2015）、名名组合的理解机制（江新、房艳霞、杨舒怡，2016），以及名词的习得机制（刘旭，2018）等问题。

3.2 动词习得研究

动词是汉语词类中较为复杂的一类词，当前学界对汉语动词的习得研究主要集中在一些特殊的动词小类上，如能愿动词的习得研究（陈若凡，2002；张丽，2008；赖鹏，2006、2009、2012、2016）、离合词的习得研究（王瑞敏，2005；萧频、李慧，2006；马萍，2008；林才均，2015），其中"能"和"会"的习得研究较为充分。对汉语常见动词的习得研究主要为某些常用动词的个案研究，如"停""停止"（朱锦岚，2008）、"打"（张江丽、孟德宏、刘卫红，2011）、"进行"（应玮、骆健飞，2019）等。

同时，学界还从其他分类视角对特殊动词的习得情况进行考察，如非宾格动词（赵杨，2009a）、心理动词（赵杨，2009a、2009b；赵静、王同顺、叶李贝贝，2015）、路径动词（程潇晓，2015、2017）、三价动词（冯丽萍、盛双霞，2004；杨圳、施春宏，2013）、身体动作动词（钱旭菁，2016）、及物动词和不及物动词（戴国华，2000；袁博平，2002）等的习得。

此外，学界还对动词习得的常见偏误、同义动词、多义动词、易混淆动词、动词重叠式等的习得问题进行了探讨（吕滇雯，2000；萧频、张妍，2005；李彤、王红娟，2006；王茂林，2007；魏红，2009a；蔡北国，2010）。

3.3 形容词习得研究

形容词习得的研究成果很少，主要集中在单音节形容词的习得研究（苏向丽，2015；郭伏良、刘鸿雁，2015；孙慧莉、慕田子，2017）、个体形容词的习得研究（张静静，2011；李泽贤、郭曙纶，2018）、形容词 AABB 重叠式的习得研究（吴继峰，2013a；胡丛欢、骆健飞，2015）等方面。

另外还有一些研究关注形容词隶属度的高低对习得的影响（齐沪扬、韩天姿、亚鑫，2019）、形容词定语后"的"字隐现的习得（王利峰、肖奚强，2007）、英日母语者在学习汉语形容词时的母语迁移作用（张蔚，2010）等问题。

3.4 代词习得研究

代词习得的相关研究主要涉及疑问代词习得研究、指示代词习得研究和人称代词习得研究。疑问代词的习得研究主要探讨了一般疑问代词的习得（丁雪欢，2009a；马志刚，2015、2017）、疑问代词虚指用法的习得（史静儿、赵杨，2014）、疑问代词作存在极项词的习得情况及制约因素（陈卉，2018）、疑问代词的偏误研究（汤路，2010）。

对指示代词习得的研究，学界主要侧重依照不同理论开展研究（袁嘉，2011；姚倩，2016；吕骏、吴芙芸，2017）。其中，吕骏、吴芙芸（2017）关注的是一般指示代词习得研究，袁嘉（2011）、姚倩（2016）则侧重于特殊指示代词习得研究，如"任何"以及汉语的任指范畴的习得。此外，还有一些研究关注指示代词的偏误研究（张俊萍、任文娇，2018）。

人称代词的习得研究主要关注一般人称代词的偏误研究（徐开妍、肖奚强，2008）、反身代词习得特点研究（黄月圆、杨素英、高立群等，2005；曾莉，2012），以及反身代词习得的影响因素研究，如语境对汉语长距离反身代词习得的影响（黄月圆、杨素英、高立群等，2005）、句法和有生性在汉语反身代词实时理解中的作用（汪玉霞，2017）。

3.5 副词习得研究

副词的习得研究主要针对一些常用副词的习得问题展开，如程度副词的习得、否定副词的习得，以及时间副词、频率副词的习得等。程度副词的习得研究主要关注偏误类型与偏误原因分析（郑艳群，2006；张君博，2007），也有一些国别化研究，主要是对韩国学生（焉德才，2016）、美国学生（王嘉天、王振来，2016）习得程度副词的偏误及对策展开讨论。否定副词的习得研究主要是基于语料库的偏误分析（袁毓林，2005a、2005b）、以个案调查或汉外对比的方式展开具体的国别化研究（李英、徐霄鹰，2009；黄薇，2010）、常见否定副词的习得过程研究（李英，2004、2009；常辉、郑丽娜，2014；武宏琛、赵杨，2018），以及特殊否定副词的习得研究（刘相臣、丁崇明，2015）。时间副词、频率副词的习得研究主要围绕"再、又、还、才"等常用副词展开，主要是偏误类型的概括及成因分析（吴德新，2012；李杨、焉德才、代婷婷，2018），以及对该类副词的习得顺序进行构拟（高顺全，2011）。范围副词的习得研究主要关注"都""也"的习得。范围副词"都"的相关研究成果（周小兵、王宇，2007；姚倩，2011；马志刚，2016）涉及偏误研究、习得过程中的歧义识别、句法实现等问题。范围副词"也"的习得研究成果则主要集中于偏误研究（张麟声，2011；朴珍仙，2015）。

除上述常见副词的习得研究外，学界还对其他一些副词小类的习得进行了研究，如语气副词的偏误率、影响习得效果的因素（李琳，2009）、"反而"的偏误类型与偏误原因（牟世荣，2013）、韩国学生习得关联副词的偏误类型以及习得难度（宋扬，2016）、多义副词"就""就是""还是"的习得研究（黄露阳，2009；吴颖，2010；高顺全 2012、2015；郝瑜鑫，2013；李俊、陈晨，2017）等。

此外，学界还对与副词相关的其他问题的习得情况开展了研究，如副词重叠的偏误研究（王振来，2009），以及副词的预加工研究（姚倩，2018）。

3.6　介词习得研究

介词的习得研究主要可以分为三个方面，即针对介词习得的整体性研究、针对某一类介词习得情况的研究、针对某一个或某几个介词习得情况的专题研究。就文献数量而言，介词习得的整体性研究、具体介词的习得研究成果较为丰富。

介词习得的整体性研究主要涉及介词的偏误分析（崔希亮，2005；张艳华，2005；崔立斌，2006；施文志，2008；焉德才，2018）、介词习得难度与习得顺序研究（赵葵欣，2000；周文华，2011b、2011c）。

介词小类的习得研究主要探讨了时间介词的使用频率和偏误规律（周文华，2011c）、缘由目的类介词（如"为、为了、因、因为"等）的混用偏误问题（韦九报，2015），以及兼类虚词的习得顺序问题（高顺全，2015）。

具体介词的习得研究成果较为丰富，学界主要探讨了"在""对""从、由、向、往、离""给、跟、比"的习得情况。介词"在"的习得研究主要是留学生"在"的使用情况分析（丁安琪、沈兰，2001；刘瑜，2007；吴继峰，2012），"在+处所"作定语、状语和补语时产生的偏误问题（李金静，2005；刘香君，2010；周文华，2013），以及"在……上"的偏误研究（高顺全，2017）。介词"对"的习得研究主要是对"对"的习得情况进行分析（白荃、岑玉珍，2007；林柱，2008；周文华，2011b），以及对介词"对"构成的框架结构"对……来说"的偏误情况进行考察（黄露阳，2012）。对有关"时间、空间"的常用介词进行的研究主要集中在"从"（张静静，2008）、"由"（王振来、侯盼盼，2012）、"向、往"（林齐倩、金明淑，2007）、"离"（周刚，2005）；对有关"对象"的常用介词进行的研究主要集中在"给"（华相，2009；周文华，2009；王琳，2013）、"跟"（吴继峰，2013b；高霞、佘松涛，2015）、"比"（王茂林，2005；陈珺，2008）等介词。

3.7　助词习得研究

汉语助词的习得研究主要围绕动态助词"了""着"展开，关于其他助词的研究相对较少，只涉及对结构助词"的"和助词"们"的相关探讨。

助词"了"的习得研究最为充分，成果涉及偏误研究、习得过程研究、从体标记角度研究等多个领域。助词"了"的习得研究主要围绕习得过程中的习得难度、习得顺序等问题展开（高顺全，2006；丁崇明，2012；孙雁雁，2019）。也有一些国别化研究，主要是对韩国学生习得"了"的偏误分析（韩在均，2003；崔立斌，2005；王艺文，2015）、对日本学生习得句末助词"了₂"的情况考察（周小兵、欧阳丹，2014）、对越南学生习得助词"了"的偏误分析（肖任飞，2010；陈晨，2011；刘汉武、丁崇明，2015）、对泰国学生"了"的偏误率及分布情况的考察（刘敏、陈晨，2012），以及对俄罗斯学生习得"了"的偏误分析（张艳荣，2007；王红厂，2011）。此外，还有部分学者基于二语习得过程中的问题，展开直接服务于二语教学的"了"的本体研究，如"了₂"和"已经"的混用辨析（彭臻，2017），"了"的一些制约因素、使用倾向与规则考察（丁崇明、荣晶，2018）。

助词"着"的习得研究主要包括：通过分析越南学生的偏误问题进行研究（刘瑜、陈德胜，2010）、从学习策略角度研究东南亚学生的偏误情况（丁雪欢、喻迎春，2011），以及对韩国学生和东南亚学生"着"的习得过程的考察（刘瑜，2010；丁雪欢、曹莉敏，2014）。

对助词"了""着"，还有一些学者从体标记的角度对留学生的习得情况进行研究，如"体假设"与"了""着"的习得（杨素英，2016），以及句型、动词情状、语篇与体标记的习得（杨素英，2017）。

此外，汉语助词"的"的习得研究主要围绕偏误问题展开（王利峰、肖奚强，2007；齐春红、陈海燕，2011），重点考察了"的"的缺省和冗余两种偏误，以及老挝留学生的偏误情况。助词"们"的习得研究主要是以单句内光杆 NP 标记"们"为例，考察汉语高级水平的泰语母语者和英语母语者对助词"们"的习得情况（姜有顺，2017）。

3.8 其他词类习得研究

除上述几大词类的习得研究外，学界还对数词、量词、连词、语气词、叹词等的习得情况进行了研究，大多为偏误分析。

学界对量词的习得研究，主要是量词偏误研究和量词重叠式的偏误研究。量词习得的偏误类型主要是错序、误用、缺失、多余，学界大多从语义、语法和母语迁移的角度来分析其产生的原因（伏学风，2007；胡清国，2012；闫丽，

2012；林新年、陈晟，2016；杨娟，2018）；量词重叠式的偏误类型主要有错序、缺失、误选、多余（王振来，2008）。数词的习得研究主要探讨数范畴对数词习得的影响（桑紫宏，2016）。数量结构的习得研究主要关注习得的重点、难点以及偏误分析（王康海、陈绂，2006；高玮，2014）。

学界对连词的偏误研究多从篇章入手，以对复句的分析为主，研究的重点为关联词语使用的语篇偏误（黄玉花，2007b），忽略述谓性、超越辖域、前后项不同质、匹配不当等偏误类型（周静、杨海明，2008；李靖华，2018），以及连词连接句子时的用法（高顺全，2015）等。

语气词习得研究主要分析"呢"的偏误类型以及习得难点（徐棠、胡秀梅，2007；邢玲、朴民圭，2009）。语气词"吗"的习得研究主要是通过个案跟踪调查和聚焦描述，考察是非问疑问标记和是非问疑问功能的纵向动态习得过程（丁雪欢，2009b）。叹词的习得研究主要是对初级、中级、高级三个等级的留学生对三类叹词的习得情况进行分析（刘蕾，2002）。

第二节　汉语二语词类习得研究的主要成果

汉语词类的习得是语法习得的重要内容。近 20 年来，学界对名词、动词、形容词、代词、副词、介词、助词、量词、数词、连词、语气词、叹词等各词类的习得情况进行了全面的考察，其中动词习得、副词习得和介词习得的研究较为充分，且有相关专著专门讨论。并且，随着第二语言习得理论的深化以及本体研究的推进，近 20 年来词类习得研究在研究对象的细化、研究方法的改进、研究范式的优化等方面都有了进一步的提升，取得了丰硕的研究成果。总体而言，主要表现为以下四个方面。

1.　研究内容更趋全面

近 20 年来，汉语二语词类习得的研究内容渐趋全面，主要体现在两个层面。一是各词类的习得研究覆盖面广。如前所述，近 20 年的词类习得研究涵盖了名词、动词、形容词、代词、副词、介词、助词、量词、数词、连词、语气词、叹词等各词类的习得情况。

二是次类词的习得研究也日益丰富。学界对各词类内部的次类词开展了较为全面的调查与研究，尤其是内部次类比较复杂的几个词类，如动词习得研究涵盖了能愿动词、离合词、常用动词、心理动词、路径动词、及物动词和不及物动词等次类词的习得问题；代词习得研究涵盖了疑问代词、指示代词、人称代词等的习得问题；副词习得研究涵盖了程度副词、否定副词、时间副词、范围副词、频率副词、语气副词、关联副词等的习得问题；介词习得研究涵盖了表示时间，表示缘由目的、引介对象等的习得问题；助词习得研究涵盖了时体助词、结构助词等的习得问题。

2. 研究范式更趋立体化

与 20 世纪的研究成果相比，近 20 年的汉语二语词类习得研究在研究范式上更趋立体化。20 世纪关于词类习得的研究多为传统范式的偏误研究，步骤比较模式化，大多基于一定的语料，归纳偏误类型，分析偏误原因，进而提出教学建议。近 20 年来，词类习得研究在研究范式上有了明显的突破，主要表现为两个层面。

一是研究范式由 20 世纪较为流行的偏向单一扁平的偏误分析转为更为立体的多层次研究。除了传统的偏误研究外，近 20 年的词类习得研究更多地关注习得顺序、习得难度以及习得过程的影响因素等问题的探讨。如汉语离合词的扩展形式繁多，用法复杂，学界对离合词的扩展形式进行编码分类，并考察这些扩展形式的使用准确率与习得顺序（马萍，2008；林才均，2015）。此外，学界还对以下问题开展了调查，如能愿动词"能""会"（赖鹏，2009）、"不""没"（李英，2004、2009；武宏琛、赵杨，2018）、否定结构（常辉、郑丽娜，2014）、"再""又"（李晓琪，2002；丁崇明，2011）、"还"（高顺全，2011；蒋协众，2013）等的习得过程与习得顺序，以及介词的任指范畴的习得难度（袁嘉，2011）、关联副词的习得难度（宋扬，2016）、汉语心理动词的中介语表征和加工效率（赵静、王同顺、叶李贝贝，2015）等。

二是在共时层面的习得研究之外，近 20 年的词类习得研究还增加了历时层面的个案追踪研究。如李英、徐霄鹰（2009）以两位母语为英语的留学生为对象展开口语中否定副词"不"和"没"习得的个案追踪调查，调查范围涵盖初一级到中一级的三个阶段，重点围绕口语中"不"和"没"的混用偏误展开个案研究。此外，能愿动词习得的部分研究也采用了个案追踪的研究模式。如赖鹏（2009）采用了个案追踪的调查方式，对学习者历时三个学期的口头访谈录音语料进行分析，考察二语习得者对汉语情态动词"能""会""可以"①选择的动态发展过程。

学界对词类习得研究开展的多层次的立体研究、共时分析与历时追踪相结合，进一步推动了相关研究向纵深方向发展，加深了我们对相关词类习得情况的认识，也使相关研究结论更具有说服力。

3.   研究视角更趋多元

近 20 年来，汉语二语词类习得的研究者在吸收本体研究成果以及二语习得理论的基础上，对词类习得开展多角度的研究，研究视角更趋多元，具体表现为两个方面。

一是注重引入本体研究的新视角。近年来汉语词类本体研究的新视角，加深了人们对各词类的本质特征的认识。词类习得的相关研究也十分重视与本体研究新成果的结合。如赖鹏（2009）引入"对应""内置"等认知因素来考察二语习得者对汉语情态动词的选择或者说不同情态动词之间的竞争关系。杨圳、施春宏（2013）从配价角度对留学生习得汉语特殊准价动词时的框式意识的建构及其制约因素进行探讨。赵静、王同顺、叶李贝贝（2015）从句法语义界面（syntax-semantics interface）的角度对英语母语者汉语心理动词的习得情况进行考察。杨素英（2016）对母语为英语的留学生习得汉语体标记"了"和"着"的情况进行全面考察，结果表明，用来解释"体假设"的普遍原则在汉语中有直接的表现，

---

① 对"能""会"等动词，本书采用汉语语法学界普遍使用的术语"能愿动词"。本书收录的文献中，部分研究基于汉英对比开展，因而将其称为"情态动词"或"情态助动词"，从考察的对象来看，其与我们一般所言的"能愿动词"相同。

且与习得者的普遍倾向吻合，有利于汉语体标记的习得。程潇晓（2017）尝试结合类型学对韩语、蒙古语、日语、英语和印度尼西亚语这五种母语背景的汉语学习者习得汉语路径动词的情况展开研究，基于路径动词的指示成分，探讨二语学习者指示与无指示路径动词、趋近与背离路径动词混用的倾向。周文华（2014）和高顺全（2017）都以语序类型学为视角对介词的语序偏误进行了解释。

二是注重结合二语习得等理论的新成果。如赵杨（2009a）引入语言学习中"超集""子集"的概念，从"超集—子集"的角度探讨英语母语者习得汉语非宾格动词和心理动词的情况。高顺全（2011）根据国外相关理论假设，提出汉语多义副词的语法化顺序和习得顺序在很大程度上是一致的，可以根据语法化顺序预测习得顺序这一观点；通过对多义副词"还"的语义、用法进行分类梳理，构拟其语法化顺序，并据此推测"还"的习得顺序，然后借助语料考察留学生对"还"的习得状况，得到实际习得顺序，并与推测顺序进行对比。齐沪扬、韩天姿、亚鑫（2019）基于生成语法理论与类型学，认为标记关系能够预测二语习得的困难语言项目，分别对单双音节形容词、有构词标志的形容词的习得进行了考察，结果表明，标记程度越低，越容易学，学习者也越早学会；反之，则越难学，学习者越晚掌握。崔希亮（2005）和周刚（2005）都借鉴了认知语言学中的"认知图式"对介词偏误的形成原因进行了解释。

4. 研究方法更趋科学

词类习得研究在方法上也日趋科学，主要体现在两个层面上。

一是研究的统计方法日趋科学。统计方法由感性的举例法变为基于语料库的科学统计；研究采用的语料也更为全面，包括诱发性语料和自然语料（林才均，2015），这在一定程度上保证了结论的科学性和可靠性。

二是实验方法更为科学。近20年的词类习得研究不再满足于"HSK动态作文语料库"等现成的语料来源，而是更加注重实证研究，通过实证研究调查词类习得的情况（张蔚，2010；张江丽、孟德宏、刘卫红，2011；曾莉，2015；吴琼，2016、2020；马志刚，2017；陈卉，2018）。同时，学界更加注重客观测试与主观测试相结合、输入方法与产出方法相结合，如可接受性判断测试和组句测试两种手段相结合（赵杨，2009b），看图写句子和限时合乎语法性判断、口头描述和阅读判断（袁博平，2002）等，都在很大程度上提升了实验数据的科学性和有效性。

第三节　汉语二语词类习得研究的反思与展望

1.　反思

近 20 年来，词类习得研究在研究内容、研究范式、研究视角和研究方法等方面都取得了不同程度的新进展、新成果，但也还存在一些不足之处，值得反思，主要表现为三个方面。

（1）研究对象上的不足

研究对象上，当前研究存在的不足主要体现在两个层面。

一是对某些词类的关注不足，研究成果少。近 20 年来，汉语二语词类习得研究的文献较为集中。就词类角度而言，动词、副词、介词这几个词类的习得研究成果较为丰富。而形容词、助词、数词、叹词等词类的习得研究成果相对较少，其中数词和叹词习得的文献各仅为 1 篇，拟声词习得研究尚未收集到相关文献。

二是各词类内部有部分特殊小类未被关注。就各词类内部的小类词习得研究而言，当前研究主要集中在词类内部的某一个或某几个次类的习得研究上，学界较为关注动词中的能愿动词和离合词，形容词中的单音节性质形容词，副词中的否定副词、时间副词、频率副词和范围副词，介词中的时间类介词和缘由目的类介词，助词中的动态助词的习得研究，并且大部分研究为次类中的典型个案研究，如"能"和"会"、"着"和"了"、"在"、"对"等的习得研究，而对这些词内部的其他小类的习得关注不足或鲜有关注。形容词中的状态形容词和非谓形容词，动词中的言说动词、位移动词和非自主动词，副词中的语气副词和情态副词，介词中的空间类介词和对象类介词，助词中的"地""得"等的习得问题，学界几乎没有涉及。而这些小类大多语法属性特殊，用法比较复杂，且大多具有区别于其他语言的汉语的独特性，因此这些小类也是外国学生习得的难点，但当前的研究对上述小类的习得问题的关注是明显不足的。

（2）研究深度有待提升

研究深度上，当前学界对词类习得研究的深度有待提升，主要表现为三个层面。

一是研究成果分散，纵深研究仍有欠缺。总体而言，除了能愿动词、离合词、否定副词"不""没"、频率副词"再""又"、助词"了"等少数特殊小类或个案的习得研究比较集中外，其他小类习得的研究成果较为零散。不少次类词的习得研究仅有单篇文献，较少出现对同一研究对象开展系列研究，也较少出现学者针对某一问题进行连续的深入探讨，在研究深度上仍有欠缺。

二是对某一词类或次类的语法属性缺乏深刻的理解，相关习得研究较为薄弱。如前所述，汉语二语词类习得研究中，学界对某个大类或次类的研究成果较为单薄，究其原因，大多与学界对该词类或次类的语法属性缺乏深刻的理解有关。比如当前研究中形容词的习得研究成果单薄，研究成果主要是单音节性质形容词的习得、少数涉及形容词的重叠、形容词后"的"字的隐现等问题，但是诸如双音节性质形容词、状态形容词、非谓形容词的习得，以及形容词与其他词类的混淆等留学生习得的难点问题，现有研究几乎都未曾涉及。这与学界对形容词本身的语法属性的认识密切相关。学界对汉语形容词语法特点的归纳常常只针对其中一部分形容词，如形容词的主要功能是充当定语，形容词大多可以受"很"修饰，形容词不带宾语等，都不是所有形容词的共性。形容词的句法功能最具有多样性，形容词几乎都可以无条件地出现在所有的句法位置上。此外，形容词的重叠方式最为复杂，形容词与动词，特别是不及物动词之间存在纠缠，尤其是形容词带宾语的问题，如"脸红了"和"红了脸"等。对形容词语法特征认识的不足，直接影响了学界对形容词的习得研究，导致某些难点重点问题未被关注，对有些问题的解释不够充分，这在一定程度上影响了研究的深度。

此外，汉语动词小类如离合词、副词小类如语气副词、助词小类等大多具有自身独特的语法属性，这些词类习得的研究深度也受学界对其语法属性的认识的影响，仍存在较大的研究空间。

三是与本体研究以及二语习得理论的结合仍显不足，解释力有待提升。近 20 年的动词习得研究开始注重吸收本体研究和二语习得研究的新成果，但总体而言仍很有限，且具有较大的滞后性。现有研究对偏误和习得过程的分析大多集中在母语迁移、目的语泛化、学习策略、教学策略等几个方面。在及时跟进本体研究的最新成果，重新审视二语习得的相关问题，以及吸收二语习得理论等相关研究中的最新理论和实验方法等方面，仍存在很大的不足，这在一定程度上限制了词类习得研究的深化。

（3）研究方法上的不足

研究范式与方法上，虽然近 20 年来，汉语二语词类习得研究由 20 世纪较为流行的偏向单一扁平的偏误分析转为更为立体的多层次的习得问题研究。但总体而言，仍是以偏误分析为主，对词类习得过程、习得难度、习得顺序等问题的探讨仍然很不充分，需要进一步加强相关研究。如副词习得顺序的相关研究中，存在不同研究者对相同研究对象得出的习得顺序差异较大的情况，部分成果论证过程的客观性、科学性有待提高。这在一定程度上降低了研究成果的可靠性及研究成果对教学实践环节的指导意义。

在研究方法上，研究者目前主要借助语料库进行研究，但也存在一些问题。如有的研究所依赖的语料库规模较小，搜集到的语料仅 30 余条。有的研究既包括语料库调查，又有语言测试，但是语料库调查和语言测试中被试的语言背景不一致。有的研究语言测试时被试为某一特定语言的母语者，但在大规模语料库调查时，语料的选择又没有区分国别。就语料的搜集方式而言，当前研究多为共时层面搜集的静态语料，而在历时层面对特定学习者进行动态追踪性质的语料搜集的研究比较少见。这些情况都可能在一定程度上影响研究数据和结论的可靠性。

此外，实验的方法以及数据分析的依据还需进一步合理化。有的研究只依赖客观测试；有的研究虽然有客观测试和主观测试两个部分，但最终的数据分析基本以客观测试的语法判断测试结果为主，主观测试题只做补充和参考。总体而言，当前研究在实验设计和实验开展方面缺乏更多更为有效科学的研究手段和方法。

2.　研究展望

基于上述反思，未来在加强本体研究的基础上，应该进一步扩展词类习得研究的范围，改进研究方法，加强对新成果的吸收，从而丰富和深化相关的研究领域。具体表现为以下几个方面：

（1）扩大研究范围，深化研究内容

如前所述，学界对汉语词类中一些特殊小类的习得问题以及与特定词类相关的一些习得问题的关注是不足的，未来可以在这些问题上开展进一步的研究。

具体而言，汉语名词中的特殊名词，如时间词、处所词与方位词组合的习得，双音节方位名词的习得，名词与其他一些词类的混淆问题，名词性谓语句的习得问题等有待进一步探讨。动词中的心理动词、位移动词、言说动词、形式动词等动词小类的习得问题有待进一步研究。一般动词习得既有共性，又存在差异，共性有哪些，差异又体现在哪些方面，目前的研究还没有讨论清楚。汉语能愿动词和可能补语的纠缠，一直是韩日学生学习汉语的瓶颈，如"能看懂"和"看得懂"的混淆以及回避使用可能补语而导致的能愿动词的泛化等问题，都是二语习得过程中亟待解决的问题。形容词中的状态形容词、非谓形容词、唯谓形容词、静态形容词、动态形容词等的习得，以及形容词带宾语时与动词特别是不及物动词之间的纠缠，都是二语习得中的难点问题。汉语副词，如"就""才""还""再""却""也"等的关联作用的习得问题，副词语气情态功能的习得问题，以及副词与其他词类形成的固定搭配，如"连……也／都""一……就""再……也"等的习得问题，具有固定搭配和用法的"框式结构"的习得等问题，都有待学界开展进一步的研究。此外，数词的读法和省略问题、量词与名词的配搭问题、语气词"吗"使用时的回避问题和"吧"的多种语气功能问题，以及不同的"呢"的习得问题等，这些都是值得进一步研究的问题。

（2）进一步揭示词类的语法属性，提升研究的解释力

当前汉语二语词类习得研究中存在的问题，很多都与学界对该词类的语法属性缺乏深刻的理解有关。只有揭示各词类具有的真正的汉语特征的语法属性，才能更好地对词类习得中出现的问题进行描写，并做出更为科学的解释。

如汉语名词的习得中，时间词、处所词的特殊性使得这些词在和方位词组合时会出现许多不同的情况；名词性谓语句作为汉语中一类比较特殊的句型，留学生在习得过程中常常回避使用或者将其与"是"字句相混淆。动词的习得中，趋向动词作补语时语义的虚化问题；语义相近的趋向动词作补语时其语义差别，尤其是其引申义的差别；趋向动词作补语和宾语时的位置；位移动词、言说动词、形式动词等动词小类的习得等问题具有汉语的独特属性，需要我们重点研究。形容词的习得中，汉语形容词的谓词性特征、多功能性，性质形容词和状态形容词的区别，形容词重叠的不同形式，以及形容词内部区别词和状态词的残留等问题都直接影响了我们对相关习得问题的认识。此外，汉语不同助词的个性都十分突出，如结构助词"地、得"，比况助词"似的、一般"等。汉语的量词也具有明显的个性，但不同量词之间的本质区别究竟是什么，如何辨析相近的量词。这些问题都需要学界进一步加强对其语法属性的探讨，才可能推进相关的习得研究。

（3）加强吸收其他理论与研究的新成果

汉语二语词类习得研究的推进，还应该注重对本体研究、语言学理论以及二语习得理论等的新成果的吸收，并将新的理论和新的方法应用到汉语二语词类习得的研究之中。

一方面，汉语词类习得研究的深入有赖于充分利用本体研究的成果。比如位移事件词化理论关注概念采用何种语言形式表达，运用这一理论可以考察不同母语背景汉语二语学习者易混淆路径动词的习得情况；本体研究中有关时体、动词情状、篇章的研究成果，可以推进动态助词习得研究的深化；本体研究中基于情态角度对语气副词的研究成果，可以进一步推进语气副词的习得研究；语言研究中篇章、认知、语法化等理论，可以为助词习得研究提供更多有效的分析视角。总之，未来的词类习得研究应注意追踪本体研究的最新成果，并将其与词类习得的问题结合起来，更有力地助推相关问题研究的进展。

另一方面，汉语二语词类习得研究的深入还有赖于第二语言习得等相关理论新成果的应用。二语习得的最新理论往往会带来研究的新视角，从而推进研究的深化。此外，词类习得过程的考察、习得顺序的探讨等问题，往往需要依托科学实验，而实验的总体设计、实验方法的选择、实验数据的统计与分析，都需要借助新的研究成果、新的研究方法和技术手段，才能进一步提升实验的科学性和可靠性。

（4）重视语言对比，加强与语言类型学的结合

当前词类习得研究中虽有一些国别化研究，并取得了一定的成果，但受研究者外语水平所限，基于语言对比分析开展描写与解释的研究并不多见。而事实上，名词、动词、形容词、副词、介词、助词的一些小类具有汉语的独特性，与其他语言存在明显的区别。对这些具有独特性的词的小类进行习得研究时，研究者如果能够开展充分的语言对比，将切实地推进相关的偏误研究的进展，提升偏误分析的解释力。

此外，加强与语言类型学的结合，也是深化当前研究的一个重要方面。从类型学角度考察不同语言类型的学习者习得汉语某一词类的情况，由此发现母语与汉语属同一语言类型或不同语言类型的学习者分别存在哪些习得问题，可以为不同语言类型学习者的词类教学提供参考。此外，汉语中很多习得问题，如能愿动词与可能补语的纠缠、趋向动词作补语、介词的特殊用法以及与介词相关的框架结构、方位名词的虚化义等问题都需要立足于语言类型学开展更深层次的探讨。

第二章 名词习得研究

从语义和句法等角度来看，名词是实词系统中相对简单的一类。但名词中也有一些特殊名词，如专有名词、二价名词等在使用过程中存在与其他语言不同的地方，同义名词、光杆名词、名词组合等也是留学生习得的难点。目前所见到的名词习得研究主要是对上述现象的探讨，相关的研究成果加深了我们对留学生名词习得情况的认识。

第一节 特殊名词的习得研究

关于名词的习得，各家研究的议题较为分散，研究对象和方法各不相同。研究对象涉及时间名词（刘慧清，2005）、方位词（胡清国、HathaiSae-jia，2015；徐富平，2018）、专有名词（彭淑莉，2006）、二价名词（蔡淑美、施春宏，2014）、人体名词（祁淑玲，2014）等。其中方位词的习得研究主要是具体方位词的习得研究，主要涉及"上、下、里、中"（胡清国、HathaiSae-jia，2015）和"上、里"（徐富平，2018）。

1. 时间名词习得研究

汉语表达时间的语法手段非常丰富，时间词的位置又相对灵活，并且还存在不同的时间表达手段共现的问题，这使得时间词成为留学生习得过程中的难点。刘慧清（2005）对初级汉语水平韩国留学生时间词的误用现象进行了梳理，发现其偏误类型主要有三类：一是时间词与其他词语顺序不当；二是时点词和时段词混淆使用；三是时间词与其他时态成分表时不一致。时间词与其他词语顺序不当的情况比较复杂，具体而言，存在时间词作状语位置不当、时间词作补语或定语位置不当、时间词排列顺序偏误等情况。状语位置不当又有三种情况，即将状语放在动词后、将应该用在动词前的状语放在主语前、将状语误用作主语。补语位置不当也有两种情况，即误将补语用作状语、误将补语用作宾语。这类偏误产生的原因主要是母语负迁移，韩语的句法成分中没有补语，因此韩国学生常将应该作补语的成分放在状语或者宾语的位置上。时间词排列顺序偏误又可以分为两种情况，即时间词的上位序列和下位序列排列偏误、后置时间词位置偏误。

2. 专有名词习得研究

汉语中的专有名词也较为特殊。与印欧语言相比，汉语在书写形式上不采用分词书写，专有名词没有特殊标志，不能像印欧语那样通过大写字母区别于普通词。这给外国人的汉语学习造成了较大困难，尤其是在汉语报刊阅读方面。

彭淑莉（2006）结合教学实践、个别访谈和问卷调查，对留学生汉语报刊阅读中专有名词的识别和理解情况进行考察。作者指出，留学生对汉语报刊阅读中专有名词的识别和理解存在大量偏误，主要可以分为切分偏误和理解偏误两大类，并且对偏误的小类及偏误原因进行了细致的分析。

切分偏误是指留学生对汉语专有名词切分不当而导致错误理解的偏误，主要表现为前缺省切分、前羡余切分、后缺省切分、后羡余切分、分裂式切分、合并式切分。

（1）前缺省切分偏误是指留学生误将某个专有名词的前一部分当作普通词或普通词的一部分，其偏误原因主要在于：这类专有名词的前一部分可以表示实在语义；专有名词的前一部分被留学生误当作可表实在意义的词；受前后并列专有名词的干扰。

（2）前羡余切分偏误是指留学生误以为专有名词包含其前面的某个普通词或普通词的一部分。偏误产生的原因主要是：受其后并列专有名词的干扰，留学生误将统领性的成分当作专有名词的一部分；专有名词前有一个去掉部分语素后仍可表实在意义的词；留学生忽略了专有名词前还有表示语法关系的词。

（3）后缺省切分偏误是指留学生把某个专有名词的后一部分误看作普通词或普通词的一部分，这类偏误形成的条件是专有名词的后一部分是或者含有可表实在意义的词。

（4）后羡余切分偏误是指留学生误以为专有名词包含其后面的某个普通词或普通词的一部分。这类偏误产生的原因主要是：留学生不当地运用特征词策略；受并列标志的干扰；对专有名词前后的普通词切分不当；专有名词后出现较难理解的普通词。

（5）分裂式切分偏误是指留学生误将一个专有名词切分为两个专有名词。这类偏误产生的原因主要是：留学生误认为一个专有名词内部具有领属关系；因为一个专有名词内出现表实在意义的词而将其切开；因为一个专有名词内出现连词"和"而将其切开。

（6）合并式切分偏误是指留学生误将两个或多个专有名词合并为一个专有名词。这类偏误产生的原因主要是：专有名词之间没有连接词；留学生忽略了专有名词之间的连接词。

通过对各类偏误数量的统计，彭淑莉（2006）发现：（1）留学生在识别专有名词时更倾向于后羡余偏误，主要原因在于简化手段和时间限制；（2）前缺省切分偏误、前羡余切分偏误的数量相同，均位于第二位，这说明专有名词的起点亦是留学生易出现偏误的地方；（3）分裂式切分偏误和合并式切分偏误是相对立的一组偏误，但合并式切分偏误的数量略高于分裂式切分偏误，这说明留学生在阅读时对专有名词有较强的整合意识。

理解偏误是指留学生对汉语专有名词切分正确但理解错误的偏误，主要表现为留学生将普通词误作专有名词、将人名误作物名、将国名误作机构名、将地名误作人名或机构名、将机构名误作人名或地名或有缺失性理解偏误。其中缺失性理解偏误的产生与汉语专有名词所蕴含的内涵意义、文化意义和情感意义有关。

3. 二价名词习得研究

汉语名词中，有一类较为特殊的名词，其语义结构上关涉两个论元，并要求其所支配的论元与之共现，即二价名词（袁毓林，1992），如"好感"，使用时必须出现主体和对象，如"我对他有/产生了好感"，其中"我"是主体，对象"他"用介词"对"引导。如果其中一个论元不出现（语境中省略的除外），语义和形式就不完整，如"我有/产生了好感"是语义不充分的句子。蔡淑美、施春宏

（2014）沿用袁毓林（1992）的表述，将二价名词及其论元构成的语义结构形式化为 $N<NP_1$ 对 $NP_2>$，其中 N 为二价名词，NP_1 和 NP_2 分别表示 N 所关联的主体和对象论元，NP_1 和 NP_2 对句法配置有特定的要求，因此二价名词在形义关系尤其是句法配位方式上显得相当特殊，这也是汉语具有类型特征的语言现象之一。

　　鉴于二价名词的特殊性，蔡淑美、施春宏（2014）基于中介语语料库，对外国学生习得汉语二价名词的情况进行了考察。该研究基于北京语言大学"HSK 动态作文语料库"和"中山大学中介语语料库"，对二价名词进行了检索，厘清了二价名词正确用法和偏误的各种情况。

　　语料考察显示，单个二价名词的句法表现主要有三种情况：（1）一般与某类特定动词结合形成一个结构来实现句法功能，如"意见"，一般出现的是"有／产生意见"；（2）依托于某个框架，如"NP_1 对 NP_2 有／产生意见"；（3）借助话题式表达，如"关于 NP_2，NP_1 的意见是 VP"。上述三种情况都呈现为某种特定的结构块，即语块（chunk）。作者将第一种情况（有／产生意见）称为隔开式语块，"有／产生"和"意见"可离可合，只是从语义表达的充分性上来说，对象论元没有出现；第二种称为框架式语块，即形成"对……有／产生……"之类的相对固定的框架才能表达完整的语义内容；第三种情况称为话题式语块，即二价名词涉及的对象作为话题出现（常用介词标示）。

　　蔡淑美、施春宏（2014）对中介语语料库中二价名词的正误分布情况进行了统计，结果表明：（1）在各种配位方式中，上文所列举的格式在中介语语料中都出现了。（2）作者共搜集二价名词的语料 2470 条，其中误用 306 条，偏误率较高（12.39%）。就不同的语块类型而言，隔开式绝对数量不少，但偏误相对较少（8.77%），占偏误总数的 1.01%；框架式绝对数量很大，正确用法和偏误都很多，内部类型多样，相对比重最大（10.81%）；话题式的绝对数量少，相对偏误率也最低（0.57%），但绝对偏误率又相当高（28%），是隔开式（8.77%）的 3 倍多，是框架式（12.51%）的 2 倍多。（3）框架式偏误比重最高，情况最为复杂，其中"NP_1 对 NP_2 +（Adv）V+N"的偏误最为突出，其绝对使用数量最大（1690 句），偏误也最多（211 句）。

　　蔡淑美、施春宏（2014）基于语块配位方式将二价名词的偏误分为语块偏误和非语块偏误，语块偏误占 84.27%，非语块偏误占 15.73%。语块偏误是指与二价名词语块表达有关的偏误。隔开式、框架式和话题式都有语块整体使用的特征，但二语习得者常常缺乏这种整体意识，从而导致各种偏误的出现。隔开式的习得中，学习者常常遗漏其中的动词，将二价名词直接误用为谓词性成分。框架式的习得中，偏误主要表现为配位方式偏误、框式残缺、框式错序、框式成分误用、论元成分颠倒、论元成分缺失和框式结构杂糅混搭等。其中框式残缺偏误情况较为显著（30.06%），尤以介词的缺失最为突出（27.25%）；框式成分的误用占比也较高（14.05%），其中介词的误用占 8.99%；框式混搭杂糅也比较明显（10.11%）。话题式的习得中，出现的语块偏误数量不多，相对偏误率也很低，偏误主要是话题结构和二价名词语块表达之间的纠缠，主要表现为结构杂糅和语义颠倒。

非语块偏误是语块与其他成分配合使用时出现的偏误，语块结构本身没有偏误。非语块偏误主要集中在三个方面：一是语块成分与非语块成分位置错序，即二价名词的语块与状语成分之间发生错位；二是语块成分与特殊标记配合的偏误，主要是与否定词共现的偏误、体标记缺失或冗余；三是语块成分与句中其他成分配合偏误。

从上述偏误情况可见，二价名词需要依托一定的语块结构来实现句法功能，汉语二语习得者需要建立语块意识。蔡淑美、施春宏（2014）综合考虑误用和正用两个方面，从语块配位方式的选用、输出的完整性、表达的准确性和运用的灵活性四个层次将二价名词习得中语块意识的构建过程分为六个阶段，如表 2-1 所示。

表 2-1　二价名词语块意识层次 [1]

性质	语块意识的层级性	表现类型
误用	语块意识未启动	缺少特定动词（隔开式）、配位方式选择偏误
	初步的语块意识	框式残缺
	一定的语块意识	框式成分误用、框式错序、论元成分缺失和错序、框式杂糅混搭、话题结构的语义颠倒和结构杂糅
	基本的语块意识	非语块偏误
正用	典型的语块意识	基础结构（如隔开式、框架式）
	拓展的框式意识	复杂结构（如话题句）

[1]　参见蔡淑美、施春宏（2014）。

从二价名词语块意识的层级和构建过程来看，二价名词是名词中一个特殊的次类，在习得难度和复杂程度上跟普通名词不同。二价名词的习得常常牵涉句法—语义互动特征，其习得难度不同于一般的普通名词。由此，作者对教学和教材的编写提出了以下建议：一是充分尊重学习者的认知和习得规律。语块意识的建构过程是循序发展的，具有层级性和阶段性，在教学时教师应注重挖掘利用语块意识的层级性特征，使学习者逐步储存并形成牢固灵活的语块意识。二是鉴于二价名词及相关现象特殊的形义关系，针对各自的配位特点，构建出具体的配置规则，并在教学时针对难点问题采取相应的策略，帮助学生建立正确的形义匹配关系。三是汉语中还存在一些与二价名词相似的语言项目，其配位方式、对象论元在不同词或结构中的实现方式和句法途径具有一致性，因此教学中应注意有意识地在不同语法项目之间进行有效扩展，使学生可以触类旁通。

4. 人体类基层词习得研究

目前，汉语教学中使用的词汇大纲主要是以词频为依据制作的。但是人类对词汇的习得顺序涉及大脑认知过程，目的语的高频使用率与学习者的习得认知未必一致。因此，杨吉春（2011）运用认知语言学的相关理论，改变传统的词频依据，尝试研制适合国际汉语教学的词汇教学用词。蔡甜（2012）则根据完形性与显著性这两条标准从《现代汉语分类词典》中筛选出 61 个人体类基层词，通过对隐喻能力和义项数的统计，将其分为 40 个基层词和 21 个外围基层词，并按照人体组织将 40 个基层词分为四类：

头部：头、眼睛、耳朵、脑、嘴巴、舌头、牙齿、脸、鼻子、眉毛、胡子、头发、嘴唇、额

躯体：手、背、脚、手指、腿、腰、拳、脖子、喉咙、臂、臀、胸、肩、手心、腕、腹、肘

内脏：心、肠、胃、肺、胆、肝、肾

人体组织：血、骨头

祁淑玲（2014）认为，语言具有各种不同的范畴和不同层级的范畴。她以上述 40 个基层词为蓝本，以显著度作为基本原则，探讨国际汉语教学基层词汇中

人体类词汇的认知顺序。

　　"显著是知觉心理学的一个基本概念，它是事物与心理建立联系时所体现出来的特征。"（刘露营，2007）当事物与心理的联系比较容易建立时，该事物的显著度就高；当事物与心理的联系比较难建立时，该事物的显著度会比较低。因此，"显著的事物是容易吸引人注意的事物，是容易识别处理和记忆的事物"（沈家煊，2006）。不同事物因其显著度不同，被识别的顺序也不同，显著度高的先识别，显著度低的后识别。

　　祁淑玲（2014）认为，人体类基层词汇的认知顺序与事物的显著度有关，其相关性主要表现为：（1）易见的事物比不易见的先认知；（2）常见的事物比不常见的先认知；（3）大的物体比小的先认知；（4）主体部分比非主体部分先认知；（5）近的事物比远的先认知。据此，她以视觉角度下的显著度作为标准，讨论了40 个人体类基层词的认知顺序，如图 2-1 所示。

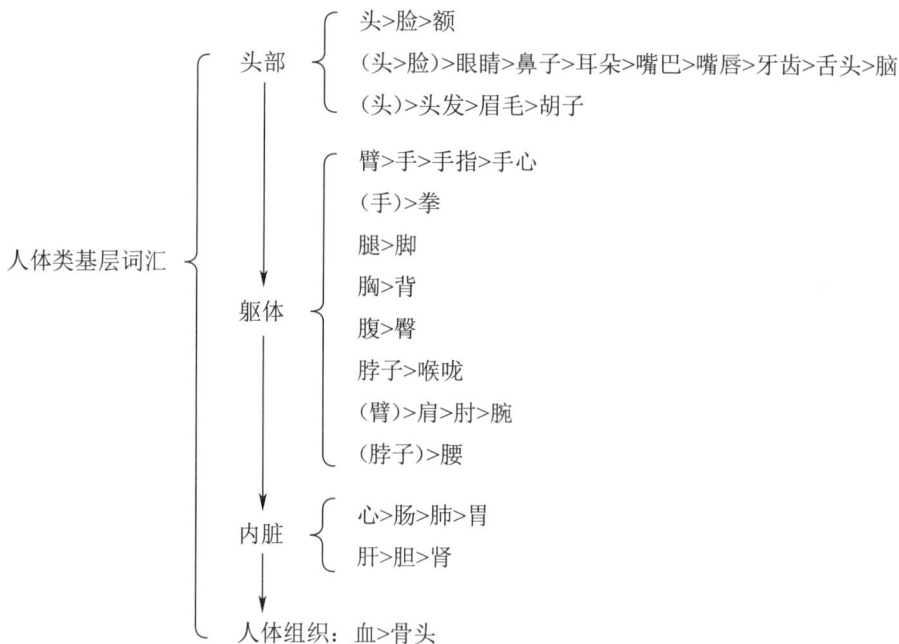

图 2-1　人体类基层词汇的认知顺序 [①]

① 参见祁淑玲（2014）。

同时，她也指出，上图的认知顺序只是一个大概的顺序，部分基层词的凸显方式不同，因而彼此间的显著度可能形成交叉，导致认知顺序判定不清。

该研究有别于依据词频制订词表的传统做法，而是基于认知语言学理论，从显著度角度进行分析，从而得出人体类基层词的认知顺序，对研制汉语国际教育词汇用表而言是一次有益的尝试。但是整个过程都基于思维的推导，有一定的主观性，缺少验证，如能通过实验来论证这一认知顺序，则更具有说服力。

5. 方位词的习得研究

一般认为，汉语方位词是名词中较为特殊的一个小类，一般配合名词或单独使用表达空间、时间和数量的语义功能。汉语方位词数量虽少，但与介词和名词结合后，有较为丰富的引申义，表达上有一定的复杂性，因而留学生在汉语方位词的习得上较易出现偏误。

通过对现有文献的检索发现，关于方位词的习得研究主要集中在单纯方位词的考察上，很少涉及合成方位词，其中"上""下""里""中"等单纯方位词是学者们较为关注的。2000年以前的文献偏向于研究"上""下""里"等几个主要方位词，那时，学术界对外国学生汉语方位词的习得偏误方面的研究刚刚起步，研究侧重描述；研究者对单音节方位词的使用特点的认识还不够清晰，对其偏误类型、习得顺序等方面的探讨还较为粗浅或尚未涉及，且研究对象为全体外国学生，缺少有针对性的国别研究，这影响了对由不同母语产生的语际干扰导致的偏误现象的分析。

胡清国、Hathai Sae-jia（2015）以泰国朱拉隆功大学中文系的作文中介语语料库（20万字）为语料来源，对泰国中高级汉语学习者习得汉语方位词的基本面貌与偏误情况进行了考察和分析。

考察发现，泰国中高级汉语学习者在汉语方位词的使用过程中出现的偏误类型表现为：缺位（遗漏）、赘余（多余）、错序和误代。缺位指的是该使用方位词的地方却没有用，主要有两种情况：一是"名词＋方位词"中的方位词缺失；二是"介词＋名词＋方位词"中方位词或介词缺失，其中方位词的缺失占绝大多数。赘余是指不该用方位词的地方却用了方位词。错序主要是指"介词＋名词＋方位词"在句子中的位置不对，从而形成错误。误代是指本来应该用甲方位词却使用了乙方位词，或者是本来应该用甲方位结构却使用了乙方位结构，这类偏误类型数量较少。

在此基础上，胡清国、Hathai Sae-jia（2015）又将静态语料与动态调查进行比较。具体方法是从作文语料中挑选 14 条语料进行测试，测试对象是中文系四年级的 26 名学生。结果显示，静态语料与动态调查的结论基本一致。具体情况如下：

根据对学生作文语料的统计，偏误类型按数量由高到低为：

缺位＞赘余＞错序＞误代

根据对 14 条语料的调查结果，偏误类型按数量由高到低为：

缺位 / 误代＞赘余＞错序

综合静态语料与动态调查，总的偏误类型按数量由高到低为：

缺位＞赘余＞误代＞错序

胡清国、Hathai Sae-jia（2015）进而对偏误原因进行了探讨，将偏误原因分为语际干扰和语内干扰两类。泰国学习者在汉语方位词习得时出现的缺位和错序的偏误主要是由语际干扰引起的。作者认为，偏误类型占比最大的偏误——"介词＋名词＋方位词"框架中的方位词缺失——的产生很可能是因为泰国学习者母语语法知识和规范的负迁移。汉语和泰语都有方位词，但在与介词、名词一起表达方位时，方位词的位置不同，例如：

汉语介词结构	泰语英文读法	直译的汉语语序
在桌子上	yu bon to	在—上—桌子
在教室里	yu nai hoongrian	在—里—教室
从书包里	hak nai krapaonangsue	从—里—书包

泰语的框架结构是"介词＋方位词＋名词"，而汉语是"（介词＋）名词＋方位词"。因为泰语名词后边不出现方位词，泰国学习者容易将这一规则迁移到汉语学习中，从而导致汉语名词后方位词遗漏的偏误。

另外，介词框架的错序也受到泰语负迁移的影响。泰语的修饰语一般位于中心语之后，介词框架结构与动词的常规语序为"动词＋介词框架"，而汉语的常规语序为"介词框架＋动词"，因而泰国学习者在使用汉语相关结构时容易受母语影响而将动词放在介词框架之前，形成偏误。

此外，泰国学习者在汉语学习中产生赘余的偏误与语内干扰有关。泰国学生在汉语习得过程中，对汉语介词框架结构的形式、语义和语用的综合情况没有完全掌握，犯了过度泛化的错误。以汉语"在 + 名词 + 方位词"为例，该结构有三种使用情况：一是方位词必须出现；二是方位词可有可无，语义也无太大差别；三是方位词不能出现。泰国学生对这三种情况的使用条件掌握不足，因而在方位词不能出现的情况下使用了方位词。此外，误代偏误也多是由泰国学习者没有很好地掌握汉语不同介词框架在语义、语用上的差别而引起的。

基于上述分析，为有针对性地提高教学效率，作者提出以下教学建议：加强母语和目的语的对比分析，减少语际干扰；深化目的语语法项目的教学，降低语内干扰的影响；注重整体认知，建立结构框架范式。

徐富平（2018）也对具体方位词"上"和"里"的习得情况进行了考察。他主要以原型范畴理论为依据，围绕"上"和"里"的多义情况展开。现代汉语14 个单音节方位词中"上"和"里"的使用频率最高，虚化程度也高（刘月华、潘文娱、故𫐄，2001），并且二者都存在多个义项的用法，这使得其二语习得的偏误率明显高丁其他方位词（肖奚强，2008）。

汉语教材在解释"上""里"的空间义时通常用英语介词 on、in 来对应。汉语、英语在空间关系的认知与表达上确实具有相似性。在表述典型二维平面支撑和三维内空间包含关系时，汉语的"上"对应英语的 on，汉语的"里"对应英语的 in。但在表述非典型二维平面支撑和三维内空间包含关系时二者不具备对应性：汉语用"上"，英语则可能用 in；汉语用"里"，英语则可能用 on。此外，"上"和"里"都属一词多义，二者在空间义上存在语义交叉和渐变性（邢福义，1996），可见，"里"和"上"既有语义分工，又有语义重合。

为探讨上述情况是否给"上""里"的多义项习得造成困扰，徐富平（2018）开展了语料库调查和语言测试。

语料库调查分为三个水平组，即初级组、中级组和高级组，语料来源是北京语言大学"留学生中介语语料库"，另有一个母语参照组，语料来源为"北京语言大学语料库中心"（BCC）。徐富平（2018）对"上"的五个义项（典型空间义、非典型空间义、方面义、固化义、时间义）、"里"的五个义项（典型空间

义、非典型空间义、范围义、固化义、时间义）进行统计。结果发现，"上"的
五个义项中，二语者和母语者都只产出了典型空间义、非典型空间义、方面义和
固化义，而没有时间义的产出。初级和中级水平的二语组四个义项类型的产出数
量从高到低依次为：典型空间义＞非典型空间义＞方面义＞固化义。高级水平的
二语组和母语组则是：典型空间义＞方面义＞非典型空间义＞固化义。"里"的
五个义项中，二语组和母语组都只产出了典型空间义、非典型空间义、范围义
和时间义，固化义用法只有高级二语组中有1例。三个水平的二语组义项类型
的产出比率从高到低依次为：典型空间义＞非典型空间义＞范围义/时间义。在
"上""里"多个义项用法的产出上，二语组产出率最高的都是典型空间义，其次
是非典型空间义，产出率最低的是非空间义。而且随着汉语水平的提高，典型空
间义产出占比逐渐降低。作者由此推断：二语者习得方位词"上"的多个义项
时大致遵循"典型空间义→非典型空间义→方面义/固化义"的习得顺序；习得
"里"的多个义项时大致遵循"典型空间义→非典型空间义→范围义/时间义"
的习得顺序。这与汉语母语者在"上""里"义项习得上所遵循的"空间义→非
空间义"的习得路径大致相同。

　　测试调查发现，英语母语者习得"上"和"里"典型空间义的正确率远高于
非典型空间义，高级水平二语组在"上"和"里"典型空间义的正确产出率上与
母语组没有显著差异，但在非典型空间义的正确产出率上与母语组差异显著，表
现为偏误较多。这一研究结果验证了词义典型性在多义词二语习得中的重要影响
（Correa-beningfield，1985；Ijaz，1986；Young-Dave，2000；马书红，2010）。徐
富平（2018）认为，在与in对应的"上"的非典型空间义的习得上，二语者出
现高偏误率，很可能是学习者将"上"的这种非典型空间义用法对应于母语中in
的非典型用法，由于母语负迁移而导致偏误出现。在"上"非空间义用法的使用
上，二语学习者的产出率与母语组在数值上很接近，但在具体使用时基本局限在
少数几种搭配上，远不及汉语母语者丰富。作者认为，这很可能是由于教学中缺
乏足够的展示和输入，这些用法不能类推，需要逐个单独记忆，足够的接触量对
于习得来说至关重要。

　　此外，二语水平高低对学习者"上""里"义项的产出具有一定的影响，主

要表现为随着二语水平的提高，典型空间义的产出比率下降，非典型空间义和非空间义的产出比率有所上升。

基于上述分析和讨论，徐富平（2018）指出，在"上""里"多义习得过程中二语者和母语者具有同序性，这是词义典型性影响方位词多义习得过程的体现，说明"上"和"里"的义项习得具有明显的原型效应。英语母语者习得"上""里"时产生偏误，主要是因为汉语、英语空间词语义范畴划分的语际差异性。由此，作者认为，课堂教学中应该开展"上""里"多义项使用的明示性教学，进行汉英方位词和介词语义的对比分析，引导学生关注"上""里"非典型空间义的用法，增加学生对非空间义用法的了解，从而帮助抑制母语负迁移，减少方位词使用的错误。

该研究的不足主要有两点：一是语料库调查和语言测试的被试的语言背景不一致。作者曾指出该研究是针对英语母语者的，语言测试时被试确实为英语母语者，但大规模语料库调查时，作者对语料的选择并未区分国别，这可能会对研究的结论产生一定的影响。二是研究内容有局限。该研究对"上"和"里"语义习得开展的测试调查只限于典型空间义和非典型空间义，而并未对非空间义展开调查。

第二节　与名词相关的其他问题的习得研究

1. 同义名词的习得研究

同义词教学一直是对外汉语词汇教学的重点和难点。同义词中有一类是单双音对应的同义词，常常由于表面的浅显易懂或英译的完全相同而被忽视，其中尤以单双音同义名词为甚。

刘春梅（2007）以 A/AB 式和 A/BA 式单双音同义名词为研究对象，即只考察双音节名词中有一个构词语素与单音节名词相同的单双音同义名词。作者考察的名词来自《汉语水平词汇与汉字等级大纲》（1992）和《汉语 8000 词词典》（2000）。作者从《汉语 8000 词词典》（2000）中选出单双音对应的同义名词（丁级词和超纲词除外）80组，然后在"汉语中介语语料库系统"的词表中检索这80组单双音同义名词，结合人工筛选，得到合格的中介语语用实例154个，其中70.59%的$N_单$和30.23%的$N_双$在使用中有偏误。作者指出，这些偏误呈现三个特点：（1）$N_单$和$N_双$的偏误分布不平衡；（2）不同释义模式中的$N_单$发生偏误的比例差别不大，都保持在较高水平；（3）$N_单$和$N_双$发生偏误的概率与汉语词汇等级（使用频率高低）没有明显关系。

刘春梅（2007）还对$N_单$和$N_双$的偏误类型进行了分析，发现$N_单$和$N_双$的偏误多为二者之间的误用，即该用$N_单$时用了$N_双$，该用$N_双$时用了$N_单$，主要表现为：语义差异引起的$N_单$和$N_双$偏误、音节限制引起的$N_单$和$N_双$偏误、$N_单$和$N_双$在色彩上的偏误、$N_单$和$N_双$在接受量词修饰时的偏误。留学生之所以出现上述偏误，主要原因在于教材、教师和工具书在体现$N_单$和$N_双$的差异方面，在指导$N_单$和$N_双$的使用方面都存在不足。

基于上述分析，刘春梅（2007）提出以下建议：（1）教师在教学中要重视$N_单$和$N_双$的辨析问题；（2）编写教材要注意体现$N_单$和$N_双$的差异；（3）语文学习词典，特别是第二语言学习方面的词典要注释$N_单$和$N_双$的差异。

刘春梅（2007）存在一些不足，主要表现为：（1）没有统计词语混用的频次及频率，因而难以考察哪些词语更易发生混淆；（2）没有开展国别考察，缺少不同母语背景学习者词语偏误的语料分布情况，因而在分析偏误原因时没有考虑母语的影响因素；（3）基于混用原因对词语偏误进行归类，但对引起偏误的具体差异却并未详细分析。

于洋（2015）针对当前学界对同一名词缺乏国别研究的现状，对不同母语背景学习者习得同素同义单双音名词的偏误情况进行了考察。该研究基于北京语言大学"HSK动态作文语料库"、北京语言大学"汉语中介语语料库"，以及北京语言大学"不同母语背景的汉语学习者词语混淆分布特征及其成因研究"项目组采集的英语、印度尼西亚语、蒙古语背景学习者的汉语中介语语料，对比分析英语、日语、韩语、印度尼西亚语、蒙古语背景的汉语学习者同素同义单双音名词混淆的分布特征并尝试解释词语混用的原因。

该研究的对象是理性义相同的单双音名词，首先参照《现代汉语词典》（第

6 版）筛出以 $N_单$ 释 $N_双$ 或以 $N_双$ 释 $N_单$ 的词语，共得到 39 组同素同义单双音名词，然后在语料库中检索这些词语的所有语料，结合人工筛选判定混用误例，最终选取混淆度排名前十位的词对作为研究对象，即市—城市、声—声音、节—节日、家—家庭、国—国家、时—时候、季—季节、路—道路、命—生命、城—城市。

通过语料统计，作者发现这 10 组单双音名词中，$N_单$ 的误用主要有四种不同的句法位置：（1）$N_单$ 单独在主语位置上的误用；（2）$N_单$ 单独在定语位置上的误用；（3）$N_单$ 在"X+ 的 +$N_单$"中的误用；（4）$N_单$ 在"X+$N_单$"中的误用，包括"Adj+$N_单$""Pr+$N_单$""N+$N_单$""Q+$N_单$"四个小类。各类的误用次数由高到低依次为："X+ 的 +$N_单$" > "Adj+$N_单$" > "Pr+$N_单$" > 单独作主语 / 单独作定语 > "Q+$N_单$" > "N+$N_单$"。

10 个 $N_双$ 中发生误用的共有 8 个，语料检索未发现"城市""生命"的误用情况。8 个 $N_双$ 的误用情况主要有：（1）$N_双$ 单独作宾语时的误用；（2）$N_双$ 在"Adj+$N_双$"中的误用；（3）$N_双$ 在"Pr+$N_双$"中的误用；（4）$N_双$ 在"NP+$N_双$"中的误用；（5）$N_双$ 在"VP+$N_双$"中的误用。

二语学习者的词语混淆既可能是语内因素导致的，也可能是语际干扰造成的。于洋（2015）指出：如果某对易混淆词语分布广泛且不同母语背景学习者的词语混淆表现大体一致，那么其混淆可能是语内因素造成的；如果某对易混淆词只分布于少数母语背景学习者语料中，且词语混淆特异性显著，那么其混淆可能是语际迁移造成的。

该研究考察的混淆度排名前十的词语中，五种母语背景学习者都混淆的共有 6 组（国—国家、家—家庭、节—节日、声—声音、时—时候、市—城市），四种母语背景学习者混淆的共有 4 组（城—城市、季—季节、路—道路、命—生命）。该类词语混淆广泛分布于不同母语背景学习者的语料中，并且这些词语的混淆表现大体一致，具有显著的共通性。由此，作者推断这些同素同义单双音名词的混淆主要是语内迁移造成的，并进一步从语义、语体、韵律和语用等角度对混淆原因进行分析，具体原因包括：学习者不明白单双音名词语义的不对等、语体色彩的差异、韵律制约规则的差异以及单双音名词因经济原则作用而形成的固化表达。

2.　光杆名词习得研究

名词虽然是词类系统中相对简单的一类，但在使用过程中也存在与其他语言不同的地方。就汉语和英语而言，名词在两种语言中并不一一对应，尤其是汉语的光杆名词。光杆名词的表意功能与其所处的句法位置相关，其与动词的相关位置不同其指示的意义也不同。位于句首的光杆名词只能表示定指，位于动词后的光杆名词则可以有定指和不定指两种情况（Cheng & Sybesma，1999；石毓智，2002）。英语中单数可数名词的定指和不定指完全由冠词标记，与其出现的句法位置无关。此外，就汉语本身而言，光杆名词的定指功能与有指示代词"这、那"标记的名词短语的功能有许多重合之处；而光杆名词的不定指功能，则与有数词"一"标记的名词短语的功能既有相同之处，也有区别。这些情况都给母语为英语的汉语学习者带来一定的困难。

基于上述情况，张岚（2012）从对比研究的角度入手，调查母语为英语的学生习得汉语光杆名词功能的基本情况，主要考察两个问题：（1）光杆名词的不定指功能：考察学习者是否了解光杆名词与有"一 + 量词"标记的名词的功能性区别，即在表述经常性的非实指的个体时，只能使用光杆名词。（2）光杆名词的定指功能：考察学习者是否了解动词前的定指成分可以使用光杆名词。

该研究的被试是美国一所大学选修中文课的初级（二年级）学生和中级（三年级）学生，其母语都为英语。调查采用问卷的形式，题目为多项选择题。问卷共 18 个题目，其语句大部分是由他们所用的课本中的例句改写而成的。其中，6 个题目考察光杆名词的定指功能；6 个题目考察光杆名词的不定指功能；剩余 6 个是干扰题目。每一题提供 4 种形式供选择——光杆名词、"一 + 量词 + 名词""这 + 量词 + 名词"和"那 + 量词 + 名词"，要求答题者选出所有他们认为合适的形式。

调查结果显示：（1）就光杆名词的使用频率来看，二年级组、三年级组和母语参照组这三组成员在定指功能上选择光杆名词的比率低于其不定指功能，作者认为这应该是因为有指示代词标识的名词短语与光杆名词一样也可以表示定指功能。（2）二年级的学生在定指和不定指两种功能的使用上都不如三年级，光杆名词的使用率跟母语参照组的差别较大，使用错误的名词短语形式的比率也更高，三年级的学生则更接近母语参照组。（3）光杆名词和有"一"标记的名词短语在表示非实指的个体功能方面的差别，相对于光杆名词的定指功能来说，对学生的挑战更大。虽然光杆名词的高使用率表明学生并没有回避使用光杆名词，但是两组学生选择有"一"标记的名词短语的错误率也较高。相比之下，在光杆名词的定指功能方面，选择错误形式的比率较低，三年级的比率更已经降低成零。（4）学生在习得名词短语的不同形式的过程中，存在正确形式和错误形式并存的阶段。

由此，作者指出，在教学过程中，教师应该更注重光杆名词的不定指功能的教学，尤其应该注意其与有"一"标记的名词短语之间的区别。

如作者自己所言，该研究存在两个主要局限：一是数据局限，研究调查的被试人数有限，仅为 20 人，数据量较小，未能对数据进行更为科学的统计分析；二是测试题目局限，名词短语形式的使用受篇章因素的影响较大，而该研究的题目都为单句，并未涉及篇章的调查。这些方面的局限对研究结论的科学性造成了一定的影响。

3.　名名组合的习得研究

现代汉语中存在一些名名组合，即两个名词组合形成一个新的复合词或者复合结构，这实际上是将已有的熟悉的概念组合起来以表达一个新概念的过程，名名组合看似简单，但可能包含多种不同的内部语义关系（黄洁，2008）。理解和掌握名名组合是复合词习得的一部分，是第二语言学习者词汇学习的重要组成部分。

江新、房艳霞、杨舒怡（2016）从理解策略的角度对二语习得者名名组合理解机制进行探讨，主要围绕以下三个问题展开：（1）汉语母语者对于陌生名名组合的理解是否存在关系解释偏向？即关系竞争理论和双重加工理论哪一个更适合解释汉语母语者对名名复合词的理解？（2）汉语第二语言学习者对陌生名名组合的理解是否与汉语母语者不同？（3）汉语第二语言学习者对陌生名名组合的解释策略是否随着语言水平的提高而发生变化？

该研究设计了两个实验：实验一是解释任务，即要求被试从陌生复合词的两个解释中选择一个适当的解释；实验二是产出解释任务，即要求被试解释陌生复合词的意思。为了考察学习者更为真实的名名组合的理解机制，排除被试已掌握的复合词词汇知识的影响，实验采用陌生的名名组合作为材料。

实验一的被试包括两组，第一组为43名汉语母语者，为中国大学本科三年级学生，第二组为42名汉语第二语言学习者，是在北京语言大学和北京外国语大学学习汉语的外国学生，其中初级15人，中级13人，高级14人。

实验一的测试结果显示：（1）汉语母语者和二语者在理解陌生名名复合词时会采取关系解释和属性解释两种策略，选择关系解释和属性解释的比率都比较高，都在50%上下；（2）汉语母语者和二语者对陌生名名组合理解时基于关系的解释都比基于属性的解释多，具有明显的关系偏向，但相较而言，二语者选择关系解释的比率稍低，选择属性解释的比率稍高；（3）被试的关系解释和属性解释的比率没有因为语言水平的提高而发生变化。

实验二的被试是在北京语言大学和北京外国语大学学习汉语的外国学生，共55人，其中初级13人，中级14人，高级28人。实验要求被试对45个陌生的名名组合进行解释并写出每个词的意义。测试结果显示，被试对陌生词语的解释分为五种类型，即基于关系的解释、基于属性的解释、联合解释、基于一个语素的解释和不作答。具体情况如表2-2。

表2-2　二语者对词语不同解释比率的平均数和标准差[①]

组别	关系	属性	联合	单语素	不作答
初级 (n=13)	0.5397(0.1825)	0.2192(0.1284)	0.0103(0.01601)	0.0256(0.0309)	0.2051(0.2186)
中级 (n=14)	0.4940(0.1392)	0.2762(0.1509)	0(0)	0.0417(0.0565)	0.1881(0.2466)
高级 (n=28)	0.5577(0.1683)	0.2440(0.1275)	0.0155(0.0371)	0.0232(0.0355)	0.1595(0.1821)
总计 (n=55)	0.5373(0.1641)	0.2464(0.1330)	0.0103(0.0281)	0.0285(0.0409)	0.1776(0.2055)

从表2-2可知，被试对陌生的名名组合进行解释时的理解策略主要是关系解释和属性解释。此外，方差分析结果显示，语言水平与解释类型的交互作用并不显著，被试的关系解释和属性解释的比率没有随着语言水平的提高而发生变化。

① 参见江新、房艳霞、杨舒怡（2016）。

通过两个实验，我们可以发现，无论是汉语母语者还是二语学习者，在理解名名组合时关系解释和属性解释都是主要策略，并且都存在关系解释的偏好。此外，汉语水平对关系解释、属性解释的选择没有显著影响，这与作者的预期不一致。

该研究在实验设计方面还存在一些局限：（1）被试的选择与区分。按学习时间的长短来区分学习者汉语水平的方法存在局限性，而且选取被试时该研究对学习者的母语背景没有进行很好的控制，母语背景可能影响学习者对陌生名名复合词的解读。（2）名名组合子概念的影响因素。选择所测试的双音节名名组合时，该研究并没有考虑子概念所属的领域（生物、人造物），子概念属性的突显度、相似度和熟悉度等因素的影响。（3）解释方式。在选择解释任务中本研究只提供两种解释，可能有所欠缺。如果可以提供两种以上的关系解释和属性解释，并设置其他可能的解释，则更为理想。

4. 名词的习得机制研究

刘旭（2018）基于泰国大学生汉语作文语料库，对泰国大学生汉语名词的习得情况进行了统计分析，并进一步探讨了学习者汉语名词习得机制的内在因素和外在因素。该研究通过对语料库统计发现泰国大学生汉语名词句法功能习得的输出情况大致是：（1）泰国大学生名词习得输出最常见的句法功能是宾语，其次是状语，再次是主语，使用量和使用率均为最低的是定语；（2）泰国大学生汉语名词的输出率较高，习得情况较好，但也存在一些偏误，主要有遗漏、误加、误代、错序、错搭和杂糅。其中，错序、误加、遗漏和杂糅是显性的偏误类型，语料中的偏误出现率较低，主要是因为在习得与认知过程中泰国大学生的自纠与认知能力较强；误代和错搭是隐性的偏误类型，是泰国大学生习得与认知汉语名词句法规则及功能过程中的难点，泰国大学生此方面的自纠与认知能力较弱，因此偏误率较高。

刘旭（2018）进一步指出，泰国大学生汉语名词句法偏误的生成，既受习得者习得与认知过程的内在因素的影响，也有外在因素的影响。内在因素主要是母语正负迁移和认知经验的内在习得机制（如目的语规则泛化、词性转换运用障碍等）。外因主要是指教材、教师和教学法等在习得者习得与认知过程中对其习得与认知效果等施以影响的因素，如教材中词汇的重现率不够、句法规则采取的教学法针对性不强、习得者学习汉语的时间不充足等。

第三节　本章小结

1.　主要成果

如前所述，近20年汉语名词习得研究主要围绕名词中特殊类别的习得展开，如时间词、专有名词、二价名词等具有不同于一般名词句法功能的名词。研究者从不同的角度对留学生习得这些特殊名词时的偏误类型、偏误原因、习得难度等情况进行了考察和分析，同时也对同义名词、方位词、光杆名词、名名组合、名词的习得机制等进行了考察。总体而言，这些研究围绕留学生名词习得的难点问题开展，为教学策略、教学方法的调整提供了借鉴。

2.　研究的不足

（1）研究内容的局限

研究内容的局限主要表现为两个方面：

一是研究对象的范围存在局限性。比如目前所见的方位词习得研究仅限于单音节的"上、下、里、外"，事实上还有其他的单音节方位词以及双音节方位词，这些词语的习得并未进入研究的范围。再如当前学界对同义名词的习得研究主要是针对同义单双音名词，即双音节名词中有一个构词语素与单音节名词相同的这类现象，而尚未考察同为双音节同义词的混淆问题。此外，还有一些名词与其他词类之间存在的纠缠，如时间名词和时间副词（如"刚才"和"刚刚"等）之间的混淆等问题没有得到充分的关注和研究。

二是多义项名词的研究存在局限性。同一个名词可能存在语义的多重性，但现有研究并未对名词的语义项进行全面考察。尤其是对汉语方位词的虚化义的关注度明显不足，如"上、中、下"等。相较而言，当前学界对"上"和"里"语义习得开展的测试调查较多地关注方位词的虚化义，但也限于典型空间义和非典型空间义，而并未对非空间义展开调查。

（2）研究方法的局限

研究方法上的局限主要表现为：

一是实验设计的不足。习得研究中实验的设计至关重要，被试的选择与分组、实验材料的选择、实验任务的设计都可能影响实验的结果。有的研究既包括语料库调查，又有语言测试，但是语料库调查和语言测试中被试的语言背景不一致。如有的研究作者前文指出该研究是针对英语母语者的，语言测试时被试确实为英语母语者，但在大规模语料库调查时，作者对语料的选择并未区分国别，这可能会对研究的结论产生一定的影响。

二是当前语料库规模问题。名词习得的研究大多基于语料库开展，相对于感性的举例法而言，基于语料库开展研究更为科学。但是有的研究所依赖的语料库规模较小，搜集到的语料仅 30 余条，这在一定程度上影响了研究数据和结论的可靠性。

3.　研究展望

总体而言，名词是第二语言习得过程中最易习得的一种词类，因为人类的思维是共通的，多数普通名词与外语的对应性很强。正因为如此，汉语作为第二语言的习得研究中，学界对名词习得的关注相对缺乏，研究相对较为薄弱。但是名词的特殊小类、名词的附类方位词、同义名词以及一些与名词相关的组合或句式等，因其具有与普通名词不同的特质而呈现出较为复杂的情况，这些问题给留学生习得名词造成了一定的困难。但目前学界对此类问题的探讨还非常有限，这也是今后仍需继续深入研究的地方。具体而言，今后的研究可以在以下几个方面着力：

（1）方位词的习得研究

不同的语言对方位词的理解会有许多不同，因此，学习者在习得汉语方位词时会因为语言背景的不同而采取不同的理解策略，从而影响方位词的习得。例如，有的国家的留学生对"前"和"后"的理解与汉语母语者不同，因而对"前天"和"后天"的理解正好与汉语母语者的理解相反。

（2）时间词、处所词与方位词组合的习得研究

汉语时间词、处所词的特殊性，使得这些词在和方位词组合时会出现许多不同的情况。例如，在表示某个时间点时，汉语时间词常常不需要介词和方位词，如"我们下午一点半上课""夏天我们常常去海边玩"；留学生受母语的影响常常出现误加介词或方位词的问题，如"＊在下午一点半上课""＊在夏天/夏天里我们常常去海边玩"。再如，在表示概数时，时间词与方位词"前后""左右""上下"的组合情况并不一一对等，究竟哪些时间词可以与"前后"搭配，哪些可以与"左右"搭配，哪些可以和"上下"搭配，都是需要进一步阐释清楚的问题。汉语的处所词更加复杂，汉语处所词之后是否使用方位词有多种情况：有的处所词之后必须使用方位词，如"我在车里"；有的方位词可用可不用，如"我在教室看书""我在教室里看书"；有的则不可以使用方位词，如"我在复旦大学学习"。留学生常常弄不清楚其中的规则，容易出现不该加方位词而误加的情况，如"＊我在复旦大学里学习"。上述语言现象都是留学生汉语习得过程中经常出现的问题，有待汉语语法学界和二语习得研究者的进一步深入研究。

（3）汉语的名词性谓语句的习得研究

汉语中有一类比较特殊的句型是名词性谓语句。留学生在习得过程中常常回避使用名词性谓语句或者是将其与"是"字句相混淆。究其原因，主要是留学生难以把握其中充当谓语的名词的特殊性。汉语学界一般认为，名词性谓语句中可以充当谓语的名词一般是说明与主语相关的年龄、籍贯、数量或描写主语的特征，但是这样的说明在解释力上仍然是不足的。此外，名词性谓语句与"是"字句有何区别，如何避免二者的混淆，这些问题都有待进一步的探究。

可见，留学生名词习得的进一步研究有赖于研究者多方面的努力。一是需要加深名词的本体研究，对名词中的特殊现象开展更为深入的研究，对其特殊性进行充分解释，并将其用于二语习得研究中；二是需要更多地从留学生的习得情况出发，发现二语习得与母语教学的差别，进而更为精准地把握留学生习得汉语名词的重点与难点。此外，还应该注意改善实验设计并加强语料库的建设，采用科学的实验方法，同时优化被试的选择与分组、实验材料的选择、实验任务的设计等以提升实验数据和结论的可信度。

第三章　动词习得研究

汉语中，动词是相当重要的一个词类，"动词是句子的中心、核心、重心，别的成分都跟它挂钩，被它吸引"（吕叔湘，1985）。一个外国学生如果能够正确使用动词，那么他也能较为准确地使用围绕在该词周围的名词、形容词、副词。可见，动词的习得研究是词类习得研究中非常重要的部分。

当前学界对汉语动词习得的研究主要集中在一些较为特殊的动词小类的习得上，如能愿动词、离合词的习得研究，尤其是"能"和"会"的习得研究较为充分。同时，研究者也对汉语常见动词的习得进行了探讨，主要涉及"停""停止""打""进行"等常用动词，并对常见动词带宾语的习得情况进行了分析。此外还有学者从其他分类视角对特殊动词的习得情况进行考察，如非宾格动词、心理动词、路径动词、三价动词、及物动词、不及物动词等的习得。此外，学界还对同义动词、多义动词、易混淆动词、动词重叠式等的习得问题以及动词习得的常见偏误进行了探讨。

第一节　能愿动词习得研究

汉语能愿动词是动词的一个小类，且不同于一般动词，在语法特征和语义方面具有特殊性和复杂性。留学生在习得能愿动词时极易出现偏误，这引起了二语习得研究者的重视，有关能愿动词的习得研究也是动词习得研究的一个重要组成部分。

就具体能愿动词而言，"会"和"能"的习得偏误率最高，是学习者习得能愿动词的一大难点，因而能愿动词的习得研究多以"能"和"会"为研究对象，如陈若凡（2002）、张丽（2008）、赖鹏（2009），也有少数研究涉及的能愿动词更为广泛，如赖鹏（2006、2012）。就国别而言，汉语能愿动词和英语情态动词是两种语言中相对应而又具有相对封闭性的一对语法和语义范畴，相关研究多以英语母语者为研究对象，基于汉英对比对偏误的类型和产生原因进行分析与阐释。

1. "能""会""可以"等的习得研究

学习者在不同学习阶段对语言的处理情况可以反映语言的习得过程和习得顺序。二语习得的过程是学习者比照自己的母语，使目的语形式与功能／意义相对应的过程，也是将目的语的形式内置于语境中的过程。这种"对应"和"内置"是学习者所必经的两种普遍的认知过程。学习者在习得过程中面临"对应"和"内置"等认知任务。"对应"是指学习者必须不断地对比母语中的形式和相应或相似的目的语形式，将目的语形式与相应的母语意义或功能进行匹配。"内置"则是指学习者须将语句内置于社交语境和语言语境之中，使其符合其所发生的语境，二者尽量协调。

二语习得是学习者掌握目的语的一系列基本功能的过程，而一种语言中实现某一功能或意义可能有多种语法形式。因此，可以说，二语学习者的表达过程是对目的语的形式选择的过程。"选择"就意味着有多种形式的竞争，学习者须选择恰当的形式将其内置于相应的语境中。

赖鹏（2009）将语言处理理论与竞争模式结合起来，通过"对应""内置"和"竞争"三个内在认知因素来阐释情态习得的过程。作者指出，"对应"和"内置"两个认知环节往往相互作用。由于英汉情态动词之间形式与功能的复杂交叉对应，在学习者完全了解目的语规则及语境匹配关系之前，"对应"和"内置"两个认知环节极大程度地受目的语的影响，从而产生情态动词迁移偏误。

为了考察二语习得者对汉语情态动词的选择或者说不同情态动词之间的竞争的历时运作，赖鹏（2009）采用了个案追踪的调查方式，围绕情态动词"能""会""可以"展开，从对学习者历时三个学期的口头访谈录音语料中，考察这种竞争和选择的共时再现以及历时发展。

调查发现，随着习得的深入，学习者会根据对目的语输入的感知而对各形式的竞争强度进行调整。具体统计结果如图 3-1。

频率（%）

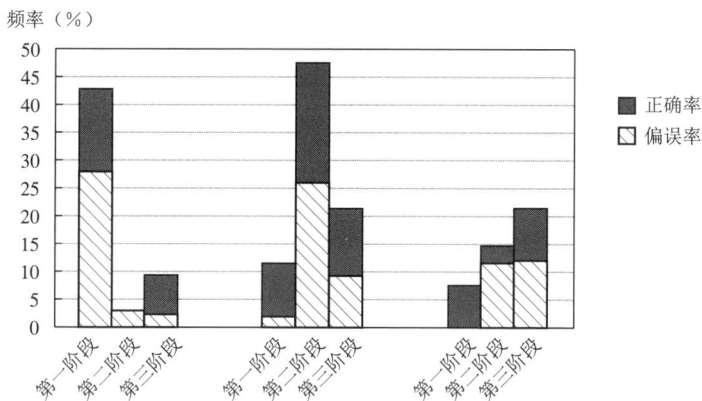

图 3-1 "能""会""可以"三阶段对比图 [①]

由图 3-1 可知，第一阶段和第二阶段，"能""会""可以"三者的使用频率差异很大，第三阶段三者之间的差异缩小，"能""会""可以"的使用率趋向平衡，正确率与错误率开始持平，正确率也开始略超过错误率，这说明在第三阶段学习者对各情态动词的竞争强度已有了一定的把握并开始调整。

据此，作者预测，到下一个学习阶段，学习者就能脱口而出正确的形式，而不会让两种形式共时竞争了。也就是说，到高级阶段，学习者在语言运用中所受到的竞争性干扰会趋向减少。总的来看，初级阶段输入的情态动词的形式少，因此参与竞争的形式少；中级阶段输入的形式最多，且各个形式的功能尚未完全明确，因而竞争最多；高级阶段各形式在语境中的竞争强度已趋向明确，则不存在很多竞争。

此外，赖鹏（2009）还从信号输入的角度对学习者习得情态动词的过程进行了分析。他认为，学习者最初主要依赖信号可靠性和信号可得性（比如学习者在第一阶段对"能"的过度使用以及第二阶段对"会"的过度使用），最后则转向依赖冲突强度，即根据语境判断各形式的强弱关系以做到正确"内置"，根据语言输入不断调整各形式的竞争强度以及这种能引发形式冲突的语境使学习者建立

---

① 参见赖鹏（2009）。

起信号的主导模式和复杂的"形式—意义—功能"对应关系。

情态动词又可以依据是否表推测而分为两类，表示推测的情态动词属于认识情态，表能愿或该允但不表推测的情态动词则属于根情态。赖鹏（2012）对留学生习得这两类情态动词的过程分别进行了考察。该研究基于两位以英语为母语的澳大利亚留学生三个学期（初级一、初级二和中级一，历时一年半）的跟踪性口头访谈录音转写语料，对学习者在情态动词使用方面的正确率与错误率进行对比，考察正确部分和偏误部分历时的动态发展、偏误类型上的数量变化，并从学习者内部因素、外部因素以及普遍认知因素等角度进行习得分析和偏误分析。

作者对两位学生在初级一、初级二和中级一这三个阶段的历时语料分别进行了考察，对三个阶段学生使用情态动词的正确率、偏误率和偏误类型进行了统计，得出如下结论：就偏误率而言，第一至第三阶段的误代偏误率变化情况为 26.7% → 55% → 22.2%。作者指出，这一变化主要是受习得过程中竞争模式的影响，中间阶段竞争形式最多，因而偏误最多。

此外，作者对三个阶段根情态习得和认识情态习得的情况分别进行了考察，具体情况如图 3-2 和图 3-3。

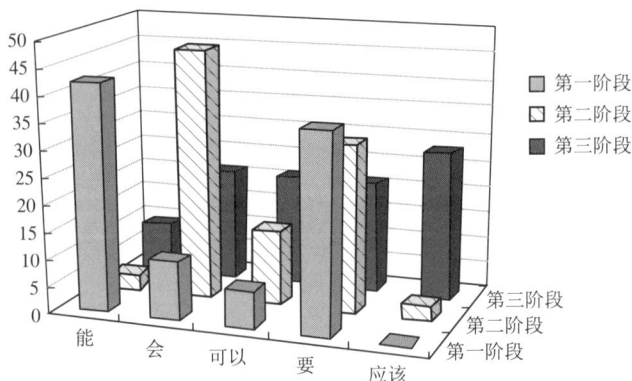

图 3-2　根情态习得三个阶段情态动词发展对比 [1]

基于图 3-2，赖鹏（2012）指出：（1）"可以"和"应该"在后面的学习阶段使用率上升，主要用于表该允义，分别与英语 may 和 should 对应，且对应比较

---

[1]　参见赖鹏（2012）。

明显、稳定，二者偏误率比较低，说明其可迁移性比较强，标记性相对较弱，习得难度不大；（2）"要"的使用率一直稳中偏高，说明其交际价值大，但其否定式偏误率很高且形成化石化，值得引起教学上的注意；（3）"能"和"会"的相互竞争情况明显，使用率都曾达到最高，使用情况很不稳定，主要受到与英语交叉对应的影响，学习者对汉语"能""会"表示能力时的区别混淆不清，偏误率特别高；（4）第一、二阶段各形式的使用极不均衡，但从第三阶段起，各情态形式的使用反映出了横向上的趋于平衡，显示了竞争模式所说的竞争强度的调整。

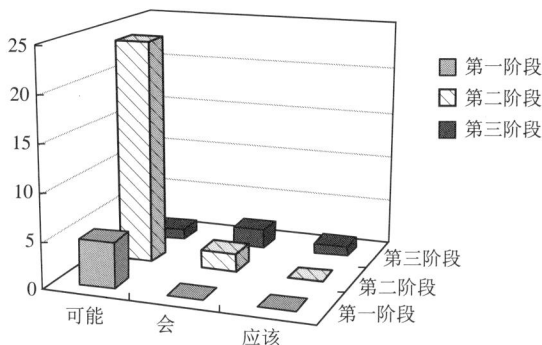

图 3-3　认识情态习得三个阶段情态动词发展对比 [①]

基于图 3-3，赖鹏（2012）指出，留学生在第一、第二阶段先后开始使用"可能"和"会"表示推测，因为这两个词是汉语中典型的推测用词，可以用于各种结构式表示推测，在输入时，其信号可得性大，标记性弱；其次出现的是半典型推测用词"应该"，除了肯定式外，能在有限的结构式中表推测，体现为中标记性。非典型推测用词（如"要""可以""得"等）在目前三阶段中没有得到使用，在表推测方面参与竞争的情态形式很少，因为这几种形式表推测时受句式限制很大，只能出现在肯定句中，因此其推测义在输入中的信号可得性相对较小，不利于其推测功能的习得。

基于上述数据分析，赖鹏（2012）得出两类情态三种功能的习得顺序，即在表意方面为：能愿义→该允义→推测义；反映在功能上的顺序相应为：内力施为功能→外力施为功能→推测功能。其中能愿义和该允义属于情态动词的根义，推

[①]　参见赖鹏（2012）。

测义属于情态动词的派生义、认识义，因此反映出两类情态的习得顺序为：非推测型根情态→推测型认识情态。

2. "能""会"等的偏误研究

陈若凡（2002）从语义和语法两个层面对汉英"能""会"的异同进行了对比，指出汉语的"能""会"和英语的"can"语义对应和不对应的情况，以及二者在肯定形式、否定形式、疑问形式等方面的异同。作者指出，"能""会"的汉英词义存在复杂的交叉关系，这种词义交叉影响了学生对"能"和"会"的词义的理解，进而影响了学生对"能""会"用法的掌握。初学者在使用"能""会"时容易出现偏误，主要偏误情况有："能""会"的混用、不该用"能""会"而乱用、该用"能""会"而不用、不会用"能""会"的疑问形式。作者认为，加强对比分析有助于防止和纠正留学生在这方面的偏误。

陈若凡（2002）对汉语的"能""会"及其与英语的"can"对应、不对应的对比分析较为粗略，并未考虑二者的功能，对习得偏误只是举例性质的描述，是对偏误句本身进行本体性的简要分析，并未涉及偏误产生的原因。

张丽（2008）指出"会"和"能"有多种用法。"会"有两个基本义项：会$_1$表示懂得干什么和能够干什么；会$_2$表示某件事情或某种性状有现实的可能性。"能"有四个基本义项：能$_1$表示有能力干什么；能$_2$表示有条件或有某种用途；能$_3$表示许可、允许；能$_4$表示有某种可能性。

基于这些义项，张丽（2008）对中山大学20万字中介语语料库中"会"和"能"的用例进行了检索，共得用例313例，其中正确用例230例，占73.5%，偏误用例83例，占26.5%。基于Carl James（2001）的偏误分类方法，作者将能愿动词的偏误类型分为遗漏、误加、错序和混用四类，偏误率由高到低的排序为：混用（52例，占比62.7%）＞误加（13例，占比15.7%）＞错序（10例，占比12%）＞遗漏（8例，占比9.6%）。

对于上述四类偏误情况，张丽（2008）都以举例的形式进行分析。遗漏偏误的举例为表示某件事情或某种性状有现实可能性的会$_2$被遗漏；错序偏误的举例为日本学生能愿动词与动词语序的偏误；误加偏误举例为能$_2$和会$_2$误加的情况；

混用偏误表现为"会""能"与其他词语的混用、"会"和"能"的混用以及与其他表达方式的混用。

　　结合偏误例句分析，张丽（2008）从母语负迁移、目的语规则泛化、认知偏误、回避策略等四个方面对偏误原因进行分析。其中错序偏误、"不可能"误用为"不能"等多受母语负迁移的影响；"可能"误代、表准允的"能₃"之类的偏误主要是由目的语规则泛化引起的；"能"和"会"之间的混用与认知偏误有关，学生对二者的区别没有充分认知导致偏误出现；初级阶段"能"的新规则导入时学生多采取回避态度。上述各个方面的偏误原因都以1～2个偏误例句分析的形式展开，在解释力上稍显不足。

　　相较而言，赖鹏（2006）对汉语的能愿动词和英语的情态动词进行了更广泛、更细致的对比分析。该研究讨论的能愿动词范围更为广泛，包括汉语"会""要""能""可以""应该""得"以及英语 may/might、can/could、shall/should、will/would、must、have to、be going to 等，并且区分了能愿动词的两大功能，即施为功能（使事件、动作的发生具有可能性）和推测功能（表达说话者对有关该事件、动作的命题所做的可能性判断）。汉语的功能比较复杂，主要情况详见表3-1。

表3-1　汉语能愿动词形式与功能对应表[①]

	内在施为功能		外在施为功能			推测功能	
	能力	意愿	条件/用途	许可	义务	推断	估计
会	会ᵥ	会₁				会₂	
要		要₁			要₂	要₃	要₅
能	能₁	能₅	能₂	能₃		能₄	
可以	可以₁		可以₂	可以₃		可以₄	
应该					应该₁	应该₂	
得					得₁	得₂	

---

① 参见赖鹏（2006）。

汉语"会""要""能""可以""应该""得"和英语的 may、might、can/could、shall、should、would、will、must、have to、be going to 等情态动词之间存在复杂的交叉对应关系，主要表现详见表 3-2。

表 3-2　英语情态动词和汉语能愿动词形式与功能对照表 [1]

	内在施为功能		外在施为功能			推测功能
	能力	意愿	条件/用途	许可	义务	推断
may				可以$_3$		会$_2$可以$_4$
might						会$_2$可以$_4$
can/could	会v能$_1$ 可以$_1$	能$_5$	能$_2$可以$_2$	能$_3$可以$_3$		会$_2$能$_4$可以$_4$
shall					要$_2$	
should					要$_2$应该$_1$	应该$_2$
would		会$_1$要$_1$能$_5$	能$_2$			会$_2$可以$_4$
will		会$_1$要$_1$	能$_2$			会$_2$
must					要$_2$得$_1$	一定/肯定/准
have to					要$_2$得$_1$	
be going to						会$_2$要$_4$

基于表 3-1 和表 3-2，赖鹏（2006）指出：（1）汉语能愿动词意义和功能分布比英语情态动词散，同一形式可表截然不同的意义；英语各情态动词的意义相对固定，因而一个英语情态动词的意义可对应多个汉语能愿动词，如表意愿的情态动词 would 可以对应"会$_1$、要$_1$、能$_5$"，表义务的情态动词 should 则可以对应"要$_2$、应该$_1$"等。can/could 则是例外，其语义涵盖了"能力、意愿、许可、推测、条件、用途"等，对应多个汉语能愿动词的多个义项。因此作者预测，以英语为母语的学习者，由 can/could"一对多"的形式—意义交叉对应关系引起的语际迁移可能是最普遍的偏误情况。（2）英语情态动词和汉语能愿动词基本上

---

① 参见赖鹏（2006）。

每一个都既可表施为功能又可表推测功能，区别在于，英语情态动词在表施为功能时各词意义相对固定，区分明显，而汉语能愿动词表施为功能时各词意义有重叠和交错，区分不明显；并且英语情态动词表推测功能时存在可能性程度的阶梯性，其由低到高序列为：might—may—could—can—should—would—will—must。而汉语能愿动词表推测功能时各词的差异不在于可能性程度而在于认知取向，表可能性时不存在程度序列，因而需要借助"可能、也许、说不定""多半""一定、肯定、准"等可能副词以区分程度差异。由此作者预测，以英语为母语的学习者在表达可能性程度时，需要对可能副词与能愿动词进行合理搭配，因而增加了形式内置于语境的难度。

基于上述语言对比分析，作者从习得角度对英语母语者习得汉语能愿动词时偏误形成的认知原因进行探讨。该研究的语料来自中山大学对外汉语系留学生作文语料以及《汉语病句辨析九百例》（程美珍、李珠，1997），均为母语为英语的留学生偏误句。考察结果发现，偏误类型主要有以下五类情况：（1）can 导致"会"和"能"的混用；（2）can 导致"能"和"可以"的混用；（3）shall/should 导致"应该"和"要"的混用；（4）"要"的否定形式与 do not want to 的不对应导致的偏误；（5）英语词序导致能愿动词词序偏误。作者指出，留学生习得汉语能愿动词的偏误主要是受其母语干扰所致的"对应"偏误和语境"内置"上的偏误。这类偏误的产生主要是因为汉语能愿动词的形式和功能之间存在复杂的对应关系，并且汉语能愿动词与英语情态动词的形式与功能存在交叉对应关系。此外，留学生对汉语能愿动词规则的过度概括或应用不完全也是偏误形成的原因之一。

在赖鹏（2006、2009、2012）等研究的基础上，《英语母语者汉语情态习得多角度探析》（赖鹏，2016）对其之前的研究进行了扩展研究和总结，所得的结论基本一致。就情态动词的偏误而言，赖鹏（2016）对"会""要""能""可以""应该""得"的语义构件进行分析，对 can/could、may/might、will/would、shall/should、must 的语义进行分析，并做英汉对比，由此指出"由于学习者可能回避使用双重否定和正反并列的疑问式等复杂结构，普遍使用简单肯定和简单否定，情态动词在句中的位置较固定，表现为'主语＋（不）＋情态动词＋主动词'

结构。在这种句法环境一致的情况下，学习者的偏误主要表现为语义处理层面的偏误。句法偏误通常只表现为由于汉语肯定、否定形式不对称而在否定句中没有'内置'正确的情态动词之类的偏误"。

为此，赖鹏（2016）从语义层面分析了英语国家学生习得汉语情态动词时容易出现的偏误，主要有五类：（1）所选情态动词未能表达所需语义（形式与意义之间的对应错误）；（2）"会"和"能"的语义对应错误（二者表意不同情况下的错误对应）；（3）"会"和"能"表能力时的混用（二者表意相同情况下的错误对应）；（4）"会"和"能"在相似句法环境中的对应错误；（5）表认识型推测时"可能"和"可以"的对应错误。作者认为，汉语每一个情态动词都既可以表示推测型认识情态又可以表示非推测型根情态，义项众多，所以在认知上的形式—意义的对应难度相对于英语来说可能更高，这是导致以上的语义选择或语义对应方面偏误的主要原因。

3.　能愿动词否定用法的习得研究

上述研究主要探讨了能愿动词之间的混用以及汉语能愿动词与英语情态动词之间的混用问题，吕兆格（2010）则关注能愿动词的否定用法，对各个阶段的留学生展开问卷调查，考查留学生掌握汉语能愿动词否定用法的情况。

问卷调查共搜集到能愿动词否定用法方面的偏误句有效用例 429 个。统计结果显示，能愿动词否定用法的偏误主要表现为四个方面：能愿动词句中否定副词"不"和"没（有）"的误用；否定词在能愿动词句中的位置出现偏误；能愿动词否定句语义理解的偏误；能愿动词的否定式与可能补语的否定式的混淆。留学生在"否定副词'不'和'没'的误用"方面的偏误率与其汉语水平相关度高，随着汉语水平的提高，偏误率逐渐降低。能愿动词的否定式中，否定词的位置是二语学习者的一个难点。习得难度最大的是能愿动词的否定与可能补语的否定，学生常常使用能愿动词代替可能补语，尤其是在初级阶段。对否定句语义理解的偏误所占比例最小。

吕兆格（2010）指出，能愿动词的否定用法偏误率很高，主要有两方面的原因：一是汉语能愿动词的肯定与否定不对称；二是能愿动词的义项复杂。

　　此外，二语学习者使用"可以""要""得"等能愿动词否定用法的偏误率都在 95% 以上，吕兆格（2010）对此进行了专门分析。他认为原因主要在于：（1）能愿动词多不止一个义项，各义项之间不仅表义有差异，使用方法也各有限制，留学生如果没有掌握不同义项的不同的用法，就会按照一般规律在能愿动词的前面直接加上否定词，导致偏误；（2）在含有能愿动词的句子中，否定词位置不同，句子的语义可能发生变化，语义强度也可能不同；（3）否定词"不"与"没"的混用；（4）能愿动词的否定用法与可能补语的否定式相混淆；（5）含有能愿动词的肯定句转换为否定句时，句中某些成分要做相应的变化，二语学习者往往不了解此类成分如何调整，导致相关偏误出现。

第二节　离合词习得研究

　　汉语的离合词，既可以像普通的词一样合起来使用，表达一个完整的意义，又可以像短语一样拆开使用，是汉语中一种特殊的语言现象。有关离合词的本体研究是汉语语法学界长期研究的重点。自 20 世纪 40 年代陈望道先生指出这一现象以来，学界从不同角度对离合词进行了多层次的深入探讨，在离合词的界定标准、语法性质、扩展形式、功能及成因等方面都取得了较为丰硕的研究成果。此外，离合词因其复杂性和特殊性，成为汉语二语学习者学习的重点和难点。20世纪 90 年代，学界开始从对外汉语教学的角度关注离合词的性质及其教学方法等问题。近年来，有关离合词的教学和习得的探讨也大量出现，主要围绕离合词，尤其是动宾式离合词的偏误类型和偏误原因等问题展开，如王瑞敏（2005）；也有一些研究为国别研究，主要是对印度尼西亚学生离合词使用的偏误情况进行考察。此外，还有一些研究以离合词的习得顺序为研究对象，如马萍（2008）主要对离合词的各类扩展式的习得顺序进行考察，林才均（2015）专门考察了泰国学生离合词的各结构小类的习得顺序。

1. 离合词的偏误研究

离合词，尤其是动宾式离合词，在留学生的学习过程中是一大难点，其典型问题是留学生常常将这类词用作普通动词，因而容易出现动宾式离合词带宾语（如"*见面我的朋友"）、ABAB 重叠（如"*散步散步"）等错误。王瑞敏（2005）以动宾式离合词为研究对象，探讨了留学生离合词的偏误类型、偏误成因以及离合词的对外汉语教学三个方面的问题。

就偏误类型而言，鲁健骥（1994）提出中介语偏误的四种类型——成分多余、成分缺失、成分误代、成分错位，并指出留学生使用离合词的偏误主要属于成分错位。高思欣（2002）将动宾式离合词的偏误类型概括为五类：插入的偏误、重叠的偏误、倒装的偏误、脱落的偏误、词性的偏误。王瑞敏（2005）基于上述研究结论，略作调整，将留学生动宾式离合词的偏误类型分为三类：

（1）应该"离"而没有"离"。这种类型又可以分为三种情况：

一是当离合词表示的动作涉及人时，为了引出相关的人，需要用离合词"离"的形式，但留学生常误用合的形式（如"*帮忙他"）；

二是当离合词表示动作的持续、完成和经历时，应在离合词中间插入"着""了""过"，但留学生常常将其放在离合词之后（如"*发烧着"）；

三是当离合词要表达动作持续时间的长短，动作的数量、结果和可能性时，应使用离合词的扩展形式，但留学生多不会使用扩展形式（如"*照相很多"）。

（2）"离"了但插入成分处理不完善。这类偏误主要出现在插入成分比较复杂的时候。

（3）其他形式的偏误。这类偏误又可以分为"重叠"形式的偏误（如"*握手了握手"）和"倒装"形式的偏误（如"*照相也照相了"）。

王瑞敏（2005）认为，留学生习得汉语离合词时出现各种偏误的原因是多方面的：

一是离合词的本体研究不够充分，不少问题仍存在争议，处理不一致，导致教师讲解产生困难；

二是教材对离合词的处理有些模糊，没有对离合词"离"的形式加以有意识

地凸显;

三是离合词在教学安排上确实存在一定的难度;

四是留学生在使用离合词时容易过度泛化。

由此,王瑞敏(2005)指出,对外汉语教学中的离合词教学,不应纠缠于至今尚无定论的问题,但要指出这类词的特殊之处。离合词的教学应遵循先"合"后"离"的原则,让学生先掌握它的词汇意义和作为词的语法功能,之后再逐步进行新的扩展形式的教学。此外,要抓住离合词扩展形式中的特有用法,也要突出其常用的基本句式。

汉语的离合词是非常特别的语言现象,在其他很多语言中并不存在,因而也有研究从国别角度切入,基于汉语与学生母语的对比进行偏误分析。萧频、李慧(2006)基于印度尼西亚学生中介语语料库,考察了学生在学习离合词的过程中出现的偏误,并通过对汉语离合词与印度尼西亚语的对比,分析偏误产生的原因,并提出相应的教学对策。该研究以赵淑华、张宝林(1996)从《汉语水平词汇与汉字等级大纲》(1992)中确定的 248 个离合词为依据,在印度尼西亚学生语料库中进行检索,得到离合词 72 个、相关例句 164 例。从例句情况来看,印度尼西亚学生对离合词的掌握情况比较好,正确使用离合词的例句为 118 例,正确率为 71.95%。但学生多倾向于使用离合词的合用形式,合用用例为 155 例,占比 94.51%,分用形式的仅为 9 例。

就偏误句的情况而言,萧频、李慧(2006)将印度尼西亚学生离合词使用的偏误类型分为两类:一是误把离合词用为不能分用的复合词,即应该在离合词中间插入其他成分时,却把这些成分放在离合词之后,如"* 这件事我做主不了"。这是印度尼西亚学生学习离合词时出现的主要偏误,占偏误总数的 68.66%。二是误把不能分用的复合词用为离合词,即把汉语中一些不能分开使用的词拆开,在中间插入其他成分,如"* 我今年五月刚实完习"。

萧频、李慧(2006)进一步指出印度尼西亚学生使用离合词的主要特点:第一,使用离合词合用形式的次数明显多于分用形式。也就是说印度尼西亚学生往往把离合词当作一个整体使用,而且对离合词的分用形式有回避使用的倾向。第二,低年级学生离合词使用的主要偏误是把离合词误用为不能分用的复合词;而在高年级中，主要的偏误又表现为把不能分用的复合词当作离合词使用。

同时，萧频、李慧（2006）对汉语的离合词和印度尼西亚语进行了比较，发现有三种情况：一是汉语离合词对应印度尼西业语的单纯词（katatunggal），这类情况占64%；二是汉语离合词对应印度尼西亚语中的词组（frasa），这类情况占27%；三是汉语的离合词在印度尼西亚语中没有对应的固定结构，只能用句子来解释，这类情况占9%。第一类情况的离合词在语料中出现得最多。

基于上述对比分析，萧频、李慧（2006）对印度尼西亚学生使用汉语离合词的偏误原因进行了探讨。他们认为，误把离合词用为不能分用的复合词的偏误类型产生的原因在于母语负迁移。学生在使用第一类情况的离合词时，受母语的影响，将其比附为印度尼西亚语中相应的单纯词，造成了大量应该用分用形式但用了合用形式的偏误。高级阶段出现的将一般的复合词误用为离合词的分用形式的偏误，其产生原因主要是学生对离合词分用规则的泛化。此外，印度尼西亚本土的汉语教学中使用的工具书、教材对离合词的处理也欠妥当，没有对离合词的拼音做任何标记，没有突出离合词的特殊性。

在上述分析和讨论的基础上，萧频、李慧（2006）指出，应该在教学中基于语言的对比寻找适合印度尼西亚学生离合词教学的方法。应当让学生树立离合词的正确观点；教学中应重点讲授离合词的分用形式；教材编写时应对离合词做明显的标记，加强对离合词用法的解释。

此外，还有学者从自动纠正留学生离合词偏误的计算机系统的角度展开研究。杨泉（2011）主要探讨了创建计算机自动纠正留学生离合词偏误系统的问题。在探讨的过程中，作者结合离合词的特点及"HSK动态作文语料库"中的语料，总结了留学生使用离合词时经常出现的偏误类型。离合词都可以分离出两项成分，为表述简便，作者假设离合词的原型为L，分离后第一项成分为A，第二项成分为B，即L=A+B，分离形式中的插入成分为C。具体而言，偏误类型表现为以下四种情况：

一是在离合词中插入的成分出现偏误。这类偏误又有两种情况：（1）AC出现偏误。AC为时态助词"着、了、过"时，留学生把离合词等同于一般动词，把"着、了、过"放在整个离合词后面形成偏误，如"*见面过"；AC为动量短语或时间短语时，留学生误将 AC 放在整个离合词的前面或后面，如"* 一次挑水""* 帮忙一下"；AC 为动词补语时，留学生误将补语放在整个离合词之后，如"* 考试完"。（2）BC 出现偏误。形容词或形容词短语 BC 误用在整个离合词之前，如"* 很多抽烟"；形容词或形容词短语 BC 误用在整个离合词之后，如"* 受伤了很重"。

二是离合词的受事位置出现偏误。（1）少部分离合词可以带宾语；（2）有些离合词的受事宾语只能构成 PO+A+B（PO 为介宾结构，P 为介词，O 为宾语），却出现在整个离合词之后，如"* 见面他"；（3）有些离合词的受事宾语只能构成 AO+（的）+B，却出现在离合词的后面，如"* 听话爷爷"；（4）有些离合词的受事宾语既可以构成 PO+A+B，又可以构成 AO+（的）+B，但却出现在整个离合词的后面，如"* 帮忙我"。

三是离合词的重叠形式。"HSK 动态作文语料库"中并未检索到离合词重叠用法的偏误例句，作者认为有两个原因：一方面学生受母语影响，不习惯重叠用法；另一方面作文语料库的语料偏书面语色彩，学生较少使用口语色彩较浓的离合词重叠形式。但日常教学中教师会发现留学生存在"* 散步散步"这类错误。

四是离合词本应出现在主语位置，却出现在宾语位置。这主要是指大部分离合词不能带宾语，留学生却误加宾语的情况，如"* 两年后毕业大学"。

杨泉（2011）对上述四类偏误情况分别进行了细化分析，相较于其他的偏误类型分析更为具体，尤其是插入成分的偏误和受事位置的偏误。他具体分析了插入成分的位置错误和受事的位置错误有哪些情况，并且指明插入成分是限定 A 还是 B 的、宾语应该构成 AO 还是 PO。其他研究多笼统地指出应该使用离合词"离"的形式，而没有分析具体的错误情况。该研究致力于建构一个计算机自动纠正留学生离合词偏误的系统，因而只有描写得十分细致充分，才能根据每一小类偏误制定出相应的规则。这也从另一个方面说明，学界对离合词习得的偏误研究也逐渐深入、细化。

2. 离合词的习得顺序研究

马萍（2008）指出以往离合词研究多采用列举法，这在很大程度上影响了研究结论的科学性和可靠性。因此，她对留学生动宾式离合词的习得进行实验性研究，从统计学的角度对实验数据进行全面分析，重新考察留学生动宾式离合词习得的过程及特点，探索离合词的习得顺序及规律。

在周上之（1998），任海波、王刚（2005）的研究基础上，马萍（2008）把动宾式离合词的扩展形式进行整合编码，得出以下动宾式离合词的使用情况：

（1）VPO：V+ 着 / 了 / 过 / 的 +O，如"毕了业、见过面"

（2）VCO：V+ 补语 +O，具体包括以下形式：

　　a. VC_1O：V+ 得了 / 不了 / 得 / 不得 +O（VC_1O），如"请不了客、照不了相"

　　b. VC_2O：V+ 趋向补语 +O，包括单音节的简单趋向补语（VC_2O_1）和双音节的复杂趋向补语（VC_2O_2），如"鼓起掌来、帮不上忙"

　　c. VC_3O：V+ 数量 / 时量补语 +O，如"洗三次澡、留了两年学"

　　d. VC_4O：V+ 动词或形容词构成的单音节补语 +O，如"请好假、离完婚"

（3）VMO：V+ 定语 +O，包括以下形式：

　　a. VM_1O：V+ 形容词 +O，如"放一个长假"

　　b. VM_2O：V+ 代词 +O，如"生我的气"

　　c. VM_3O：V+ 什么 +O，如"着什么急"

（4）倒装成 OV，如"会才开完"

（5）重叠（VVO），如"散散步"

该研究的两组被试，一组为留学生组，包括 53 名不同国籍的留学生，其初级、中级、高级水平根据自然班等级划分；一组为中国组，包括 48 名中国人。

该研究采用客观测试与主观测试相结合的方法，搜集留学生习得 VO 型离合词扩展形式的语料。客观测试部分为选择题，主要考察两组被试对上述 10 类离合词的扩展形式的掌握和习得情况，要求被试按"完全接受"到"完全不能接受"对每个选项进行"李克特五级量表"计分。主观测试为翻译，分别给出情景以及留学生母语的译文，要求被试根据所给的词的正确形式填空。

通过对两组被试客观测试题的配对检验，马萍（2008）指出，就目标项平均得分而言，中国组在"可以接受"到"完全接受"之间，而留学生组则在"不太接受"到"可以接受"之间。这说明留学生组在选择时自信度普遍不高，中国组则对选择非常自信。

基于中国组和留学生组标准方差的对比，作者发现留学生组的内部差异明显高于中国组，这说明中国组被试内部的看法较一致，留学生组被试内部的看法差异较大。配对样本测试表明两者差异具有显著意义，这说明留学生离合词的习得与母语者之间还存在相当大的差距。

基于目标项与评价项的关系分析，马萍（2008）发现留学生组的被试的目标项得分与主观评价项得分的相关性并不显著，即被试主客观习得顺序有一定相关性，但相关性不大，习得难度在主观意识与客观体现中并非完全一致。而且，从留学生组评价项的标准差来看，留学生对测试内容的真实"难易"程度并不敏感。

基于 10 类扩展形式的得分情况可以发现，留学生组按目标项平均分由高到低的序列为：$VVO > VC_3O > VPO > VC_1O > VM_3O > VC_2O > VM_1O > VM_2O > VC_4O > OV$。

基于留学生组内不同阶段学习者的测试得分情况，马萍（2008）指出，总体而言，留学生组初级、中级、高级的目标项得分随着等级的提高呈现递增趋势。不同扩展形式的习得不是均衡发展的，离合词的各扩展形式的习得不是齐头并进的，并且有时还会出现倒退的现象（如 VC_1O）。有些扩展形式留学生在初级阶段已基本掌握，还有些扩展形式高级阶段的留学生的习得情况仍不理想（如 VPO、OV）。大部分扩展形式的习得在中高级阶段完成，总体上是一个"合用—扩展—倒装"的习得顺序。

该研究采用量化研究的方法以客观数据揭示了离合词教学是对外汉语教学的一个薄弱环节，学生对离合词扩展形式的习得状况较差，回避使用现象明显。留学生组内部三个等级的实验数据大体上显示了留学生动宾式离合词的习得顺序和特点。

该研究的不足之处在于，虽然实验包括客观测试和主观测试两个部分，但最终的数据分析基本以客观测试的语法判断测试结果为主，主观测试题只做补充和参考。对目标项的接受度的选择测试实际上是接受性的，而非生成性的，因此基于接受性测试的数据分析并不能全面地反映学生离合词扩展形式的习得情况，尤其是掌握程度。

林才均（2015）以泰国学生为研究对象，考察泰国学生汉语离合词的习得顺序。该研究的语料来源于泰国皇太后大学师范汉语专业二年级学生的考试作文与平时周记。语料分为两种类型：一是诱发性语料（elicited data），来自81篇考试作文（作文要求之一是，学生至少要用到4个离合词），共获得712条用例；二是自然语料（natural data），来自314篇周记，共获得786条用例。习得标准采用准确率标准（accuracy criterion）与正确使用相对频率法（relative frequency method）。

诱发性语料的统计结果显示，各结构大类按习得准确率由高到低排序为：名语素前移（100%）＞重叠（96.51%）＞介词搭配（93.06%）＞插入修饰成分（77.52%）＞V的重复（76.92%）＞插入补语（67.28%）＞插入助词（65.96%）＞语素脱落（50%）＞词性偏误（49.31%）。林才均（2015）对名语素前移的习得情况做了说明，他指出名语素前移的准确率最高，和其使用频率低、使用形式单一有关，语料中只出现7例，只涉及3个离合词的使用。因而，虽然名语素前移的准确率最高，但不能据此认为学生已经完全习得。

此外，学生使用离合词的正确使用相对频率，同样呈现为非均衡状态。

自然语料的统计结果显示，各结构大类按习得准确率由高到低排序为：介词搭配（94%）＞重叠（89%）＞名语素前移（83.33%）＞插入补语（79.26%）＞V的重复（77%）＞插入修饰成分（76.21%）＞词性偏误（62.92%）＞插入助词（51.28%）＞语素脱落（44%）。林才均（2015）同样指出了名语素前移的准确率问题在于使用频率低。

综合两类语料的相关数据，除去两极现象，林才均（2015）得出泰国学生离合词结构小类的习得顺序大致为：重叠＞介词搭配＞插入修饰成分＞插入补语＞语素脱落＞V的重复＞名语素前移＞词性偏误＞插入助词。在此基础上，作者还与吴氏流海（2007）、马萍（2008）、林才均（2011）分别对越南学生、留学生（不区分国别）及泰国学生的离合词的习得顺序的研究结果进行了比较，详见表3-3。

表 3-3　离合词结构小类习得顺序对比 [①]

结构类型	泰国学生	越南学生	留学生	本研究
插入动态助词	8	7	2	9
插入修饰成分	4	6	4	3
插入补语	9	3	3	4
名语素前移	5	4	5	7
重叠	1	8	1	1
介词搭配	2	未涉及	未涉及	2
V 的重复	6	1	未涉及	6
词性偏误	7	2	未涉及	8
语素脱落	3	5	未涉及	5

由表 3-3 可知，泰国学生离合词各结构的习得顺序与越南学生离合词各结构的习得顺序之间的差异较大，而与留学生（不区分国别）更为接近。

此外，林才均（2015）根据语料分析，指出泰国初级汉语学生习得离合词具有以下特点：（1）呈现非均衡发展状态，两极化现象突出；（2）离合词选用日常生活化；（3）离合词及其结构的选用与句义具有单一性与同一性；（4）某些结构有僵化的可能；（5）离析意识基本形成。

第三节　常用动词习得研究

现代汉语中，有一些动词使用频率极高，义项非常丰富，并且不同义项的用法存在很大差异。这类动词因其语义和用法的复杂性，成为第二语言学习者习得汉语动词的难点之一。这类动词的习得问题也成为学界研究的一个重点。当前的相关研究主要涉及动词"停""停止""打""进行"的个案习得研究。

1. "停""停止"的习得研究

朱锦岚（2008）围绕留学生习得汉语动词"停"和"停止"的偏误情况开展

---

① 参见林才均（2015）。

研究。根据各工具书的释义，"停"主要有 3 个义项，即：A. 表示停止；B. 表示停留；C. 表示停放。"停止"只有 1 个义项，即表示不再进行。但现有的词典都没有充分说明"停""停止"在意义和用法上的异同，这给留学生的习得造成了一定的困扰。

朱锦岚（2008）基于 42 万余字的语料统计，发现动词"停"和"停止"存在以下四个方面的差异：（1）使用频率。"停"的使用频率远高于"停止"。（2）停断的时效。"停"所表示的时效比"停止"短。"停止"没有表示动作轻微、用时短暂的重叠式，后面也不能加表示短暂的动量和时量补语。（3）对宾语的要求。"停"所带的宾语多为单音节名词，单音节动词数量有限；"停止"的宾语大都是双音节的动词宾语，名词宾语数量较少。（4）与补语的搭配。"停"带补语的形式较为丰富，而"停止"带补语的情况非常少见。

基于留学生的作业语料，朱锦岚（2008）指出，留学生使用"停"和"停止"的偏误主要表现为：（1）滥用"停止"；（2）不了解"停"和"停止"各自对宾语的要求；（3）没有掌握"停"带补语的结构，尤其没有掌握"停下（来）"这样的动趋式。留学生滥用"停止"，与工具书解释不周全有关，也与留学生对"停 + 趋向补语""停 + 数量补语"等动补结构的掌握不充分有关。此外，作者认为，"停"的误用以及"停"和"停止"所带宾语的音节的限制也值得注意。总体而言，作者对偏误情况的分析，主要采取代表性病句示例的形式，对偏误句的分析也多为本体层面的分析，略显简单，对偏误原因的探讨还有待加强。

2. "打"的习得研究

动词"打"在汉语中的义项繁多，是一个典型的单音多义词。张江丽、孟德宏、刘卫红（2011）以动词"打"为切入点，调查汉语第二语言学习者单音多义词的习得深度。该研究采用实验设计与语料库研究相结合的方法，通过实证研究调查学习者对单音多义词的习得情况，并考察学习者的汉语水平、母语背景及性别等因素对单音多义词习得情况的影响。同时与北京语言大学的"HSK 动态作文语料库"中动词"打"的使用情况进行对比，加深对多义词习得的理解。

该研究的实验被试为北京师范大学的 61 位留学生，其中初级水平的 18 人，中级水平的 29 人，高级水平的 14 人。问卷以选择题的形式出现，包含 28 道选择题，覆盖《高等学校外国留学生汉语言专业教学大纲》（2002）（以下简称"教学大纲"）中"打"的 14 个动词义项。具体情况如图 3-4 所示。

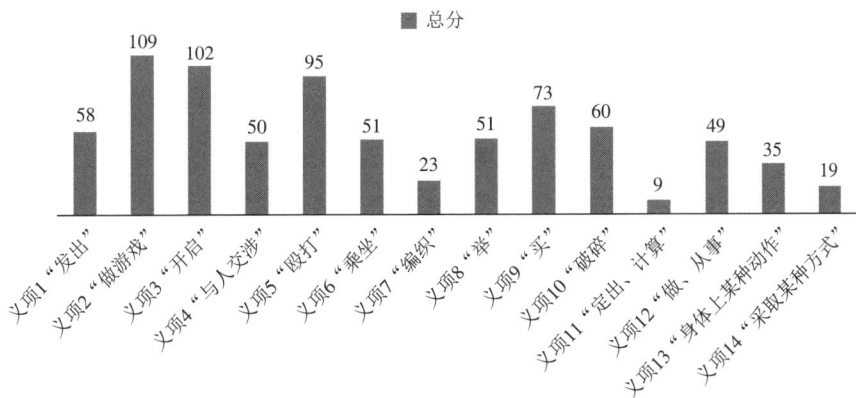

图 3-4 "打"的不同义项的测试成绩 [①]

义项 1～7 是"教学大纲"中规定的一年级的教学内容，义项 8～10 是二年级的教学内容，义项 11～14 是三四年级的教学内容。如图 3-4 所示，学习者习得效果最好的是义项 2 "做游戏"、义项 3 "开启"和义项 5 "殴打"，习得效果最差的是义项 11 "定出、计算"和义项 7 "编织"。

方差计算显示 $p=0.071$，这说明四个年级的义项测试成绩在统计学上不存在显著差异，也就是说，"教学大纲"对"打"的不同义项的安排顺序对学习者的测试成绩并没有产生显著的影响。这在一定程度上支持了"学习者的习得顺序并不取决于教师的教学顺序"这一观点，在第二语言学习中，习得顺序是存在的。

此外，张江丽、孟德宏、刘卫红（2011）还分析了学习者的汉语水平、性别和母语背景对"打"的词义习得的影响。统计结果显示，学习者的汉语水平对多义词词义习得的影响最大，性别因素次之，母语背景的影响最小。作者指出，学习者的汉语水平越高，多义词的习得成绩越好。而学习者的母语背景对各个等级学习者的多义词习得效果均无显著的影响。

在此基础上，张江丽、孟德宏、刘卫红（2011）对北京语言大学"HSK 动

---

① 参见张江丽、孟德宏、刘卫红（2011）。

态作文语料库"中中高级水平汉语学习者对动词"打"的各义项习得情况进行统计分析，以此对问卷调查结果进行验证。语料库统计结果显示，中高级水平学习者"打"的"开启""做游戏""殴打""买""做、从事""发出"等义项的习得效果较好。

对照实验研究和语料库调查的结果，可以发现，某些义项的习得情况类似，如学习者对"做游戏"义、"殴打"义、"做、从事"义的习得效果都较好。但也有一部分义项如"买"，在实验研究中的习得效果不理想，语料库调查显示这一义项学习者未使用过。张江丽、孟德宏、刘卫红（2011）认为，出现上述现象的原因在于两个调查的语料获取方式不同。动态作文语料中的语料"打"的运用是学生的主动输出，属于生成性词汇；而实验调查时，学习者对义项的选择判断是被动接受性的，其难度也低于作文中的运用。这也进一步证实了接受性词汇的规模是大于生成性词汇的。

由此，张江丽、孟德宏、刘卫红（2011）对影响多义词词义习得效果的因素进行了探讨。作者认为，影响多义词习得效果的最重要的两个因素是意义的常用度和意义引申的透明度。前者对多义词习得效果的影响是通过语言的具体使用来起作用的，而后者是通过词义之间的天然联系来影响多义词的习得。

3. "进行"的习得研究

形式动词是较为特殊的一类动词，在韵律、语义、句法和语体等方面都具有特殊性。其中"进行"是最为常用的形式动词。在韵律上，"进行"后的宾语多为双音节动词；在语义上，"进行"的语义虚化，句式语义重心由宾语来承担；在句法上，"进行"后宾语位置上的双音节动词不能直接带其自身原有的受事宾语，宾语的修饰语只能向前扩展不可向后扩充；在语体上，"进行"句式多用于正式的书面语体，少用于日常口语。这些不同于一般动词的特征给留学生习得汉语形式动词造成了一定的困难。

对汉语形式动词习得的相关研究主要集中在硕士学位论文层面，比如周媛媛（2012）、林菁（2013）、张秀密（2015）、王宝帅（2016）、任英琦（2017）等，主要是对学习者语料中的偏误进行分析，相关的期刊论文较为少见。应玮、骆健飞

（2019）采用问卷测试的形式对初中级留学生习得形式动词"进行"的情况进行考察。测试问卷包括三个部分：第一部分是 10 道选择题，第二部分是 20 道判断题，第三部分是 10 道组词成句题。其中第一、二部分的测试点涵盖了韵律、句法、语义、语体四个方面，第三部分则进一步测试句法内容。被试分为初级和中级两组。

测试结果显示，初中级留学生在形式动词"进行"的韵律、语义、语体、句法四个层面内容的习得上的正确率均值由高到低为"韵律＞语义＞语体＞句法"。应玮、骆健飞（2019）认为，这一趋势与"进行"的韵律、语义、语体、句法四个层面习得要点的复杂程度不同有一定的关系。"进行"在韵律、语义、语体、句法四个层面的习得要点的具体情况如表 3-4。

表 3-4　形式动词"进行"在韵律、语义、语体、句法四个层面的习得要点 [①]

项目	习得要点
韵律	"进行"后宾语大多是表示动作的双音节词，少量三音节词，绝不能是单音节词
语义	"进行"本身的语义虚化，句式语义重心由宾语来承担，宾语的语义特征：[-完成][+持续][+自主][-心理]
语体	"进行"句式用于正式书面语体，不用于非正式的日常口语
句法	（1）"进行"本身可以直接跟体标记（了、着、过）、情态动词共现；（2）"进行"的宾语可以是无修饰语的单个双音节动词，也可以是带单个或多个修饰语的双音节动词或词组；（3）宾语的修饰语只能向前扩展，不能置于宾语之后；（4）进入宾语位置的双音节动词不可直接带其受事宾语，需要用介词结构引出，较为常见的是"对 NP"结构

韵律层面的内容最具形式标志，学生习得的难度最低，因此韵律层面的正确率最高。语义层面的内容涉及"进行"本身的抽象语义和宾语的特定语义特征要求，习得难度次之。语体层面的关键是区分正式书面语和非正式的日常口语，这是学生习得的难点之一。句法层面的内容最为复杂，并且"进行"的句法—语义不对等关系也给学生的学习增加了难度。具体而言，句法层面正确率最高的是"进行"后宾语的词性辨析，其次是动词宾语的修饰语，而"进行＋动词"结构

---

① 参见应玮、骆健飞（2019）。

不能再带宾语的正确率较低，"进行"与动态助词"了"共现时的出现位置也常常出错。

此外，应玮、骆健飞（2019）还对担任被试学生所在班级综合课教学的四位任课教师进行了半结构式访谈，主要围绕课堂的教学方法展开。结合测试结果和访谈情况，作者认为，面向初中级水平留学生的形式动词"进行"的教学，要坚持四位一体的原则，即从"韵律、语义、语体、句法"四个层面进行清晰明确的讲授和操练，才能提升教学效率和学习效果。

第四节　其他类别的动词习得研究

1.　非宾格动词、心理动词习得研究

1.1　非宾格动词习得研究

Perlmutter（1978）提出非宾格假说，将不及物动词分为非宾格动词（如"碎"）和非作格动词（如"跳"）。二者的主要区别在于：（1）所带的名词短语在深层结构的位置不同：非宾格动词所带的名词短语处于宾语位置，非作格动词所带的名词短语处于主语位置。（2）所带名词短语的论元角色不同：非宾格动词所带的名词短语是受事论元，非作格动词所带的名词短语是施事论元。（3）事件结构不同：非宾格动词表示的是"有界"[①]行为，非作格动词表示的是"无界"行为。

Levin & Rappaport Hovav（1995）将英语中的非宾格动词分为三类：（1）表示"状态改变"，如"The vase broke"中的"break"；（2）表示"位置改变"，如"Three students arrived at the library"中的"arrive"；（3）表示"存在或出现"，如"A terrible thing happened yesterday"中的"happen"。表示"状态改变"的非宾格动词可以转化为及物动词，表示使动，即"使……改变状态"，如"Tom broke the vase"中的"break"，二者的句法结构不同。详见图3-5。

---

① 关于"有界""无界"的定义和讨论，参见Tenny（1994）。

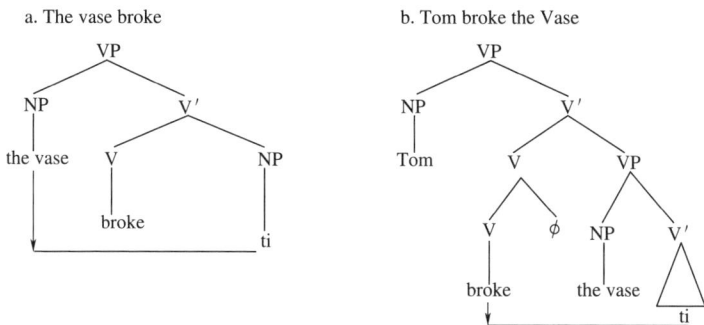

图 3-5　The vase broke 和 Tom broke the vase 树形图 [1]

　　例 a 是 "break" 作为非宾格动词的句法结构，"break" 的内部论元 "the vase" 在深层结构上处于宾语位置，在表层结构上移至主语位置。例 b 是 "break" 转换为使动动词的句法结构，作为 VP 中心语的 "break" 受到位于上一级 VP 中心语位置的、没有语音形式的使动成分的吸引，移位至此并与之合并而成为使动动词。非宾格动词与由其转化而来的使动动词的区别，就在于前者的句法结构是 VP，后者的句法结构是 VP 壳。

　　汉语的情况与英语不同，汉语中表示 "状态改变" 的非宾格动词的论元可以移至主语位置，如 "李四的一条腿断了"，也可以在宾语位置，如 "李四断了一条腿"。因此，从表层结构看，"断" 类动词可以带宾语，但实际上这样的句法结构是有限制条件的，即主语和宾语之间必须有领属关系，并且宾语必须是非限定性的。通过对 "把" 字句的检验，赵杨（2009a）指出，汉语非宾格动词不具有及物动词或使动动词的全部特点，不能转换为使动结构，投射在句法上的是 VP，而不是 VP 壳。

　　基于上述讨论，赵杨（2009a）从 "超集" 和 "子集" 的角度探讨英语母语者习得汉语非宾格动词的情况。子集原则是指当 Y 为子集、X 为超集时，Y 语法包含在 X 语法内，但 X 的有些语法结构是 Y 语法所不允许的。学习者往往以子集语法规则（Y）为起点，先构建比较保守的语法。之后，以正面证据为基础，逐渐包括超集（X）中的语法规则。

---

① 此处树形图参见赵杨（2009a）。

子集原则多适用于第一语言学习。但在第二语言习得中，如果第一语言的语法与第二语言的语法之间存在"超集—子集"关系，那么第二语言习得也会受到一定的影响。一般有两种情况：（1）第一语言语法为子集，第二语言语法为超集。此时，第二语言输入材料中的正面证据，促使中介语语法重新设定参数，使之与第二语言语法相一致。（2）第一语言语法为超集，第二语言语法为子集。在这种情况下，受第一语言迁移的影响，学习者往往首先采用超集的语法结构和规则。（White，1991）

就英语和汉语的语言事实而言，英语既允许带一个名词短语的非宾格动词，也允许非宾格动词转换为使动动词。汉语只允许带一个名词短语的非宾格动词，但不允许其转换为使动动词。汉语非宾格动词和心理动词投射到句法上的是 VP。英语非宾格动词和主语经验者动词投射到句法上的是 VP，而由非宾格动词转化而来的使动动词和宾语经验者心理动词投射到句法上的是 VP 壳。就这两类动词而言，英语和汉语构成了"超集—子集"关系，英语是超集，汉语是子集。

赵杨（2009a）基于英汉非宾格动词之间的上述"超集—子集"的关系，对母语为英语的汉语学习者习得非宾格动词的情况进行调查，主要考察在输入材料缺乏正面证据的情况下，学习者能否习得汉语非宾格动词的非使动特征。该研究采用了可接受性判断测试和组句测试两种测试方法。英语被试分为中低组、中高组和高级组，控制组为国内在校大学生。非宾格动词的可接受性判断测试结果如图 3-6。

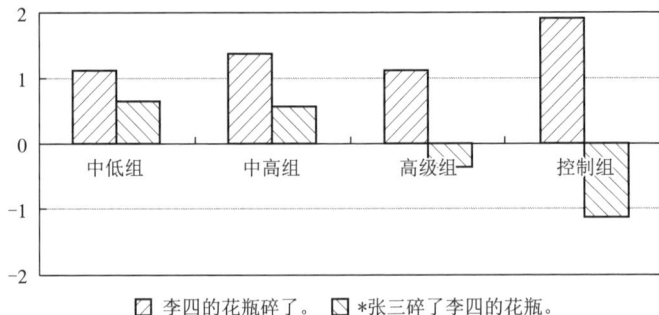

图 3-6　非宾格动词的两个句式在可接受性判断测试中的平均值[①]

---

①　参见赵杨（2009a）。

图 3-6 中，平均值≥1 为"接受"的水准线，平均值≤-1 为"拒绝"的水准线，可见，英语组的三个等级对非宾格动词句（如"李四的花瓶碎了"）均表示接受，对由非宾格动词的使动句式（如"*张三碎了李四的花瓶"）的接受值则处于"接受"与"拒绝"之间，但其接受度随着汉语水平的提高而降低。

组句测试中，给出"把、李四的花瓶、张三、碎了"等词语，要求被试组句或判断其能否造出语法正确的句子。测试结果显示，三组英语被试中，中低组和中高组没有一个被试表示"不能用所给词语造出语法正确的句子"，都倾向于使用非宾格动词造出"*张三把李四的花瓶碎了"类的使动句。高级组中 25% 的被试表示"不能用所给词语造出语法正确的句子"，但仍有 44% 的被试将非宾格动词误用作使动动词。

综上可见，在学习汉语非宾格动词时，学习者的中介语语法与汉语语法存在显著差别，学习者赋予非宾格动词的句法结构不是汉语语法所要求的 VP。由此，赵杨（2009a）指出，就非宾格动词而言，即当第一语言和第二语言的语法存在"超集—子集"关系时，第二语言的某个句法项目的习得可能会受到影响。在缺乏正面证据的情况下，学习者对汉语非宾格动词的用法是否合乎语法不能做出准确判断。

1.2　心理动词习得研究

心理动词是表示心理感受和反应的动词，可以指派两个论元角色：一个是经验者，一个是使动者（处于主语位置）或者受事成分（处于宾语位置）。不同语言的心理动词情况不同。有些语言有两类心理动词：一是以经验者为主语，称为主语经验者动词，如"Jenny fears dogs"中的"fear"；一是以经验者为宾语，称为宾语经验者动词，如"Dogs frighten Jenny"中的"frighten"。在深层结构上，宾语经验者动词和主语经验者动词都是 VP 的中心语，区别在于，前者投射到句法上的是 VP 壳，动词受到位于上一级动词短语中心语位置的、没有语音形式的使动成分的吸引，提升至该位置并与之合并，从而成为使动动词。主语经验者动词投射句法上的只是 VP，而不是 VP 壳。

与英语不同，汉语只有主语经验者心理动词，缺少宾语经验者动词。与英语宾语经验者动词"please""excite""bore""tire"等相对应的汉语词语"高兴""兴奋""烦""累"可以以主语为经验者，但不能用作使动动词。因此，汉语只能说

"听到这个消息，小张很兴奋"，而不能说"* 这个消息兴奋了小张"。

基于上述语言对比，赵杨（2009a）认为，就心理动词而言，英语和汉语的语法之间存在"超集—子集"的关系，并从"超集—子集"关系的角度，对英语母语者习得汉语心理动词的情况进行了考察。该研究采用了可接受性判断测试和组句测试两种测试方法。英语被试分为中低组、中高组和高级组，控制组为国内在校大学生。非宾格动词的可接受性判断测试结果如图 3-7。

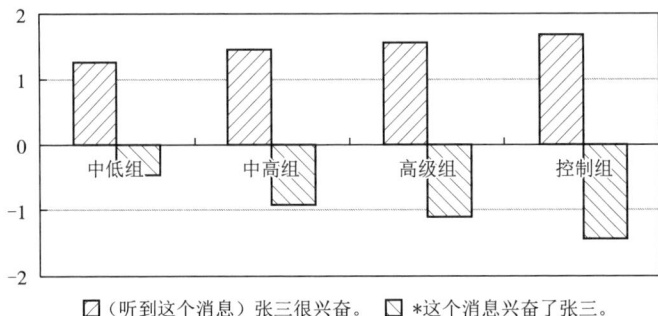

□（听到这个消息）张三很兴奋。   □ *这个消息兴奋了张三。

图 3-7   心理动词在可接受性判断测试中的平均值[①]

图 3-7 中，平均值≥1 为"接受"的水准线，平均值≤-1 为"拒绝"的水准线，可见，对主语经验者句（如"听到这个消息，张三很兴奋"），三组英语被试均表示接受，而对宾语经验者句，中高组、高级组均表示拒绝，中低组的平均值则在"接受"与"拒绝"之间。

组句测试要求被试将"张三、那个消息、了、激动"组成语法正确的句子。结果显示，认为"不能用所给词语造出语法正确的句子"的被试在中低组、中高组、高级组中分别占 65%、74% 和 81%。判断一致的被试在三组被试中也分别达到 42%、69% 和 75%。

由此，赵杨（2009a）认为，母语为英语的汉语学习者随着中文水平的提高，能够习得心理动词的句法特征。也就是说，就心理动词而言，英语和汉语在句法表现上存在"超集—子集"关系，但这一关系对英语母语者习得汉语心理动词没有影响。就可学习性而言，在缺乏正面证据的情况下，学习者可以就某些句法现象是否合乎语法做出准确判断。

---

① 参见赵杨（2009a）。

　　赵杨（2009a）基于"超集—子集"关系，就英语母语的汉语学习者对心理动词和非宾格动词的习得情况的调查结果显示了两个相互矛盾的结论。虽然英语和汉语的心理动词、非宾格动词都各自形成"超集—子集"关系，但这一关系对学习者习得非宾格动词有影响，对习得心理动词没有影响；学习者可以在缺乏正面证据的情况下，对心理动词相关的句法现象做出准确的判断，但对非宾格动词相关的句法现象则不能形成准确判断。作者由此指出，仅仅根据第一语言语法和第二语言语法之间的"超集—子集"关系，并不能准确预测该语法现象的习得难度。母语为英语的汉语学习者在非宾格动词和心理动词习得上展示的不同步性也说明"超集—子集"关系不是影响习得进度的唯一因素，其他因素如普遍的语义原则和论元层级等，对第二语言的习得进程也会产生影响，而且可能影响更大。

　　日语的心理动词与汉语的情况一致，其心理动词也只能以经验者作主语。因此，一般认为，习得汉语心理动词时，母语为日语的学习者不会出现习得困难。但是，心理动词的经验者论元较客体论元处于更显著的位置，与题元层级[1]相一致。因此，如果题元层级对中介语有制约作用的话，学习者的中介语中可能会出现诸如"经验者—动词—客体"的句法错误，如"*张三激动了这个消息"。

　　为验证以上假设，赵杨（2009b）采用可接受性判断和组句两种测试手段考察母语为日语的学习者对汉语心理动词的习得情况。可接受性判断测试结果如图3-8。

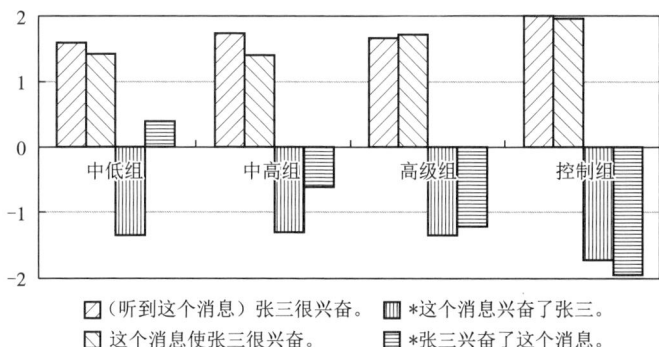

图 3-8　有关心理动词的句式在可接受性判断测试中的平均值[2]

---

① Van Vali（1993）根据题元角色的出现顺序提出了以下题元层级：施事＞致使者＞经验者＞处所/接受者＞客体＞受事。

② 参见赵杨（2009b）。

图 3-8 中，平均值 "≥1" 为 "接受" 的基准线，"≤-1" 为 "拒绝" 的基准线。可见，对 "经验者 + 动词" 句式，如 "（听到这个消息）张三很兴奋" 和含有心理动词的使动结构，如 "这个消息使张三很兴奋"，母语为日语的被试的接受度较高，对以经验者为宾语的句式，如 "＊这个消息兴奋了张三"，各组被试都表示拒绝。但对 "经验者—动词—客体" 结构，即 "＊张三兴奋了这个消息"，中低组和中高组的学习者的判断处于不确定阶段，高级组的被试则为拒绝态度。

在组句测试中，作者对不能成句、宾语经验者句式、"经验者—动词—客体" 句式的情况进行了统计。综合两个测试的结果，作者发现：（1）学习者对汉语的句法使动结构表示接受；（2）以经验者为宾语的使动错误在中介语中不常见；（3）学习者在汉语心理动词上的常见错误是将经验者论元和客体论元分别置于主语和宾语位置，从而生成 "经验者—动词—客体" 一类的句子；（4）在汉语心理动词的习得上，二语学习者能够达到汉语母语者的水平。

关于结论（1），跟语素使动和词汇使动相比，句法使动的生成能力更强，使动结构中的中心语是使动动词或使动标记成分，具有句法形式上的显著性，有助于学习者习得。赵杨（2009b）认为，结论（2）和结论（3）相互矛盾。结论（2）说明，学习者的二语知识不允许心理动词以经验者为宾语，因此心理动词的及物 / 不及物属性不能为结果（3）提供解释，学习者在心理动词上相互矛盾的表现只能归因于这些动词出现的句式。学习者接受并生成 "＊张三兴奋了这个消息" 这类 "经验者—动词—客体" 的句式，是受题元层级的影响和制约，"张三" 和 "这个消息" 分别为经验者和客体，而 "经验者—客体" 的题元顺序与题元层级一致，因而学生容易出现词类错误句式。此外，汉语缺乏语法标记成分，也是可能原因之一。结论（4）说明题元层级对中介语的制约作用不是绝对的。随着汉语水平的提高，学习者在汉语心理动词的习得上可以达到汉语母语者的水平。

赵静、王同顺、叶李贝贝（2015）从句法语义界面（syntax-semantics interface）的角度，对汉语和英语心理动词的差异进行了重新考察。作者指出，从句法语义界面可以将动词分为主语为感事动词（Subject-Experiencer verb，简称 "SE 动词"）和宾语为感事动词（Object-Experiencer verb，简称 "OE 动词"）。

二者都是二价动词，有两个论元，即感事题元（experiencer，即心理动词的感受者）和客体题元（theme，即心理活动的对象）。

在汉语心理动词的类型上，赵静、王同顺、叶李贝贝（2015）的观点与赵杨（2009a）不同。赵杨（2009a）认为汉语只有 SE 心理动词，没有 OE 动词，与英语中"please"或"disappoint"对应的汉语心理动词多为 SE 动词或形容词。但是赵静、王同顺、叶李贝贝（2015）基于张京鱼（2001）[1]，王文斌、徐睿（2005）[2]等的研究，认为汉语也存在 OE 动词，具体而言，汉语心理动词可以分为三类：（1）英汉都为 SE 类的动词，如"喜欢"；（2）汉语为 SE 类而英语为 OE 类的动词，如"高兴"；（3）英汉都为 OE 类的动词，如"激怒"。

赵杨（2009a、2009b）的研究显示，当二语学习者的汉语达到较高水平时，无论其母语是英语还是日语，他们都能习得汉语心理动词，形成和汉语母语者类似的二语表征，但习得的过程可能会受不同因素的影响。如英语母语学习者的习得会受到母语负迁移的影响，在初中级阶段会接受不符合汉语语法但符合英语语法的"客体＋心理动词＋经验者"的使动结构，如"* 这个消息兴奋了张三"；日本学习者习得心理动词时会受到题元层级和 UTAH（uniformity of theta assignment hypothesis，题元赋予普遍假设，简称"UTAH"）的影响，接受并生成既不符合汉语语法又不符合日语语法的"经验者＋心理动词＋客体"结构，如"* 张三兴奋了这个消息"，因为这一结构符合"施事＞经验者＞客体"的题元层级较高的感事出现在主语位置而较低的客体出现在宾语位置的预测。

赵静、王同顺、叶李贝贝（2015）指出，赵杨的研究仍存在以下不足：一是上述影响是否是跨语言的，需进一步验证；二是在习得汉语心理动词时，学习者对致使结构的选择情况应纳入考察范围；三是调查对象都只是学习者的中介语表征，其研究未对加工效率进行考察。

按照界面假说（Sorace，2011）的预测，由于二语学习者在加工二语时对界面知识的提取和整合能力远低于汉语母语者，其加工效率会滞后于语言表征的发展，因此，即使是高水平的二语学习者在界面特征上仍然会出现对错交替

---

① 张京鱼（2001）统计显示，英语有 200 多个 OE 动词，汉语有 20 多个。
② 王文斌、徐睿（2005）认为现代汉语中仍保留了部分 OE 动词，如"急""气""烦""激怒""惹恼"等。

（optionality）的情况。据此，赵静、王同顺、叶李贝贝（2015）以英语母语者为研究对象，从中介语表征和加工效率两个方面调查被试汉语心理动词的习得情况，以验证界面假说对句法语义内界面习得的预测。

该研究包含看图写句子和限时合乎语法性判断两项测试，主要调查以下问题：（1）英语为母语的学习者对汉语心理动词的中介语表征是否表现出发展特征？（2）英语为母语的学习者对汉语心理动词的加工效率是否表现出发展特征？（3）影响英语为母语的学习者汉语心理动词的中介语表征和加工效率的因素是什么？

被试为英语母语者，共 61 人，分为中级水平组和高级水平组，汉语母语者为控制组。看图写句子主要考察被试对汉语心理动词的生成情况，从产出角度考察二语学习者的中介语表征。

限时合乎语法性判断（timed grammaticality judgment test，简称"TGJT"）的测试结果包含被试对句子语法判断的正确率和反应时间，分别考察学习者对汉语心理动词的中介语表征和加工效率。正确率越高，说明被试的中介语表征和目的语越接近；反应时间越少，说明被试对句子的判断速度越快，对句法语义信息的加工效率越高。

该研究的部分结论与赵杨（2009a）、常辉（2011）的观点相符或接近，符合界面假说的相关假设。主要结论如下：

（1）英语为母语的学习者对汉语心理动词的中介语表征表现出明显的发展特征。在看图写句子和 TGJT 任务中，高级组的表现明显优于中级组。这说明，随着学习者汉语水平的提高，其中介语表征会逐渐接近汉语母语者，并逐步习得汉语心理动词句法语义界面的特征。这一结果与赵杨（2009a）的结论一致，符合界面假说对内界面特征习得的预测。

（2）英语为母语的学习者对汉语心理动词的加工效率并未随着二语水平的提高而显著提升。中级组和高级组对所有句型的反应时间都无显著差异，但两组的反应时间都明显高于控制组。这说明，与汉语母语者相比，二语学习者对心理动词句法语义信息的加工效率较低，加工的认知负荷更大。即使二语水平提高，这种情况并未见显著改善，在加工相关信息时仍需调动较多的认知资源，加工速度无法得到显著提升。这也从侧面印证了界面假说的观点（Sorace，2011；White，2011），即学习者在界面上出现故障并不一定表明二语和目标语语法表征有差异，而可能是因为加工压力大，加工资源的利用效率不高，加工的控制执行力不足。

（3）影响学习者中介语表征发展的因素主要有母语迁移和题元层级两大类，其中题元层级的影响持续性更强，更难克服。母语正迁移主要表现为两个方面：一是学习者对"喜欢"类动词的习得要先于"高兴"类动词，因为前者在英汉两种语言中的句法语义界面特征一致，无需进行参数重设；二是中级阶段学习者对汉语分析型致使结构已经有非常高的接受度，这可能是因为这一结构在两种语言中都较为普遍，学习者可以直接迁移母语中的相关句法特征。这与常辉（2011）的研究结果一致。母语负迁移则主要体现为中级水平学习者对"致事＋'高兴'＋感事"（如"*这个消息高兴了我"）这一结构的误判和产出。但对于高级水平学习者来说，此句型的正确率和控制组不存在显著差异，这说明负迁移现象会随着学习者二语水平的进一步提高而被克服，这与赵杨（2009a）的研究结论相似。

题元层级及 UTAH 对学习者中介语表征的发展存在负面影响，主要表现为学习者对"感事＋'高兴'＋客体"（如"*我高兴了这个消息"）这一结构的判断和产出上。这类结构在英汉两种语言中都不符合语法，但符合题元层级和UTAH 的预测。在该研究中，中级组被试对这一句型判断的正确率最低，即使是高级组和汉语母语者之间仍存在显著差异，这说明存在于普遍语法规则中的题元层级及 UTAH 对习得的影响较母语迁移更为持久，且这种影响具有跨语言性，这与赵杨（2009a、2009b）对英语母语者和日语母语者对心理动词习得考察的结论相符。

此外，赵静、王同顺、叶李贝贝（2015）对英语母语学习者汉语心理动词的加工效率并未随着二语水平提高而显著提升的情况做出了解释，其原因有二：第一，学习者对界面特征的提取和整合能力比较欠缺（Sorace，2011），这与双语加工中的认知资源分配有关，也受到内界面中一语和二语语际差异的影响，因而较难克服（Pires & Rothman，2011）。因为英语和汉语的语言类型不同，差别较大，母语对二语加工存在一定的干扰，学习者进行句子加工时分配给排除干扰的认知资源较多，对句子的加工速度就会降低。第二，可能与该研究使用的任务类型有关。学习者的反应时间可能会受速度准确性权衡（speed accuracy trade-off）（王永德，2004）的影响。一方面，被试在测试过程中可能更倾向于保证判断的正确性，在一定程度上影响加工速度，因而两组被试在反应时间上没有表现出差异。另一方面，被试对相关句法语义知识尚未完全内化，加工尚未达到自动化的程度。

该研究对学习者加工效率的研究是基于句子整体的反应时间，后续研究有必要运用更精细的测量方法如自控速阅读等，对相关问题进行更进一步的研究。

2. 配价角度的动词习得研究

20世纪80至90年代，配价语法理论引入汉语语法学界，进一步推动了汉语动词的研究。配价语法的基点是以谓语动词为中心形成的动核结构，在语义平面表现为动词不同的价。动词价类不同；其组成动核结构时所联系的强制性的语义成分即动元，也存在很大区别。根据动词所带动元的不同，汉语动词一般可以分为一价动词、二价动词和三价动词。

2.1 三价动词习得研究

汉语三价动词数量不多，但较为特殊。冯丽萍、盛双霞（2004）根据语义特征及所带动元，将汉语的三价动词分为四类——针对动词、互向动词、置放动词和使令动词，并对这四类动词的使用情况进行了简要分析。作者指出，由于动词涉及的共事和补事在句中的位置较为固定，位事和与事的位置则较为灵活，因此使令动词和互向动词形成的句型模式较为单一，而针对类和置放类动词除基本句模外，还可形成形式多样的句型变体。四类动词之间及每一类动词内部既有相同之处，又有很多不一致的用法。这些情况对留学生的习得造成了一定的困难。

为探讨留学生对汉语三价动词的习得规律及学习难点，冯丽萍、盛双霞（2004）对非汉字背景的留学生汉语三价动词习得情况进行了调查与分析。

该研究的调查对象为法国中文专业的大一、大二、大三学生。三个年级共405篇作文（约97500字）中，包含上述三价动词且形成相关句式的句子作为语料来源，该研究对正确句子与错误句子进行分析，得出以下结果：

就习得规律而言，在汉语三价动词的习得上，三个年级的法国学生表现出两个共同特点：（1）结构单纯的基本句模数量较多，需要使用介词的句型结构数量较少，句式的变体较少；（2）三价动词句式数量不少，但所使用的动词相当集中，主要集中在针对类的给予义、言说义动词和使令类动词及互向类动词上，如动词"给""告诉""问""让""请""使""讨论"等，较常使用的是"施事—动核—与事—受事/补事"基本句模。

就习得的发展特点而言，学习者对三价动词的使用随着汉语水平的提高而呈现一些发展特点：（1）初级汉语水平学生的主要错误在于三价动词的句型结构，如介词的使用和选择，中级汉语水平的学生对常用的句型结构已基本掌握，其错误主要在于句子内部词语的选择。（2）随着汉语水平的提高，学习者使用的三价动词的句式结构有所变化，动词种类也开始增多。二、三年级学习者开始使用一些较复杂的置放类三价动词的句式（如"他把他的爱给了他的学生"），说明学习者对三价动词的习得出现了飞跃。

三价动词习得的难点主要表现为：（1）使令类动词的不同义项之间区分不清；（2）言说义内部各动词的用法不同，各年级的学生均受到干扰；（3）具有双向意义的给予义和取得义动词使用表现出困难。

基于上述情况，冯丽萍、盛双霞（2004）进一步分析了三价动词习得的影响因素。这些影响因素主要为：（1）汉语动词意义和句法结构的复杂性。三价动词涉及的论元有的位置相对固定，有的位置灵活，与其他成分的组合方式也较为复杂，并且有些动词本身有多种意义和用法（如"借"），这些句法、语义的复杂性对留学生三价动词的习得形成了障碍。总体来说，三价动词的习得顺序与其所形成的句法结构的复杂程度之间具有很强的对应性。（2）母语的迁移作用。在三价动词使用方面，汉语和法语的区别在于，汉语三价动词句型中使用的介词相当复杂，但在法语中，这些关系则用语序和代词的"格"变化来表示，或者用数量相当有限的介词来表示，这使得法国学生在习得由介词短语形成的三价动词句型结构时容易产生偏误。（3）学生的第二语言学习策略。学习者常常会将已知的、熟悉的知识引申、泛化至未知的、不熟悉的相关知识的学习中，形成过度泛化，这在学习者对目的语掌握不足的阶段常常发生。低年级学生容易将常用动词的句型结构套用在不熟悉的动词上从而形成偏误。

2.2　准价动词习得研究

事实上，汉语动词除了一价动词、二价动词、三价动词外，还存在一些准价动词。袁毓林（1998、2010）从论元的角度，将汉语的准价动词分为准二元动词和准三元动词：前者如动词"见面"，涉及两个论元（当事 NP_1、系事 NP_2），但其系事论元须由介词引导，如"我想找机会和他见面"；后者如动词"写"涉及三个论元（施事 NP_1、与事 NP_2、结果 NP_3），但其与事论元须由介词引导，如"昨天我给他写了一封信"。这些动词与相关的介词整合成一个框式结构（schema-construction），如"跟……见面""给……写……"。杨圳、施春宏（2013）将其称为准二价动词和准三价动词，合称"准价动词"（quasi-valence verb），从准价动词的配位方式及其语义—句法、词项—构式互动关系的角度，系统地考察了汉语作为第二语言学习者准价动词的习得情况。该研究的语料来自北京语言大学"HSK 动态作文语料库"，围绕汉语习得者框式意识的建构过程及其制约因素，从三个方面探讨准价动词习得的内在机制：一是根据对语言输出的分析，指出学习者框式意识建构的层级性；二是基于准价动词非常规形义关系的分析，看其对习得过程的制约作用；三是探讨准价动词的语义、句法词项、构式互动的多重界面特征对准价动词习得的影响。

该研究将袁毓林（1998）中所列的常用准二价动词和常用准三价动词在"HSK 动态作文语料库"中逐一检索，得到 306 个准价动词，其中准二价动词 266 个，相关语料 6418 条，误用 257 条，偏误率为 4%；准三价动词 40 个，相关语料 729 条，误用 40 条，偏误率为 5.49%。

根据准二价动词所支配的两个论元之间的语义关系，可以将准二价动词分为协同动词和针对动词，协同动词关涉的两个论元呈现出双向对称关系，其在基本表达结构中共有两种句法配位方式：（1）框式配位 NP_1+prep NP_2+V，如"我和她结婚"；（2）非框式配位 NPC+V，如"我们结婚"。调查发现，准二价协同动词共 169 个，正确用例 5676 例，正确率为 97.13%。其中框式配位占 57.79%，非框式配位占 42.21%。准二价针对动词 95 个，正确用例 485 例，正确率为

84.49%。其中前介词框式配位占94.23%，后介词框式配位占5.77%。准三价动词共40个，正确用例689例，占94.51%。

可见，学习者准价动词的正确率远远高于误用，但误用的表现类型较为复杂。杨圳、施春宏（2013）基于框式配位将准价动词偏误分为两类：与准价动词框式结构有关的归为框式偏误（schematic error），其余归为非框式偏误（non-schematic error）。总体而言，准价动词的偏误集中表现为框式配位，说明框式配位是准价动词习得的关键和难点。

具体而言，准二价协同动词误用共168例，偏误率为2.87%，整体习得情况较好。准二价针对动词误用共计89例，偏误率为15.51%，远高于协同动词。准二价协同动词和准二价针对动词的框式偏误都可以分为配位方式偏误（包括配位方式选择偏误和框式成分错序）、框式结构残缺（包括介词缺失、对象论元缺失和介宾结构缺失）和框式成分误用（包括介词误用和动词误用）三类。二者的非框式偏误主要是成分与框式结构共现时，位置的安排出现问题，表现为非框式成分错序。具体情况如表3-5、表3-6。

表 3-5　准二价协同动词偏误类型分布情况 [①]

类型	数量	比重	次类	数量	比重	小类	数量
框式偏误	150	89.29%	配位方式偏误	30	20%	配位方式选择偏误	26
						框式成分错序	4
			框式结构残缺	65	43.33%	介词缺失	53
						对象论元缺失	4
						介宾结构缺失	8
			框式成分误用	55	36.67%	介词误用	29
						动词误用	26
非框式偏误	18	10.71%	非框式成分错序	18			

① 参见杨圳、施春宏（2013）。

表 3-6　准二价针对动词偏误类型分布情况 ①

类型	数量	比重	次类	数量	比重	小类	数量
框式偏误	84	94.38%	配位方式偏误	20	23.81%	配位方式选择偏误	18
						框式成分错序	2
			框式结构残缺	20	23.81%	介词缺失	16
						对象论元缺失	1
						介宾结构缺失	3
			框式成分误用	44	52.38%	介词误用	24
						动词误用	20
非框式偏误	5	5.62%	非框式成分错序	5			

　　准三价动词误用 40 例，偏误率为 5.49%，从总偏误率来看，学生整体习得情况较好。与准二价动词相同，准三价动词的框式偏误也有配位方式选择偏误、框式结构残缺和框式成分误用三类，非框式偏误也表现为错序。具体情况如表 3-7。

表 3-7　准三价动词偏误类型分布情况 ②

类型	数量	比重	次类	数量	比重	小类	数量
框式偏误	33	82.50%	配位方式偏误	7	21.21%	配位方式选择偏误	5
						框式成分错序	2
			框式结构残缺	7	21.21%	介词缺失	1
						对象论元缺失	1
						介宾结构缺失	5
			框式成分误用	19	57.58%	介词误用	11
						动词误用	8
非框式偏误	7	17.50%	非框式成分错序	7			

①　参见杨圳、施春宏（2013）。
②　同上。

可见，准二价动词和准三价动词的偏误类型基本一致，且框式偏误是主要偏误类型，说明框式配位是准价动词习得机制研究的突破口。由此，作者围绕汉语习得者框式配位的建构过程及其制约因素进一步探讨准价动词习得的内在机制。

框式结构是准价动词习得的重点和难点，因而学习者框式意识的建立是准价动词习得的关键。学习者框式意识的建构过程具有层级性和阶段性，可以分为五个层次两个阶段。具体情况如表 3-8。

表 3-8　学习者框式意识层次 [①]

阶段	框式意识的层级性	表现类型
阶段一	框式意识未启动	配位方式选择偏误、介宾结构缺失
	初步的框式意识	介词缺失、框式成分错序、介词误用、动词误用
	基本的框式意识	非框式成分错序、对象论元缺失
阶段二	典型的框式意识	(完整、准确的) 简单框式结构
	拓展的框式意识	复杂框式结构 (如介宾结构重复、双层嵌套)

阶段一的三个层次的框式结构输出的都是误用形式，学习者的框式意识从模糊到清晰，从框式成分不完整到逐步完整。阶段二的两个层次则是框式意识形成和发展的过程，但是框架意识的建构并不等于学习者在框架意识的支配下正确输出。只有正确地使用框式配位才能说明学习者对准价动词句法和语义特征的掌握。

杨圳、施春宏（2013）进一步指出，框式意识的层级性是由准价动词的非常规形义关系决定的。汉语准价动词的语义结构和句法形式之间具有特殊的匹配关系，准价动词所支配的主体论元之外的某个论元必须由介词引入，且大多数出现在动词之前（NPC+V 实际也属于其变化形式），少数在动词之后。这种匹配关系受到语言系统和特定配位的制约，具有语言偏向性（language-preference）和现象偏向性（phenomenon-preference），这是语言习得的一个难点，在准价动词的习得上表现尤为明显，因此掌握其特殊的形义互动关系是习得的关键所在。只有当学习者在形式与意义之间建立特定的匹配关系，才能逐步建构框式意识，较好

---

① 　参见杨圳、施春宏（2013）。

地掌握相关词项的句法表现，从而正确使用由该词项组成的相关句式。

此外，特殊的语义—句法、词项—构式互动的多重界面特征对准价动词习得产生影响。准价动词特殊的语义—句法、词项—构式之间的界面特征形成了准价动词特殊的配位方式，以介词引导的框式结构 "NP$_1$+prep NP$_2$+V" 为主，从而引发介词缺失、介词误用、介宾结构缺失、框式成分错序以及配位方式选择错误等偏误现象。准价动词习得偏误来源多、习得难度大、习得周期长，与介词本身复杂的语义及结构关系、准价动词的选择以及框式结构的选择等因素密切相关。

3.　路径动词习得研究

Talmy（2000）提出，位移事件由动体（figure）、运动（motion）、路径（path）、背景（ground）等概念要素构成，其中路径是最核心的概念要素，指动体相对于背景移动的轨迹。描述位移事件时，表达位移路径的核心动词就是路径动词（path verbs），如 "他去图书馆" 中的 "去"。有的路径动词体现指示信息，所谓 "指示" 是指位移事件中动体朝说话人方向或朝其他方向移动，如汉语的 "来" 表示动体向说话人移动，"去" 表示动体离开说话人朝其他方向移动。

第二语言学习者在使用路径动词表达位移时经常出现混用情况，其中一部分与指示密切相关。程潇晓（2015）将直指性路径动词（deictic path verbs）、非直指性路径动词（non-deictic path verbs）和复合路径动词（曾传禄，2014）作为目标词，在中介语语料库中检索母语为韩语、蒙古语、日语、英语、印度尼西亚语的汉语学习者的例句，再采用张博（2013）提出的 "绝对频次" 和 "相对频度" 的量化统计方法对误用词和当用词都为路径动词的词对进行统计，先筛选出一方误用绝对频次大于 3（含 3）的词对，再筛选出一方误用相对频度大于 1% 的词对，最后得出五种母语背景的汉语二语学习者易混淆路径动词共 29 对。其中，韩语、蒙古语、日语、英语和印度尼西亚语背景学习者分别混用路径动词 21 对、16 对、20 对、12 对和 17 对，五种母语背景的汉语二语学习者普遍混用的路径动词有 13 对，仅为一种或两种母语背景的汉语二语学习者混用的路径动词有 12 对。依据相对频度，兼顾等分原则和临近原则，程潇晓（2015）分别将五种母语背景的汉语二语学习者的易混淆词分为高度、中度、低度三个层级。

　　该研究在平面和立体两种视角下，对五种母语背景的汉语二语学习者易混淆路径动词在词际关系和误用方向上、语义关系上和词语内部结构上的特征进行了描写，得出混淆核心主要是直指性路径动词，绝大多数易混淆词属单向误用。从语义关系来看，不同母语背景学习者混淆语义关系近的路径动词；从立体角度看，高度和中度易混淆词主要是语义关系近的易混淆词，低度易混淆词多为语义关系远的易混淆词。从词语内部结构来看，对应模式为"单动式对动补式"的易混淆路径动词最多；从立体角度看，高度、中度易混淆词中，"单动式对动补式"的易混淆词最多，低度易混淆词主要是"单动式对动补式"和"单动式对单动式"这两种模式的易混淆词。

　　程潇晓（2015）指出，学习者混用路径动词，受多种因素的影响。从目的语的角度来看，学习者更容易混淆用法相异而语义相近的路径动词，含有相同语素也对学习者使用路径动词有一定影响。从母语的角度来看，学习者混用路径动词的主要原因在于母语词义域误推、母语词用法误推和母语功能词直译。

　　但就目前的解释来看，研究还需在以下方面做进一步拓展：（1）深入观察学习者混淆特征，将学习者易在何种句法结构或何种搭配中误用路径动词细致地描写清楚，从而有依据地区分共通性易混淆路径动词和特异性易混淆路径动词，更有针对性地从学习者母语和目的语角度探寻混淆原因；（2）对汉语和其他语言路径动词进行系统性调查，明确汉语和学习者母语路径动词语义上的异同，以及位移事件表达方式上的异同，从而更加清晰地在语义层面和句法层面上探寻学习者混淆路径动词的原因。

　　在上述研究的基础之上，程潇晓（2017）着眼于路径要素中的指示成分，根据指示成分所体现的不同信息对汉语二语学习者易混淆路径动词进行分类，采用类型学视角对韩语、蒙古语、日语、英语和印度尼西亚语这五种母语背景汉语学习者路径动词的混用情况进行考察，并从目的语和母语的角度探寻偏误产生的原因。

　　根据路径动词词义结构中是否有指示语义成分，程潇晓（2017）将路径动词分为两类：一类是指示路径动词，即词义结构中有指示成分的路径动词；一类是无指示路径动词，即词义结构中没有指示成分的路径动词，如"进、出、到、回、过"等。根据指示成分体现的不同信息，指示路径动词进一步分为表示趋近的路径动词和表示背离的路径动词。趋近路径动词是表示动体从别的地方向说话人所在地移动的路径动词，如"来、回来、过来、出来、来到、到来"等；背离路径动词是表示动体离开说话人所在地到别的地方的路径动词，如"去、回去、过去、出去、进去"等。

程潇晓（2017）指出，二语学习者汉语路径动词的混用主要存在三类情况，即Ⅰ类指示路径动词的混用、Ⅱ类无指示路径动词的混用、Ⅲ类指示路径动词和无指示路径动词的混用。Ⅰ类混用又可分为：a. 趋近路径动词混用；b. 背离路径动词混用；c. 趋近—背离路径动词混用。Ⅲ类混用又可分为：a. 趋近—无指示路径动词混用；b. 背离—无指示路径动词混用。排除其中与指示成分无关或关联较小的类别后，与指示密切相关的有两类易混淆词：一是指示路径动词和无指示路径动词的混用；二是趋近路径动词与背离路径动词的混用。前者包括"回来[趋近]—回、过来[趋近]—过、来到[趋近]—到、来[趋近]—到、回来[趋近]—回到、回去[背离]—回、进去[背离]—进、出去[背离]—出、去[背离]—出、过去[背离]—过、去[背离]—到、回去[背离]—回到"，后者包括"来[趋近]—去[背离]、出来[趋近]—出去[背离]、过来[趋近]—过去[背离]、来到[趋近]—去[背离]"。作者以这两类易混淆词为研究对象，对误用句的句法结构等进行考察，从而揭示不同母语背景汉语学习者指示与无指示路径动词、趋近与背离路径动词混用的倾向。

调查发现，五种母语背景汉语学习者指示与无指示路径动词的混用主要表现为：述宾结构中误用指示路径动词，连动结构中第一个动词的位置上误用无指示路径动词，印度尼西亚语背景学习者还出现了光杆使用无指示路径动词、遗漏宾语的现象。

趋近与背离路径动词发生混用时，不同母语背景学习群体普遍混用的词对是：来[趋近]—去[背离]、出来[趋近]—出去[背离]。少数学习群体混用的词对是：过来[趋近]—过去[背离]、来到[趋近]—去[背离]。学习者混用路径动词时的误用方向为单向误用，表现为应当用背离路径动词时却误用趋近路径动词，而少有相反方向的误用。趋近路径动词的误用普遍出现于兼语结构和述宾结构中，但是不同母语背景学习者在述宾结构中误用"来"时，"来"的宾语类型不完全一致，"来"与不同类型宾语构成的搭配也各具特点。

　　根据不同母语背景汉语学习者路径动词混用倾向，程潇晓（2017）分别从目的语和母语角度分析学习者混用指示与无指示路径动词、趋近与背离路径动词的原因。

　　程潇晓（2017）指出，多种母语背景学习群体普遍混用某些路径动词且混用表现一致，可能是学习者受汉语词义或句法的影响；单一或少数母语背景学习群体混用某些路径动词，具有特异性，可能是受母语词义或用法的影响。因此，作者从目的语和母语两个方面分别探讨学习者混用指示与无指示路径动词、趋近与背离路径动词的原因。作者认为，指示与无指示路径动词混用受词义差异不明、汉语连动结构和学生母语指示编码策略的影响。由于二语者没有很好地掌握汉语指示路径动词与无指示路径动词之间的语义差异，所以误用指示路径动词普遍出现于述宾结构中，同时受汉语连动结构的影响，误用无指示路径动词出现在连动结构中。印度尼西亚语背景学习者还受印度尼西亚语指示编码策略的影响，倾向于使用无指示路径光杆动词，遗漏宾语。趋近与背离路径动词混用受汉语兼语结构和学生母语词用法的影响。学习者受汉语兼语结构的影响，常在兼语结构中误用趋近路径动词。不同母语背景学习者受母语路径动词用法的影响，常在述宾结构中误用趋近路径动词。汉语二语者指示路径动词和无指示路径动词的混用更多受语义和句法的影响，而趋近路径动词和背离路径动词的混用主要受句法和词语用法的影响。

4.　身体动作动词习得研究

　　钱旭菁（2016）以 78 个身体动作动词作为研究对象，采用词语联想的研究方法，对比考察中国人和英语背景的汉语学习者心理词汇中这些动词的组织方式的异同，从而探索不同水平的学习者对这些动词的聚合关系、组合关系以及词义的习得情况，揭示英语背景的第二语言学习者习得汉语身体动作动词的特点和规律。

　　钱旭菁（2016）分析了刺激词的义项分布以及母语者词语联想中刺激词的义项分布，对词语联想义项与词典义项、词语联想与"义频语料"义项进行了比较。在此基础上，作者考察了不同水平的学习者对刺激词词义的掌握情况，分析了学习者已经掌握的义项和未掌握的义项，从而发现学习者词义发展的不稳定性。

对身体动作动词习得的考察，钱旭菁（2016）采用较为独特的词语联想方法，发现在习得聚合关系时，学习者掌握得比较好的是翻译关系，类义关系则掌握得较差。对于组合关系，大部分身体动作动词与宾语的联系尚未在学习者的心理词汇中完全建立。此外，不同联想类型的序列大致反映了单个动词的习得过程，即：联想空缺→无关联想→形式联想→两项偏误→组合联想→聚合联想。

5. 及物动词、不及物动词习得研究

5.1 及物动词和不及物动词的误用研究

戴国华（2000）对日本留学生汉语动词常见的八类偏误进行了考察，其中一类偏误为及物动词和不及物动词的误用。这类偏误主要表现为不及物动词误用为及物动词和及物动词误用为不及物动词。前者又分为既可作及物动词又可作不及物动词的动词误用、常见的不及物动词误用为及物动词。作者认为，及物动词误用为不及物动词本质上是一种语序错误，日本学生受母语 SOV 语序的影响形成诸如"*啤酒喝"这样的错误，客观上造成及物动词误用为不及物动词的现象。

5.2 不及物动词的习得研究

袁博平（2002）对留学生汉语不及物动词的习得进行了专门研究。他认为不及物动词分为两类，即纯不及物动词和假不及物动词。纯不及物动词表示自发的动作和动作的方式，如"哭""跑"等；假不及物动词包括变化动词（由外在因素引起变化的动作与状态，如"破""断"等）、方向动词（表示运动方向的动词，如"来""走"等）和存在动词（表示出现、存在的动词，如"出现""消失"等）。这两种不及物动词都只能带一个名词，但名词的位置有所不同。从转换生成语法的角度来看，纯不及物动词所带的名词在深层结构中位于动词之前，在表层结构中也只能位于动词之前，不能移到动词之后，如"许多人笑了""*笑了许多人"。假不及物动词所带的名词在深层结构中位于动词之后，在表层结构中可以在动词后，也可以在动词前，如"破了一个杯子""一个杯子破了"。当假不及物动词所带的名词是特指名词时，这个名词必须移到动词之前，如"那艘船在这个海域沉了"。当纯不及物动词加上趋向补语时，这个纯不及物动词可以转化为假不及物动

词，如"从床上跳下来几个孩子"。英语中，这两种不及物动词也存在区别，只有假不及物动词的过去分词可以用来修饰名词，纯不及物动词的过去分词却不行。

为了调查这两种不及物动词在英语母语汉语学习者头脑中的汉语语法体系中是否有不同的体现，袁博平（2002）开展了语言实验调查。被试为48名母语是英语且懂中文的人，根据学习时间的长短分为四组，另有一组为14名中国人。为增加测试的可靠性，实验采用两种测试方法，即口头描述和阅读判断。口头描述测试要求被试用所提供的词汇或词组描述图片内容，图片内容涉及变化动词、表示位置方向变化的动词和纯不及物动词。阅读判断测试包括8种句型，每种句型4个句子。

测试结果显示，口头描述测试中，第一组到第四组的被试，几乎百分之百使用名词在前动词在后的句型。随着汉语水平的提高，使用动词在前名词在后的语序的百分比也逐渐提高。但第二组和第三组存在将动词在前名词在后语序扩大化使用的倾向，如将名词置于纯不及物动词之后。阅读判断测试中，五组被试均接受名词在前动词在后的语序，这与口头描述测试结果相吻合。随着汉语水平的提高，动词在前名词在后的语序的接受度也逐渐上升。可见，两种测试的结果相符，但统计数据并不能看出被试是否已经掌握两种不及物动词的区别。

为了考察单个被试的表现，即个别被试是否已经掌握这两种不及物动词的区别，袁博平（2002）对第四组被试在阅读判断测试中的表现进行逐一分析。第四组被试按汉语水平测试的成绩从低到高分为A小组、B小组和C小组，各小组在阅读判断"断＋名词""跌＋名词""飞＋趋向补语＋名词""飞＋名词"和"断＋特指名词"句型时的表现差异很大。A小组接受或者趋于接受所有动词在前名词在后的句子，包括动词为纯不及物动词以及名词为特指名词的错误句子。这与第二、第三大组的表现相似。B小组的表现则相反，他们不接受或者趋于不接受动词在前名词在后的句子，包括"假不及物动词＋名词"的正确句子。C小组的被试则能正确接受"假不及物动词＋名词"的语序，也能正确地拒绝接受"纯不及物动词＋名词"和"假不及物动词＋特指名词"的错误句子，说明他们可以正确区分汉语的纯不及物动词与假不及物动词。A小组、B小组和C小组在口头描述测试中的表现与阅读判断测试表现基本一致。

基于上述实验，袁博平（2002）指出，第一语言迁移现象在汉语第二语言习得中是存在的；第一语言迁移现象并不是始终存在于汉语第二语言习得过程中的；汉语第二语言习得并不是直线发展的，有前进也有倒退的现象。汉语两种不及物动词的区别是可以被母语为英语的学习者所掌握的。由于该语言实验的样本很小，作者也谨慎地指出，实验结果从统计学角度来看不一定完全可靠。

5.3　及物动词带宾语习得研究

就及物动词的习得而言，学习者常常会遇到动词带宾语的情况。魏红（2009b）专门考察了 179 个常用动词带宾语的情况，作者先对 179 个常见动词带宾语的情况进行多角度、多层次、多方位的静态考察与统计分析，之后利用 120 万字的口语语料库对其在实际语料中带宾语情况做进一步的动态考察。在此基础上，作者从第二语言习得的角度对留学生习得常见动词带宾语的情况进行了多层次的考察。

魏红（2009b）通过试卷考察和问卷调查，对留学生习得常见动词带宾语的情况进行考察，并进一步分析了影响习得的因素。首先，考察留学生习得常见动词带不同类型宾语的情况。留学生习得常见动词带宾语的准确率略高于失误率，总体上留学生对常见动词带宾语的习得情况不是太理想，而且不同类型宾语的习得情况有差异。其次，对影响习得情况的因素进行分析，作者得出的结论为：（1）宾语类型不同，习得效果不同。留学生较容易习得的有受事、处所、对象、同源等宾语类型，较难习得的有工具、方式、杂类、等同、原因等宾语类型。（2）宾语形式不同，习得效果不同。留学生习得常用动词带简单宾语的准确率比习得带复杂宾语的准确率高。（3）义项不同，习得效果不同。总体上，留学生对常用义项带宾语的习得比非常用义项带宾语的习得情况好。（4）留学生汉语水平不同，习得效果不同。

及物动词带宾语时，还存在一些非常规的动宾结构，这类结构是留学生较难习得的。吴琼（2016）提出了面向二语习得的汉语动宾结构的新分类，对二语学习者习得汉语非常规动宾结构的过程进行考察。通过实证调查，作者发现学习者对汉语非常规动宾结构的输入处理过程受语义复杂度、使用频率、文化背景知识以及身体体验等因素的影响。吴琼（2020）对不同水平学习者各类搭配的认知处理情况进行实证考察，结果表明，不同水平的汉语学习者对各类动名搭配的理解呈现出一种由易到难的层级，搭配类型和语言水平对其认知处理过程产生影响。学习者心理词典中图式的积累有助于降低记忆中的认知负荷，从而促进搭配的认知处理进程。

第五节　与动词相关的其他问题的习得研究

除了前文所述的具体动词小类的习得研究之外，学界还对动词习得做了整体性研究，对留学生习得汉语动词时出现的常见偏误进行了考察，主要涉及语法层面的偏误和语义层面的偏误。此外，学界还对同义动词、多义动词、易混淆动词、动词重叠式的习得问题进行了探讨。

1.　动词习得的常见偏误研究

戴国华（2000）对日本学生习得汉语动词的常见偏误进行了考察，指出八类偏误情况，即：及物动词与不及物动词的误用、名词和动词的误用、动词和形容词的误用、离合词的误用、系动词"是"的误用、动词多余、日语母语动词误用为汉语动词、词义不明造成的误用。作者结合具体的偏误例句对八类偏误的具体情况进行了说明，有些偏误类型实际上已经说明偏误产生的原因。具体而言，及物动词与不及物动词的误用主要有两种情况：一是不及物动词误用为及物动词，包括既可作及物动词又可作不及物动词的动词误用、常见的不及物动词误用为及物动词；二是及物动词误用为不及物动词。名词和动词的误用主要有两种情况：一是名词误用为动词（或动词缺乏），这类偏误常常与母语负迁移有关；二是动词误用为名词，包括既可以作动词又可以作名词的动词误用、动词（动词结构）误用为名词（或动词多余）。动词和形容词的误用，包括动词误用为形容词、形容词误用为动词。离合词的误用包括该离而不离、不该离而离两类。系动词"是"的误用包括"是"多余和"是"缺乏两种情况，"是"多余主要是受"wa—是"对应观念的影响，"是"缺乏主要是受日语名词谓语句中"wa"常常省略的表达法的影响。动词多余的偏误包括动词多余造成的词义重复和重叠动词使用不当两类。日语母语动词误用为汉语动词的偏误主要是日语母语词的误用，也有一些误用是受中日借词的影响而产生的，如汉语"人气"借自日语，但与日语"人气"意思不同，日语中"人气"表示"人缘"。词义不明造成的误用包括汉语近义动词（或动词结构）区别不清、日语中没有对应动词的汉语动词的误用、搭配不当、汉语日语同形词的误用四类，前两类主要与学习者目的语知识掌握不足有关，后两者主要是受日语的影响而产生的。

萧频、张妍（2005）基于中介语语料库，对印度尼西亚学生习得汉语 30 个单音节动词的情况进行考察，从词汇语义角度对学生习得这 30 个动词的语义偏误进行归纳总结，得出四种偏误类型，即同义词使用偏误、多义词使用偏误、易混淆词使用偏误、汉语词法的错误类推。前三类偏误已经在前文相关章节中进行了介绍，此处不再赘述。汉语词法的错误类推包括两种情况：一是汉语复合词结构、语素类推偏误。这类偏误主要是学生根据汉语复合词的结构和语素生造词语，偏误率较高。二是惯用语结构类推偏误。这类偏误的产生主要是因为学生不了解惯用语的结构凝固性，因而出现类推惯用语结构、改换惯用语中的固定结构成分的问题，如由"吃官司"类推出"*吃麻烦"等错误用法。

基于中介语语料库的考察，萧频、张妍（2005）指出，语义偏误是中介语偏误中的一类重要偏误，语义偏误占目标词总偏误的42%，偏误率较高。各类语义偏误类型中，与易混淆词、多义词相关的偏误数量较多，因此应该加强对易混淆词语和多义词的习得研究，尤其是易混淆词语较难预测，需要加强对学生使用偏误的调查并进行规律总结。造成上述语义偏误的原因是多方面的，母语影响、汉语方言影响、教材和工具书翻译不当等都是偏误产生的原因，因此要加强汉外语言的词汇对比研究，加强对汉语方言词在海外的分布及影响的研究，也应改进教材和工具书中词语的简单对译的状况，细化多义词每个义项的翻译。

李彤、王红娟（2006）对中级阶段外国留学生汉语双音节动词的习得情况进行考察，从语法层面和语义层面对留学生的偏误进行了分类。语法层面的偏误有七小类：（1）谓语动词与状语的语序位置不正确；（2）动词的宾语、补语、状语等连带成分及介词的缺失；（3）词的赘余；（4）同音词的误用；（5）不及物动词误用作及物动词；（6）离合词的泛化；（7）词性的误用（主要是指动词误用为形容词、名词，作定语、状语、补语）。语义层面的偏误包括近义词误用、搭配不合理、完全混淆词义三类。其中近义词误用是出现频率最高的，搭配不合理主要表现为动宾搭配不合理，完全混淆词义主要是由于教师讲解不清楚或学生没有利用好词典而造成的。作者主要是对偏误情况进行分类，并举例做简要说明，相对来说分析比较简单。

除偏误分类之外，李彤、王红娟（2006）还对中级阶段动词习得偏误产生的原因进行了分析，认为留学生对汉语动词的习得受学生母语和学生已有知识的干扰。此外，汉语动词在语义和句法结构上的复杂性使留学生难以很好地掌握汉语中某些特殊的语法知识和构词规则，从而造成偏误。

基于上述分析，李彤、王红娟（2006）认为应该针对不同的偏误类型采取不同的策略。对于语法层面的偏误，教师可以通过汉外语言对比，提前了解学生在学习过程中容易出现的偏误，以便在教学中准确地教授学生相关的知识。对于语义层面的偏误，教师要在实际教学活动中重视词义讲解，注意近义词的辨析，注重词语搭配的研究与教学。

2. 同义动词、多义动词习得研究

动词是句子的核心，动词的使用也最容易出错，如动词和主宾语搭配时主宾语对动词的选择或者动词对主宾语的选择出现错误。出现错误的动词与应该使用的动词之间常常存在同义词、近义词或者易混淆词的关系。

2.1 同义动词习得研究

萧频、张妍（2005）从词汇语义的角度，运用语言对比、语料库语言学和偏误分析等方法对印度尼西亚学生汉语动词的使用情况进行考察，归纳其语义偏误的类型并对偏误原因加以分析。该研究的考察对象为从《汉语水平词汇与汉字等级大纲》（1992）甲级词中选取的 30 个单音节动词（爱、变、吃、出、穿、打、带、当、懂、放、给、回、会、进、看、哭、拉、来、拿、能、怕、上、谈、疼、问、想、用、找、住、坐），兼及这些单音节词作为语素构成的部分复合词。语料来源于印度尼西亚玛拉拿达大学汉语专科 44 名学生两个学期的作文。考察发现，印度尼西亚学生使用汉语动词时出现了同义词偏误、多义词偏误、易混淆词偏误、汉语词法错误类推等四种语义偏误类型。

印度尼西亚学生汉语同义动词的偏误主要表现为：误用语义上有细微差别的同义词①、误用词性不同的同义词、误用搭配关系不同的同义词。这些偏误产生的原因在于：母语的影响、目的语的影响、教材和工具书词语翻译的影响。母语的影响主要表现在两个方面：一是印度尼西亚语的词性变化有赖于词缀，因此印度尼西亚学生较难掌握汉语的兼类词，会把不同词性的同义词混同使用，如名动兼类的"变化"与动词"变"的混用；二是印度尼西亚学生会比照母语中的词义来使用汉语词语，如印度尼西亚语"lihat"有"看"和"看见"两种意思，因而学生容易出现"看"和"看见"的误用。目的语的影响主要是指汉语同义词细微的词义差别以及复杂的搭配关系造成印度尼西亚学生学习障碍，导致偏误产生。

2.2　多义动词习得研究

萧频、张妍（2005）还对多义动词的使用情况进行考察，发现其偏误类型包括：扩大多义词的词义范围、扩大多义词的搭配范围、回避使用多义词的某些义项。多义词使用偏误占语义总偏误的 19%，偏误原因有四个方面：一是母语词义的影响。印度尼西亚语和汉语的词语义项不对等，印度尼西亚语中有些词的义项比汉语多义词的义项多，有些词的义项比汉语多义词的义项少。学生受印度尼西亚语词义的影响使用相应的汉语词语，从而导致偏误。前一类占总偏误的 8%，后一类占总偏误的 4%。二是母语词搭配范围的影响。印度尼西亚语中某些词语的搭配范围比汉语的广，从而造成搭配错误，这类情况占总偏误的 6%。三是学生学习策略的影响，主要是指学生回避使用较难较烦琐的知识，如"打"的一些不太常用的义项。四是教材和工具书的翻译问题以及教师讲解的问题。

3.　易混淆动词习得研究

留学生习得汉语动词时，出现错误的动词与应该使用的动词之间并不仅仅是同义词或近义词的关系，还有很多情况是易混淆词。易混淆词是指语义关系较远

---

① 该研究对同义词的界定采用梅立崇（1988）的观点，即确定同义词的标准是词汇意义的基本共同性，而不要求在词性上也具有共同性。

或没有同（近）义关系而第二语言学习者却经常混用或误用的词（张博，2005）。
萧频、张妍（2005），蔡北国（2010）对留学生易混淆动词混用情况进行了考察。

萧频、张妍（2005）在考察印度尼西亚学生习得汉语动词时出现的偏误类型
时，指出易混淆词是第二语言教学中一类特殊的偏误，偏误率很高。作者认为，
易混淆词有四种类型：（1）有一个相同语素的词，如"出动"和"出发"；（2）
目的语中不是同义词，母语的对译词有同义关系的词，如"看"和"发现"；（3）
目的语中不是同义词，母语的对译词是同一个词，如"答复"和"报答"；（4）
将方言词混为普通话词语使用，如客家方言"食"与普通话"吃"。

萧频、张妍（2005）进一步对易混淆词混用的原因进行分析，指出造成混用
的原因主要有三个方面：一是母语词义的影响。母语中一个词的词义涵盖了目的
语两个词的词义，或者母语中有同义关系的两个词在目的语中没有同义关系，这
些情况使学生受其影响而混用相关的词语，造成偏误。二是目的语词形的影响。
汉语中不少动词带有一个相同语素，有时可构成同义词或近义词，但很多时候这
两者的意义并不相近，学生容易将其作为同义词来使用，导致偏误产生。三是学
生汉语方言的影响。有的印度尼西业学生受闽方言和客家方言的影响，产生使用
偏误。

蔡北国（2010）对留学生习得汉语动作动词时的混用情况进行了调查。该研
究的语料来源于北京语言大学研发的"现代汉语中介语语料库"和"现代汉语研
究语料库"，选词范围是《同义词词林》中收录的 1675 个动作动词，这些动词在
"现代汉语中介语语料库"中使用的有 409 个，相关例句共 12274 个。作者对例
句中出现混用的动作动词、应使用的动作动词、学时等级等进行了标注，学时等
级分为一年、两年、三年、四年及以上四个等级。

统计结果显示，"现代汉语中介语语料库"使用的 409 个动作动词中，没有
出现混用的有 236 个，占比 58%；出现混用的有 173 个，占比 42%。有些动词没
有出现混用，主要是因为：（1）一部分动词是不及物动词，不涉及带宾语的问
题，所以不容易出现搭配方面的混用，如"洗澡""跑步"等；（2）一部分动词
没有常用的同类词语或者同类词语的使用频率低，如"洗"和"涤""洗濯"等；
（3）一部分动词在"现代汉语中介语语料库"中使用次数很低，也没有出现混

用。出现动词混用的例句共 535 例，错误率为 4.36%。蔡北国（2010）对四个学时等级动作动词的错误率进行了统计，发现各个等级的错误率都很接近，动作动词混用情况在学习者的整个习得过程中持续出现，并没有随着汉语学习时间的增加而减少。

从类型上来看，动作动词混用情况有"替代错误"和"被替代错误"两类。前者是指一个动作动词在句子中替代了另一个动词的用法，后者是指一个动作动词应该使用，但是没有使用，而被其他动作动词替代了。各个等级中，学习者出现替代错误的动词均多于出现被替代错误的动词。一个动词出现了替代错误或者被替代错误以后，产生替代和被替代关系的一组词就形成一组，即混用动词组。

蔡北国（2010）进一步统计了出现混用错误动词的错误率。其错误率的计算方法为将该动词出现的替代错误和被替代错误的次数之和除以该动词的总使用次数。统计结果显示，"吃""喝""穿""站""坐""上""爬"等动作动词的错误率很低，很少出现混用的错误，而"摆""推""撞""戴"等非常容易出现混用错误，大部分错误率高的动作动词都是因为出现了数量比较多的替代错误，如"拿"；少量动词是"被替代错误"居多，如"坐"。

动作动词出现混用错误有三种情况，即在"现代汉语中介语语料库"中只出现"替代错误"、在"现代汉语中介语语料库"中只出现"被替代错误"、在"现代汉语中介语语料库"中同时出现"替代错误"和"被替代错误"，分别占比 47.40%、26.01% 和 26.59%。出现混用情况最多的动作动词是"放""拿""用""打""带""走""看""开""上"，多为留学生熟悉的词，这些词出现替代错误较多，出现被替代错误较少。

基于上述统计分析，蔡北国（2010）对留学生动作动词混用情况的特点进行了归纳，主要表现为：（1）动作动词混用情况并未随学习者汉语水平的提高而减少，易混词可能是各个水平留学生普遍存在的问题；（2）混用动词组内的各个词语之间涉及的关系类型比较复杂，可能是近义词、同类词、非同类词，而不局限于同义词或近义词的范畴。留学生之所以产生动词混用问题，主要原因在于：（1）意义相同或者相近的一组词在用法上难以区分；（2）母语和目的语之间词的用法的不对应关系，不同语言之间的词语在意义上可能有比较一致的对应关系，但是在用法上却存在明显的差别；（3）同类词语在使用过程中出现了频率效应，留学生熟悉的词语使用频率超过了现代汉语中该词的使用频率，导致了高频词泛化的问题，即用高频词替代低频词的情况；（4）学习者对汉语动作动词的用法掌握不全面，导致混用错误。

通过对留学生汉语动作动词混用现象的考察，蔡北国（2010）进一步指出了留学生词汇习得过程的特点，即词汇知识的获得需要一个较长的过程，需要经历从意义到用法的转变，意义的获取相对容易，而用法的获取相对困难，但也更为重要。

4. 动词重叠式习得研究

动词重叠是现代汉语中的一种重要的语法手段。关于动词重叠的语法意义，学界已有较为深入的研究。例如李宇明（1996）认为动词重叠主要表示"次少时短"，并由此引申出"轻微、尝试"等意义，有时动词重叠还可以表示"多量"和"惯常"。动词重叠是外国人学习汉语的难点之一。（赵金铭，1996）

吕滇雯（2000）指出，日本留学生的语料中常常出现动词重叠式滥用的情况。作者对动词重叠式滥用的情况进行了分类，并分析了动词重叠式使用与否的语境条件以及如何形成一个正确的语法结构。

吕滇雯（2000）认为，日本留学生动词重叠的偏误主要是滥用 VV（O）和V－V（O）、滥用 V 了 V（O）和动词重叠式缺损三类。其中滥用 VV（O）和V－V（O）偏误主要出现于日本留学生将 VV（O）和 V－V（O）用于进行时或用作定语时。作者认为，动词重叠式带有较鲜明的时态特征，用于持续态和未然态。适用句型按使用频率由高到低的排序为：直接祈使句和间接祈使句（未然态/多用于对话体）>陈述人物的行动计划或内心愿望的句子（未然态/对话体或叙述性语体）>表示动作多次反复的持续态（叙述体/对话体）。日本留学生出现偏误的句子大多不符合以下几个基本条件：（1）不能用于进行态；（2）不能用于其他非未然态、非持续态的句子；（3）不能用于作定语的动词；（4）不满足叙述体的使用条件时，不能用于叙述体。作者进一步指出，动词重叠式的选择应注意其语义功能和语法结构。VV（O）和 V－V（O）在语义上对原动词的语义有减弱的作用，并且动词重叠式的后面不能有别的结构，不能带谓词性宾语，动词重叠式不能用在连动结构的前一部分，不能用作状语。动词重叠式后面要么带名词性宾语，要么不带宾语。

日本留学生滥用 V 了 V（O）的错误主要表现在语义和语法上，学习者误将 V 了 V（O）用于非短时的动作。吕滇雯（2000）还指出，V 了 V（O）一般用于表示短时，不能表示多次反复出现的动作行为，最常见于叙述体，多用于完成态。有的表示已然的句子中也出现了 VV（O），这些完成态中的 VV（O）和未然态、持续态中的 VV（O）完全不同，它们是 V 了 V（O）的一个替换形式，其中的完成态标记"了"隐藏起来没有出现，这类情况涉及助词"了"的使用条件，非常复杂，作者并未对此进行讨论。

动词重叠式缺损主要是指应该用动词重叠而没有使用的情况。其中 VV（O）缺损的错误在于使用时在语境或语义上存在问题，不过这类例句的可接受性较强，并不是完全错误的句子。但如果使用重叠式则语气更加委婉，表达更为地道，或者是某些情况需要用动词重叠式来减弱动词的明确性／目的性，以表达一种随意的、没有明确目标而只有一个大致范围的行动。V 了 V（O）的缺损主要是指语法上的问题，吕滇雯（2000）指出，这类句子一般都是叙述体和完成态，并且这类句子要求使用动词重叠式实际上是由"了"决定的。

基于上述分析，吕滇雯（2000）对动词重叠式的语义、语法功能等进行了总结。她认为，动词重叠式 VV（O）在祈使句和间接祈使句中最为常见，其功能为缓和语气；在表达某人内心愿望和行动计划的句子中常见，主要用于缓和语气，有时也有减弱该动词的目的性和明确性的作用。动词重叠式 VV（O）可用于持续态，表示多次反复出现的动作／行为，有减弱该动词目的性和明确性的作用。动词重叠式 V 了 V（O）用于完成态，表示短时，有时重叠式中的"了"可以不出现；常用于叙述体，功能是描述，此时使用动词重叠式多是出于句法的需要，在描写完成态的短时动作／行为时，如果动词和宾语都是光杆结构，动词就要重叠或加上"一下"。动词重叠式在语法结构上有要求，即其后不能带其他动词结构或未加限定的数量名结构，不能带时量词和动量词，并且动词重叠式一般不能用作定语。

王茂林（2007）基于"暨南大学中介语语料库"，对留学生习得动词重叠的偏误现象进行了考察，该研究不区分留学生的国别。作者对初级、中级、高级三个等级汉语水平的留学生作文材料进行检索，得到动词重叠用例710个，共六类重叠形式，详见表3-9。

表3-9 六类重叠形式留学生使用情况

重叠形式	初级用例	中级用例	高级用例	总用例数	留学生用例
AA式	129	158	138	425	看看、聊聊
A一A式	48	77	34	159	看一看、想一想
A了A式	5	23	19	47	笑了笑、说了说
A了一A式	0	1	0	1	笑了一笑
A着A着式	2	9	12	23	看着看着、走着走着
AABB式	0	7	5	12	来来往往、吵吵闹闹
双音节重叠ABAB式	11	8	24	43	休息休息、商量商量

王茂林（2007）指出，语料中没有发现双音节重叠形式"AB了AB"的用例。留学生使用不同动词重叠式的频次差别很大，按照使用频次从高到低，依次为：AA＞A一A＞A了A＞ABAB＞A着A着＞AABB＞A了一A＞AB了AB。由此可以认为，AA式是动词重叠的基本形式，其使用频率高于其他重叠形式。作者认为，这一序列反映了不同动词重叠式在实际交际中的使用频率，也反映了它们在二语习得中的难易程度。AA式最简单，因而最容易被学习者习得，在语料中的使用频次也最高。

在检索到的710例用例中，偏误例句有59例，王茂林（2007）对偏误类型进行了归纳，总结了六种偏误类型，对各类偏误进行了简要的举例说明，并指出了偏误原因：（1）动词重叠式与数量词语组合的偏误，共19例，主要是汉语动词重叠式排斥数量词语，动词重叠式表示的动作有一个固定的终止点，属"定时动作"，动作有了固定的界限就会和数量成分发生抵触（沈家煊，1995）。（2）同语义重心有关的偏误，共16例，主要有三种情况：一是将动词重叠式用在连动结构的前一个动词上，动词重叠通常为句子的语义重心，但一般句子的重心在后面的动词上，因此两者相互冲突；二是述补结构中述语用重叠式，重叠式作为语义重心和述补结构中补语的语义重心地位相冲突；三是"试试 V"式偏误，这类偏误的出现可能是受汉语 VO 可以重叠为 VVO 的影响，也可能受"试试看"的类推影响。王茂林（2007）认为这个动词重叠 AA 式常与语义重心有关，一个小句只能有一个核心谓词性成分，VV 是句中的核心动词，所以后面就不能再有其他动作动词了。（3）动词重叠与时间副词组合的偏误，共 11 例。这一偏误的出现主要是因为汉语动词的基式可以受时间副词修饰，留学生将这一规则扩大到动词重叠式上，导致偏误产生。实际上，汉语动词重叠式不能直接受时间副词"正在、即将、已经、曾经"修饰（李宇明，1998）。（4）动作重叠式作定语的偏误，共 5 例。动词重叠式具有动态性，一般不能单独作定语（李大忠，1996）。动词重叠式如果要充当定语，须两个或两个以上动词重叠式连用，或带有其他成分（李宇明，1998）。留学生没有掌握这些语法规则，因而出现了重叠式作定语的偏误。（5）不能重叠的动词用于重叠式的偏误，共 4 例。这类偏误主要是留学生将不能重叠的动词用于重叠式，如"* 想念想念你们俩"。汉语中主要是动作动词可以重叠，而心理动词、非动作动词一般不能重叠，但留学生没有很好地掌握这些规则。（6）AA 式在已然语境中单独作谓语的偏误，共 4 例。汉语已然语境中，可以使用动词重叠式"A 了 A"，也可以使用"AA"，但当动词重叠式单独作主要谓语，或用于表示连续动作中的最后一个动词时，只能用"A 了 A"，不能用"AA"。

魏红（2009a）从本体研究和语言习得研究相结合的角度探讨了汉语常用动词重叠后带宾语的情况。她指出了动词重叠式相对于基式带宾语的变化情况，即：基式能带宾语，重叠式不能带宾语；基式不能带宾语，重叠式可以带宾语；基式和重叠式在带宾语的语义类型、结构形式等方面也存在变化情况。动词重叠式带宾语受到语义、句法、语用等多种语言因素的制约。作者以越南、韩国、泰国三国学生为被试，主要以中高级汉语水平的留学生为主共 57 名，通过试卷测试考察三国学生习得常见动词重叠式带宾语的情况，考察的方式是学生对试卷提供的短语或句子判断正误。

该测试考察以下十个项目的习得情况，即：（1）关于哪些常见单词能重叠的习得情况；（2）关于动词重叠能否带宾语的习得情况；（3）关于动词重叠带宾结构前面能否加否定词的习得情况；（4）关于动词重叠带宾语结构作定语的习得情况；（5）关于动词重叠带宾结构前后能都出现时间词语或动态助词的习得情况；（6）关于动词重叠带宾结构中带补语的习得情况；（7）关于重叠动词带数量宾语的习得情况；（8）关于重叠动词带虚指宾语的习得情况；（9）关于动词重叠带大数量宾语的习得情况；（10）关于句类对动词重叠带宾结构制约的习得情况。测试结果显示：三国学生对重叠式带宾语的习得情况良好，准确率达到了66.7%；学生对不同的考察内容掌握的情况有差异，对于诸如动词重叠带宾语作定语之类较难知识点的习得情况不是太理想，而对于规律性强、易识别的结构，习得效果很好，如动词重叠带光杆类宾语。

第六节 本章小结

1. 主要成果

动词的习得问题是汉语实词习得研究中较为突出的问题，相关的研究成果也较为丰富。近20年来，学界对汉语动词习得过程中的突出问题进行了考察和分析，研究的范围逐渐扩展，研究的深度也逐渐加深。总体而言，主要表现为以下三个方面：

（1）研究内容丰富

近20年学界对汉语动词的习得研究，覆盖了较为典型的汉语动词类型，如能愿动词、离合词、心理动词、非宾格动词、动作动词、路径动词等，既有不区分小类的动词整体性研究（戴国华，2000；王茂林，2007），也有分类研究（陈若凡，2002；冯丽萍、盛双霞，2004；萧频、李慧，2006；赖鹏，2006、2009、2012；马萍，2008；赵杨，2009a、2009b；吕兆格，2010；蔡北国，2010；杨圳、施春宏，2013；程潇晓，2017）和针对具体动词的个案研究（如张丽，2008；张江丽、孟德宏、刘卫红，2011；雷菱，2017）等。还有一些国别研究立足充分的语言对比开展调查，从目的语和学习者母语两个角度来考察；有的还开展了类型学研究，如程潇晓（2017）对五种母语背景学习者汉语路径动词混用的倾向和成因进行类型学分析。可见，动词的习得研究是多层次多角度的。

（2）研究视角趋于多元化

二语习得的相关研究大都建立在本体研究的成果之上。研究者注重利用本体研究的新成果、新角度来开展相关的动词习得研究。如从配价角度对留学生习得汉语特殊准价动词框式意识的建构及其制约因素的探讨（杨圳、施春宏，2013）；基于路径动词的指示成分，探讨二语学习者指示与无指示路径动词、趋近与背离路径动词混用的倾向（程潇晓，2017）；引入"对应""内置"等认知因素来考察二语习得者对汉语情态动词的选择或者说不同情态动词之间的竞争的历时运作（赖鹏，2009）；从"超集—子集"的角度探讨英语母语者习得汉语非宾格动词和心理动词的情况（赵杨，2009a）；从句法—语义界面（syntax-semantics interface）的角度对英语母语者汉语心理动词的习得情况进行考察（赵静、王同顺、叶李贝贝，2015）。

（3）研究方法更趋科学化

动词的习得研究在方法上也日趋科学，主要体现在研究的统计方法和实验方法上。统计方法由感性的举例法变为基于语料库的科学统计，前者往往有赖于研究者的积累和分析，后者则更多地依靠数据的统计和分析，由此得出的偏误类型相对更为全面，相关的数据分析也更为可信。有的研究采用的语料还包括诱发性语料和自然语料（林才均，2015），相对更为可信。研究者在开展实验时也更加关注实验方法的科学性和有效性，如可接受性判断测试和组句测试两种手段相结合（赵杨，2009b）、看图写句子和限时合乎语法性判断、口头描述和阅读判断（袁博平，2002）等，尽可能做到客观测试与主观测试相结合、输入与产出方法相结合。

2.　研究的不足

（1）研究成果相对分散，研究的广度和深度仍需加强

当前学界的动词习得研究虽然覆盖了一些典型的动词类别，但是研究成果比较分散，除了能愿动词、动词重叠的习得研究比较集中，其他的研究都比较零散，多位研究者对同一研究对象开展研究较为少见，这可能与汉语动词的分类角

度多、动词数量大有一定关系。除赖鹏（2009）对能愿动词的习得开展了多角度的系列研究，极少有研究者对同一类对象开展系列研究。此外，同一类动词的习得研究中，个案讨论所涉及的动词较少，这在一定程度上说明研究的广度和深度仍有待加强。

（2）具体研究过程中的不足

汉语动词的使用与其主语、宾语等成分密切相关，也常常和由其他成分构成的框架有密切的联系，因此对某类动词习得的研究往往不是孤立的，常常要考虑相关要素，如在习得汉语心理动词时学习者对致使结构的选择情况应纳入考察范围。有些研究的结论还需要进一步验证，如有的国别研究针对某一母语学习者开展，得出的结论是否是跨语言的还需进一步验证。

实验的方法以及数据分析的依据还需进一步合理化。有的研究虽然采用了客观测试和主观测试两个部分，但最终的数据分析基本以客观测试的语法判断测试结果为主，主观测试题只作补充和参考，如马萍（2008）分析的主要依据是客观测试，是对目标项的接受度的选择测试，实际上是接受性的，而非生成性的，因此基于接受性测试的数据分析并不能全面地反映学生离合词扩展形式的习得情况，尤其是掌握程度。

此外，汉语本体知识的不足也对习得研究的结论造成了一定的影响。如离合词的习得研究，不同的学者对离合词的定义看法基本一致，但对于具体哪些词属于离合词这一问题仍存在分歧，有的还存在一定的问题，如将"挑水"列为离合词进行考察，这类情况在一定程度上影响了研究结论的可信度。

3. 研究展望

从本体研究的层面来看，动词是所有词类中研究得最为透彻的一个词类。从第二语言习得的角度来看，动词习得研究的成果也相对丰富，但也仍需进一步加强研究的深度和广度。具体而言，主要表现为以下几个方面：

（1）加强动词次范畴的习得研究

汉语作为第二语言的动词习得研究主要是在动词次范畴的研究上，就当前的研究而言，以下几个方面仍存在较大的研究空间：

　　a. 能愿动词习得研究

　　汉语能愿动词是留学生学习的难点。汉语能愿动词是否等同于其他语言中的情态动词？汉语能愿动词与学习者母语中的相关情态动词的对应关系如何？此外，汉语能愿动词和可能补语的纠缠，依然是韩日学生学习的瓶颈，如"能买到"和"买得到"、"不能进去"和"进不去"的混淆，以及回避使用可能补语而导致的能愿动词的泛化等问题，依然是学界需要着力解决的问题。

　　b. 趋向动词的习得问题

　　汉语趋向动词单独作谓语和作趋向补语是不同的，不同点在哪里，这些不同给留学生的习得造成哪些影响？趋向动词作补语时语义的虚化问题，语义相近的趋向动词作补语时其语义差别是什么，尤其是引申义的差别如何向二语习得者解释清楚；趋向动词作补语或宾语时的位置如何，如"拿回一本书来"也可以说"拿回来一本书"，而"跑回宿舍去"则不能说成"*跑回去宿舍"等，都是留学生感到困惑的问题，也有待本体研究和二语习得研究进一步做出解释。

　　c. 其他一些动词小类的习得研究

　　汉语心理动词、位移动词、言说动词、形式动词等动词小类的习得问题，和一般动词习得既有共性，又存在差异。共性有哪些？差异又体现在哪些方面？这些动词小类内部情况也比较复杂，如言说动词，有的可以进入双宾句（如"我告诉你一个秘密"），有的则不可以（如"*我说你一个秘密"）。这些都是二语习得过程中需要解决的问题。

　　（2）加强与类型学研究的结合

　　动词在人类语言中是一个重要的词类。不同类型的语言中动词的句法功能和特征都存在差异。当前虽然已有一些国别研究，但是多为在汉外语言对比的基础上针对某一种语言的汉语学习者的动词习得开展研究，很少有学者从类型学角度去考察不同语言类型的学习者习得汉语动词的情况，如：母语与汉语同一语言类型的学习者在习得汉语动词时存在哪些问题？母语与汉语不属于同一语言类型的学习者又存在哪些习得问题？这些习得差异是不是由不同的语言类型造成的？此外，能愿动词与情态动词之间的关系、能愿动词与可能补语的纠缠、趋向动词作补语等问题都需要立足于语言类型学开展更深层次的探讨。

第四章　形容词习得研究

作为三大实词之一的形容词，历来是汉语语法学界重点关注的研究对象之一，有关形容词的学习和使用也是汉语习得中公认的难点之一。文献检索发现，已有的关于形容词的本体研究和对外汉语教学语法研究的成果较多，而关于形容词习得的研究则起步较晚，成果很少，目前仅搜集到相关论文 10 篇，主要集中在单音节形容词的习得研究（苏向丽，2015；郭伏良、刘鸿雁，2015；孙慧莉、慕田子，2017）、个体形容词的习得研究（张静静，2011；李泽贤、郭曙纶，2018）、形容词 AABB 重叠式的习得研究（吴继峰，2013a；胡丛欢、骆健飞，2015），另外还有一些研究关注形容词隶属度的高低对其习得的影响（齐沪扬、韩天姿、亚鑫，2019）、形容词定语后"的"字隐现的习得（王利峰、肖奚强，2007）、英日母语者在学习汉语形容词时的母语迁移作用（张蔚，2010）等方面。

总的来说，目前对于形容词习得的研究尚未引起学界的充分重视，因此相关习得研究成果也较少。

第一节　单音节形容词习得研究

1.　单音节形容词的偏误研究

郭伏良、刘鸿雁（2015）利用北京语言大学"HSK 动态作文语料库"，从语法、词汇两个方面初步分析了日本留学生在习得选定的 220 个单音节形容词时的偏误情况。文章将语法偏误又分为词法和句法两类：从词法偏误来看，主要是词性偏误和重叠不当，词性偏误的突出表现是学习者误将单音节形容词用为动

词；重叠不当则主要表现在不该重叠而重叠和该重叠而未重叠。句法偏误首先是
"是"字句、"是……的"句和形容词谓语句中误加"是"的混淆误用，其次是句
子成分不当，主要表现在定语、谓语的相互误用和状语、补语的相互误用。

从词汇偏误来看，首先是误用单音节形容词代替双音节形容词。郭伏良、刘
鸿雁（2015）认为，这是因为"双音化是汉语发展史上一个突出现象"，"而日本
的汉字词双音化现象不明显，因而日本留学生用单音节词代替双音节词造成的偏
误很多"。其次是词语搭配不当。再次是语义表达前后矛盾或冗赘。

但郭伏良、刘鸿雁（2015）并未深入分析产生这些偏误的内在根源，也没有对
比其他国家留学生在这类形容词习得中的异同表现，因此，这些偏误是日本学生的
特有现象，还是其他母语学生汉语习得过程中同样存在的共同问题，还不得而知。

2. 单音节量度形容词的习得研究

作为性质形容词中的重要成员，单音节形容词是目前有限的形容词习得研究
中最为集中的一部分。其中用来说明体积、面积、高度或数量的"大、小、高、
低（矮）、多、少"等常用形容词是二语学习者必须学习和掌握的，但同时也是
二语学习者经常出现偏误的地方，鉴于其都含有 [+ 量度] 的语义特征，苏向丽
（2015）将之称为量度形容词。

立足于 1500 余万字的大规模汉语中介语语料库，苏向丽（2015）通过数据
统计考察了包括"大、小、高、低（矮）、多、少"的 36 个常用成对单音节量度
形容词之间 80 对易混用词语的混淆状况。

该文基于"易混淆词"的理论基础，"既关注同（近）义词语的混淆，也关
注语义关系较远或没有同（近）义关系的词语之间的混淆"，对 36 个目标词在中
介语语料库中的所有用例逐一进行考察，诊断出量度形容词之间混用的误例共计
1087 例，并据其整理出 80 对混淆误用的量度形容词。文章从量度形容词易混淆
词表层的词际关系、深层的语义关系和误用频次、混淆词数及正负向量度形容词
之间的混淆分布等几个方面对其进行了深入考察。

研究发现："这一类词语混淆表现出明显的错杂性和不平衡性。错杂性主要
表现在该类词语在词际关系上以多对多混淆为主，且双向误用更为强势，混淆词

语的语义关系类型多样，且原型义和非原型义交互混淆；不平衡性主要表现为量度形容词的误用频次和混淆词数分布不平衡，特别是正向量度形容词普遍高于负向量度形容词。此外，正向量度形容词之间混淆比负向量度形容词之间混淆和正负向量度形容词之间混淆分布更广。"

该文数据翔实，分析细致，对于量度形容词混淆情况的考察较为深入。但对量度形容词混淆情况如此复杂的原因及其影响因素、教学对策等问题则没有涉及，后续研究中也没有检索到相关成果。

3.　单音节形容词与名词的搭配研究

孙慧莉、慕田子（2017）专门考察了韩国留学生单音节形容词与名词的搭配使用情况。文章立足于总计 30 万字的初级水平韩国学生作文语料库，以 "A+N" 为关键词，提取并筛选出 "A（的）+N" 的搭配形式，进一步筛选后分为目标搭配形式 "A$_单$（的）+N" 和 "其他 'A+N'" 两类，就 "A$_单$（的）+N" 的使用频次、偏误频次、偏误率及与之搭配的名词的丰富情况等进行了考察和相应的研究。

研究从语义和语法两个角度对偏误用例进行了归类，并在与母语语料库对比的基础上形成对初级水平韩国留学生单音节形容词与名词搭配的使用情况分析。研究发现，"学习者自主使用单音节形容词与名词搭配时，与其日常生活相关的、较先习得的、在学习者脑中的输入量已足够大的搭配使用频率较高"，同时学习者也会因为表达需要而自己创造搭配，但由于 "不了解汉语形容词与名词搭配的限制，又缺乏汉语语感"，从而导致了一些错误搭配的出现。文章认为解决之道是教师在教学中注重对学习者进行形名搭配规律的教授，同时要注意教学对象的语言水平，循序渐进地安排教学。

第二节　形容词的个体习得研究

现代汉语形容词中有一类特殊的整指全称限定词，即将集合作为一个不可分割的整体进行全称涉指，表达整个范围没有例外的全称数量意义。"全""整""满"

是其中较为典型的代表，三者的词汇意义相近，但在具体使用中有不同的句法、语义限制，不易区分，因而也是留学生习得的难点。

张静静（2011）以整指全称限定词"全""整""满"为研究对象，对留学生使用"全""整""满"三者出现的偏误情况进行考察与分析，并提出相应的教学策略。

该研究的语料来源于"中山大学中介语语料库""暨南大学中介语语料库"及"HSK 动态作文语料库"。语料统计发现，"全"的偏误类型主要有三种情况，即"全 +N"内部结构偏误、"全 +N"后缺少呼应成分、"都""全"与其他限定词的混用。

"全 +N"内部结构偏误主要涉及 N 的单双音节、"全"与 N 之间量词的误加、方位词语的误加等问题。张静静（2011）认为，"全 +N"内部结构出现偏误主要是由于学生目的语规则掌握不完全，尤其是单双音节搭配的韵律问题是汉语特有的语言现象，应在教学中引起足够的重视。

"全 +N"后缺少呼应成分"都"的偏误，主要是因为全称限定词与"都"的共现是半强制性的，即有的时候"都"一定要出现，而有的时候"都"可以隐现，而留学生往往难以掌握"都"的隐现条件，故而出现遗漏"都"的偏误。张静静（2011）指出下列情况中"都"可以隐没："全"结构体充当复句的主语；谓语部分含有"加合""同时"义；"全"结构体本身含有整体义，被看作一个不可分割的整体；句中含有"规定""命令"义，谓语前常出现"应该""必须"等副词；谓语部分为比较正式的书面语言或含有文言格式。

"全"与其他限定词的混用，主要表现为三类情况：（1）"全"与统指类全称限定词的混用。这类偏误的产生原因比较复杂，一方面教材对"全"作限定词时的用法重视不够，致使学生对目的语规则掌握不全，对"全 +N"结构中 N 应满足的条件不太清楚。另一方面与汉语的语言特点，以及受母语负迁移的影响有关，如英语的 all、印度尼西亚语的 semua。（2）"全"与"整 + 量"混用。这类偏误的产生主要是因为学生对目的语规则掌握不完全，难以正确区别表示整指的"全"和"整"，另外母语负迁移也是偏误原因之一。（3）限定词"全"与副词"全"的混用。这类偏误主要是由于学生没有掌握表达全称量化时"全"和"整"

的区别。（4）"全"与抽象名词构成的固定结构使用偏误。这类偏误产生的原因主要在于学生没有完全掌握固定结构的意义和用法。

"整"的偏误类型主要有：（1）"整"结构内部结构偏误；（2）"整"结构体句法结构偏误，主要是"整"结构体作状语或补语时产生偏误，这类偏误产生的原因主要是学生对目的语的语法规则掌握不完全；（3）"整"与其他限定词的混用，具体而言，包括"整"与统指类全称限定词混用、"整"与分指类全称限定词混用、"整"与"整整"混用。第一类混用主要是由母语负迁移引起的，后两类混用主要是由于目的语规则掌握不完全引起的。

"满"的偏误类型主要有"满"结构体内部偏误和"满"结构体搭配偏误。这类偏误产生的主要原因在于学生对"满"结构体的语法规则掌握不理想。

综上所述，留学生对整指全称限定词的掌握情况并不理想。偏误产生的原因很多。总体而言，张静静（2011）在进行偏误分析时，偏误小类的分析基本是举例说明，对偏误原因的分析多为对具体偏误例句的分析，因而偏误原因分析的解释力在一定程度上有所欠缺。

现代汉语中"特殊"和"特别"是使用频率相对较高的一组近义词，尤其是二者都用作形容词表示"不一般、与众不同"的意义时，经常替换使用，也容易引起混淆。

李泽贤、郭曙纶（2018）基于留学生习得"特殊"与"特别"的语料，梳理出留学生习得这组近义词时出现的三类偏误，即词义偏误、句法偏误和书写偏误。

语料统计结果显示，就词义偏误而言，留学生习得"特殊"时的词义偏误多为误代，占了所有词义偏误的92.8%，冗余和遗漏则非常少见，分别只出现了2次和1次，占比4.8%和2.4%。误代的偏误中，词义泛化占80.49%，回避使用的情况相对较少。泛化有两种情况：一是该用"特别"而用了"特殊"；二是该用其他词语而用了"特殊"。留学生习得"特别"时的词义偏误多为误代，占所有词义偏误语料的82.5%；冗余为6例，占比15%；遗漏只有1例，占比2.5%。误代的偏误中，词义泛化占42.5%，词义回避占40%，所占比例几乎一样。可见，在留学生习得"特别"的过程中回避与泛化都是常犯的词义偏误。

就句法偏误而言，语料检索未发现"特殊"的句法偏误用例，而"特别"的句法偏误则表现为与"特别是"相关的偏误，即需要用"是"而缺了"是"的情况和不该用"是"而用了"是"的情况，分别占比83.9%和4%。

就书写偏误而言，在偏误数量上，"特""殊""别"三个字中出现偏误次数最多的字为"特"字，出现偏误次数最少的为"殊"字。在书写偏误的类型上，三个字出现最多的偏误类型是错字，以笔画错误为绝大多数，其中又以笔形或笔画组合错误最多。部件错误则表现为部件错写或错用。"别"字主要是"别"字出现的偏误，其中由字形相近引起的偏误占绝大多数。

此外，李泽贤、郭曙纶（2018）还对日本和韩国两国留学生的语料进行了国别考察。统计发现，日本留学生的偏误主要表现为"特别"的泛化，即该用"特色"或"特殊"而用了"特别"以及句法偏误"特别是"中"是"的遗漏。韩国留学生的偏误则主要表现为回避使用"特别"，即该用"特别"而用了其他词语以及句法偏误"特别是"中"是"的遗漏。但总体而言，韩国留学生的词义偏误不是很明显。

李泽贤、郭曙纶（2018）进而对上述偏误产生的原因进行了分析。作者指出，主要的影响因素为语际迁移、语内迁移、学习策略的使用、学习态度、学习动机等。

留学生习得"特殊""特别"时的书写偏误主要是语际偏误，其产生原因主要是母语负迁移和文化负迁移。日本与韩国留学生的书写偏误极少，而欧美学生尤其是俄罗斯学生的书写偏误较多。日本与韩国留学生的书写偏误多表现为别字，欧美留学生的书写偏误主要表现为错字，即对汉字的部件笔画等不熟悉。这些情况的出现主要是因为日本和韩国属于汉字文化圈，日本与韩国留学生的母语中都有汉字元素，因此日本与韩国留学生学习汉字时一般不会出现部件或笔画乱写的情况。文化负迁移的情况主要体现在新加坡留学生的汉字习得上，他们将"特殊"误用为"殊胜"，这是因为新加坡佛教经典中存在"殊胜"一词。

"特殊""特别"的词义偏误和句法偏误产生的原因较为复杂，主要是因为学习者将目的语规则泛化，从而导致偏误，产生"特殊"与"特别"二者混用以及二者分别与其他词语（如"奇特""奇怪""专门""特地""区别""特点""特色"

等）的混用现象。此外，学习环境和学习策略也是偏误产生的原因，诸如教材的英语释义，教学过程中对比分析的缺失，学习过程中的简化策略、直接策略和简介策略都对学生习得"特殊""特别"产生了影响。

第三节　形容词隶属度的高低对其习得的影响

形容词内部也有典型成员和非典型成员之分。根据词类的原型性，袁毓林、马辉、周韧等（2009）从每一类词中选出典型代表，考察其语法功能，并根据这些语法功能对该词类的重要性设定分值，制订了词类隶属度量表。齐沪扬、韩天姿、亚鑫（2019）以袁毓林等所做形容词隶属度量表的分布特征及其权值设定作为标杆，以 48 个不同的形容词为研究对象，从构词方式、音节多少、构词标记三个不同的角度对形容词进行隶属度测量，详尽考察了不同类别形容词的形性功能。测量统计结果如下：

按照构词方式分类的形容词的隶属度由高到低的连续统为：

动宾式形容词>动补式形容词>并列式形容词>主谓式形容词>偏正式形容词

按照音节多少分类的形容词的隶属度由高到低的连续统为：

单音节形容词>双音节形容词

按照构词标志分类的形容词的隶属度由高到低的连续统为：

"自-"类形容词/"安-"类形容词>"坚-"类形容词

各小类形容词之间隶属度由高到低排序如下：

按照构词标志分类的形容词>按照构词方式分类的形容词>按照音节多少分类的形容词

在此基础上，齐沪扬、韩天姿、亚鑫（2019）讨论了隶属度高低对形容词习得的影响。生成语法理论与类型学都认为标记和二语习得之间存在相关性，即：根据标记关系能够预料学习第二语言困难的语言项目。标记程度越低，越容易学，学会得也越早。基于这一认识，作者分别对单双音节形容词、有构词标志的形容的习得进行了说明。作者认为，单音节形容词可以看作是无标记的，而双音节形容词则是有标记的，单音节形容词相对容易习得。从隶属度的统计来看，单音节形容词的隶属度介于 0.8～0.9 之间，它们大多出现在习得的初级阶段，在《汉语水平词汇与汉字等级大纲》（1992）中也基本为甲级词和乙级词；相对应的双音节形容词除了"愚笨"的隶属度是 0.9 之外，其余的隶属度都低于 0.8，这些词有的尚未收入《汉语水平词汇与汉字等级大纲》（1992）中，也与其习得难度有关。可见，标记程度越低越容易学，也越早学会；反之，则越难学，越晚掌握。

有构词标志的形容词的隶属度的一致性相对较好。该研究选取了三类："自-""坚-"和"安-"。其中"自-"和"安-"隶属度都为 0.9，即所有成员的得分相同，内部一致性特别强。"坚-"的 4 个词，3 个是 0.9 的隶属度，只有"坚固"为 0.8。一致性好的"形容词群"，有利于二语学习者掌握和辨析，因为学习者可以进行类推，可以进行有效的扩展，也可以在辨析中加深印象。

第四节　形容词AABB重叠式的习得研究

作为性质形容词中的另一重要成员，双音节性质形容词的习得研究目前主要集中于 AABB 重叠式的习得考察。吴继峰（2013a）从《高等学校外国留学生汉语言专业教学大纲》（2002）中选取了 109 个性质形容词，在北京语言大学"HSK 动态作文语料库"中对其重叠式进行了检索，得到有效例句 437 例，其中正确用例 291 例，偏误用例 146 例。文章从语法、语义、语用三个方面对偏误用例及其成因进行了归纳和分析。

研究发现，形容词 AABB 重叠式的语法偏误包括成分冗余、成分误用、成分缺失、语句杂糅等几个方面。成分冗余主要表现在形容词 AABB 重叠式前面又加了程度副词"很"。成分误用包括：（1）结构助词"的""地""得"的误用，语料显示，留学生使用"的"时具有泛化倾向，常用"的"代替"地"和"得"；（2）形容词误用，常表现为留学生对近义形容词之间意义和用法的区别把握不准；（3）AABB 重叠式与 ABAB、ABB 形式的混淆。成分缺失包括：（1）缺失结构助词"的""地""得"，形容词重叠后充当定语、状语、补语和谓语等不同成分时，一般需要在相应的句法成分之间使用结构助词"的""地""得"，而在留学生语料库中，这些结构助词常是缺失的；（2）句子成分残缺，语义不完整。还有一些偏误用例是因将两个分句杂糅在一起，同时可能还缺少相应的句子成分。

从语义方面来看，留学生常因未能很好地掌握形容词 AABB 重叠式与"程度副词＋形容词"在主要句法功能、基本语法意义方面的区别，误将二者等同起来而导致偏误。语用方面的偏误则主要表现为将形容词重叠式的句法功能和语用等同于相应形容词的基式而导致该用不用和不该用而用两种情况。

在对形容词 AABB 重叠式偏误用例进行分析的基础上，吴继峰（2013a）还针对这一语法形式的教学提出了以下两点建议：

（1）结合三个平面阐释形容词 AABB 重叠式

语言形式上要引导学生注意形容词重叠后前面不能再加"很"等程度副词修饰；明确重叠式可以充当定语、状语、谓语和补语，但主要语法功能是充当状语；强调说明"的""地""得"的具体用法；突出形容词重叠后的语法意义，即表状态，具有描写意义。可通过例句对比形容词重叠式与"程度副词＋形容词"在语义上的差别，让学生体会使用形容词重叠式的语言环境和语用价值。

（2）循序渐进地组织练习

吴继峰（2013a）认为，形容词 AABB 重叠式在对外汉语教学中的练习宜采用"机械练习＞半机械练习＞交际性练习"的路线循序渐进地推进。

胡丛欢、骆健飞（2015）同样基于"HSK 动态作文语料库"考察分析了形容词 AABB 重叠式的偏误及其成因，发现在中介语语料库中，形容词 AABB 重叠式的主要句法功能也是充当状语，同时也是偏误率最高的部分，约占该语法形式所有偏误的一半；其次是定语、谓语和补语。留学生在习得这一语法形式过程中存在的问题也比较集中，主要表现为：（1）因没有弄清楚这一语法形式的使用条件导致不该使用而使用重叠式；（2）因没有分清该形式与"很+AB"的不同，在其前面误加程度副词"很"导致偏误；（3）"的""地""得"的缺失；（4）"的""地""得"相互之间的误用和该形式与动态助词"着""了""过"的错误连用。

该文对于这一语法形式的偏误类型的考察相当程度上佐证了吴继峰（2013a）的研究结论。

在前述分析的基础上，胡丛欢、骆健飞（2015）也针对这一语法形式的教学提出了几点建议：（1）教材及大纲的编写应注重表明这一重叠形式的使用条件，根据错误率安排教学重难点，注意区分这一形式与"程度副词＋AB"的区别；（2）教师在这一语法形式的教学过程中应注意突出重点、详解难点；（3）教材编写和教师教学过程中都应注重提高学生对这一语法形式的学习兴趣和动机；（4）注重发挥语言测试的评估及指导作用。

第五节　形容词后"的"字隐现的习得研究

形容词作定语时加不加"的"一直是汉语语法学界的老大难问题，虽有不少学者对这一问题进行过相关的研究，但仍未完全探明"的"字隐现的规律；双音节形容词作为形容词中的主体，其充当定语时"的"的隐现问题尤为复杂。如何在本体研究不够充分的情况下有效地开展双音节形容词充当定语时"的"字隐现的对外汉语教学？王利峰、肖奚强（2007）的研究试图回答这一问题。

该文也是目前可见的汉语二语习得领域就学习者对形容词习得问题最早开始相关研究的文献，在前期相关研究成果的基础上，王利峰、肖奚强（2007）从形容词频率词表中抽取 140 个常用高频双音节形容词作为检索词项，先在 700 万字汉语母语者语料中进行穷尽性检索，将得到的 4523 个有效例句分为 2 个大类、6 个小类和 11 个细类。2 个大类即简单式和复杂式，简单式表示为 A（de）N；由简单式充当更大名词短语的定语或中心语即构成复杂式，也就是复杂定中短语，其又可以分为以下 5 类：

复杂式 I 表示为 N de（A〔de〕N），即简单式充当更大名词短语的中心语，定语由名词充任。

复杂式 II 表示为 N（A de N），实际为复杂式 I 的派生式，两者结构成分完全一样，只是"的"字隐现情况不同，这类结构在名词定语和中心语间往往可插入指示代词"这"或"那"。

复杂式 III 表示为（A〔de〕N）de N，即简单式充当定语。

复杂式 IV 表示为 VP de（A〔de〕N），即简单式充当中心语，定语由小句充当。

复杂式 V 表示为 V（A〔de〕N）de N，即简单式充当定语小句的宾语。

语料统计分析发现，就简单形容词定语而言，本体研究中的"普通双音节形容词作定语一般要用'的'"的说法是基本正确的，这一类形容词定语中带"的"的比例高达 78%。但在汉语母语者语料中约占 30% 的复杂形容词定语在之前的本体研究中未得到足够重视，而这类复杂形容词定语与简单形容词定语带"的"的情况相反：71.2% 的例句是不带"的"的。因此，该文认为，在讨论形容词充当定语带不带"的"时区分简单式和复杂式极为重要。

立足于前述研究，该研究在肖奚强主持建设的 70 万字汉语中介语偏误信息语料库中同样以 140 个形容词为检索项进行了穷尽性检索，共得到有效例句 473 例，其中正确用例 415 例，偏误用例 58 例。

语料统计分析发现，出乎研究者预料，留学生在使用"的"字时，对于简单式和复杂式的 11 个细类全部涉及，但中介语用例中带"的"的结构类型的比例总是高于汉语母语者语料中的比例，因此，王利峰、肖奚强（2007）推测留学生在使用"的"的时候存在滥用的情况及由此造成的黏合式偏正结构数量的降低和偏误率的升高，这种推测在语料统计分析中得到了证实。

偏误用例中，缺省偏误（该带"的"而没有带）和冗余偏误（不该带"的"而带"的"）几乎各占一半比例，但 70% 的缺省偏误集中在简单式中，而 85.7% 的冗余偏误集中在复杂式中。研究认为，影响留学生使用简单式时带不带"的"的主要因素是语际干扰，即学生母语的负迁移；造成复杂式偏误用例中高冗余偏误率的原因是留学生对于"的"字的滥用，这一点可能跟对外汉语教材和工具书对"的"的不完全概括有关。而"的"字的高频使用在形容词定语简单式中造成的偏误率很低，在复杂式中造成的偏误率却极高，文章认为这一点可以给教学提供非常有益的参考。

基于前述分析，王利峰、肖奚强（2007）针对形容词定语中"的"字的隐现问题提出了相应的教学对策，认为汉语教学应严格区分简单式和复杂式这两种偏正短语，并根据学生的语言水平分阶段教学。初级阶段教师可用三条明确的语法规则把"的"字的使用情况告知学生：

定位规则："的"是汉语的定语标记。这是因为简单式中带"的"的频率极高，不带"的"的限制存在很多例外，这一规则学生易于掌握而且涵盖面较广。

基本规则：简单式中，双音节形容词充当定语要带"的"，可表示为（A de N）。这是因为语料统计显示，简单式中的带"的"结构具有"高频低偏"（即出现频率高，偏误率低）的特点，不带"的"结构却具有"低频高偏"（即出现频率低，偏误率高）的特点，且这一规则在汉语母语者语料中覆盖面接近 80%，中介语中运用这一规则的正确率更是高达 98.6%。因此，运用这一规则可有效地提高留学生运用双音节形容词充当定语的正确率。

扩展规则：复杂式中，双音节形容词充当（降级）定语不带"的"。语料统计发现，这一扩展规则在中介语语料中的正确率为 85.9%。

在复杂式教学中，教师可以依据复杂式各下位句式的使用频率优先选择教学项目，如在初级阶段可先介绍 VP de（A N）和 N de（A N）这两个下位句式等。

可以说，这一研究对于"的"字隐现的教学提供了较为系统性且分阶段性的指导，在教学实践中应该可以有效地提高学生运用形容词充当定语的正确率。对于其他同样存在类似的非强制性使用的"了""着"等助词的教学方法的研究也具有一定的借鉴意义。

母语的迁移作用一直是二语习得中的一个广受关注的问题，王利峰、肖奚强（2007）的研究中也提到，影响留学生使用形容词作定语带不带"的"的主要因素是语际干扰，即学生母语的负迁移。张蔚（2010）则通过实证研究基础上的对比分析，专门关注了英语、日语母语者在学习汉语形容词时母语迁移作用的异同表现。

该研究以初级、中级水平的英语、日语母语者各 15 名为被试，从汉语水平考试 HSK 真题库及模拟题中，随机抽取 30 道以形容词为测试点的选择题，经过再次随机编排并编写成程序，在同一时间的封闭环境中完成测试实验，然后利用 SPSS 软件进行相关统计和分析。

实验结果表明，英语、日语母语者学习汉语形容词时基于母语的迁移表现既有共同点，也有不同点：

共同点：中英、中日同译词（即在对外汉语教材中两个或几个汉语词语被译为同一个外语词语）都具有很强的负迁移作用，很容易造成混用。

不同点：（1）中日同形同义词对于日语母语学习者具有明显的正迁移作用；（2）中日同形异义词对于日语母语者则具有很大的负迁移作用。

第六节　本章小结

1.　主要成果

就目前检索到的文献而言，学界对形容词习得研究的探讨覆盖了单音节形容词、形容词的重叠形式、形容词定语后"的"的隐现等典型问题。具体而言，学界对单音节形容词的词法偏误和句法偏误进行了归纳总结（郭伏良、刘鸿雁，2015），从量度形容词混淆词表层的词际关系、深层的语义关系、误用频次、混淆词数及正负向量度形容词之间的混淆分布等几个方面对单音节量度形容词的混淆问题进行分析（苏向丽，2015），从形容词的形性功能角度探讨隶属度高低对形容词习得的影响（齐沪扬、韩天姿、亚鑫，2019）。还有一些研究主要围绕具体的一组形容词展开，如"特殊"与"特别"（李泽贤、郭曙纶，2018）、整指全称限定词"全""整""满"（张静静，2011），对其偏误情况进行了较为细致的考察。此外，还有学者对形容词的重叠形式、单音节形容词与名词的搭配以及形容词定语后"的"字的隐现问题进行了初步的考察。总体而言，当前研究涉及形容词习得中较为典型的问题，但相较于其他词类的习得研究而言，学界对形容词习得的研究还有待进一步深入。

2.　研究的不足

（1）对形容词的语法属性缺乏深刻的理解，因而相关习得研究薄弱

总体来看，形容词的习得研究的成果较少，目前已有的关于形容词习得的有限研究成果中，利用汉语中介语语料库考察形容词使用过程中所出现的偏误现象

的研究较为集中，深入分析偏误形成的内在根源及探讨具有针对性的解决对策的研究，对比分析不同国别、语别学习者在同一语言项目习得中的表现的研究等都较为少见，因而难以提出具有针对性的解决对策。

上述情况的出现，与学界对形容词的语法属性缺乏深刻的理解有密不可分的关系。事实上，形容词在三大类实词中是最为复杂的，这种复杂表现为：

a. 学界对汉语形容词语法特点的归纳常常只针对其中一部分形容词，如形容词的主要功能是充当定语，形容词大多可以受程度副词"很"修饰，形容词不带宾语等，都不是所有形容词的共性。汉语形容词内部成员复杂，有性质形容词、状态形容词、非谓形容词、唯谓形容词、静态形容词、动态形容词等。其中非谓形容词不能作谓语（如"男""金"等），动态形容词有时可以带宾语（如"红了脸"等），这些都不同于一般所言的形容词的语法特点。

b. 形容词的句法功能最具有多样性，形容词几乎都可以无条件地出现在所有的句法位置上，可以作定语、状语，也可以作谓语或补语，有的还可以作主语。

c. 形容词的重叠方式最为复杂，除了一般的单音节形容词重叠形式为 AA，双音节重叠形式为 AABB 外，形容词的重叠形式还有 ABB。此外，还有一些带有后缀，如"-不溜秋""-里吧唧"等形式，深受汉语方言的影响。

d. 形容词与动词特别是不及物动词之间存在纠缠，表现在形容词带宾语的问题上，如"脸红了"和"红了脸"、"客人来了"和"来客人了"，其中的形容词"红"与不及物动词"来"在表层句法结构上表现一致，这些句法表现都容易产生二者之间的纠缠。

（2）当前研究关注的问题相对集中，对一些复杂问题的关注仍很不足

当前学界对形容词的习得研究所探讨的问题较为集中，主要是关于单音节的性质形容词的习得，少数涉及形容词的重叠、形容词后"的"字的隐现等问题。但是对于双音节性质形容词、状态形容词、非谓形容词等的关注不足，对形容词的句法功能、形容词与其他词类的混淆问题都有待进一步深入探讨。

3. 研究展望

如前所述，当前形容词习得研究成果少，与学界对形容词的认识不足是有关

系的。对形容词的"真正特征的语法属性"的解释还有赖于本体研究的深入和发展。由此，今后的研究主要是加强本体研究对形容词语法属性的探讨，在此基础上，推进形容词习得研究的进一步发展。具体而言，主要表现为：

（1）深刻揭示具有汉语真正特征的语法属性

语法学界应进一步加强研究，深刻揭示具有汉语真正特征的形容词的语法属性。现代汉语形容词的谓词性特征，使其有别于大多数语言中的形容词，汉语形容词具有多功能性，可以出现在主语、宾语、谓语、补语、定语和状语等所有的句法位置上。汉语形容词的这种谓词性特征、多功能性，性质形容词和状态形容词的区别，形容词重叠的不同形式，形容词内部存在的区别词和状态词的残留等问题都有待进一步深入研究，从而更深刻地揭示其真正的语法属性。

（2）加强二语习得研究与本体研究的结合

在本体研究进一步深入的基础上，二语习得研究应加强与本体研究的结合，及时吸收本体的研究成果。教学一线的教师、研究者要提高语法素养，将本体研究的成果与习得研究相结合，进而探讨现有研究不曾涉及的习得问题，从而推动汉语作为第二语言的教学。

（3）加强二语习得研究与相关语言理论研究的结合

汉语作为第二语言习得的研究，不仅要加强与二语习得理论的结合，还应注意结合相关的语言理论。比如，形容词的习得研究与标记理论的结合，如何借助标记理论来加深、加快二语习得者对汉语形容词的熟悉和运用，也是值得思考的问题。

第五章 代词习得研究

近 20 年来，有关留学生汉语代词习得情况的研究，主要成果可以从三个方面进行梳理，分别是疑问代词习得研究、指示代词习得研究和人称代词习得研究。

第一节 疑问代词习得研究

丁雪欢对留学生疑问代词习得情况做了比较详细的研究。丁雪欢（2006）发现留学生疑问代词不同句法位之间存在一定的习得顺序，使用频率高低顺序和出现先后顺序一致。随后丁雪欢（2009a）进一步对留学生习得疑问代词的数量、过程及其制约因素进行了更系统的讨论。另外，马志刚、陈卉、史静儿等学者也针对疑问代词习得中的特殊问题进行了考察。

1. 一般疑问代词习得研究

为考察汉语疑问代词不同句法位在二语学习中是否存在一定的习得顺序，丁雪欢（2006）通过横向调查统计出疑问代词不同句法位使用频率的高低顺序，与汉语母语中的句法位分布进行对比，并结合具体的语言事实考察了"顺序"中蕴含的制约因素。作者对调查结果进行分析，发现留学生疑问代词不同句法位之间存在一定的习得顺序，使用频率高低顺序和出现先后顺序（习得顺序）一致，这一"顺序"受汉语中句法位的频率分布、普遍的信息结构及认知程序、句法位不同的认知显著度和相应的处理难度这三种因素的综合影响。

丁雪欢（2009a）在对留学生疑问代词不同句法位习得顺序进行考察后，继续对留学生疑问代词习得的整体情况进行了更深入、更系统的研究。从留学生疑问代词习得数量分布、习得过程以及制约因素等方面，丁雪欢（2009a）通过对一定数量和范围的留学生进行调查，对调查语料中各疑问代词的使用频率进行统计并和汉语母语对比，发现了留学生疑问代词习得的主要制约因素，同时通过对留学生三个学期的个案跟踪调查，根据疑问代词出现时间的先后及不同学习阶段的使用情况，总结出留学生疑问代词习得的具体过程，具有较高的学术价值。

在留学生疑问代词习得数量分布方面，丁雪欢（2009a）对语料中疑问代词的使用频率进行统计，并且在和汉语对比后，发现留学生所用各疑问代词的数量分布和汉语母语者的相比既有相同点，又有差别。相同之处表现为：（1）"什么"是使用频率最高的词语；（2）"哪儿、为什么"的使用频率居中；（3）"多少、多（＋形容词）"的使用频率偏低。差别表现在：（1）留学生使用频率高而汉语母语者使用频率低的项，如"怎么样"；（2）留学生使用频率低而汉语母语者使用频率高的项，如"谁、怎么（方）、怎么（因）"。作者进一步对疑问代词习得数量及制约因素进行分析，得出初步结论：如果疑问代词是交际中需要度很高且习得难度不大的项（什么），抑或是习得难度很低但不一定是交际中需要度高的项（怎么样），那么它是留学生使用频率高的项目；如果疑问代词是交际中需要度高但习得难度较高的项（怎么〔方〕），抑或是习得难度较低且交际中需要度居中的项（为什么、哪儿），那么它则是留学生使用频率居中的项目；如果疑问代词是交际中需要度很低（多＋形容词），抑或交际中需要度不太高同时习得难度较高的项目（怎么〔因〕），那么它是留学生使用频率低的项目。

在习得过程方面，丁雪欢（2009a）通过定量和定性分析发掘出了留学生疑问代词习得过程中蕴含的两种"轨迹"。轨迹一是指疑问代词由简单核心词逐步向复杂边缘词扩展，期间出现以简代繁现象。综合习得初期、习得中期和习得后期的情况，作者归纳出疑问代词的习得顺序大体由核心向边缘逐步发展。所谓核心和边缘是程度的分别，取决于分布广度、频率高低、语义具体或抽象、与其他语言的差异度等几个方面的综合表现。轨迹二是指疑问代词由最先出现于套语中到后来出现于创造性言语中，与疑问代词搭配的直接成分由共核层扩展到离散层。习得初期，疑问代词多出现于套语中，其搭配成分为相对固定或常见的词语，称之为共核层；习得中期，疑问代词出现于创造性言语中，其搭配成分进入离散层，被试对疑问代词的使用开始从公式化"套语"中"解脱"出来，心理词典也比初期丰富不少；习得后期，被试疑问代词所在的"空间"更广阔，出现的句法环境更多样，承载它们的句法结构更复杂。通过对疑问代词三个阶段的习得过程的考察，作者发现了较为普遍的习得规律，即疑问代词呈现"什么、为什么＞几、多少、哪儿、怎么样＞谁＞怎么（方）＞哪＋量词＞怎么（因）"这一由核心词向边缘词扩展的习得顺序。

除了丁雪欢对一般疑问代词进行上述研究外，马志刚也从不同角度展开了考察。马志刚（2015）采用多元方差分析方法，探求不同母语背景的二语学习者对疑问句岛屿结构的习得程度是否一致，发现不同母语背景从多种角度影响着二语者习得汉语疑问句岛屿结构。接下来，马志刚（2017）在跨语言对比和二语习得理论的实证调查的基础上发现"什么"类代词的不同指称义在中介语语法中的句法实现程度并不相同，并根据此实验提出中介语整合能力缺损假设：即成人二语者缺乏整合分布性异质线索的语言协调能力。

2. 特殊疑问代词习得研究

除了丁雪欢针对一般疑问代词习得的数量分布和习得过程展开研究外，近20 年来，有不少学者也在对外汉语教学的实践中，发现了特殊疑问代词习得过程中的问题，并展开一系列研究，其中陈卉（2018）考察了汉语疑问代词作存在极项词的习得情况及其制约因素，史静儿、赵杨（2014）则针对汉语疑问代词虚指用法习得情况及其制约因素进行了研究。

2.1 汉语疑问代词作存在极项词的习得情况及其制约因素

Huang（1982）认为汉语疑问代词存在极项词的合法化必须受句法和语义的制约。Yuan（2008）通过实证研究，把疑问代词的主准成分归为七大类。那么二语习得者是否能分辨汉语疑问代词作为存在极项词的语法点句型的正误？与此同时，他们是否可以掌握以上所有的七种分类？陈卉（2018）通过汉语习得的实证研究对这两个问题进行了讨论。90 名母语是韩语的汉语学习者参加了这项实证调查，另外还有 20 名中国人作为控制组参加了这项调查。调查结果显示，被试达到中高级水平后，除使用表示尝试性的副词（如"也许、大概"）的句子以外，在使用和判断其他汉语句子时，他们的表现与汉语母语组没有很大的区别，但是当遇到包含疑问代词作为存在极项词的语义—句法相互限制的测试句时，被试的表现与汉语母语组的表现相比有很大差异。数据分析表明，在七类主准成分类型中，只有非叙实性动词（如"我认为/以为/猜"）的结构能被高级学习者习得。本研究的结果与 Sorace & Filliaci（2016）提出的"界面假说"相符，即在成人二语习得中，纯句法结构是相对容易并可以习得掌握的，但是，一旦涉及句法与其他认知层面，这种语法结构就会成为成人二语习得的难点。这是由于成人在习得二语语法时无法对句法和语义、句法和语篇、句法和语用之间的关系进行协调和整合，因此导致成人习得的二语语法产生缺陷。

2.2　汉语疑问代词虚指用法习得情况及其制约因素

疑问代词用作虚指时，在功能上相当于存在量词，类似英语的 some 或 any。汉语允许疑问代词虚指，泰语中疑问代词在否定句、条件从句和是非问句中可表虚指，与汉语相似。与汉语不同的是，泰语是非问句中的虚指疑问代词必须处于宾语位置，不能处于主语位置。

汉语和泰语都允许疑问代词虚指，但句式有所不同。母语是泰语的学习者能否习得汉语疑问代词虚指用法是一个值得研究的问题。史静儿、赵杨（2014）选取了二语组和母语组两组被试，二语组被试由 65 名母语为泰语的汉语学习者组成，母语组由 25 名汉语母语者组成，两组被试均为北京高校在校生，以此来考察母语为泰语的学习者习得汉语疑问代词虚指的情况。研究发现，首先，与汉语疑问代词虚指有关的中介语表现出发展特征，初级学习者在五类允准语的多数句式上表现出不确定性；中级学习者在多数句式上与汉语母语者具有一致的判断倾向性，但只在个别句式上达到了汉语母语者水平；高级学习者除句末助词"了"为允准语这一类句式外，与汉语母语者具有一致的判断倾向性，且在多数句式上达到了汉语母语者的水平。汉语水平不同的三组学习者的表现展示了鲜明的发展特征。其次，除"了"作为允准语的句式外，泰语母语者能够习得与汉语疑问代词虚指有关的句法—语义界面。最后，高级学习者在"了"作为允准语的句式上与汉语母语者有显著差异，但这种差异是界面关系导致的，还是源自其他因素，有待进一步分析。

3. 疑问代词偏误研究

近 20 年，疑问代词的偏误研究主要是从偏误类型分析和偏误原因考察两个方面进行，研究者往往对这两个方面同时进行研究，其中具有代表性的是汤路（2010）对疑问代词"怎么"的偏误研究，对其他疑问代词研究具有很大的参考价值。汤路（2010）对在湖南长沙学习的一批具有中级汉语水平的韩国留学生进行了调查，调查方式为填写调查问卷和提取留学生平时汉语作文中的语句。调查结果显示，主要存在误代和错序两种偏误。误代偏误主要有补语误代和状语误代两种，补语误代主要是指用"怎么"误代作补语的"怎么样"，状语误代指的是"怎么"处在状语位置时很容易和其他相似词混淆。除了误代偏误外，还有大量的错序偏误出现。错序偏误主要有宾语错序和状语错序两种，宾语错序主要是宾语前置，状语错序是指有的学生不仅把宾语前置，而且还在宾语前面加上介词组成介词结构，使其看上去更像是状语。除了这几种偏误外，还存在一些其他偏误，如遗漏回避偏误、句式杂糅以及"怎么"色彩的搭配不当等，因为数量较少，不成体系，研究者并未详细说明。

汤路（2010）将产生偏误的原因总结为四点：第一是母语负迁移，即偏误主要是受韩语负迁移而产生的；第二是规则过度泛化，韩国学生刚学了介词结构作状语的语法规则，就把它过度推广，从而错误地把宾语当作状语处置，出现偏误；第三是学习策略的影响，学生对"怎么"的语法规则不够熟悉，采取了回避策略，不使用"怎么"，把要表达的内容简化甚至改变原意而出现偏误；第四是教材方面的原因，有的教材本身也混淆了"怎么"和"怎么样"的区别，从而使留学生出现用"怎么"误代"怎么样"的偏误。

第二节   指示代词习得研究

近 20 年来，对指示代词习得的研究除了张俊萍、任文娇（2018）运用偏误分析的方法对旁指代词进行分析外，吕骏、吴芙芸（2017），姚倩（2016），袁嘉

（2011）也依照不同理论对指示代词习得进行了研究。其中，吕骏、吴芙芸关注的是一般指示代词习得研究，姚倩、袁嘉则侧重于特殊指示代词习得研究。

1. 一般指示代词习得研究

一般指示代词一直是指示代词习得研究的一个热点，学者们进行过诸多探析，发现指量词在汉语关系从句中呈不对称分布：在主语关系从句中，指量词倾向前置，在宾语关系从句中，指量词倾向后置。实验显示，汉语母语者在线产出模式与语料库发现一致，指量词位序取向依关系从句类型呈不对称分布，那么二语学习者能否习得汉语指量词的不对称分布呢？对此有两种理论预期：浅层结构假说（Shallow Structure Hypothesis）认为，二语者的中介语语法存在缺陷，无法对复杂的语法结构进行表达，其句法加工严重依赖词汇、语义等表层信息，无法成功习得非局域依存关系（Clahsen & Felser，2006）。与浅层结构假说相反，统一竞争模型（Unified Competition Model）则认为，二语者的语言加工与母语者没有本质区别，二语者能够依赖大脑中"余存的神经可塑性"（residual neuronal plasticity）达到母语者的加工程度，因此二语学习者能够习得指量词在关系从句中的不对称分布（Mac Whinney，2005）。

吕骏、吴芙芸（2017）一方面从"HSK 动态作文语料库"中提取中高级日本留学生的作文语料，一方面通过语料库及在线产出实验，考察日本留学生产出蕴含指量词的关系从句时指量词的分布。两项研究一致发现，日本留学生能够习得指量词在汉语关系从句中的不对称分布模式，表现近似汉语母语者，支持统一竞争模型。此研究中被试为高级汉语水平学习者，但其汉语水平并非均质，汉语学习时间标准差较大，研究结论能否推及其他东亚语言背景的二语学习者，尚待进一步研究。

2. 特殊指示代词习得研究

除了对"这、那"一般指示代词习得进行讨论外，近 20 年来，有不少学者从任指范畴的角度开展研究，其中具有代表性的是姚倩（2016）对汉语为第二语言的学习者习得"任何"的研究和袁嘉（2011）对外国学生习得汉语任指范畴的难易度的探析。

2.1 "任何"的习得研究

姚倩（2016）采用可接受度判断的方式对不同阶段学习者习得"任何"不同的语义允准条件进行考察，并且探讨了句法和语义习得的界面问题。研究显示，学习者在"任何"位于否定句中的主语位置、宾语位置、介词宾语位置以及"都"的允准条件下时，习得情况最好，但是在其他的允准条件下，特别是能愿动词和推测副词作允准语时，同汉语母语者存在显著差异。这说明，学习者在句法—语义界面的习得上的确存在问题，但是这一界面并非完全不可习得。姚倩（2016）还认为，习得的困难可能与功能语类、输入量的多少和母语背景有一定的关系，另外学习者的习得同教学的关系也很密切。教学中，教师一般会强调"都"的重要性，以及"都"和表示任指的限定词一定要共现，这给学习者习得这一允准条件带来了积极的影响。这说明，教师在一定程度上可以帮助学生克服句法—语义界面带来的困难，在教学和教材编写中，应该增加此类词语出现的语境。

该研究只是对"任何"习得的一个初探，在今后的研究中，应该进一步控制被试的母语背景，探寻母语的影响。另外，还要挑选汉语水平更高的被试，以考察句法—语义所形成的一些界面是否真的不可习得。

2.2 任指范畴的习得难易度研究

与姚倩单研究"任何"不同，袁嘉（2011）关注整个任指范畴表现形式的难易度。一般认为名词及量词的重叠、疑问代词的非疑问用法和反义并列复合词是现代汉语任指范畴的三种重要表达形式，但袁嘉发现，在实际教学中出现频率较高的反义并列复合词在对外汉语教学中却常常被忽略，于是对任指范畴的几种表现形式的习得难易度进行了探析。

袁嘉（2011）通过留学生任指范畴的三种形式习得的实验，得出三种形式的习得难度与其封闭性程度相对应的结论。通过对 20 名第一语言分别为英语、韩语、日语的留学生进行测试，作者发现这三种语法形式的难度排序从低到高依次为：名词量词重叠式表任指＜疑问代词组合表任指＜反义语素并列式复合词表任指。并且此顺序与其封闭性相对应。作者分析了三种任指语法习得难度的成因，认为语言差异并非任指范畴语法形式习得差异的原因，习得困难真正的原因有两个方面：一方面是教师忽略引导学生习得汉语认知方式。反义并列复合词中蕴含着独特的汉语思维习惯，教学中却忽视了对其表达范畴的引导，导致其偏误率最高。另一方面则是目的语规则泛化或不正确推论。学习者在有意识地掌握外语语法规则的过程中，有可能引发目的语规则泛化，或对目的语产生不正确的推论，这是表任指范畴的反义并列复合词习得偏误率最高的原因。

3. 指示代词偏误研究

近 20 年来，指示代词的习得偏误研究主要有张俊萍、任文娇对母语为日语的学习者学习旁指代词的偏误进行分析。他们在教学中发现日本学习者在使用"其他、别的、另外、另"时偏误较多，因此有必要在借鉴本体研究的基础上分析对外汉语教学中的旁指代词偏误。张俊萍、任文娇（2018）尝试探讨日本学习者使用旁指代词"其他、别的、另外、另"的偏误情况及偏误原因。研究发现鲁健骥（1987）对英语为母语的学习者偏误的归类也同样适用于日本学习者，文章指出，除了遗漏、误加、误代和错序四种偏误外，还存在日本学习者特有的数量结构偏误。

3.1 偏误类型

基于中介语语料库和问卷调查分析，张俊萍、任文娇（2018）结合已有研究将学习者"其他、别的、另外、另"的偏误分析总结为五类，分别是遗漏、误加、误代、错序和数量结构偏误。其中，误代的偏误分析分为"其他"的误代、"别的"的误代、"另外"的误代、"另"的误代和"其他/别的"与"另外/另"之间的误代五个方面。遗漏指的是学习者使用"其他、另外、另"时遗漏目标词本身及遗漏"的"的偏误。误加是指学习者使用"其他、另外、另"时后加"们"的误加偏误情况。错序主要出现在含有"其他、别的、另外"的例句中，主要为作定语时的错序偏误。数量结构偏误是鲁健骥四种偏误类型之外的一种，需要特别注意。数量结构偏误指的是"其他、别的、另外、另"在与数量结构组合作定语时出现的偏误，包括数量词缺失、数量词误用等。

3.2　偏误原因

偏误原因主要从学习者对目标词能够出现的语法条件和语义环境明确与否、学习者的学习策略如何、母语影响、教材和词典的输入情况四个方面进行分析。第一方面是语法、语义功能不够明确。张俊萍、任文娇（2018）分析发现，四个目标词的偏误主要表现为目标词之间的误代、目标词与其他近义词或近义短语之间的误代，且主要集中在四个目标词的相互混淆上。当学习者对四个词的语法及语义条件的差异了解得不够透彻时就容易产生混淆，这也是产生偏误最根本的原因。第二方面是学习策略不当。调查发现，学习者常综合使用多种学习策略，以"查词典、猜测、选择性注意、回避使用"为主，不常用"预先计划、母语翻译"，导致偏误产生。第三方面是母语的负迁移影响。据彭爽（2007）的日语旁指范畴分类，汉语目标词在日语中没有唯一绝对的解释，对应情况较复杂，日语母语中的复杂情况更容易使学习者在学习汉语目标词时产生混淆。第四方面是教材、词典输入不够明确。学习者词汇学习最主要的来源是教材和词典，张俊萍、任文娇（2018）考察了对外汉语本科系列教材《汉语教程》《发展汉语：初级汉语》《汉语·纵横课本》《长城汉语：生存交际课本》中旁指词"其他、别的、另外、另"的出现频次和释义情况，发现四个旁指代词出现的频次相差不大，均在2～3次之间，在练习中只出现了2次，四部教材对旁指代词的解释极为相近甚至相同，且没有对其用法做进一步的说明。

第三节　人称代词习得研究

1.　一般人称代词偏误研究

近20年，学界对反身代词偏误分析关注度不高，由于外国学生易于掌握人称代词，却经常在成段成篇的语言材料中出错，学者对人称代词习得的偏误研究主要集中于篇章照应的角度。高宁慧（1996）、曹秀玲（2000b）、肖奚强（2001）等都关注过此问题，但所得结论多为推理性的，需要进一步的统计分析。徐开妍、肖奚强（2008）在前人研究的基础上对外国学生汉语代词照应习得偏误问题进行了系统研究。

通过对初级、中级、高级三个学习阶段的中介语语料进行分析，徐开妍、肖奚强（2008）发现常见的照应偏误有四种，分别为零形式照应误用为代词照应、代词照应误用为零形式照应、代词照应误用为名词照应和名词照应误用为代词照应。零形式照应误用为代词照应的直接表现就是代词的冗余，即不该用代词而用，但是因满足了明确的要求，而具有一定的可接受性。代词照应误用为零形式照应直接表现为代词的缺失，即该用代词而没用。在语料中学生往往由于忽略了话题链的变化而连续使用零形式，结果出现偏误。代词照应误用为名词照应是指如果一个名词在始发句里作为话题，那么不管它在后续句中是否处于话题位置，一般都可以用代词作照应语，而不应总是重复名词。名词照应误用为代词照应指的是学生为了避免重复使用名词而过多使用了代词，在需要再次使用名词照应时仍使用代词，使语言表达混乱不清。

徐开妍、肖奚强（2008）也对偏误原因进行了探讨。文章指出零形式照应误用为代词照应与代词照应误用为名词照应这两种偏误都是将高可及标记替换为低可及标记，因而造成篇章结构松散，连贯性欠佳，这是学生表达能力有限而又力求表意明确所导致的，是初级水平的学生常出现的偏误。代词照应误用为零形式照应与名词照应误用为代词照应则是将低可及标记替换为高可及标记，会造成表意不明确，是学生在有了一定的表达能力后，追求经济，避免重复的结果，是高年级学生易犯的偏误。

2. 反身代词习得特点研究

近20年来，学界对人称代词习得的研究侧重于偏误分析，其他研究较少。学界对反身代词的偏误分析主要从习得情况和制约因素两个方面进行。黄月圆、杨素英、高立群等（2005），曾莉（2012）从不同角度对反身代词习得情况进行了研究。

反身代词一般分为简单反身代词和复合反身代词，黄月圆、杨素英、高立群等（2005）较早地关注到简单反身代词习得这一问题，分析了以日语和英语为母语的两组学生对"自己"的理解情况，以及日本、英国留学生在作文中自然使用"自己"的情况，发现日语组学生和英语组学生判断和使用"自己"有三个特点：第一，两组学生对"自己"与长距离宾语的非兼容性和"自己"与短距离主语同指掌握最好，这表现出他们对"自己"的理解在普遍语法允许的范围之内。第二，两组学生在接受长距离主语上与汉语母语者不同，两组之间也有差异，说明长距离主语指向对习得者有一定的困难，也反映出母语对反身代词的习得有影响。相比之下，日语母语者更容易习得长距离主语。第三，两组学生在对待短距离宾语上也与汉语母语者有些差别，尤其是日语组明显接受短距离宾语，日语母语在这一点上没有显示影响，而其他因素可能发挥了作用。此后，曾莉（2012）在此基础上，进一步从反身代词构词特性与其句法指代的关系、母语的影响两个角度考察了母语为英语的留学生对汉语两类反身代词"自己"和"他自己"的习得情况。研究结果显示，留学生能够较早较好地把握复合反身代词"他自己"的指称，而对于"自己"，留学生未能依据其构词形态特性来正确指称。针对这一发现，曾莉（2016）进一步采用带量表的释义判断法考察高、低两组汉语水平的母语为英语的留学生对"自己"的指称判断。分析表明，虽然学习者整体上对长距离回指的接受度未随汉语水平提高而增加，但是那些习得了长距离回指的学习者却很好地遵循了"自己"的阻断效应。

3.　反身代词习得影响因素研究

除了黄月圆、杨素英、高立群等（2005），曾莉（2012）从不同角度对反身代词习得情况进行研究外，还有不少学者对影响反身代词习得的因素展开了研究，其中具有代表性的是曾莉（2015）关于语境对汉语长距离反身代词习得的影响的研究，以及汪玉霞（2017）对句法和有生性在汉语反身代词实时理解中的作用的考察。

3.1　语境对汉语长距离反身代词习得影响的研究

黄月圆、杨素英、高立群等（2005）提到汉语反身代词"自己"的长距离回指是母语为英语的留学生习得汉语的难点，曾莉（2015）认为在语法理论上，"自己"的长距离回指与语境关系密切，并通过实证研究来调查语境能否有效促进母语为英语的留学生接受"自己"的长距离回指。

研究结果显示，整体上，在有语境的条件下，学习者更容易接受"自己"的长距离回指；然而，语境所起的积极作用受限于学习者的汉语水平。语境能够有效提升高级水平和部分中级水平学习者接受"自己"的长距离回指，但对初级水平学习者作用甚微。在教学中，应根据学习者的汉语水平，考虑是否利用语境诱导来帮助其掌握反身代词的长距离回指。这一研究结果对对外汉语教学启发很大。反身代词"自己"的长距离回指是母语为英语的留学生习得汉语的难点，如果汉语教师在实际教学中提供适当的上下文语境予以引导，将有助于他们习得这一语言点。同时，由于本研究中只有中、高级水平阶段的学习者才能充分利用上下文语境做出正确判断，因而，建议教师针对较高汉语水平的留学生采用此方法，以获取理想效果。

3.2 句法和有生性在汉语反身代词实时理解中的作用研究

随着在线研究范式（如阅读反应时、眼动和脑电）的普及，越来越多的学者意识到二语研究仅仅停留在目标语的语法知识层面是不够的，更重要的是关注"实时加工"问题，即语言理解和产出过程。汪玉霞（2017）通过在线阅读理解实验，以汉语反身代词和先行词回指关系的建立为目标结构，探讨汉语母语者和母语为韩语的高级汉语水平学习者是否具有相似的加工机制，即在汉语反身代词母语加工和二语加工中，句法位置和有生性语义特征如何影响反身代词的理解。

母语组和二语组的对照实验表明：首先，在汉语反身代词母语加工中，句法位置对反身代词习得的影响体现在近距离先行词比远距离先行词更容易被提取，这在两个或单个有生性先行词条件下表现一致，有生性语义特征的影响体现在母语者对语义信息很敏感，该信息在线调节句法位置起作用的时间窗口。其次，在汉语反身代词二语加工中，二语者对句法位置信息不敏感，不能在线提取句法信息来指导汉语反身代词的理解，也不能有效提取有生性语义信息，从而调节句法信息起作用的时间点，同时表现出对远距离、语篇显著的主句主语有一定的倾向性，这是非句法因素在二语中的作用。

第四节　本章小结

1.　主要成果

近 20 年来，代词习得的研究虽然不像本体研究一样全面而系统，但在众多学者的努力下，已经有了较大的进展，主要表现在以下几个方面：

（1）研究者依托实证研究得到可信的结论

在代词习得研究中，研究者通过搜集自然语料、发放调查问卷、借助中介语语料库等方法进行实证研究，并将所得到的材料进行数据统计和分析，有的在研究中还调整了实验变量，进行母语组和非母语组，或者是非母语的高水平组和低水平组之间的对照调查，如陈卉（2018）对汉语疑问代词作存在极项词习得情况的考察，选取了汉语母语者作为控制组与母语为韩语的实验组进行对比分析，使结论具有极高的可信度。再如曾莉（2016）搜集低水平组和高水平组的自然语料，进行实证研究，分析了语境对母语为英语的留学生接受"自己"长距离回指是否有促进作用。

（2）研究者采用了先进的研究范式

在对二语者代词习得情况的调查中，研究者不仅采用传统的研究方法，如前文提到的搜集自然语料、利用中介语语料库等，更是进一步将前沿的科技手段应用到第二语言习得的研究过程中。其中最典型的是汪玉霞（2017）借助在线研究范式（如阅读反应时、眼动和脑电），通过在线阅读理解实验，对照母语组和二语组习得反身代词的情况，以探求单纯目标语语法知识层面外的"实时加工"问题，即语言理解和产出过程。这种将现代科技手段应用到第二语言习得研究不仅是研究范式上的重大突破，而且可预见地将第二语言习得的研究推到一个全新的领域。

（3）研究成果涉及代词的各个种类

研究者对代词的习得从疑问代词习得、指示代词习得和人称代词习得这三大方面开展，针对二语者代词学习中比较突出的问题进行了探讨，已经具有一定的规模，基本上涉及各类代词。疑问代词方面，有丁雪欢（2006、2009a）对一般疑问代词习得的一系列详细研究，还有陈卉（2018）对汉语疑问代词作存在极项词的习得情况及其制约因素进行考察。史静儿、赵杨（2014）则针对汉语疑问代词虚指用法习得情况及其制约因素进行了研究。指示代词方面，除了张俊萍、任文娇（2018）运用偏误分析的方法对旁指代词进行研究，吕骏、吴芙芸（2017），姚倩（2016），袁嘉（2011）也依照不同理论对指示代词习得进行了研究。其中，吕骏、吴芙芸侧重于一般指示代词习得研究，而姚倩、袁嘉则侧重于特殊指示代词习得研究。人称代词方面，研究侧重于偏误分析，其他研究较少。反身代词习得研究的偏误分析较少，主要是从习得情况和制约因素两个方面进行的，黄月圆、杨素英、高立群等（2005）和曾莉（2012）从不同角度研究了反身代词的习得情况，而曾莉（2015）、汪玉霞（2017）则进一步考察了影响反身代词习得的因素。

2. 研究的不足

汉语代词习得研究虽已经取得了一定成果，但目前来说，仍存在不足之处，有待进一步加强，主要体现在以下几个方面：

（1）研究深度欠缺

汉语中的代词数量众多，目前的研究大多还是针对其中的某一类，缺乏有深度的一系列研究。如疑问代词偏误的研究中，最具代表性的疑问代词偏误研究是汤路（2010）对疑问代词"怎么"进行的偏误分析，但文章只是对"怎么"进行考察，缺少对其他疑问代词的偏误分析。指示代词也是如此，仅有张俊萍等人对母语为日语的汉语学习者习得指示代词的情况进行分析，缺少其他二语习得者情况的相应研究。所以目前代词的研究深度仍旧不足。

（2）研究成果较为分散

在代词习得研究领域中，目前检索所得的文献，大多是一篇文献讨论一个问题，对同一问题多文探讨的情况较为少见，而且文献之间的相关度也相对有限，仅有个别学者针对某一问题进行连续的深入探讨，如丁雪欢对留学生一般疑问代词习得开展了一系列研究，但这只是个例。这种情况一方面说明目前学界对代词习得的研究力度不足，相关的文献数量有限，另一方面也说明目前代词习得的研究成果较为分散，对同一问题的研究还不够深入。

（3）研究范围过小

目前有关代词习得的研究虽已涉及汉语中的各类代词，但研究范围仍然过小，主要表现在两个方面：（1）国别性研究相对薄弱，并且所研究国别的代表性不够广泛，现有成果多集中于对母语为英语的学习者的习得研究；（2）研究中被试的数量较少，影响研究数据、研究结果的代表性和说服力。

3.　研究展望

（1）深化研究内容

今后，汉语代词习得研究在一些重要问题上仍有待深化：（1）疑问代词的非疑问用法的习得，如"虚指"和"任指"两种用法的习得顺序，两种用法对不同母语汉语学习者的习得难度等；（2）指示代词"这、那"在句子、语篇层面的照应衔接功能的习得，"这么、这样、那么、那样"等复合指示代词的话语衔接功能的习得；（3）反身代词"自己"等的使用和指称问题的习得；（4）人称代词的灵活性指称功能，如"我"在"我校、我国"中指代"我们"，"你、我、他"的泛指用法等语言项目的习得。

（2）创新研究方法

代词习得研究有赖于实证研究的设计与开展，当前研究大多使用测试或问卷调查的方法，或者借助于中介语语料库，在理论和方法上还有待加强。一方面应注意结合最新的二语习得理论，而不是停留在对测试做语言学的简单分析与数据统计；另一方面应注意研究范式和研究方法的创新。比如二语习得中的在线研究范式，即阅读反应时、眼动和脑电，可以更真实地反映学习者对某一语言现象的实时理解和掌握的情况。在未来，我们可以将这种新的研究范式更多地应用到代词习得的研究中。

第六章　副词习得研究

汉语作为第二语言的教学中，副词教学一直是教学的难点和重点。这是因为汉语副词的意义和用法都十分复杂，个性特点较为明显，不少学者针对副词的习得问题进行了大量研究，产生了许多有价值的研究成果，主要集中在各类副词的偏误研究和习得顺序（习得难度）研究两个方面。本章将按照副词的通常分类，逐类梳理副词的研究情况。

第一节　程度副词习得研究

有关程度副词习得问题的研究目前主要是借助中介语语料库开展对偏误类型的归纳和分析研究。郑艳群（2006）全面考察了中介语语料库，对程度副词的偏误类型进行了总体分析。张君博（2007）、焉德才（2016）均围绕常用程度副词"很"的偏误情况展开讨论。王嘉天、王振来（2016）着重讨论了比较性程度副词的特点和美国留学生的偏误问题。下面，我们从一般性讨论和国别化研究两个方面对上述研究成果进行梳理、概括。

1. 程度副词偏误研究

郑艳群（2006）从对外汉语教学的需求出发，通过提取汉语中介语语料库中使用程度副词的所有例句，对留学生程度副词的使用情况进行了全面考察，并根据考察结果分析留学生使用程度副词的偏误类型。

从使用情况来看，程度副词的总体使用错误率不高，在对外汉语教学中一般不作为难点对待。其中，甲级词错误率最低，丙级词错误率最高。究其原因，甲级词错误率低是因为学习者掌握的词汇量还不大，使用程度副词的概率还不太高所致；而丙级词错误率最高，是学习者从基础汉语阶段到中级汉语阶段的词汇爬坡现象造成的。程度副词中的甲级词使用频率最高，乙、丙、丁级词使用频率逐渐降低。具体来说，在甲级词中，"很"由于在形容词谓语句中程度意义比较虚化，但又必不可少，故使用量相当高，在全部程度副词用例中占 57.37%；"太"和"非常"由于口语化程度很强，故使用频率也较高；"最"和"非常"由于与印欧语系中表最高级、比较级的词语类似，意义、用法较易掌握；"多"一般加形容词表示感叹，学生掌握情况不好。在乙、丙、丁级程度副词中，"有点（儿）"使用率高，正确率也很高，这与教材中将"有点（儿）"与"有一点（儿）"作为专项语法点进行重点强调有关；"不大"作为一种凝固结构只能与表积极意义的词相匹配，不容易把握其程度，留学生在使用中常采取回避的策略，故使用率低；"稍"也因为不容易把握其用法，使用率低；"万分""颇""极其""过""何等""极度""略微"等程度副词属于书面语或者具有半文言色彩，使用范围很小，在语料中的用例数均为零。总之，那些既可用于口语，又可用于书面语的程度副词，如"多、多么、太、真、很、非常、最、尤其"等，使用频率总体偏高。

在对程度副词的使用情况进行全面考察的基础上，郑艳群（2006）结合已有研究成果对程度副词的偏误类型从四个方面进行了再讨论：

第一方面，在语料库中可以看到以往研究中归纳出的四种程度副词偏误类型。分别是类型一：程度副词后边所加动词短语的语义类型有错误；类型二：程度副词和形容词一起修饰名词时，在形容词和名词之间没有"的"；类型三：程度副词后面加状态形容词；类型四：程度副词与形容词的重叠形式连用。

第二方面，以往研究中重点并广泛讨论的两类偏误在语料库中的出现频率并不高。这两种偏误类型一是程度副词连用；二是程度副词与程度补语或表示程度加深的词连用。以往的偏误分析由于受条件和研究者掌握语料的限制，带有一定的主观片面性。基于中介语语料库的研究，可以全面把握偏误类型，防止避重就轻的问题出现。

第三方面，在语料库中发现有三种偏误类型在以往研究中并未提及。分别是类型一："非常""很"等与"又……又"结构连用；类型二："很""十分"后面跟并列结构；类型三："太"与"又……又"结构连用。

第四方面，语料中出现的一些错误在已有研究中很难找到相应的解释。主要有两种情况：一是"程度副词+忙地生活"；二是"程度副词+少+双音节动词"。

总之，郑艳群（2006）基于大规模中介语语料库的研究，发掘并探讨了对外汉语教学中程度副词的有关问题，为探索程度副词的教学策略提供了研究基础，同时也为汉语副词研究提供了一个新的视角。

此外，张君博（2007）对汉语中介语语料库中程度副词"很"的用例进行考察，归纳出八种偏误类型，分别是：（1）程度副词的连用与偏误类型；（2）"很"的静态程度性与偏误类型；（3）与"很"相关的并列结构与偏误类型；（4）"很"与表程度的补语同现与偏误类型；（5）"很"与"的"的同现问题与偏误类型；（6）"很"对其后修饰形容词的选择性与偏误类型；（7）"很"对动词的选择性与偏误类型；（8）"动词/形容词+得+很"结构与其偏误类型。其中前五种是与语法有关的偏误类型，后三种是与语义相关的偏误类型。文章对每种偏误类型的产生原因进行了简要分析，并在最后分析了现代汉语中使用频率比较高，但留学生很少使用的两个有关"很"的结构，分别是"很+助动词"和"很+有+名词"。

2. 程度副词国别化研究

焉德才（2016）和王嘉天、王振来（2016）均为程度副词的国别化研究。前者基于国别化中介语语料库，对韩国学生习得程度副词"很"的语法偏误进行描写；后者基于教学实践，对美国学生习得比较性程度副词存在的问题及其成因与对策进行了讨论。

焉德才（2016）从韩国留学生中介语语料库中检索到436条偏误用例，并分别归入误加、遗漏、错序和误代四种基本偏误类型，然后对每种偏误类型内部进行更为细致的划分和描写。具体来说，将"很"的误加偏误细分为比较冗余、叠加冗余、区别冗余、动态冗余和句型冗余五种小类；将"很"的遗漏偏误分为单纯型遗漏和复杂型遗漏两种形式；将"很"的错序偏误分为四种小类：（1）"很"放在"介词+名词+谓语"结构前；（2）"很"与"不"的错序；（3）将主谓谓语句的谓语部分变成状中结构或定中结构，并在前面加"很"；（4）用状中结构代替动补结构时诱发的错序。将"很"的误代偏误分为三种情况：（1）"太""真"与"很"的互相误代；（2）"很"误代某些形容词或副词状语；（3）部分"很 +有 +N"构式与"有 + 很多 +N"构式的误代。在对偏误类型进行细致描写的基础上，文章进一步对偏误形成的原因从语言负迁移、学生因素的影响、教师因素的影响三个方面进行了分析，认为形成程度副词"很"偏误的语言负迁移包括韩语负迁移和汉语负迁移两种；学生因素主要包括水平因素和策略因素两个方面，水平因素主要包括词性意识缺乏和句型选择错误两个方面，而策略因素主要包括语篇照应策略缺乏和使用规则泛化策略两个方面；教师因素主要是对一些重要句式的形式特点强调不够。最后，文章提出对汉语大纲词进行偏误研究需要解决的五大问题：（1）对词语各层次偏误进行描写；（2）找出各层次偏误中的典型例句；（3）对偏误的致误机理进行分析和解释；（4）对词语偏误的特点和规律进行描述；（5）对词语的习得难度进行总体评价以用于指导教学。

王嘉天、王振来（2016）主要研究美国留学生对比较性程度副词的习得情况。汉语中常见的比较性程度副词有"更、还、最、稍微、稍稍"等，文章在对这组程度副词的用法进行描写后，还分析了美国留学生习得过程中的常见问题，包括用客观性副词"很、十分、非常、特别"代替"更"或"还"；"还"与"更"混淆；"最"的误用、缺失、误加和与其他程度副词的混淆；"稍微"的误加、误用、错序等。并从母语负迁移和目的语泛化两个方面对偏误原因进行了分析，最后给出了运用比较法和善用教材、工具书两个解决对策。

第二节　否定副词习得研究

否定副词的习得研究主要围绕"不""没（有）"以及由"不""没（有）"构成的否定结构展开。研究者借助语料库或者通过调查测试等实证性研究，一方面对否定副词的偏误类型进行归纳分析，另一方面对其习得情况进行考察研究。并据此提出一些有针对性的教学对策或建议。

1. 常见否定副词的习得研究

否定副词偏误问题的研究目前主要从以下两个方面展开：一方面是借助中介语语料库对偏误语料进行筛选考察，并对偏误语料进行归类和错因分析，这方面研究成果主要有袁毓林（2005a、2005b）；另一方面是以个案调查或汉外对比的方式展开具体的国别化研究，并进行教学对策的讨论，这方面的成果主要有李英、徐霄鹰（2009）和黄薇（2010）。

1.1　常见否定副词的偏误研究

1.1.1　基于语料库的偏误研究

袁毓林连续发表的两篇论文分别围绕中介语中否定副词"不"和"没有"的偏误问题进行描写和分析。两文均借助中介语语料库，作者从中分别提取出近100条有关"不"的偏误语料和100多条有关"没有"的偏误语料，逐一进行分析归类，并对偏误原因进行了简要说明。

袁毓林（2005a）从句法和语义两个大的方面对有关"不"的偏误类型展开讨论。在句法方面将偏误类型细分为几类：（1）否定词位置不当；（2）谓词性结构类型的误用；（3）否定式述补结构能否带宾语等问题；（4）否定表达式缺少时体虚词或时体虚词多余；（5）助动词有无失当；（6）并列式的否定表达失当；（7）否定格式"不是"的误用；（8）疑问格式"是不是"的误用；（9）修饰语中的否定表达不当。在语义方面将偏误类型细分为六类：（1）句式误用造成焦点类型错误；（2）"不"后助动词的选择不当；（3）"不"和"没有"误用；（4）跟"不太/太不"相关的问题；（5）误用多重否定造成的错误；（6）分析性表达使用不当。

有关"没有"的偏误类型，袁毓林（2005b）从时体问题、混用问题、差比表达、"话题—焦点"结构、"没有"后成分等方面进行详细讨论。时体方面主要有四种偏误类型：（1）体态助词"了"的多余或残缺；（2）体态助词"过"的多余或残缺；（3）句末助词"的"的多余或误用；（4）跟时体相关的副词或助词的缺少或误用。混用方面有两种类型：（1）把"没有"错误地当作"不"来用；（2）体态助词"过"或语气词"了"的残缺。差比表达方面有三种类型：（1）比较对象或比较项目表达不当；（2）缺少表示比较程度的指示代词"那么／那样"；（3）比较对象中客项的位置。"话题—焦点"结构方面有三种类型：（1）话题结构表达不当；（2）语序和焦点位置不当；（3）否定极项表达不当。"没有"之后体词性成分／谓词性成分误用有四种类型：（1）"没有"之后谓词性成分误用作体词性成分；（2）"没有"之后体词性成分本身出错；（3）"没有"之后体词性成分误用作谓词性成分；（4）"没有"之后谓词性成分本身出错。此外还有"没有"在某些情况下多余、用"没有"错误地替代其他动词性成分等跟"没有"相关的偏误类型。

袁毓林的研究侧重本体语法点的分析，对否定副词的偏误类型划分细致，尤其是从汉语否定词的辖域特征、极性特征、"话题—焦点"特征等角度对偏误现象的分析具有一定解释力，对汉语作为第二语言的教学有一定参考作用。

1.1.2　基于个案追踪的偏误研究

李英、徐霄鹰（2009）以两位母语为英语的留学生为对象展开有关口语中否定副词"不"和"没"的个案追踪调查，调查范围覆盖从初一级到中一级的三个阶段，重点围绕口语中"不"和"没"的混用偏误展开个案研究。通过对三个阶段两位被试混用"不"和"没"的偏误现象进行数据分布统计和具体情况分析，可以看出混用"不"和"没"的情况极为复杂，偏误并未随着学习阶段的发展明显降低，反而居高不下。学习者存在一定个体差异，但总体来看，学习者对否定词的混用主要表现在两大方面：一是任意用"不"否定跟过去时间有关的行为动词，来表示学习者所认为的主观意愿；二是误用"没"来否定跟过去有关的认知心理类动词，造成偏误的主要原因是学习者不清楚各种使用限制，不清楚相关的形式标志。针对这种情况，文章进一步从三个方面提出了教学建议：第一，教师应明确指出汉语有自己的一套否定规则，跟英语的否定规则难以对应，尽量消除母语干扰；第二，在教"没"的时候，教师应采用对比的方法设置情景，帮助学生体会"不"和"没"用于否定过去发生的行为动作时的区别；第三，对否定词"不"和"没"的教学不能一次过，要分阶段将汉语的否定规则教给学生。

黄薇（2010）对以越南语为母语的留学生习得否定副词"不"和"没（有）"过程中的偏误问题进行调查研究。文章首先对比了汉语和越南语中否定词用法的异同。汉语中的否定副词"不"相当于越南语中的"khong",放在动词前或形容词前,否定行动或性状本身。汉语的"没(有)"在越南语中没有对应词。越南语的"chau"也是否定词,是否定行动或状态变化已经发生或已经完成,即表示行动或状态变化尚未发生或尚未完成,译成汉语是"还没"。因此,越南学习者在学习汉语否定副词"不"和"没(有)"时,经常会把两者混淆,误用比率很高,这种情况在初级阶段尤为突出,而产生偏误的主要原因就是母语的负迁移作用。

1.2 常见否定副词的习得过程研究

近年来对否定副词"不"和"没(有)"习得过程研究的主要成果有李英(2004、2009),常辉、郑丽娜(2014)以及武宏琛、赵杨(2018)。

李英对否定副词的习得问题进行了长期关注和持续研究。其2004年的研究以第二语言习得研究中的"扩散理论"为基础,通过个案研究、小组研究的方式,以问答、观察、测试等方法对留学生"不/没+V"否定结构的使用情况进行了全面细致的考察,并根据对相关数据的分析得出三个方面的结论:一是在语法测试中,不同层次的学习者都会混合使用"不"和"没",但未出现"没"的泛化,相反"不"具有一定的强势地位;二是在习得过程中,至少有两种因素影响学习者对"不"和"没"的选择,即时间词和语块熟悉度;三是学习者对"不/没+V"否定结构的掌握程度与学习者的汉语水平并不完全是正相关的。在2009年的研究中,李英再次对初级一、初级二、中级一、中级二这四个层次的学习者进行了语法测试调查,发现不同层次的学习者在使用"不"和"没"时都受过去时间的影响,即句中有表示过去的时间词,就倾向于使用"没"。文章认为使用"不""没"时常出现偏误的主要原因之一是学生对它们的时间特征和主客观性认识不清。据此文章提出了相应的教学建议,即教学中应强调"不"和"没"的时间特征,并输入主客观的标准,不应将两者割裂开。

常辉、郑丽娜(2014)以"HSK动态作文语料库"为基础对母语为英语的留学生汉语否定结构的使用情况进行考察。文章首先从句法特征和语义特征两个层面对英汉否定结构进行了跨语言对比分析,然后以此为理论框架展开基于语料库的实证性研究。结果显示,学习者对汉语否定结构句法特征的习得好于语义特征，对含有补语的否定结构的习得略差于其他否定结构。这表明，被试能够克服母语负迁移，进行参数重设，其表现符合"接口假说"。常辉、郑丽娜的该项研究体现出一定理论先行的思路，借助本体研究中相关语言学前沿理论对汉英否定结构的解释框架提出假设，然后基于特定语料库展开实证性考察，最后通过对考察结果的分析对假设进行验证，这一研究思路值得借鉴。

武宏琛、赵杨（2018）围绕如何区分汉语两个常用否定标记"不"和"没"，如何掌握其与体标记的搭配关系，以及与述补结构的相互位置等问题讨论否定副词的习得问题。研究通过设计可接受性判断测试和组句测试，考察了 30 名母语为英语和 29 名母语为韩语的汉语学习者的习得情况。结果显示：（1）学习者可以掌握简单的 SVO 结构中否定标记的位置，即习得汉语的"Neg+VP"句法结构，但是由于涉及述补结构内部语义的复杂区分，学习者未能掌握否定标记在否定述补结构中的位置；（2）学习者不能完全习得"不"和"没"不同的语义选择及其与体标记搭配的规则，但是中介语表现出发展趋势，高级组学习者的表现优于中级组学习者；（3）英语母语者和韩语母语者在不同句式上有不同表现。总体来说，学习者对于"不""没"的句法位置掌握较好，但是对其在体标记搭配上的差异以及其与述补结构的相互位置的掌握都与汉语母语者存在显著差异；相较于中级组，高级组的表现与汉语母语者更为接近；在汉语水平相同的学习者中，英语母语者的表现略优于韩语母语者的表现。据此文章还从语际影响、句法—语义界面、词语复杂度等角度对测试结果进行了讨论与分析。

2. 特殊否定副词的习得研究

刘相臣、丁崇明（2015）对一类特殊否定副词（预设否定类副词）的习得情况进行研究。预设否定类副词否定命题的预设或前提，不否定命题本身，该类否定副词主要有"白、白白、虚、空 / 空自、徒 / 徒然 / 徒自、瞎、干、枉 / 枉自"。文章首先对这类特殊否定副词的语法特点进行总体描写，然后进行内部比较分析。在对基本语法特点进行梳理的基础上，作者通过中介语语料库对留学生的总体使用情况和各阶段使用情况进行考察。结果显示，初级阶段未出现预设否定类副词；中级阶段该类否定副词迅速扩展，但只有"白、虚"使用量较大、正确率较高；高级阶段该类副词的数量出现缩减。在偏误方面，由于预设否定类副词总体使用量少，偏误也较少，主要集中于误代、错序两种类型。文章进一步利用初现率法、正确使用频次法、习得区间法、蕴含量表法等方法对预设否定类副词的习得顺序进行了构拟，并据此与大纲、教材中该类词语的排布情况进行对比，给出了具体的教学建议。

第三节 时间副词、频率副词习得研究

时间副词、频率副词的习得研究主要围绕"再、又、还、才"等常用副词展开。研究成果集中在两个方面：一是对该类副词偏误类型的概括及成因分析；二是对该类副词的习得顺序进行构拟。

1. 频率副词"再""又"的习得研究

频率副词的偏误研究主要是通过语言对比分析，对语料库中出现的偏误问题进行归纳解释，并提出相应教学对策。吴德新（2012）和李杨、焉德才、代婷婷（2018）分别对常见频率副词"再"和"又"的偏误问题进行了一般性讨论。

1.1 "再""又"习得顺序研究

李晓琪（2002）和丁崇明（2011）通过分析测试数据分别对"再""又"的习得顺序进行概括。高顺全（2011）通过"还"的语法化顺序来预测其习得顺序，并利用中介语语料库进行验证。蒋协众（2013）对日本留学生"还"的各阶段习得情况、偏误问题和习得顺序进行了全面考察。

李晓琪（2002）在对汉语"再""又"的语义、用法进行概括分类的基础上，通过单句填空和语篇完形两种方式，对汉语水平为初级（入系生）、中级、高级三个层次的母语为英语的留学生分别进行测试。在对测试结果进行数据统计分析后，得出"再""又"有关用法的分级习得顺序。具体来说，"再"的主要用法习得顺序是：

（1）前：……，……再……；先……，再……

（2）较前：再＋动词（＋动量词＋宾语）；不＋助动词＋再＋形容词；再＋动词（V）＋名量词；再＋动词（V）＋动量词

（3）中：再＋动词重叠；助动词＋再＋动词短语（VP）；再＋（也）"不／别／没"＋动词短语，或者"不／别／没"＋再＋动词短语；再＋动词＋时量词／趋向补语（动词多为非动作动词）

（4）较后：再＋不＋动词短语（表示如果继续下去就会怎么样，后面常有"就""可"等词配合使用）；再＋形容词＋一点儿／一些（有"更"的意思）

（5）后：一＋V＋再＋V（V 为相同动词）；没有比 X 再＋形容词＋的（……）＋了；再……也……（固定格式，表示无论怎样都……）；助动词＋再＋动词短语；……，再＋加上／就是

"又"的主要用法习得顺序是：

（1）前：一＋量词＋又＋一＋量词（量词相同）；又＋X＋又＋Y（X、Y 为形容词）；既……又……

（2）较前：又＋动词／形容词；又＋不／没；X 又 Y，Y 又 X（X、Y 为动词性成分）；表示语气，用在反问句中

（3）中：V＋了＋又＋V（V 为相同动词）；又＋数量词；……，又……（"又"用在最后一项）

（4）较后：又＋X＋又＋Y（X、Y 为动词）

（5）后：表示转折，常和"可是、但是、却"等配合使用；表示语气，用在否定句中；表示整数之后再加零数

丁崇明（2011）与李晓琪（2002）研究方式类似，同样将汉语"又"的语义、用法进行分类概括，然后借助测试对不同汉语水平、不同母语的学习者进行考察，在数据分析的基础上得到"又"的习得顺序。从大类来看，"又"的习得顺序是：表重复发生＞表示语气＞表几个动作、状态、情况累积。从小类来看，习得顺序是：

（1）两小句动词不同，后句用"又"，表示两个动作先后相继

（2）既＋形$_1$／动$_1$＋又＋形$_2$／动$_2$

（3）前后两个小句重复同一动词，主语相同或不同，表示动作第二次出现

（4）"又"用于后几项

（5）"又"前后重复同一"一＋量"，表示反复多次

（6）一句之内，"又"前后重复同一动词，表示反复多次

（7）表示转折

（8）加强反问，句中用疑问代词

（9）"又"前后重复同一形容词，表示程度高

（10）加强否定

（11）A又B，B又A，表示两个动作反复交替发生

（12）形₁＋而＋又＋形₂

（13）每一项都用"又"

可以看到，由于测试内容、测试对象等因素的不同，丁崇明（2011）与李晓琪（2002）对"又"习得顺序的概括有明显差异，如此一来，这些成果对指导教学过程和教材编写的有效性就大打折扣了。

1.2 "再""又"的偏误研究

吴德新（2012）在前人汉语本体研究的基础上，对"再"的句法语义功能做了简要梳理，并基于从HSK动态作文语料库中提取的236条语料考察韩国留学生使用"再"的四种主要偏误类型：遗漏、误代、误加和错序。结果显示，出现频率最高的偏误类型是误代和遗漏。其中，误代偏误常见四种情况：（1）用副词"又"代替"再"；（2）用副词"也""才"等代替"再"；（3）用程度副词"更""多"等代替"再"；（4）用时间副词"快要""就"等代替"再"。遗漏偏误常见两种情况：（1）在单句中遗漏"再"而导致偏误；（2）结合上下文，句子的意思可以理解，但是由于缺少由"再"引导的状语而导致句子的合格度不高。文章认为偏误形成的原因主要是目的语影响和母语负迁移，并据此提出两个方面的教学对策：一是注重对比教学，继续深入研究副词"再"与"又""还""也"等的差异，并从语言类型学视角出发，加强目的语和母语的比较；二是强化分级教学，充分考虑偏误产生的层级性、阶段性特点，合理设计教学步骤。

李杨、焉德才、代婷婷（2018）基于对韩汉语甲级词偏误语料库和"HSK动态作文语料库"，考察了120条与"又"有关的偏误语料，将偏误类型归纳为

误代、错序、遗漏、多余、其他五个大类。其中，误代占比为 53%，错序占比为 24%，遗漏占比为 13%，多余占比为 2%，其他偏误占比为 8%。误代偏误主要表现为"又"与"再""还""也""并""而且 / 加上""另"等词的混淆；错序主要表现在"又……又……"结构的使用；遗漏在表"相继"的语境中比较多见；此外，其他偏误表现还有"又"后面缺成分、用"又"来解释其他词语以及"有"与"又"的混用等。

2.　时间副词"才""在、正在、正"的习得研究

2.1　时间副词"才"的习得研究

周小兵、薄巍（2017）考察了时间副词"才"与句尾"了"的共现偏误并对其成因进行分析。文章首先对相关本体研究成果进行梳理，提出对时间副词"才"与句尾"了"不共现的本体语法解释不利于教学语法的观点，然后基于对北京语言大学"HSK 动态作文语料库"和"中山大学汉语连续性中介语语料库"中共现偏误的穷尽性检索，作者搜集到韩语、日语、俄语、英语、泰语、越南语母语背景的共现偏误 73 例。其中，"才$_1$"和句尾"了"的共现偏误 70 例，"才$_2$"和句尾"了"的共现偏误 3 例。通过语言对比分析和对不同母语学习者的母语迁移进行分析，文章认为，由于受语言类型特征的影响，母语迁移对时间副词"才"与句尾"了"共现偏误有重要影响，具体表现在有动词时体形态变化的母语（如英语、俄语、韩语、日语等）的留学生容易产生共现偏误；反之，动词无形态变化的语言（如越南语、泰语）为母语的学习者不容易产生该偏误。此外，母语负迁移对该偏误的影响程度不同，学习者母语的动词语序是影响该共现偏误程度的一大因素。总体来说，时间副词"才"与句尾"了"共现偏误对学习者来说不具有普遍性，时间副词"才"在教学语法和国别化教学中应区别对待。另外，通过对国内外多种教材的考察，作者发现教材编排也是该共现偏误的影响因素之一。针对这一问题，文章提出"时间副词'才'不跟句尾'了'共现使用"应作为显性语法规则在教学、教材中得以体现，并在面向不同母语学生的汉语二语教学、教材中做出不同的处理。

2.2 时间副词"在、正在、正"的习得研究

刘汉武、丁崇明(2016)从句法角度对比了汉语和越南语时间副词进行体标记的异同,发现越南语"đang"的使用范围比汉语"正""正在""在"的使用范围广,汉语"正""正在""在"不能修饰的词语或不能与之共现的词语,越南语"đang"都能修饰或可以与之共现。根据语言对比的结果,文章预测了越南学习者的习得情况,并基于"越南学生汉语中介语语料库"(2013年版)证实了预测。具体来说,文章按照初级、中级、高级三个阶段,统计出每个阶段进行体标记"正""正在""在"的使用情况,发现学习者进行体标记的正确率是随着汉语水平的提高而提高的,其中"在"是最容易习得的,其次是"正在",最难习得的是"正"。同时,在偏误用例中,"正"的偏误用例31条,"正在"的偏误用例26条,没有"在"的偏误用例。偏误类型主要为冗余和混淆:冗余偏误是受越南语影响的结果;而混淆偏误是目的语规则过度泛化的结果。最后通过对三部教材的考察,文章提出两个方面的教学建议:一是教材在分阶段安排三个进行体标记后,应在适当的地方说明"正""正在""在"之间的区别;二是在对越汉语教学的过程中可以先教"在"后教"正"和"正在"。

3. "还"的习得研究

高顺全(2011)根据国外相关理论假设,提出汉语多义副词的语法化顺序和习得顺序在很大程度上是一致的,可以根据语法化顺序预测习得顺序这一观点。通过对多义副词"还"的语义、用法进行分类梳理,作者构拟出其语法化顺序,并据此推测"还"的习得顺序,然后借助语料考察留学生对"还"的习得状况,得到实际习得顺序,并与推测顺序进行对比。结果表明,"还"的习得顺序为:A1(重复)<B2(量减)/B1(延续)<A2(增量补充)<C2(基本满意)<A3(比较程度)/D1(祈使)<B3(量级程度)/C1(不合理)/D2(反问)/D3(肯定),与其语法化顺序大致相同。这表明,对于成人来说,认知机制在二语习得中起着重要的作用。如果将语法化顺序和习得顺序研究相结合,根据语法化顺序预测习得顺序,我们就能较为科学地安排语言点的教学。

此外,蒋协众(2013)将副词"还"的语义、用法区分为八个小类:

（1）还$_1$：行为动作的持续进行或状况的继续存在

（2）还$_2$：项目、数量增加，范围扩大

（3）还$_3$：在程度上或数量上更进一层

（4）还$_4$：表示勉强过得去

（5）还$_5$：表示不足某个标准

（6）还$_6$：表示事情发生得比预想的时间早或快

（7）还$_7$：表示"尚且"

（8）还$_8$：用来加强意外、轻蔑或反问等语气

文章借助中介语语料库分别描写、统计出初中级和高级水平的日本留学生对于各小类副词"还"的习得情况，据此概括出混用、赘余、遗漏和错序四类偏误类型，并分析了偏误成因。在此基础上，综合使用频率、正确率和偏误情况等因素，蒋协众（2013）构拟出日本留学生习得副词"还"的顺序为：还$_1$>还$_2$>还$_4$>还$_5$>还$_3$>还$_6$>还$_8$>还$_7$。这对教学和教材编写有一定参考作用。

第四节　范围副词习得研究

副词"都"和"也"是两个很常见的范围副词，在汉语本体研究领域有大量研究成果，在第二语言研究中也是范围副词习得研究的主要对象。目前围绕范围副词"都"的习得研究成果涉及面较广，除了偏误研究，还有对习得过程中的歧义识别、句法实现等问题的研究。范围副词"也"的习得研究成果则主要集中于偏误研究方面。

1. 范围副词"都"的习得研究

范围副词"都"是汉语本体研究的热点之一，在汉语作为第二语言的研究领域中也受到研究者的重视。近年来这方面的主要成果有周小兵、王宇的《与范围副词"都"有关的偏误分析》（2007），有姚倩的《利用韵律信息解读"都"字句歧义的实验研究——汉语母语者与二语者的对照》（2011）和马志刚的《总括义

"都"字结构三种语义指称的中介语句法实现研究》（2016）。他们立足本体研究，向二语习得领域拓展，借助实验、测试等方法，重新讨论了"都"在二语习得过程中的歧义和句法实现问题。

周小兵、王宇（2007）在梳理汉语范围副词"都"的句法分布和语义条件的基础上，将留学生习得"都"的过程中出现的偏误用例概括为遗漏、错序、误加和混淆四种基本类型，其中重点将错序类型细分为五种情况：（1）单句以状语、话题等开头，然后出现"都"和主语或小主语；（2）"都"出现在复句的第二个分句，且第二个分句有主语；（3）"都"与助动词或其他副词位置颠倒；（4）"都"与时间状语位置颠倒；（5）"都"与介词短语位置颠倒。最后作者从母语负迁移等方面简要分析了各种偏误类型的成因。

姚倩（2011）以实验方法研究了汉语母语者和以汉语为第二语言的学习者解读带有不同重音的"都"字句的情况。以往本体研究认为韵律信息影响副词"都"在句中的解读，具体来说，在有"都"的句子中，如果重音在主语上，"都"有甚至之意；如果重音在"都"上，"都"表示总括之意。两项实验测试和实验数据的分析显示，二语者利用韵律信息解读"都"字句歧义的情况同汉语母语者存在显著差异，即二语者在完成基本语法学习后，大部分人尚不能利用韵律信息来解读句子。针对这一现象，文章提出利用韵律信息为线索来解读歧义句的能力在教学中需要有意识地建立并强化，对比重音是凸显焦点的一个重要手段，重音同语义密切相关，教师应有意强调作为焦点的重音，并予以示范。

马志刚（2016）在已有本体研究的基础上，将总括义的"都"细分为统指、逐指和任指三种语义类型，并设计相关问卷，调查英语母语者和韩语母语者对"都"字结构的统指、逐指和任指的解读及其句法实现问题，检验他们能否区分这三类句型以及其中的语义一致现象。研究表明：（1）韩语母语组对统指义否定式、逐指义否定式以及任指义肯定式的接受度都偏低，而这可以为三种语义指称的母语直觉判断提供实证支持；（2）韩语母语组在统指义否定式方面、英语母语组在任指义肯定式方面均表现出或然性；（3）英语母语组在统指义肯定式、任指义否定式，韩语母语组在逐指义肯定式、任指义两类句式方面的习得程度都趋近汉语母语者。文章认为习得者母语的类型学特征是影响其句法实现的主要因素之一。

2.   范围副词"也"的偏误研究

有关范围副词"也"的习得研究集中于偏误方面，主要成果有张麟声的《从"也"及日语相关形式"も"习得过程中的词序偏误看母语迁移的心理语言学条件——兼谈"双向二语习得研究"的意义》（2011）和朴珍仙的《韩国学生使用副词"也"的偏误考察》（2015）。其中，朴珍仙的研究主要通过对从语料库中提取的偏误用例进行归纳以分析成因，张麟声的研究则针对错序这一偏误类型从心理语言学角度重点分析母语迁移这一重要影响因素。

朴珍仙（2015）借助语料库对韩国学生使用副词"也"的偏误情况进行考察。文章首先基于已有研究成果将"也"的用法概括为三大类，即表示类同、表示强调语气和表示委婉语气。在此基础上，朴珍仙（2015）通过考察中介语语料将韩国学生使用"也"时出现的偏误问题归纳为四个类型，即遗漏、误加、混用和错序，其中误加的出现率最高，其次是混用，错序出现得很少。文章在主要偏误类型之下又进行了细分。遗漏偏误分为两种情况：一是在一般句式中；二是在"连……也……"等固定格式中。误加偏误分为五种情况：（1）主语前后误加"也"；（2）谓语前误加"也"；（3）状语前后误加"也"；（4）复句中误加"也"；（5）"疑问代词 + 都 +VP"格式里误加"也"。混用偏误分为六种情况：（1）"也"与"都"的混用；（2）"也"与"还"的混用；（3）"也"与"就"的混用；（4）"也"与"才"的混用；（5）"也"与"又"的混用；（6）其他混用。最后针对韩国学生副词"也"的偏误情况作者给出了三个教学建议：一是进行汉韩对比研究；二是进行汉语内部对比研究；三是加强句式教学。

张麟声（2011）试图通过对比分析和偏误分析来描写和解释日本学生学习"也"和中国学生学习日语相关形式"も"时的习得规律。文章首先考察了"HSK 动态作文语料库"中日本学生使用"也"的偏误情况，发现词序偏误最为严重，占到所有偏误用例的近40%。然后作者通过考察会话语料库和作文语料库中中国学生使用日语相关形式"も"的偏误情况，发现不存在词序偏误。基于这一考察结果，文章对汉语副词"也"和日语相关形式"も"的语义、词性及句法分布展开对比分析。在语义方面，日语的"も"有三种语义类型：（1）表"类同";（2）表"蕴含大多数或蕴含全部";（3）表"对数量多、程度高的主观评价"。其中前两种和"也"对应，第三种为日语独有。在词性方面，日语的"も"为非自由形式的助词，必须附着在某一语言形式之后使用；而汉语的"也"为自由形式的副词，位置相对灵活。在句法分布方面，日语的"も"总是出现在类同信息焦点之后，而"也"则一般在出现在谓语之前。基于这些语言差异，作者认为日本学生学习"也"时的词序偏误主要是由母语迁移造成的，并进一步从心理语言学角度对母语迁移的动因进行了解释，提出如果表同义的形式在母语里比在目标语言里更引人注意，在认知上更具有"显著性"，那么学习者在学习目标语言时将出现母语迁移，而如果情况相反，则不出现或较少出现母语迁移。最后文章将此项研究所运用的研究模式概括为"双向二语习得研究模式"，该模式为二语习得研究提供了一种新的研究思路，但在具体研究方法上还需要进一步完善。

第五节　其他副词的习得研究

1. 语气副词习得研究

有关语气副词的习得研究目前成果不是很多，主要有李琳的《汉语语气副词习得偏误的相关因素考察》（2009）和牟世荣的《外国留学生"反而"使用情况考察及教学策略》（2013）。前者对影响留学生语气副词习得效果的相关因素进行一般性讨论，后者对语气副词"反而"的偏误情况进行专题式讨论。

李琳（2009）借助北京语言大学中介语语料库和上海交通大学国际教育学院汉语习得语料库中有关语气副词的语料，并辅以语言测试的方法，考察了留学生习得汉语语气副词相关语言项目的使用频率和偏误率，从而确定了各语言项目的难度。然后通过对比不同母语背景的留学生的习得状况，以及汉外语言文化对比分析，提出影响语气副词习得效果的主要因素有三个方面：一是语义（义项）难度；二是母语负迁移；三是文化心理差异。最后，作者给出了相应的教学建议。

牟世荣（2013）以语气副词"反而"为研究对象展开讨论。文章首先结合已有研究对语气副词"反而"的语义和语法特点进行梳理，得到两个方面的特点：

（1）"反而"句的语义结构是"事实＋预期的结果（情理推断）＋否定预期的结果＋跟预期相反的结果"，后段结果是话题表达的焦点；（2）"反而"句基本句式为四段式，但其现实常用句式为三段式和二段式，一段式出现较少。在此基础上，通过对"HSK 动态作文语料库"的考察，作者将"反而"的偏误归纳为五种类型：a. 误代偏误，主要指将其他词误用作"反而"的情况；b. 误加偏误，主要指在上下文语境不具备使用条件时强行使用"反而"，使"反而"成为冗余成分；c. 匹配偏误，这类偏误为"反而"句式的前分句或后分句语义失误、搭配不当等；d. 错序偏误，这类偏误是指"反而"用错了分句；e. 遗漏偏误，主要指与"反而"搭配的关联成分和一些必要信息句的遗漏。并且，作者从四个方面对偏误成因进行了分析，即语法意义掌握不全面、语法结构不明确、没有掌握句式规律和语感没有建立。最后，文章针对上述分析给出了五个方面的教学策略：一是教学中首先呈现典型例句，操练一些有反递关系的词语，引导学生一开始就在相反或相对的语义场内理解"反而"的语义；二是结合四段式完整结构进行操练，可以先讲练完整的四段式，再操练隐含的三段式和二段式；三是在学生准确把握"反而"句的语义和基础句式结构后，再进行"反而"的常态句式训练；四是在教学中要重点说明"反而"跟"却""可是"等词的不同；五是强调"反而"常出现的环境，根据学生水平做适当扩展。

2. 关联副词习得研究

关联副词是指那些在词语、分句或篇章中起关联作用的副词。宋扬在其专著《韩国留学生关联副词习得考察》（2016）中，采用量化的实证研究，通过数据统计进行观察和推论，总结韩国学习者对汉语关联副词的习得情况。作者将汉语母语者的关联副词使用情况与韩国留学生的关联副词使用情况进行对比；将不同汉语水平的韩国学习者的关联副词使用情况进行对比；将各关联副词在三个学时等级上的历时跟踪进行对比，全面考察了韩国留学生对"都、才、越、却、既、再、就、也、又、还"十个关联副词的习得情况。

考察结果表明，韩国留学生对关联副词的偏误主要有误代、遗漏、错序、赘余、杂糅等六种类型，其中"也、就、还、又、越、却、既"七个副词的偏误以误代为主，"才、都、再"的偏误以遗漏为主。关联副词的习得难度可以划分为三个等级：低习得难度副词是"都、才、越、却"；中等习得难度副词是"既、再、就"；高习得难度副词是"也、又、还"。在学习者的学习策略方面，韩国留学生习得关联副词时使用频率最高的是补偿策略和认知策略，其次是元认知策略和社交策略，最少使用的是记忆策略和情感策略。此外，经对教材和现行大纲中相关内容的考察分析，作者还针对韩国留学生关联副词的习得特点提出了相应的教学策略。

3. 多义副词习得研究

汉语副词的语义比较空灵，用法比较复杂，一些副词往往呈现出多义性或多功能性，给对外汉语教学带来一定困难，故一些研究专门围绕常见的多义副词展开讨论。黄露阳的《外国留学生多义副词"就"的习得考察》（2009）和李俊、陈晨的《西班牙语母语者汉语副词"就"的习得研究》（2017）都对多义副词"就"进行研究。前者考察了"就"的几种用法的习得顺序，后者考察了西班牙语母语者习得"就"的多种用法时的顺序和偏误问题。郝瑜鑫的《外国学生深度习得汉语多功能词语的实证研究——以"就是"为例》（2013）考察了影响外国学生习得多义副词"就是"的主要因素。吴颖的《"还是"的多义性与习得难度》（2010）考察了副词"还是"的不同语义、用法的习得难度。此外，高顺全的两部专著从语法化角度全面考察了多义副词的习得顺序。

3.1 多义副词"就"习得研究

黄露阳（2009）综合教材和前人研究，将副词"就"的语义、用法概括为六类：（1）"就$_1$"表示事情或动作即将发生或在很短时间内发生了；（2）"就$_2$"表示说话人认为事件发生得早；（3）"就$_3$"表动作"前后相承 / 紧承"；（4）"就$_4$"用于复句后一分句关联前后；（5）"就$_5$"表限定；（6）"就$_6$"表加强肯定，或者表示意志坚决，或者指明主体符合某种条件。在此基础上，通过对语料进行考察和分析，作者得出外国留学生习得"就"的各类用法的阶段性顺序：就$_3$、就$_4$（初级上）＞就$_1$、就$_2$（初级下）＞就$_5$、就$_6$（中级上）。据此作者提出外国留学生习得副词"就"时所遵循的功能顺序：句法上的连接功能＞主观评价功能＞

语义功能 / 语用功能。

通过对几种常见教材的考察，黄露阳（2009）认为就副词"就"的不同用法而言，学习者的习得顺序与教材的讲解顺序不一致，教材编写应遵循的难度等级是（"<"表示在难度上"低于"）：就$_3$/就$_4$ < 就$_1$/就$_2$ < 就$_5$/就$_6$。

最后，黄露阳（2009）还对比了外国留学生和中国儿童习得"就"的情况，结果表明外国留学生最早接受的是副词"就"的连接功能，而中国儿童最早接受的是副词"就"的主观评价功能。在各类"就"的习得及使用频率上，外国留学生和中国儿童表现出的一致特点是：先习得的用法无论在各个水平阶段还是在总体中使用频率都是最高的，后习得的用法总体使用频率都比较低。差异是外国留学生倾向于大量使用起连接作用的"就"，而中国儿童则不存在这种显著的倾向性。

李俊、陈晨（2017）对西班牙语母语者习得多义副词"就"的情况进行考察。同样，文章首先根据前人研究将"就"的用法归纳为六类，具体分类与黄露阳（2009）基本相同。然后借助两种语料库详细分析了不同汉语水平西班牙语母语者习得汉语副词"就"的情况，结果表明：（1）"就"表示加强肯定和逻辑关联时使用率排第一位；（2）"就"表示客观评价或主观描述时使用正确率最高；（3）两个语料库中西班牙语母语者汉语副词"就"的习得顺序分别为"表动作即将或紧接着发生 > 表范围 > 表语气 > 表关联 > 表时间早""表动作即将或紧接着发生 > 表关联 > 表时间早 > 表语气 > 表范围"。在此基础上，文章还考察了西班牙语母语者习得汉语副词"就"的偏误类型，主要包括遗漏、误加、误代、错序以及其他，并从母语负迁移、教材编排、教师教学和学生学习几个方面分析了偏误原因并提出了相应的教学策略。

3.2 多义副词"就是""还是"习得研究

郝瑜鑫（2013）以多义副词"就是"为例，通过对中介语语料进行考察和实验测试的方法，考察了功能类型、母语背景和汉语水平三个因素对外国学生深度习得汉语多功能词语的影响。结果表明：（1）外国学生对不同类型功能的习得效果不同。就"就是"的习得来说，对于出现频率高、意义比较实在、具有凸显性的"加强判断"功能的掌握情况最好，其次是"关联"功能，然后是"限定"功能和"句中情态"功能，最后是"话语标记"功能和"句尾情态"功能。（2）母语背景因素对留学生习得多功能词语有显著影响，汉字文化圈的学习者要普遍好于非汉字文化圈的学习者，这体现在不同语言水平的学习者对各个功能的习得。到了中高级阶段，外国学生习得多功能词语出现了"僵化"现象。最后，根据影响多功能词语习得的因素，文章提出了相应的教学建议，即要根据影响多功能词语习得的因素对学生进行引导、编写大纲和教材，要充分利用语言项目的特点开展教学。

吴颖（2010）立足于汉语作为第二语言教学的角度，以"还是"为例，在现代汉语大型语料调查的基础上，重点考察了"还是"的五种语法意义，包括表示延续义的"还是"、表示选择义的"还是"、表示择定义的"还是"、表示添加义的"还是"以及表示反预期的"还是"，并对每种用法的语义背景进行了分析。在此基础上，通过对教材的考察，作者发现这五种语法意义在教材中的排布顺序为：选择义＞延续义＞择定义＞反预期＞添加义。而通过测试作者发现学生的使用情况表现为：择定义＞延续义＞选择义＞反预期＞添加义。借助中介语语料库中的偏误用例，文章进一步对残缺或多余、混淆、错序几种偏误类型的成因进行分析。最后综合几项考察结果，作者得出多义副词"还是"的五种用法的习得难度：从表时间范畴的延续义的基本功能到表选择义的连接功能，再到表择定义、添加义和反预期的情态功能，其语法意义及语义背景都呈现出复杂的趋势，习得难度也随之增加。针对这种情况，文章建议在教材中分阶段、分等级地将不同的语法意义及其语义背景编排到教学中。

3.3 基于语法化理论的研究

高顺全在其专著《多义副词的语法化顺序和习得顺序研究》（2012）中从语法化角度全面讨论了多义副词的习得顺序问题。作者重点研究了"就""才""还""再""都""也"和"又"七个多义副词，首先对每个副词的意义、用法进行分类描写；然后分析多个意义、用法间的语法化顺序，并在此基础上预测习得顺序，再通过中介语语料库考察每个副词的使用情况和偏误情况，概括实际习得顺序；最后比较根据语法化顺序预测的习得顺序与实际习得顺序间的异同。研究结果表明，多义副词不同意义和用法的语法化顺序与习得顺序之间存在高度一致性。

在上述研究的基础上，高顺全在专著《基于语法化理论的汉语兼类虚词习得顺序研究》（2015）中进一步从语法化角度对更多兼类副词的习得顺序问题展开探讨。研究依旧按照"基于语法化顺序构拟习得顺序→通过对汉语中介语语料库进行多角度考察分析得出客观习得顺序→对比构拟顺序和客观习得顺序之间的一致性"的操作流程，对"只是""不过""可""可是""尽管""就是""还是""同时""甚至""那么"等兼类副词进行考察，通过对这些副词语法化过程和习得过程的比对，再次证明兼类副词不同意义和用法的语法化顺序与习得顺序之间存在高度一致性，并据此针对这些兼类副词提出了相应的教学建议。

第六节　与副词相关的其他问题的习得研究

1.　副词的国别化偏误研究

焉德才在其专著《韩国留学生习得汉语介词副词偏误分析——基于国别化汉语中介语语料库的研究》（2018）中全面考察了韩国留学生的汉语中介语偏误语料，并在此基础上，对初级大纲词中的重点副词进行偏误分析，考察对象包括"很、不、没/没有、就、都、刚、更、又、还是、经常、太、先、一直、也、正、正在、总是、多、再、只好"等20个副词。通过对每个副词偏误语料的分析和归纳，作者概括出每个副词的基础附码（包括词性附码、词法附码和词调附码）、编码度标注（即衡量韩国学生习得汉语词汇难易程度的量化指标）、认知难度评价、迁移情况描写和典型偏误展示五个方面的内容，其中典型偏误的展示和分析是其核心内容。

2.　副词重叠的偏误研究

现代汉语中存在一部分副词可以重叠的语言现象，外国留学生不清楚什么时候用副词的重叠形式，什么时候用副词的原式，常常出现偏误。王振来的《现代汉语副词重叠及偏误分析》（2009）一文针对这一问题展开讨论。文章首先将留学生学习现代汉语副词重叠时出现的偏误现象归纳为五种类型：（1）错序偏误，即把副词重叠式放在主语前或动词后；（2）错选偏误，即选择错误的副词重叠式；（3）多余偏误，即在不需要使用的地方使用副词重叠式；（4）遗漏偏误，即遗漏了副词重叠式造成表达上的不同；（5）把副词原式等同于重叠式。然后在前人研究的基础上，文章概括了现代汉语副词重叠的格式，并重点从语义和语用的角度对副词重叠现象进行了分析。在语义方面，文章将副词重叠式的语义类型概括为六种：（1）表示程度；（2）表示范围；（3）表示时间；（4）表示频率；（5）表示方式；（6）表示语气。在语用方面，文章从语体色彩、语气的轻重、音节搭配三个方面分析了副词重叠式的语用特点。最后，针对留学生使用副词重叠的偏误类型，文章结合语义和语用分析对偏误产生的原因进行了解释，并提出在教学中有必要格外关注现代汉语副词重叠式与意义相近副词的区别。

3. 副词的语言加工研究

姚倩的《母语者和二语者加工汉语否定极项允准语的实验研究——以"从来"为例》（2018）一文从语言加工的角度，通过可接受度判断和自控步速阅读两种实验研究汉语母语者和二语者加工"从来"允准语的情况及差异。已有研究表明副词"从来"是汉语中的否定极项词，在句中需要与否定极项允准语搭配。实验结果表明，不同允准语的允准能力强弱有差异，主要表现在显性否定词和隐性否定词加工时间的差异，具体有三个方面：一是通过对汉语母语者反应时间的考察，作者发现在"从来"的隐性否定词允准语中，"只"的允准能力最强，同"不"不存在显著差异；二是从汉语母语者的反应时间来看，隐性否定词"都"和"就"同"不"存在显著差异，允准能力相对较弱；三是二语者习得允准语"只""都""就"有困难，尤其表现在对"只"的习得上。研究还表明，汉语母语者和二语者对"从来"及其允准语的加工模式也有差异。汉语母语者倾向于整句加工，表现出"句末整合效应"，二语者倾向于逐词加工。此外，该研究还发现：二语者能判断出"也"在肯定句中不具备允准能力，从而印证了二语者能够习得部分句法—语义界面的论断；从可接受度判断的结果来看，隐性否定动词不能直接允准"从来"的出现。最后，通过对汉语教材的分析，文章建议允准能力强的隐性否定允准语也可以适当纳入教材。

第七节　本章小结

1.　主要成果

近 20 年来，有关副词的习得研究取得了大量研究成果，成果的主要特点可以概括为以下三个方面：

（1）成果覆盖领域比较全面

随着学界在本体研究中对副词研究的重点关注和大批成果的涌现，在第二语言习得领域中，有关副词的习得研究也呈现出覆盖各个研究领域的发展趋势。从研究所涉及的语言项目来看，近 20 年的研究成果几乎覆盖所有副词类别，尤其是否定副词，时间、频率副词和范围副词这三类副词的习得研究成果尤为丰富。从研究内容来看，除了对偏误问题、习得过程、习得顺序问题的大量讨论外，研究还涉及语言加工问题。从研究对象来看，针对每类副词的研究都既有一般性研究，也有国别化研究，后者所涉及的对象除了常见的英语、日语、韩语母语者外，还有越南语、西班牙语等语言的母语者。

（2）中介语语料库在研究中有广泛应用

汉语中介语是母语非汉语者从开始学习汉语，到最终接近或达到目的语水平的过程中所说的汉语。大规模的汉语中介语语料能比较客观地体现出具有普遍性和群体性的各种问题，从而可以极大地避免在以往研究中从对外汉语教学的经验出发而带来的局部性、主观性等问题。近 20 年来，有关副词的习得研究绝大多数是以各种中介语语料库作为主要依据展开的，尤其是对偏误问题的研究。其中有部分研究者根据个人研究需要自建中介语语料库，但更多研究者主要借助如"HSK 动态作文语料库"这样的已有大型语料库展开研究。

（3）研究范式、研究思路的创新

在副词的习得研究中，一些研究者不再使用传统的归纳式研究思路，而是采用演绎式研究思路，即根据某些理论提出针对相关问题的具体假设，然后再进行验证式分析，最后得出结论的研究范式。如高顺全的大量研究以副词的语法化顺序与习得顺序的相关性作为假设前提展开论证，周小兵、丁崇明等人的研究以语序类型与语言迁移的相关性作为假设前提展开研究等。

2.　研究的不足

汉语副词习得研究总体而言开展得比较充分，取得了大量研究成果，但仍存在一些不足，主要表现在以下三个方面：

（1）副词"类"的研究有待深入

近20年副词的习得研究，在对副词"类"的特征揭示上和对"类"的习得情况总结上仍相对薄弱；副词小类的研究不均衡，成果大量集中在对否定副词，时间、频率副词和范围副词的研究方面，而对程度副词和语气副词这两类副词的习得研究相对薄弱，尤其是对语气副词、情态副词这类意义上较为空灵、位置上较为活泼的副词类的习得研究，成果相对较少。

（2）偏误研究、习得顺序研究有待深入

有关副词的偏误研究，成果虽然很多，但部分研究有重复之嫌，尤其是对偏误成因的分析，往往大同小异，针对性和解释力不足，有待深入研究。有关副词的习得顺序研究，部分成果论证过程的客观性、科学性有待提高，如有些研究对象相同，但不同研究者却概括出不同的习得顺序，降低了成果的可靠性及其对教学实践的指导意义。

（3）实证研究的方法有待进一步创新

在对副词习得问题的研究中，研究者目前主要借助语料库进行研究。此外，使用较多的有问卷调查、个案追踪、语言测试等比较传统的实证研究方法。在实验设计环节上还缺乏更多更为有效、科学的新思路。

3.　研究展望

（1）研究领域的拓展

副词的习得研究目前大多还是以对副词的基本语义、用法的习得情况为考察对象，对语用、篇章层面的习得情况讨论不多。近些年来，学界对副词的本体研究在语用、篇章层面已经取得了大量研究成果，今后可以在习得领域中拓宽这一层面的相关研究。此外，语气副词的习得研究目前相对薄弱，而近年来学界在本体研究中从情态角度对语气副词的讨论已经取得了大量成果，今后可以借助本体研究成果从情态角度展开对语气副词的习得研究。除了上述两点之外，汉语副词的研究重点还可以放在对以下具体问题的深入讨论上：（1）副词与其他词类形成的固定搭配的习得问题，如"连……也/都""一……就""再……也"等，这样的语法项目在什么阶段习得？（2）副词关联作用的习得问题，如"就""才""还""再""却""也"等副词的关联作用如何把握？（3）副词语气情态功能的习得问题，如"偏、偏偏""竟、竟然""或许、大概、大约"等等，这些语义空灵又近似的副词如何辨析？如何被不同母语学习者习得？

（2）副词习得研究与理论研究相结合

在副词的习得研究中，无论是对语法化理论的借鉴，还是对语序类型学的借鉴，都给这一研究领域带来了更多新的研究思路和研究视角。今后，可以进一步借助本体的研究成果，借助语言学理论和语言学习理论的指导，将新的思路和方法引入汉语副词的习得研究中，在习得数据、习得结果的分析上有更强的说服力。

（3）副词习得研究与相关实验研究相结合，定量研究和定性研究有机结合

对副词习得的实证研究除了目前的语料库、问卷调查、语言测试等方式外，还可以借鉴语言学、心理学等领域的实验设计，借助相关实验设备对习得过程展开更为科学的研究。这里特别值得提出的是姚倩的两项实证性研究：一是《利用韵律信息解读"都"字句歧义的实验研究——汉语母语者与二语者的对照》（2011），文章通过设计两项语言实验及对实验结果的声学分析和数据分析，研究汉语母语者和以汉语为第二语言的学习者解读带有不同重音的"都"字句的情况；二是《母语者和二语者加工汉语否定极项允准语的实验研究——以"从来"为例》（2018），文章从语言加工的角度切入，通过可接受度判断和自控步速阅读两种实验方式研究汉语母语者和二语者加工"从来"允准语的情况及差异。这两项研究跳出了传统的问卷调查和语言测试等手段的窠臼，采用更为科学的实验方式对被试进行采样和结果分析，提高了结论的可靠性，是今后习得研究进一步深入的一个方向。

第七章　介词习得研究

汉语的介词是一个封闭的小类，其复杂性在于：（1）从来源上说，有一些介词是从动词演化过来的，介词语法化的过程有快有慢，形成了介词和动词的纠缠、"介宾"和"动宾"的纠缠；（2）介词在句子中可以充当状语和全句修饰语，句法位置不固定；（3）相同意义或相同作用的一对或一组介词较多，如"对 /对于""自 / 从 / 自从"等等，需要辨析；（4）介词往往和一些方位词组成"框式结构"，有固定的搭配和用法。所以，对于外国学生来说，介词的习得是汉语学习的重点和难点。近 20 年来，围绕介词习得问题的研究主要从三个方面开展：一是对整个介词词类习得情况的讨论；二是对某一类介词习得情况的讨论；三是对某一个或某几个介词习得情况的专题研究。其中，第一和第三方面的研究成果较为丰富，第二方面的研究成果较少。

第一节　介词习得的整体性研究

从整体上对介词习得问题所进行的研究主要分为两个方面：一方面是偏误研究，近 20 年来成果较为丰富，不仅有对偏误类型的整体归纳和分析，也有针对某一种偏误类型的专题研究；另一方面是习得研究，主要是就各类介词的习得难度和习得顺序问题进行讨论。

1. 介词偏误研究

有关介词的偏误研究，成果主要集中在两个方面：一是对介词的偏误类型进行整体归纳和成因分析，这方面有崔希亮的《欧美学生汉语介词习得的特点及偏误分析》（2005）、张艳华的《韩国学生汉语介词习得偏误分析及教学对策》（2005）、崔立斌的《韩国学生汉语介词学习错误分析》（2006）以及焉德才的专著《韩国留学生习得汉语介词副词偏误分析——基于国别化汉语中介语语料库的研究》（2018）；二是通过语言对比，对语序偏误进行专题研究，这方面有施文志的《从泰国学生状语移位现象看母语的负迁移——以介词短语移位为例》（2008）和周文华的《母语语序类型对目的语习得的影响——以汉语介词语序偏误为例》（2014）。

1.1　偏误分析

崔希亮（2005）借助汉语中介语语料库对欧美学生习得汉语介词的使用频率问题、偏误率问题和偏误类型进行讨论。研究发现，在使用频率方面，欧美学生汉语介词的使用频率明显高于日本、朝鲜、韩国学生，也高于汉语母语人群，而欧美各国学习者使用汉语介词的总体水平相当接近。在偏误率方面，欧美学习者汉语介词的偏误情况与日本、朝鲜、韩国学生大致相同，只是介词单项之间的差异没有日本、朝鲜、韩国学生大。这说明对于欧美学生来说，没有特别困难或者特别容易的汉语介词项目。在偏误类型方面，欧美学习者使用汉语介词的偏误有九种类型，分别是介词冗余、框式介词缺少呼应词语、介词结构出现的位置不当、结构错位、结构不完整、体貌标记错误、词语搭配问题、语义模糊和介词混用，这些偏误类型主要集中在三个方面：（1）结构问题，如框式介词的问题、介词位置的问题、介词结构内在结构要求的问题、体貌标记的问题、修饰语与介词相对位置的问题、介词结构与主语的位置问题；（2）使用问题，如介词冗余、介词混用、回避使用或过度使用某些介词的问题等；（3）表达问题，如词语搭配问题、语义模糊问题等。以此为基础，文章提出三个方面的教学对策：一是针对不同的学习者确定不同的学习难点；二是整体把握欧美学生学习汉语介词过程中遇到的问题；三是用认知图式来阐释结构和语义的问题。

张艳华（2005）对韩国学生在习得汉语介词过程中出现的偏误问题进行研究。通过对大量偏误语料的分析，作者概括出五种偏误类型：（1）介词赘余；（2）介词缺失；（3）介词位置不当；（4）学生对介词短语作结果补语有认知偏差；（5）在比较句、"把"字句、"被"字句等难点句式中介词短语构建有误。文章认为介词赘余偏误的成因主要与学生对动词的属性缺乏了解有关，同时也存在介词的使用过度泛化的问题；介词缺失偏误的成因主要是学生对离合词或有使用条件限制的动词的特殊性缺乏了解；介词位置不当是韩国学生习得中最常见的偏误现象，成因主要是母语负迁移；后两种偏误类型的成因主要是母语负迁移和学生学习策略的主观偏离。最后，文章给出五点教学建议：（1）讲清每个常用介词的语用特点，对于几个最易混淆的介词尤其需要细致的讲解；（2）将介词的学习与动词的讲授结合起来；（3）在讲解词语的同时注重进行词组教学；（4）通过大量指导性练习，尤其是语段、语篇的训练，培养学生在语境中获得正确的汉语语序的意识；（5）帮助学生纠正不恰当的学习策略。

崔立斌（2006）同样对韩国学生介词习得中的偏误问题进行了讨论。通过对偏误语料的考察，文章将偏误类型概括为四类：漏用介词、多用介词、错用介词、语序错误。在对比分析汉语和韩语的不同特点及韩语助词跟汉语介词用法异同的基础上，作者分析了各类偏误产生的主要原因：漏用介词和多用介词都属于结构性、系统性错误，其原因主要是受韩语语法系统的影响；错用介词一方面有母语负迁移作用的影响，另 方面则由于学生汉语介词没掌握好而产生错误的类推；语序错误一方面是由于母语负迁移，另一方面也与母语的思维习惯有关。针对各类偏误的成因，文章提出一些教学建议：一是着重强调汉语介词的结构特点，强化韩国学生理解汉语介词跟韩语助词不同的结构方式；二是反复向韩国学生讲解每个汉语介词的语义特点，让韩国学生搞清楚每个汉语介词跟相关韩语助词的不同，从一开始接触汉语介词时就有一个正确的理解；三是让韩国学生多做一些跟汉语介词有关的韩汉翻译练习，这对韩国学生形成正确使用汉语介词的语言定势大有裨益。

此外，焉德才（2018）以专著形式全面考察了韩国留学生的汉语中介语偏误语料，并在此基础上，对初级大纲词中的重点介词进行了偏误分析。

1.2 语序偏误专题研究

施文志（2008）对泰国学生汉语习得过程中的偏误语料进行考察发现，泰国学生使用介词短语作状语时出现大量位移性偏误，即语序偏误。汉语和泰语的对比分析表明，汉语和泰语中的介词结构都作状语，但在句中的位置不同。汉语中介词短语作状语一般位于主语后谓语前，或句首；泰语中介词短语作状语一般位于被修饰的中心语之后。在此基础上，文章提出泰国学生此类状语移位性偏误主要是因为母语的负迁移。在教学中，教师应做针对性指导，及早帮助学习者认识汉语和泰语的差异，避免母语负迁移的影响。

周文华（2014）以母语为不同动宾语序类型的外国留学生汉语介词及其短语语序的使用情况为切入点，利用较大规模的语料库考察、对比母语语序类型为 SVO 型和 SOV 型的学生之间是否存在显著差异，以及他们介词语序偏误与母语基本语序之间的关系，从而推导出母语语序对目的语的习得是否有影响。文章把汉语介词及其短语的语序与两种类型语言分别进行对比发现：（1）汉语介词相对于所支配的名词是前置的，其语序与 SVO 型语言一致，与 SOV 型语言相反。从标记性来看，汉语介词的语序相对于 SVO 型语言来说是无标记的，而相对于 SOV 型语言来说是有标记的；（2）大部分汉语介词短语相对于所修饰的动词也是前置的（即动前前置词），只有少部分"双位前置词"既可前置又可有条件地后置。作者在假设母语语序对目的语语序习得有迁移作用的前提下做出预测：SVO 型母语的学生习得汉语介词语序的难度要小于 SOV 型母语的学生；而在汉语介词短语的错序方面，SOV 型母语的学生习得动前前置词的语序难度要小于 SVO 型母语的学生，习得双位前置词的语序难度应该与 SVO 型母语的学生差不多。两类母语学生介词错序偏误的综合考察结果表明：（1）在介词语序层面，SVO 型母语的学生汉语介词的错序要少于 SOV 型母语的学生，基本符合对比得出的预测，学生母语的基本语序类型的确对语言习得有一定影响，目的语与母语基本语序类型相似时较容易习得，而目的语与母语基本语序类型相差较远时不容易习得；（2）从学生的错序数量及变化趋势来看，母语影响的程度并不高。对比预测并不能完全真实地反映学生的实际习得难度和偏误情况，它是有一定适用范围的：简单的、形式化的语言项目可以通过语言对比预测难度；复杂的规则变化或程序转化的语言项目是不能通过语言对比来准确预测难度的。文章认为不能完全否认母语语序对目的语习得的影响，但也不能夸大母语语序的影响力。

2. 介词习得难度与习得顺序研究

有关介词习得难度、习得顺序等问题的研究，成果主要有赵葵欣的论文《留学生学习和使用汉语介词的调查》（2000）、周文华的专著《现代汉语介词习得研究》（2011a）。

赵葵欣（2000）将汉语介词按意义分为三类：时空类介词，包括"在、从"；范围类介词，包括"跟、和"；施受类介词，包括"对、给"。通过对初级学习者在不同学习阶段使用这三类介词情况的调查，文章发现：（1）学习者语言中的"在"字结构由状语位置发展到补语位置，初级阶段中"在"字结构的句法位置并不构成明显困难，"在"与方位词的配合使用及方位处所词、时间词不用"在"直接作句子成分，这两个汉语特点对学习者构成明显困难；（2）"从"在学习者语言中的发展遵循了"空间—时间—抽象"这一普遍顺序；（3）"跟"与"和"的若干介词用法在学习者的语言中逐步发展并有明显的分工，"跟"集中用于表协同的对象，"和"偏重于表比较和关系；（4）"跟、从、对、给"这类介词与动词等的搭配有一定的强制性，对学习者使用构成一定困难。从宏观上来看，初级阶段学习者学习和使用的介词不是同时出现的，有一个逐渐发展的过程。一方面从数量上来看，介词的学习不是一种突破式的发展，而是一种缓慢的递增，具体来说，介词在初级阶段的发展主要不是介词总量的增加，而是介词内部搭配的扩充，这种扩充随着学习者词汇的增加主要表现为介词使用范围的扩大；另一方面从语义上来看，初级学习者所使用的介词涉及的语义范畴有：时空（在、从）、范围（跟、和、关于）、施受（对、给、为）、凭借（用、按、按照、由）、替代（替）、缘由（为、为了），其中，时空、范围、施受类介词使用频率高，这从一个侧面反映了这三类语义范畴应该是汉语介词最基本的三个语义范畴。

周文华在《现代汉语介词习得研究》（2011a）中，把现代汉语介词分为时间、空间、对象、依据、缘由五大类进行考察，梳理各类不同介词的句法、语义规则，通过中介语语料库统计分析得出五大类不同介词的难度等级和习得顺序，并提出相应教学建议。具体来说：（1）时间介词的难度等级区间顺序为：当、在₁、临、趁、离₁>从₁、于₁>自₁、打₁、自从。基本可按此难度等级安排教学。只是"从₁"和"自₁"置于动词之后的用法在日常交际中需求较大，且难度不高，可单独列出提前教授。时间介词的偏误中最多的是遗漏，主要是因学生对时间介词框架的构成掌握得不好所致，在教学中应加以注意。（2）空间介词的难度等级区间顺序为：在$_2$、自$_2$、往、离$_2$＞从$_2$、朝$_1$、向$_1$、对着、沿、顺＞打$_2$、于$_2$、由$_1$、冲$_1$。基本可按此难度等级安排教学，但由于"从$_2$""于$_2$"等在日常交际中需求较大，也可以适当提前教授。空间介词的偏误以遗漏居多，也主要是因学生对空间介词框架的构成掌握得不好所致，在教学中应加以注意。（3）对象介词的难度等级区间顺序为：向$_3$、给$_1$、给$_2$、替、跟$_1$、跟$_4$、跟$_6$、和$_4$、与$_2$、与$_4$＞对$_2$、对$_3$、于$_3$、于$_4$、冲$_2$、至于、为$_1$、跟$_2$、跟$_3$、跟$_5$、和$_1$、和$_2$、与$_1$、与$_3$、随、比、由$_2$＞对$_1$、朝$_2$、向$_2$、对于、关于、给$_3$、和$_3$、和$_5$、同（$_{1\sim4}$）、与$_5$。基本可按此难度等级安排教学。不过"对$_1$""对$_2$""对$_3$""向$_2$"等在日常交际中的需求较大，虽然难度较大，也应采取由浅入深分阶段教学的方式提前教授。对象介词最多的偏误形式是误代，因对象介词近义用法复杂所致，在教学中要特别注意厘清各对象介词用法之间的区别。（4）依据介词的难度等级区间顺序为：按、按照、在$_3$、随着＞照、根据、以＞据＞依、凭、论。基本可按此难度等级安排教学。误代是依据介词最典型的偏误，教学中应注意不同依据介词用法之间的区别。（5）缘由介词的难度等级区间顺序为：为了、因为＞为$_2$、因＞由于。此难度等级可直接作为教学安排顺序。缘由介词最多的偏误形式也是误代，教学中也要特别注意不同缘由介词用法之间的区别。

第二节　介词习得的分类研究

介词通常可以按照介引对象的语义特点再分为若干小类，如表示时间、处所、方向的介词，表示缘由、目的的介词，表示对象的介词，等等。在介词习得研究中，一些学者就某类介词的习得情况展开专门研究。周文华的《外国学生习得时间介词的中介语考察》（2011c）考察了表示时间的介词的习得情况；韦九报的《韩日印尼学生缘由目的类词语的混淆特征及成因》（2015）考察了表示缘由、目的的介词的混用偏误问题。此外，高顺全在其专著《基于语法化理论的汉语兼类虚词习得顺序研究》（2015）中讨论了兼类介词的习得顺序问题。

1. 表示时间的介词习得研究

周文华（2011c）将表示介引时间的一类介词称为"时间介词"，认为该类介词主要包括"当、在、于、从、自、自从、打、离、临、趁"等10个，并分别讨论了这些介词在语义和句法功能上的差异。在此基础上，通过对三种书面语料的考察，作者发现：（1）汉语母语者使用频率由高到低顺序为：在＞从＞当＞临＞于＞趁＞自＞自从＞打＞离；（2）外国学生使用频率由高到低顺序为：从＞在＞当＞于＞临＞趁＞自＞自从＞离＞打；（3）教材中出现频率由高到低顺序为：在＞当＞从＞自从＞临＞趁＞打＞离＞自、于。分析不同介词的使用频率对比情况可以看出，外国学生时间介词的使用频率与对外汉语教材中的输入频率大部分不太一致，而中介语中的出现频率与汉语母语者的使用频率趋于一致。这说明中介语是向目的语靠近的，而教材的编排有待改善。同时，时间介词在中介语中的初现率、使用频率和正确率的动态变化反映出它们的难度有三个等级：（1）难度较低，在初级阶段即可习得（当、在、临、趁、离）；（2）难度中等，在中级阶段可习得（从、于）；（3）难度较高，尚未习得（自、打、自从）。可据此安排相应的教学顺序。

此外，时间介词在中介语中出现的偏误也很有规律：（1）错序偏误是最少的偏误形式，所占比例很低，不会对学生的习得造成很大影响。（2）遗漏是时间介词的偏误中比较典型的。其数量虽然逐级减少，但所占比例在每一级都是最高的。（3）误加偏误在数量上是逐级减少的，但所占比例却是逐级上升的。（4）误代的数量和比例一直都占第二位，像误加一样，其所占比例逐级升高，而且它的数量呈倒"U"形分布。

综合上述研究，周文华（2011c）最后给出三条教学建议：（1）初级阶段可以教授"当、在、从、趁、离、临"等6个时间介词及"自"置于动词之后的用法。要注意各个介词的构句规则，避免遗漏偏误，尤其要注意"从"的遗漏偏误。（2）中级阶段教授"于"。除了要注意介词使用中的遗漏以外，教师还需要讲解各时间介词之间的区别，尤其是与"在"之间的区别，避免误代偏误的发生。（3）时间介词"自（除去置于动词之后的用法）、自从、打"使用量极低，且有其他介词可替代，可作为扩展内容教学，或让学生在交际中自然习得。

2. 表示缘由、目的的介词习得研究

韦九报（2015）将表示缘由、目的的一类介词统称为"缘由目的类介词"。通过检索语料库，作者发现韩语、日语、印度尼西亚语背景的学生"为、为了、因、因为"等缘由、目的类介词的混淆偏误最为突出。其中，韩国学生最易出现缘由类介语之间的混淆，日本学生最易出现跨语义类混淆，印度尼西亚学生最易混淆介词和连词的用法。在使用缘由、目的类介词时，三者共同的混淆特点是：都出现了单双音同素词的混淆，即"为—为了"和"因—因为"的混淆；当用缘由词语"因""因为"而误用了目的词"为、为了"；混淆词群关系的焦点是"因为"。文章认为导致混淆偏误的主要原因有汉语各词词义、功能、搭配、韵律和语体的差别，学习者母语的影响，教师教学方式和教材的影响等。其中造成缘由、目的类介词混淆偏误的教学因素主要有三个方面：一是词语在教材中的呈现不尽完善；二是在面向汉语作为第二语言学习者的词典中，对缘由、目的类词语的解释偏少，不够深入，少有辨析和范例，针对特定母语背景学习者的分析更少；三是课堂教学着力不够。针对这种情况，文章提出四点建议：（1）加强对表示缘由、目的类词语差异的本体研究；（2）摸清汉外语言中缘由、目的类词语的差别及分工；（3）设计具有针对性、便于学习的教材和学习者词典；（4）开展相关教学研究。

3. 兼类介词习得研究

高顺全（2015）从语法化角度全面讨论了兼类虚词的习得顺序问题。研究发现兼类虚词不同意义和用法的语法化顺序与习得顺序之间存在高度一致性。书中涉及兼属介词和连词的"和、跟、与、同""因、因为"等虚词，通过对这些虚词语法化过程和习得过程的考察比对，作者得出这些虚词的习得难度顺序，并据此提出了相应的教学建议。

关于"和"类虚词，高顺全（2015）的研究表明，"和、与"的习得顺序是连词用法先于介词用法，而"跟、同"的习得顺序是介词用法先于连词用法。这

两种习得顺序与汉语介词、连词语法化的"两种路径"说是基本一致的。针对这种情况，作者认为在教学中应适当加强"和"类虚词引介动作对象用法的介绍。关于"因、因为"这两个兼类虚词，考察结果表明，它们的实际习得顺序都是连词用法先于介词用法，但"因"的语法化顺序是从介词到连词，而"因为"的语法化顺序是从连词到介词，两者语法化顺序的差异在客观习得顺序中没有完全体现。对此作者的解释是，"因、因为"的语法化程度并非体现在语义上，两者程度差异不明显，其介词用法和连词用法之间的习得顺序并不是根本性的。因此，教学安排、语体、使用频率以及句法限制等因素都可能影响实际习得顺序。

第三节　介词"在"的习得研究

介词"在"的使用频率很高，在对留学生的习得研究中，"在"及相关结构的研究成果较多，研究内容大致可以分为一般研究和国别化研究两个大的方面，每个方面内部的研究多集中于偏误分析，对习得难度、习得顺序等问题的讨论相对较少。

1.　介词"在"及相关结构习得研究

介词"在"的非国别化习得研究成果大致有两个方面：一是对介词"在"各种用法的习得情况进行统计分析，考察习得顺序及偏误，主要有刘瑜的《中、高级学生介词"在"习得情况考察及分析》（2007）；二是对留学生使用介词"在"的某一种结构时产生的偏误问题进行分析，主要有李金静的《"在＋处所"的偏误分析及对外汉语教学》（2005）、林齐倩的《外国留学生使用"在 NL"的调查分析》（2006）和高顺全的《语序类型学视角下的汉语框式介词习得偏误研究——以"在……上"为例》（2017）。

1.1　"在"的习得情况研究

刘瑜（2007）以留学生中介语语料为根据，考察和分析中级、高级阶段留学生介词"在"的使用情况。在前人的研究基础上，文章首先将介词"在"的语义和用法概括为 11 个类型，即表示时间，表示处所，表示范围，表示方面，表示环境、过程或途径，表示条件，表示持某种看法，等。然后作者以这 11 个类型作为考察项目对留学生的使用情况进行考察，考察从两个方面展开：一是将汉语母语者的自然语料与留学生的中介语语料进行对比分析，看两者在使用率和正确率上的异同。通过对比，作者发现留学生对介词"在"的使用频率与汉语母语者基本一致，但表示抽象概念时其频率远低于汉语母语者。二是将中级、高级阶段留学生介词"在"的使用率和正确率进行分析，构拟留学生习得介词"在"的顺序，研究发现留学生介词"在"的使用情况受教学和教材的影响，高级阶段其影响更为显著。同时，文章将留学生的偏误现象归纳为五种类型，分别是错位（介词短语放错位置）、漏用（漏用介词"在"）、误加（介词"在"多余）、漏 / 错用方位词（漏方位词或使用的方位词不恰当）、混用（词法上错用介词"在"以及句法上错用介词短语）。结合"在"的语义语法特点，文章对主要偏误类型的错因进行了分析，认为错位偏误主要是留学生对句式的区分不清楚造成的；漏用与误加偏误主要是留学生对介词"在"的隐现规律不清楚；漏 / 错用方位词偏误主要是由于留学生缺乏对汉语框式介词的认识。最后，结合留学生习得介词"在"的特点和规律，针对偏误现象，文章提出了一些教学建议：（1）留学生对"在"的使用问题集中于"在"的隐现和"在 +NP"应放在什么位置上。教学中教师应强调"在"的使用条件，同时加强方位词搭配的讲解以及"在"表抽象概念的教学。（2）学生的书面表达口语色彩较浓，书面色彩不足，不能实现准确交际的目的。教学中教师应加强对词汇、句型、语用等的讲授。

1.2   "在 + 处所（方位）"的偏误研究

李金静（2005）对留学生使用汉语"在 + 处所"作定语、状语和补语三种成分时产生的偏误问题进行讨论。文章首先结合前人的研究对"在 + 处所"的句法功能进行描写，然后分别从处所词语作定语的问题、汉语的语序问题和"把"字句的问题三个方面讨论留学生使用"在 + 处所"的偏误产生的原因，提出其主要原因是留学生受所学的其他语法项目的影响。具体来说，"在 + 处所"作定语时的偏误类型是介词"在"的多余或者漏用，这主要与汉语处所词的特点有关；

"在 + 处所"作状语或者补语时的偏误类型是错序，这一方面因为学习者受母语语序的影响，另一方面还因为学习者受所学的其他语法项目的影响；"在 + 处所"在"把"字句中作补语时经常发生误用偏误，这主要与"把"字的句法语义特征有关。针对这种情况，文章认为，在引导留学生掌握一种语法项目的同时，教师还应考虑留学生所学的其他语法项目。

林齐倩（2006）将介词"在"构成的介词短语"在 NL"（N 代表处所名词，L 代表方位词）的用法概括为三种句式：

甲式：NP+VP+ 在 NL

乙式：NP+ 在 NL+VP

丙式：在 NL+NP+VP

通过对留学生的写作语料、口语测试语料和调查问卷结果进行分析，林齐倩（2006）将偏误归纳为八种类型：（1）乙式错用为甲式；（2）甲式错用为乙式；（3）乙式与丙式的混淆；（4）甲式错用；（5）乙式错用；（6）"在"缺漏；（7）"在"多余；（8）句式杂糅。

偏误的原因主要有两个：一个是留学生的母语造成语际负迁移；另一个是由于目前部分对外汉语教材以及对外汉语教师对与介词"在"有关的语法点的处理过于简单、笼统。针对这种情况，文章给出了四点教学建议：（1）应将"在 NL"的三种句式分阶段地编进对外汉语教材，循序渐进地教学；（2）教师要提醒学生注意三种句式的区别和互相转换的关系；（3）尽量放在语篇中进行讲解；（4）注意练习的编写。

1.3　"在……上"的偏误研究

高顺全（2017）基于语序类型学理论中介词与语序类型的关系，对二语学习者习得汉语框式介词"在……上"时出现的偏误，做出类型共性方面的预测，认为母语为不同语序类型的学习者会产生不同类型的由母语迁移带来的偏误问题。文章通过对汉语中介语语料库中"在……上"框式介词的考察，将偏误类型归纳为遗漏、误加、错序和误代四类：遗漏和误加包括前置词"在"和后置词"上"的遗漏和误加；错序指框式介词"在……上"和动词之间的前后语序错误；误代指该用别的介词但学习者错误地使用了"在"或"上"。其中，遗漏、误加和错序这三种偏误产生的原因跟学习者母语迁移有密切的关系。通过对母语为不同语序类型的学习者的偏误进行分析，作者发现实际偏误状况可以验证部分假设，如母语为 VO 型语言的学习者容易发生遗漏后置词的偏误，而母语为 OV 型语言的学习者则容易发生遗漏前置词的偏误等。同时文章对与假设不一致的情况以及假设中没有预测到的偏误倾向，也做出了解释。这种理论假设和语料验证相结合的研究方法为汉语二语习得研究提供了新的视角，是一种有效的研究方法。

2.　介词"在"的国别化研究

介词"在"的国别化研究中，丁安琪、沈兰的《韩国留学生口语中使用介词"在"的调查分析》（2001）和周文华的《韩国学生不同句法位"在 + 处所"短语习得考察》（2013）针对韩国学生的习得情况和偏误展开讨论；吴继峰的《英美学生使用汉语介词"在"的相关偏误分析》（2012）主要考察英美学生的偏误情况；刘香君的《越南学生"在 +NP"使用偏误及教学对策》（2010）主要考察越南学生的偏误情况。

2.1　韩国学生习得介词"在"的偏误情况

丁安琪、沈兰（2001）通过口语测试调查对韩国学生习得介词"在"的情况进行研究。文章首先根据前人研究将"在"的用法概括为五类，分别是表示时间、表示处所、表示范围、表示条件和表示行为的主体。在考察韩国学生对"在"字结构的五种用法及语法成分的使用分布情况后，作者发现韩国学生使用的"在"字结构主要集中在"表示处所"这一用法上；并且韩国学生使用"在"字结构作状语的情况远远多于作补语的情况，"在 + 处所 +VP"是韩国学生所使用的典型结构。从偏误情况来看，韩国学生的偏误也主要出现于"在 + 处所 +VP"这一典型结构中，偏误的类型有介词缺漏、状语后置、方位词多余和错用四类。基于这一情况，文章提出三点教学建议：（1）受母语影响，韩国学生在使用"在 + 处所 +VP"时，常常遗漏介词"在"，教师需要在教学中不断强化"在"的使用；（2）韩国学生容易将"住在""座落在"等看成一个词，这一方面给学生正确使用"在"字结构作补语带来一些便利，但另一方面也影响了学生对

"住""座落"等词的掌握，在教学中教师需要帮助学生对这些词语加以区分；（3）汉语中某些方位词语必须使用介词"在"，而另一些则绝对不使用介词"在"，教师对此应适当加以强调。

周文华（2013）在前人研究基础上，借助中介语语料库对韩国学生习得"在+处所"短语的情况进行考察。文章首先将汉语"在+处所"短语在句中作状语、补语和定语的三种功能细化为五种句法位，即主语前、谓语动词前（无主语）、主语后谓语动词前、谓语动词后和定语中心语前。通过对语料的考察，作者发现在习得难度方面，对韩国学生来说，这五种句法位中以谓语动词后的句法位最难，其使用规则也影响学生对其他句法位的习得；在偏误方面，一是几乎所有句法位都存在方位词的误代、误加和遗漏，"在"的遗漏及与其他相关介词的误代；二是主语前和主语后动词前两种句法位存在较多错序；三是定语中心语前的"在"遗漏较为严重。针对考察结果，文章提出三个方面的教学建议：一是合理运用学界关于"在+处所"短语置于动词之前和动词之后的规则的研究成果；二是教师要讲清楚汉语和韩语在方位认知方面的差别以及汉语方位词的使用特点；三是在各学习阶段的教学中，教师要注意结合该阶段常出现的偏误类型进行教学。

2.2 欧美学生习得介词"在"的偏误情况

吴继峰（2012）通过对中介语语料库的考察，将英美学生使用介词"在"的偏误现象归纳为五种情况：（1）不该用"在"而用；（2）该用"在"而没用；（3）"在"与框式介词有关的偏误；（4）该用其他介词却使用了介词"在"；（5）语序错误。其中"在"与框式介词有关的偏误又细分为两类：一是在框式介词中与方位词有关的偏误，包括方位词的缺失、方位词的错用、方位词的冗余和介词框架内插入的成分不当；二是不该用框式介词而用。文章通过汉英对比、相关介词对比以及考察学生学习策略等方式分析了偏误产生的原因，同时结合现代汉语介词的研究成果，对偏误现象加以纠正和进行解释。由此，文章提出汉语相关本体研究应深化三个问题：（1）在汉语表达中，何时必须用"在"，何时一定不能用，何时可用可不用；（2）框式介词中的方位词在什么情况下可以不用，方位词的引申用法有时有交叉，如何根据语境选择具体的方位词；（3）介词"在"和"从""对"等有何差别。并且文章提出五点教学建议：（1）教师要提醒学生注意英汉介词的根本不同；（2）教师要引导学生注意方位词的引申义，以及使用条件和规则；（3）加强易混淆介词的对比分析；（4）加强介词习得顺序研究，根据难易度以及使用频率等因素分层次、分梯度教学；（5）对外汉语教材和工具书的解释应简要明确地指出汉语和外语之间的差异。

2.3　越南学生习得"在 +NP"结构的偏误情况

刘香君（2010）通过对中介语语料进行分析，讨论了越南学生习得汉语"在 +NP"结构的偏误问题。考察表明，"在 +NP"结构是越南学生习得介词"在"的过程中使用较多、偏误率也较高的一种结构，越南学生在学习和使用"在 +NP"时产生的偏误可以归纳为九种偏误类型，这九种偏误类型可以分为两个大类：

第一大类："在 +NP"的结构偏误，包括方位词的遗漏、"在"字的遗漏、方位词的误加、"在"字的误加、"在"误代"从"、"在"误代"到"；

第二大类："在 +NP"的位置偏误，包括状语后置、补语前置、定语后置。

产生偏误的原因主要有四个方面：一是母语负迁移的影响；二是目的语规则的泛化；三是介词"在"自身的复杂性；四是学生学习策略的主观偏离。文章提出，在对越汉语教学过程中使用病句教学、基本句式教学、语境教学、汉越对比教学等教学方法能有效地避免此类偏误的产生。

第四节　介词"对"的习得研究

有关介词"对"的习得研究大部分围绕偏误问题展开，研究内容可以分为一般研究和国别化研究两个方面。前者主要有周文华的《介词"对"不同义项的中介语使用情况考察》（2011b）和黄露阳的《介词框架"对……来说"的偏误分析》（2012）；后者主要有白荃、岑玉珍的《母语为英语的学生使用汉语介词"对"的偏误分析》（2007）和林柱的《日本留学生使用介词"对"的有关偏误分析》（2008）。

1.　介词"对"及相关结构习得研究

周文华（2011b）考察了介词"对"的不同义项在中介语中的使用情况。文章首先根据前人研究，将介词"对"表示介引对象的用法细分为三个义项（"对$_1$"介引动作指向对象，"对$_2$"介引动作对待对象，"对$_3$"介引动词涉及对象），并分别描写了这三个义项的句法功能。通过对语料库中这三个义项的输出频率和正确率变化趋势的考察，作者发现："对$_2$"和"对$_3$"的习得难度较低，在中级阶段已被习得；"对$_1$"的习得难度较高，到高级阶段还未被完全习得。通过对语料库中这三个义项偏误用例的考察，作者发现：

第一，从总体偏误数量上看，"对$_1$"的偏误数量没有随年级升高而减少，而是有起伏，"对$_2$"和"对$_3$"的偏误数量是随年级升高而减少的；

第二，从单个义项的偏误类型来看：（1）"对$_1$"的误代偏误最严重，其次是误加；（2）"对$_2$"的遗漏偏误最严重，其次也是误加；（3）"对$_3$"的遗漏偏误最严重，其次是误代。

针对这种情况，周文华（2011b）认为在教学中，对于"对"的不同义项，尤其是"对$_1$"的教学应遵循"急用先学"的原则进行分层教学。根据日常交际的需求，"对"的三个义项都应该在一年级安排教授，不过在一年级时只能先教授这些义项比较简单的用法，然后再慢慢扩展到比较复杂、抽象的用法，并逐步把它们的使用规则以及它们与相关近义介词的区别教授给学生。

黄露阳（2012）着重对介词"对"构成的框架结构"对……来说"的偏误情况进行考察，将偏误归纳为两大类六小类。具体来说，第一大类是不能使用却用了，包括四种情况：（1）误将"对我来说"等同于"我认为"或"在我看来"；（2）混淆"对……来说"与"就……而言"；（3）不恰当地使用"对……来说"连接上下文；（4）"对……来说"的介引对象不符合语义要求。第二大类是可以使用但存在句内错误，包括两种情况：（1）主语缺失；（2）错将"觉得"置于"对……来说"之后。基于此，文章提出三点教学建议：一是细分"对……来说"的介引对象；二是引导学生认识可以进入这一介词框架的名词性成分的语义特点；三是结合语境对相似结构进行对比，以引导学生认识差异。

2. 介词"对"的国别化研究

白荃、岑玉珍（2007）将母语为英语的学习者使用介词"对"时产生的偏误现象归纳为八种类型，分别为：（1）该用其他介词却用了"对"；（2）该用"对"却用了其他介词；（3）不该用"对"却误用了"对"；（4）缺少应有的介词"对"；（5）介词结构"对……"或"对"的宾语在句中的位置不当；（6）应该用"对……来说"却只用了"对"；（7）"对……有/感兴趣"和"对……有意思"相混淆；（8）综合性的偏误。作者还通过汉英对比、汉语近义词辨析、考察学生学习策略以及考察对外汉语教材及工具书等方式分析了这些偏误产生的原因，认为就整体而言，导致偏误的主要原因为英汉介词一对多的关系、母语的负迁移和目的语的负迁移。针对偏误分析结果，文章提出四点教学建议：一是教师要有意识地引导学生注意英汉对译词在意义和用法方面的差异，努力摆脱母语的干扰，并按照汉语词的意义、使用条件和规则来使用"对"和其他汉语介词；二是针对学生容易出错的地方，教师应强调"对"与相近的汉语介词在意义上的差别和不同的使用条件；三是对于"对"或其他汉语介词的教学，教师要根据其意义和用法的难度的大小以及受干扰的可能性的大小，对教学做出适当的安排，分散难点，循序渐进；四是供外国人用的汉语教材和工具书要尽量避免使用容易导致学生理解错误或导致学生产生母语负迁移的说法。

林柱（2008）通过中介语语料库对日本留学生使用介词"对"的偏误问题进行考察。文章首先分析了汉语介词"对"和日语"に対して"的意义和用法。汉语介词"对"主要表示动作的对象或者表示对待。日语中的"に対して"有三种用法：（1）表示谓语的作用对象，谓语是某种行为、态度或作用，可译为"对（于）……"；（2）表示数目的比例、对应等，前接数量词，可译为"每……"；（3）表示二者对立、相反或对照关系，可译为"与……相反……"或"与……相比较……"。由于汉语介词"对"与日语"に対して"在意义、用法上的差别，日本留学生在使用介词"对"时出现的偏误主要有三大类型：遗漏、误加和误代。文章认为这些偏误主要是由母语负迁移和目的语规则泛化所导致的，并提出了一些具体的教学对策。

第五节 其他常用介词的习得研究

除了常用介词"在""对"的习得研究外,有关汉语其他介词的习得研究成果相对较少,较为分散。这里我们将主要成果按照研究对象的类别分为两个部分:一是对有关"时间、空间"的常用介词所进行的研究;二是对有关"对象"的常用介词所进行的研究。

1. 介词"从、由、向、往、离"的习得研究

张静静的《跟介词"从"有关的偏误分析》(2008)一文集中考察了留学生使用汉语介词"从"的偏误类型及成因。文章首先对汉语介词"从"表示空间、时间起点的使用规律进行归纳,然后将留学生使用介词"从"时的偏误类型概括为七种情况:(1)"从"的缺失;(2)"从"的宾语成分不当;(3)"从"字短语位置不当;(4)"从"字短语后遗漏动词;(5)"从"与其他介词的误用;(6)"从"的误加;(7)"从"字短语后缺少呼应成分"就"。通过对每种偏误类型进行分析,作者提出:当"从"表示空间起点时,教师要除了强调"从"后一般要跟表处所或方位的名词词语外,还应该强调"从"字短语的句法位置和句法功能,即"从"字短语居于动词前作状语;留学生在使用"从"表示时间地点的意义时,容易遗漏"起""就",因而教师有必要对必须出现"起""就"的情况进行归纳。另外,作者认为"从"的偏误产生的原因有很多,其中母语负迁移是一个不可忽视的因素,特别是日语、韩语中与"从"相对应的格式不止一个,学生在使用汉语的"从"时,容易与其他介词混用。

王振来、侯盼盼的《以介词"由"为标记句式的偏误分析》(2012)一文通过中介语语料库考察留学生使用介词"由"及相关句式时的偏误情况。文章将偏误现象归纳为四种类型:(1)介词标记"由"和"由于"混淆而产生的偏误;(2)介词标记"由"与"从"混淆而产生的偏误;(3)介词标记"由"与"在"混淆而产生的偏误;(4)"由"与其他介词标记混淆而产生的偏误。其中第四种类型具体包括两种情况:一是"由"与"被/让"混淆出现的偏误;二是"由"

与"因/因为"混淆出现的偏误。在上述四种偏误类型中，前三种最为常见，是介词"由"的主要偏误类型。文章结合语料，重点从汉语近似介词的用法差别入手，对每种偏误类型的产生原因进行了分析，并提出了一些教学建议。

林齐倩、金明淑的《韩国留学生介词"向、往"使用情况的考察》（2007）一文认为汉语中表示动作趋向的介词"向、往"，韩国学生的偏误率较高。通过对口头调查和书面调查结果的分析，文章将韩国学生使用"向、往"的偏误类型归纳为五种：（1）回避使用"向"和"往"；（2）"向"和"往"混淆；（3）"向"和"往"的位置问题；（4）"向"和"往"与其他介词相混淆；（5）与"向"和"往"搭配的动词的问题。针对偏误情况，文章从本体出发，对"向、往"在语法功能、句法分布和历时语义来源上的异同进行了分析；并从汉韩语言对比角度对"向、往"这两个介词的用法进行了比较。基于此，文章提出对韩国留学生进行介词"向、往"的教学的一些建议：一是目前教材对"向"和"往"这两个介词不够重视，导致高回避率和高偏误率，建议将这两个词的用法分阶段地编入教材，循序渐进地进行教学；二是韩语的负迁移是导致韩国学生出现偏误的一大原因，建议教师进行对比讲解，重视词语的搭配问题。

周刚在《汉语"离"和日语"から""まで"的认知模式和语用特征之对比》（2005）一文中试图从认知模式和语用特征两个方面对汉语介词"离"和日语助词"から""まで"加以对比，揭示两者之间的对应关系，以帮助母语为日语的学习者更好地掌握汉语介词"离"的用法。分析认为中国人对时空相隔的认知是一致的，即起始点→终到点，映射到语言中，其相应的句式特征都是："起始点+离+终到点……"。而日本人对空间和时间相隔的认知不同，空间相隔的认知是终到点→起始点，其相应的句式特征是："终到点+は+起始点+から……"；时间相隔的认知是起始点→终到点，其相应的句式特征是"起始点+は+终到点+まで……"。认知模式和语用特征的不同，导致汉语介词"离"跟日语"から""まで"这两个语义对立的助词之间都有对应关系，其中"离"跟"まで"具有直接对应关系，"离"跟"から"具有间接对应关系。因此，对母语为日语的汉语学习者来说，前者理解难度较低，后者理解难度较高。针对这一点，文章建议教师在教学中对中日两种不同的时空认知模式及由此带来的不同语用特征进行详细说明。

2. 介词"给、跟、比"的习得研究

2.1 介词"给"的习得研究

有关介词"给"的习得研究，主要有华相的《韩国留学生习得介词"给"的偏误分析及教学对策》（2009）和周文华的《韩国学生"给"及相关句式习得研究》（2009），两者都以母语为韩语的汉语学习者为研究对象，前者侧重介词"给"的偏误分析，后者侧重由"给"构成的若干句式的偏误分析。此外，王琳的《使役"给"的偏误及其教学》（2013）着重考察不同母语的汉语学习者习得表使役"给"时的偏误问题。

华相（2009）对学习汉语的韩国学生使用表示引进动作对象或动作发出者的介词"给"的偏误情况进行考察。通过对中介语语料库进行检索，文章将韩国留学生习得介词"给"时的偏误现象归纳为四个类型：（1）"给"和其他介词的误用；（2）误加介词"给"；（3）介词"给"及"给"字短语的错序；（4）漏用介词"给"。文章还从汉韩语言对比的角度和汉语本体的角度分别探讨了各种偏误类型产生的原因，据此提出四个方面的教学对策：（1）教师需对偏误类型及其成因有清楚的认识，在教学中提醒学生避免出现系统性偏误；（2）确定重难点，针对易混淆的介词，教师应反复对比讲解，特别强调语义差别及用法特点；（3）加强汉韩语法对比，适当进行汉韩对译训练；（4）编写有针对性的对韩汉语教材。

同样借助中介语语料库对韩国留学生习得汉语介词"给"的情况进行考察的还有周文华（2009），相较于华相（2009）的研究，周文将与介词"给"相关的句式习得情况也纳入考察范围。在前人研究基础上，通过汉韩语言对比分析，周文华（2009）发现汉语中的"给"及相关句式的使用与韩语间存在复杂的对应关系。具体来说，汉语"给"在韩语中有三种对应形式，分别是动词、助动词和与格助词。汉语中与"给"相关的句式有四种典型类型，分别为：

句式一：（N_1）+ 给 +N_2+N_3

句式二：（N_1）+V 给 +N_2+N_3

句式三：N_1+V+N_3+ 给 +N_2

句式四：N_1+ 给 +N_2+V+N_3

这四种典型句式之间存在部分变换关系，而它们在韩语中只表现为三种。这两方面造成了韩国学生习得"给"及相关句式的困难。从韩国学生使用相关句式的正确率分布来看，文章认为习得顺序应该是句式一＞句式四＞句式三＞句式二。从偏误情况来看，韩国学生的"给"及相关句式的偏误可以分为三类：第一类是"给"字冗余；第二类是"给"与相关词语的误代；第三类是"给"字相关句式中的偏误。这三类偏误的产生主要是受母语使用规则负迁移和目的语使用规则泛化的双重影响。根据对习得顺序和偏误类型的综合分析，文章提出"给"字相关句式的教学顺序：首先教授句式一，注意学生对"给予"义的泛化；其次教授句式三，指明其"给予"义的表达，对进入句式的动词做适当介绍；然后教授句式四，注意其与句式三的互换；最后进行句式二的教学，着重讲解进入句式的动词。

王琳（2013）通过对中介语语料库进行考察发现，欧美学习者习得表使役"给"的效果较好，而东南亚国家如泰国、越南、柬埔寨等国的汉语学习者习得表使役的"给"的效果不甚理想。留学生使役"给"的偏误类型主要两个：（1）误用使役动词"使""让"；（2）使役"给"的泛化。针对这两种偏误类型，文章从三个方面分析偏误产生的原因：一是从汉语本体方面分析使役"给"与"叫、让"的非实质区分以及使役"给"在使役范畴中的地位；二是从留学生的角度分析母语负迁移和目的语规则泛化的影响；三是教学大纲及教材的缺失。最后作者给出四点教学建议：（1）完善现代汉语使役范畴的下位分类，教学时循序渐进，从简到繁，从易到难层层深入；（2）加强使役语义的教学，强化下位意义的教学；（3）教师应预见学习者的偏误，帮助学习者减少母语的负迁移；（4）加强语际对比，适时推进本土化教材的编写。

2.2　介词"跟"的偏误研究

对介词"跟"的研究主要有吴继峰的《英语母语者使用汉语介词"跟"的相关偏误分析》（2013b）和高霞、佘松涛的《英、日学习者习得介词"跟"的偏误分析》（2015），都以归纳偏误类型和分析成因为主要研究内容。

吴继峰（2013b）通过对中介语语料库进行考察，归纳出英语母语者使用汉语介词"跟"时出现的五种偏误类型：一是不该用"跟"而用，具体包括将

"meet with"翻译成"跟……碰见",将"agree with"翻译成"跟……同意"以及用"跟……"表示某人或某事物带有某种特征三种情况;二是该用"跟"而不用,具体包括直接用离合词带宾语和在表示与某人或某事物有无关系时缺少"跟"两种情况;三是语序不当,具体包括介宾短语"跟……"作状语时位置不当和否定词"不"位置不当两种情况;四是"跟"与其他介词相混淆,具体包括与介词"用""对""比"的混淆;五是与框式介词有关的偏误,具体包括介词框架缺后置成分或多后置成分两种情况。通过汉英介词对比、汉语内部介词对比等方式,文章分析了各种偏误类型的成因,发现其中最主要的是母语负迁移,并据此提出四点教学建议:(1)说明介词结构"with……"和"跟……"在句法、语义上的不同之处;(2)加强易混淆介词的对比分析;(3)加强离合词的教学;(4)教师要打好英汉对比研究的基本功。

高霞、佘松涛(2015)同样以留学生习作作为语料考察英语国家学习者习得汉语介词"跟"的偏误问题,将偏误类型归纳为六种:(1)该用其他词语而用"跟";(2)位置错误;(3)遗漏"跟";(4)误加"跟";(5)"跟"误用作动词;(6)错用其他介词。作者通过汉英对比,分析了偏误产生的原因。同时,文章将日语背景学习者"跟"的偏误情况与英语背景学习者的偏误情况进行对比,结果表明虽然这两部分学习者在学习汉语介词"跟"时的使用率相差不大,但这两部分学习者在习得过程中具有不同的特点,母语为英语的学习者对介词"跟"的掌握程度明显不如母语为日语的学习者。最后,文章指出在教学中教师需要指明"跟"的具体语义、句法特征,并且应把"跟"和一些语义与"跟"有交叉的介词进行对比。

2.3 介词"比"习得研究

对介词"比"的习得研究主要通过考察留学生"比"字句的使用情况来展开,主要研究成果有王茂林的《留学生"比"字句习得的考察》(2005)和陈珺的《"보다"后置和"B 보다"位置灵活共同引起的隐性偏误发展过程分析》(2008)。

王茂林(2005)基于留学生汉语中介语语料库,将留学生在使用"比"字句时的偏误归纳为误加、搭配偏误、误用、语序偏误、"不比"句偏误和其他偏误六种类型，其中前四种为主要类型。同时，通过考察不同"比"字句式的使用率和偏误率，文章将"比"字相关句式按由易到难的顺序排列为：

（1）A 比 B+ 形容词

（2）A 比 B+ 形容词+精确数量补语、A 比 B+ 形容词+模糊数量补语（一些、一点儿、得多、多了、很多）

（3）A 比 B+ 更（还、再）+ 形容词

（4）A 比 B+ 动词 + 程度补语、A 比 B+ 动宾 + 动 + 程度补语

（5）"不比"句

（6）A 比 B+ 心理动词 / "有、没有"+ 宾语

（7）A 比 B+ 多、少、早、晚、好、容易、难 + 动词 +（数量补语）

（8）"一 + 量词 + 比 + 一 + 量词"句式

（9）A 比 B+ 提高类动词 + 数量宾语

（10）A 比 B+ 能愿动词 + 宾语

（11）"比不上 + 形容词"句式、"没有比……更……的"句式

最后，根据偏误分析和习得难度顺序，文章提出一些教学建议，特别强调加强言语实践是提高留学生汉语表达能力和增强留学生汉语语感的重要途径。

陈珺（2008）通过对不同学习阶段韩国学生口语和书面语语料中"比"字句"A+比+B+W"的偏误用例进行统计，发现"比"后置和整个介词短语"比+B"前置或后置在初级和中级韩国学生口语中偏误率较高。这两类偏误在口语中的出现率很高，书面语中却几乎没有。在初级二和中级低比率很高，而到中级高和高级就不存在了。为了揭示这一现象的原因，经进一步统计分析，作者发现，实际上"比"后置和"比+B"前置常常共同出现，引起一种表面形式正确而实际意思与汉语相反的隐性偏误。通过对比韩语"보다"和汉语"比"的语法位置，文章指出这一隐性偏误是由母语的两个语法规则——介词后置和介词短语前置——共同导致的。此外，这一偏误在很大程度上是因为学习者心理上的误解。针对这种情况，通过进一步统计这类偏误在不同学习阶段的情况，文章提出在面向韩国学生的汉语教学中，纠正这类偏误的正确途径是两个同时修正，而非先改正一个再改正另一个。

第六节 本章小结

1. 主要成果

（1）借助语料库等实证方法获得较为可靠的研究成果

近20年来，有关介词的习得研究绝大多数是以各种中介语语料库作为主要依据展开的，尤其是对偏误问题的研究。此外，还有大量研究者借助问卷调查、语言测试等实证方法展开研究。一般研究流程为：先根据语言对比分析预测习得难点，然后对中介语语料库进行考察，或者通过问卷、测试等对被试进行考察，最后通过数据统计，分析习得状况，并据此归纳偏误或习得顺序等。借助语料库等实证研究方法可以在一定程度上避免经验式研究的局部性和主观性，使研究结论更为可靠。

（2）借助本体研究中的相关理论成果解释相关习得问题

在介词习得研究中，一些学者将本体研究中的相关理论成果引入对偏误、习得顺序等问题的解释中，取得了一些较有说服力的成果。如崔希亮的《欧美学生汉语介词习得的特点及偏误分析》（2005）和周刚的《汉语"离"和日语"から""まで"的认知模式和语用特征之对比》（2005）都借鉴了认知语言学中的"认知图式"理论对偏误的形成原因进行了解释；周文华的《母语语序类型对目的语习得的影响——以汉语介词语序偏误为例》（2014）和高顺全的《语序类型学视角下的汉语框式介词习得偏误研究——以"在……上"为例》（2017）都以语序类型学为视角对介词的语序偏误进行了解释；此外还有高顺全的专著《基于语法化理论的汉语兼类虚词习得顺序研究》（2015）从语法化角度解释了一些兼类介词的习得顺序问题。

2. 研究的不足

（1）分类研究有待深入

关于介词的习得，目前在分类研究方面开展得还不够充分。从搜集到的文献来看，只有零星研究涉及时间类介词和缘由、目的类介词的习得问题，其他如空间类介词、对象类介词等还缺乏相应的类别化研究。此外，针对不同介词的习得研究开展得也很不均衡。个别介词（如"在"）的习得研究相对集中，有数篇论文从不同角度进行讨论；而多数介词是一两篇文献讨论一个问题，习得研究还很不充分。

（2）偏误分析有待深入

目前对介词及介词结构的习得研究有大量成果是针对偏误问题的，涉及偏误类型的归纳、偏误成因的分析及各种国别化的研究，但是部分研究分析较为笼统，尤其是对偏误成因的分析不够到位，大同小异，针对性和解释力不足，存在较大的研究空间。

（3）实证研究方法有待创新

习得研究有赖于实证研究的设计与开展，目前介词习得研究所使用的实证研究方法主要有两类，一是借助语料库，二是借助问卷调查或语言测试，在实验设计环节上还停留在对语料库或测试结果做简单的数据统计与语言学的简单分析上，缺乏更多更为有效、科学的研究手段和方法。

3.　研究展望

（1）研究内容的深化

有关介词的习得研究今后仍需在以下几个方面加大研究力度，深化研究内容：（1）扩大同义介词或者易混淆介词的辨析和偏误分析的范围，如"对、对于""自、从、自从""为、为了"等等；（2）重视汉语介词和其他语言介词或相对词类的比较研究，重视不同国别学生习得和偏误的研究；（3）深入研究汉语中对句子构成有重要作用的介词，如"和、跟、同、与""对"等，特别是"把""被""比"等介词与相关句式的结合研究；（4）加强对有固定搭配和用法的介词的习得研究，如"在""对"等能够组成"框式结构"的介词。

（2）介词习得研究要与语序类型学、认知语言学进一步结合

从当前研究来看，语序类型学的一个重要领域是揭示各种语言的基本语序与介词或介词结构的位置之间的相关性，并以此为参数讨论语言间的共性关系，该领

域的研究已取得大量有解释力的结论，可以为介词的习得研究提供系统化的理论解释。在语序类型学的视角下，一种语言类型可以覆盖多种不同的语言，针对母语为某种语言类型的学习者而展开的习得研究，其结论可以应用于更多母语为同类型语言的汉语学习者，从而扩大研究的适用范围，提升研究的价值，避免过去在国别化研究中单纯依靠语言对比分析而进行的一种母语一个分析的分散状态。当前在有关汉语本体的认知研究中，介词特别是空间、时间类介词的认知研究已经取得不少具有一定解释力的成果，这些成果可以为介词习得研究的相关问题提供有效的分析和解释思路，尤其是针对介词偏误问题的研究，可以从语言认知角度挖掘学习者深层的认知模式，深化学界对一些偏误问题的认识，增强解释的力度。

第八章　助词习得研究

近20年来，汉语助词的习得研究主要围绕动态助词"了""着"展开，其中尤以"了"的习得研究最为充分，成果涉及偏误研究、习得过程研究、从体标记角度研究等多个领域。其他助词类的研究相对较少，只涉及对结构助词"的"和助词"们"的相关探讨。

第一节　助词"了"的习得研究

助词"了"是汉语作为第二语言习得过程中的难点。近20年来，围绕"了"的习得研究成果颇多。从研究内容来看，在偏误研究方面主要是针对不同母语学习者的国别化研究；在习得研究方面，除了对习得过程、习得难度、习得顺序等问题的非国别化或国别化研究外，还有一些从二语习得出发，面向二语教学的本体研究。

1. "了"习得的一般情况研究

助词"了"的习得研究主要围绕习得过程中的习得难度、习得顺序等问题展开，主要成果有高顺全的《从语法化的角度看语言点的安排——以"了"为例》（2006）、丁崇明的《外国学生"了"习得考察及相关问题研究》（2012）、孙雁雁的《对初级阶段留学生汉语"了"教学的新认识》（2019）等。

高顺全（2006）以助词"了"为例讨论对外汉语教学中语法项目的排序与语法化顺序之间的关系。文章认为，语法化顺序、二语习得顺序都和认知过程有关，语言点的安排应该在语言点的使用频率和语言点难度的基础上充分考虑语法化顺序的因素。基于此，文章首先概括出"了"的相关语义虚化链。"了₁"和"了₂"的语义虚化链分别是：

了₁：动词→结果补语→完成体标记

了₂：动词→完成体标记→语气词→类构词成分（话语标记）

两者综合得到"了"的语法化顺序可能是：

了：动词→结果补语→完成体标记→语气词→类构词成分（话语标记）

然后，文章综合考察"了"的各种用法的使用频率和语法化顺序。具体来说，如果虚化前后的语言成分或者虚化链中相邻语言成分的使用频率差别很大，则按照使用频率由高到低排序；如果使用频率差别不太明显，则按照语法化顺序安排语言点项目。最终，文章得出关于"了"的各种用法比较合理的教学顺序：可能式结果补语（V得/不了）＞动词后完成体＞句末完成体（兼表语气意义）＞纯语气意义＞减类动词后结果补语＞持续体。

最后，文章给出相应的教学建议：语法化程度比较高、已经成为语法标记的，可以优先考虑使用频率，不需要或者至少在初级阶段的教学中不需要考虑语法化顺序，但最好能在中高级阶段的教学中告诉学生同一虚词不同意义和用法之间的语义关系；语法化程度比较低、尚未成为语法标记的，应该优先考虑语法化顺序，按照语法化顺序安排教学顺序。

丁崇明（2012）通过测试的方式考察助词"了"各种用法的习得难度等级和顺序。文章设计了 117 个填"了"的句子的测试卷让二年级、四年级外国学生和中国研究生进行测试。测试句子中的"了"的用法可以归纳为八个大类，分别是：（1）第一大类"动+了₁+宾"；（2）第二大类"动+宾+了₂"，肯定事态出现了变化，宾语可以是名词、动词、小句；（3）第三大类"动+了₁+宾+了₂"，既表示动作已经完成，又表示事态有了变化；（4）第四大类"动+了（不带宾语）"，"了"一般是"了₂"或"了₁₊₂"，有时也可能是"了₁"；（5）第五大类"形+了"，形容词后面的"了"，可以表示一种变化已经完成，出现新的情况，应该算是"了₁₊₂"，但如果只着眼于当前的情况，也可以说只是"了₂"；（6）第六大类，动词、形容词谓语句内有数量词（多为时量和动量）；（7）第七大类，名词、数量词加"了₂"，表示已经或将要出现某种新情况；（8）第八大类，与

"了"有关的否定式和疑问式。

通过统计测试，文章得到的八大类"了"难度顺序由高到低为：第三大类＞第五大类＞第八大类＞第七大类＞第四大类＞第二大类＞第六大类＞第一大类。

同时，文章还将八大类用法进一步细化为46个小类，并通过测试将46个小类用法划分为34个难度等级。此外，研究结果还表明，测试中有些句子"了"可以有多种填法，汉语母语者与外国学生在这些句子的填法上有一些差异，这些差异反映了汉语水平的差异。

孙雁雁（2019）结合已有研究成果，考察初级阶段留学生口语输出的语料，反观学生所用教材的呈现情况，探讨了初级阶段留学生在学习"了"时需要掌握的重要内容及推进过程。文章首先结合前人研究，将初级阶段留学生输出的有关"了"的口语语料归纳为五种结构形式：（1）V+了（+N/NP）；（2）V+了+V/VP；（3）VP+了；（4）AP+了；（5）V+了+NP+了。从出现频率的统计结果来看，"V+了+N/NP"出现得最多，其次是"VP+了"，两个动词连用以及两个"了"同时出现的情况都很少。从偏误类型及偏误率的统计结果来看，漏用、多用、错用三种类型中，"了"的漏用率最高，错用率最低；偏误率较高的三种结构形式为"V+了+一般NP""V+了+数量NP"和"V+N/NP+了"。在此基础上，通过对初级会话教材和精读教材中"了"的呈现进行统计，作者发现相对于会话教材，精读教材呈现的内容对学生输出影响更大。据此，文章提出初级阶段留学生"了"的教学可以从输出率、偏误率均最高的"V+了+NP"结构入手，分五步完成，具体来说：第一步，由"V+了+数量NP"进入，引出"V+了+一般NP"，落脚"V+了+N"；第二步，推出"没+V+NP"结构；第三步，增加"AP+了"及其两种否定结构；第四步，增加"VP+了""NP+了"，拓展"已经/快/太/又/终于+AP/VP/NP+了"结构；第五步，增加"V_1+地点N+V_2+了+（数量）N_2"。同时，文章认为在教学中应重视精读教材所呈现的内容，夯实教材中涉及的结构形式，给出的例句均应具有明确的语境，所给语境应考虑学生的共同知识背景，需强调的重点应在典型例句中详尽体现。

2. "了"习得的国别化研究

2.1 韩国、日本学生习得助词"了"的偏误研究

汉语助词"了"的用法是韩国学生学习汉语的一个难点。韩在均的《韩国学生学习汉语"了"的常见偏误分析》(2003)、崔立斌的《韩国学生对"了"的误用及其原因》(2005)和王艺文的《韩国留学生习得"了(le)"的偏误调查分析》(2015)等都对韩国学生习得"了"的偏误问题进行了分析。另外,周小兵、欧阳丹的《日本学习者句末助词"了₂"的习得情况考察》(2014)对日本学生使用"了₂"的偏误情况进行了考察。

韩在均(2003)在韩汉翻译教学的基础上,以韩国学生的病句为例归纳出七种偏误类型:(1)不该用而用了"了₁";(2)该用其他形式而用了"了₁",包括该用"是……的"结构而用了"了₁"和该用补语而用了"了₁"两种情况;(3)不该用而用了"了₂";(4)该用"了₁"而未用;(5)该用"了₂"而未用;(6)"了₁"在句中的位置不当;(7)误把"了₂"用作"了₁"。通过对比汉语"了"与韩语"았"的不同特点,作者认为引起常见偏误的主要原因是母语规则的干扰,并提出了指导学生纠正偏误的方法,即以学生为主,让学生相互改错,引导他们发现自己的错误。

崔立斌(2005)以韩国学生的习作作为语料考察"了"的偏误情况,并重点分析了两种主要偏误类型,分别是不该用"了₂"时用了"了₂"和该用"了₁"时却不用"了₁"。通过汉韩对比分析,作者发现这两种偏误产生的原因主要是韩语没有相当于汉语虚词"了"的成分,所以韩国学生一方面容易把汉语的"了₁"跟韩语的过去时挂钩;另一方面又常常在动词后面漏掉该用的"了₁",因为韩语动词总在句末,学生挂钩时容易把"了₁"用在"了₂"的位置,这样既误用了"了₂",又漏了"了₁",也就是说母语规则的干扰是偏误产生的主要原因。作者还就此提出了一些具体的教学建议。

王艺文(2015)借助教学跟踪采集语料和语料库对韩国学生学习使用助词"了"的偏误情况进行考察,将偏误类型归纳为使用过度、使用不足和混用三种,并分别考察了三种偏误类型出现的比率。在此基础上,作者分析了偏误产生的主

要原因：一是汉语"了"本身的复杂性和特殊性；二是语际迁移，母语影响；三是语内迁移，规则泛化。

周小兵、欧阳丹（2014）借助中介语语料库和纸笔测试等方法，对日本学习者"了$_2$"的习得情况进行考察。通过数据统计，作者发现：日本学习者句末助词"了$_2$"的习得偏误比动词后"了$_1$"的偏误要多；"了$_2$"的主要偏误类型是遗漏和误加。针对遗漏偏误，文章通过借鉴"知、言、行"三域的框架分析认为，"了$_2$"的遗漏主要是认知难度影响产生的；针对误加偏误，通过对汉语和日语的对比分析，作者认为，"了$_2$"的误加主要源于日语迁移。通过测试和对不同学习阶段"了"的正确率统计分析，文章认为日本学习者习得"了$_2$"的特点是：（1）初学时把"了$_2$"看作日语的"た"，之后逐渐以日常意义上的"变化"来理解"了$_2$"；（2）学习者先习得的是一部分"了$_2$"的用法，而"了$_2$"的整体习得要比"了$_1$"晚。

2.2 越南、泰国学生习得助词"了"的偏误研究

针对东南亚学生习得助词"了"的偏误分析，成果主要集中于对越南学生的研究，有肖任飞的《越南留学生"了"字句习得的偏误》（2010）、陈晨的《越南留学生汉语"了"习得特点及语际迁移现象研究》（2011）、彭臻的《越南留学生汉语助词"了"的偏误分析》（2013）以及刘汉武、丁崇明的《汉语"了"在越南语中的对应形式及母语环境下越南初级汉语学习者"了"的习得》（2015）等。此外，还有刘敏、陈晨的《泰国留学生汉语"了"的习得考察——基于 HSK 动态语料库的研究》（2012）探讨了泰国学生的情况。

肖任飞（2010）借助中介语语料库对越南留学生"了"字句的习得情况进行考察，发现主要偏误类型为遗漏偏误和误加偏误两类。从各个阶段的偏误情况来看：（1）误加偏误的改善比遗漏偏误的改善要容易，各个阶段都存在遗漏偏误，"了$_1$"和"了$_2$"都是如此。误加偏误随着汉语水平的提高不断减少，高级阶段甚至只出现遗漏偏误。（2）对于"了$_1$"的习得开始主要是误加偏误，慢慢过渡到遗漏偏误。（3）对于"了$_2$"的习得则一直都是遗漏偏误占优势。由此，作者推测越南学生对"了"字句的习得情况为：（1）初级阶段学生对"了$_2$"的掌握比"了$_1$"要好；（2）中级阶段是最模糊的阶段；（3）中级阶段以后，偏误主要出现在"了$_1$"

上。通过汉语与越南语的对比分析，文章认为母语迁移是造成偏误的非常重要的因素之一。针对这一现象，文章提出两点教学建议：一是在教学中要充分利用越南语母语的正迁移因素，从"了₂"的教学入手，分化越南语的"rồi"，过渡到"了₁"的教学，由繁到简，这与一般对外汉语教材从"了₁"到"了₂"的教学次序是相反的；二是在"了₁"和"了₂"的教学过程中，重点注意学生的遗漏偏误。

陈晨（2011）以越南留学生汉语习得中出现的"了"字句用例为研究对象考察其习得特点。文章首先归纳出四大类十八小类偏误：

（1）遗漏偏误：

E1："V+了₁+O"中遗漏"了"

E2："V+了₁+O+分句"中遗漏"了"

E3：连动句中遗漏"了"

E4："V+了₁+时量短语/动量短语/数量短语"中遗漏"了"

E5：存现句中遗漏"了"

E6：把字句中遗漏"了"

E7："不+V+了"句中遗漏"了"

E8："没有+了"句中遗漏"了"

E9："已经"句中遗漏"了"

（2）误加偏误：

E10："V+了₁+O"中误加"了"

E11："V+了₁+O+分句"中误加"了"

E12："V+了₁+数量短语"中误加"了"

（3）误选偏误：

E13："V+了₁+O"中误选偏误

E14："V+了₁+O+分句"中误选偏误

E15："V+了₁+数量短语"中误选偏误

（4）错序偏误：

E16："V+了₁+O+分句"中"了"错序

E17：连动句中"了"错序

E18："V+了₁+O"句中"了"错序

然后陈晨（2011）分别对各个习得阶段的偏误分布特点进行统计分析，发现初级阶段偏误率较高，主要偏误类型为遗漏和错序；中级阶段偏误率有所下降，主要偏误类型仍为遗漏和错序；高级阶段偏误率最低，很多偏误类型已不再出现。最后作者从语际迁移的角度探讨了偏误产生的三个原因：（1）硬性母语负迁移造成错序偏误和误选偏误；（2）"đã""rồi"引发遗漏偏误；（3）自然度引发误加偏误。

彭臻（2013）从越南学生作文语料中选取了545个"了"的偏误用例，对这些偏误用例进行了分类归纳，得到七种偏误类型：（1）"了"的遗漏；（2）"了"的误加；（3）"了"的误代；（4）"了"的错序；（5）"已经"的误加；（6）跟"了"相关的动词错误；（7）跟"了"相关的副词错误。通过对各种偏误类型的统计，作者发现越南学生最主要的偏误类型是遗漏偏误，主要出现在以下五种情况：（1）当动词前有"已经"等表示过去时间的词语作状语时，遗漏"了"；（2）当宾语前有数量词作定语或数量词直接作宾语时，遗漏"了"；（3）当动词带结果补语时，遗漏"了"；（4）当有表示连续动作的后续小句时，遗漏"了"；（5）当动词带时量补语时，遗漏"了"。文章分析了偏误产生的三个原因：一是母语负迁移，最主要的偏误类型——遗漏——就是母语强势干扰作用的结果；二是学生不恰当的学习策略，包括错误分析、忽视同现限制和过度概括等因素；三是词典、教材的诱发。其中母语负迁移是最主要的偏误产生原因。

彭臻、周小兵（2015）考察了越南语母语者习得汉语完成体标记"了₁"的过程、特点和规律，以检验情状体优先假设是否具有普遍性。情状体优先假设（the primacy of lexical aspect hypothesis）是根据时体习得研究提出的，假设之一是学习者先将过去完成体（past perfective）标记用于达成动词和完结动词，而后将其扩展到活动动词和状态动词。通过对越南学生"了₁"的总体习得情况和"了₁"在各动词情状类型中的习得情况进行考察分析，作者发现越南学习者"了₁"的习得不完全支持情状体优先假设。具体来说，在达成动词情状中"了₁"使用率较高，习得较好，但在完结动词情状中"了₁"使用率不高，习得较差，和活动动词、状态动词差别不大；"了₁"的习得最突出的问题是使用不足，特别是在有终结点的句子情状中使用不足。文章认为造成这一习得现象的原因主要有两点：一是汉语时体系统自身的特点；二是学习者的母语负迁移。针对这种情况，文章提出两点教学建议：（1）越南学习者对达成动词与"了₁"的结合体现出明显的倾向性，且习得得最好，这反映出达成动词的语义对学习者来说认知难度较低。因此教师可以将这类动词的语义特性引入教学，在教学中指出瞬间结果义动词可以较自由地与"了₁"共现，从而更好地促进这一情状类型中"了₁"的习得。（2）越南学习者习得"了₁"最突出的问题是使用不足，特别是在有终结点的句子情状中使用不足。因此，在对越汉语教学中教师应强调"了₁"在哪些情况下必须使用，特别是容易出现遗漏的几类句式结构：当动词后带有数量宾语、时量补语、动量补语或动词重叠时，表示动作已经发生或完成，一般需要用"了₁"。

刘汉武、丁崇明（2015）通过对语料的考察，重点将越南语与汉语进行对比分析，发现越南语中没有与汉语"了₁、了₂"完全对应的形式，"了₁"在越南语中有四种对应形式；"了₂"在越南语中有五种对应形式。具体来说：（1）越南语用零形式来对应汉语的"了₁、了₂"；（2）越南语在动词前加"đã"（已经）来对应汉语的"了₁、了₂"；（3）越南语在动词后加结果补语来对应汉语的"了₁、了₂"；（4）越南语在句末加"rồi"来对应汉语的"了₁、了₂"；（5）越南语在句末加"nữa"来对应汉语的"了₂"。通过对越南初级汉语学习者"了₁、了₂"的偏误用例进行归纳，文章得到四种偏误类型：（1）"了₁、了₂"的冗余；（2）"了₁、了₂"的遗漏；（3）"了₁"和"了₂"的混淆；（4）"了₁"和结果补语的混淆。其中，主要的偏误类型是"了₁、了₂"冗余的偏误，母语负迁移是偏误的主要原因。基于此，文章提出四点教学建议：一是对越汉语教学应先教"了₂"，后教"了₁"；二是教"了₂"时应结合"了₂"的一些常用格式；三是教"了₁"时教师应告诉学生哪些动词后边不能带"了₁"，什么情况下"了₁"可以隐现；四是助词"了"的练习形式最好有陈述性话语段落，因为"了"的使用及隐现大部分情况下受语境的制约。

刘敏、陈晨（2012）以北京语言大学"HSK 动态作文语料库"为基础考察了泰国留学生习得"了"时产生的偏误比率及分布情况，将偏误类型归纳为三大类，即"了"的多余、"了"的残缺和"了"的错用。其中，"了"的多余有八种情况：（1）"有"字句中"了₁"的多余；（2）能愿动词+V；（3）心理动词+V；（4）表习惯性或重复性动作的副词不能和"了"连用；（5）表假设意义的句中"了"的多余；（6）带有否定意义的形容词后"了₁"的多余；（7）兼语句中"了₁"的多余；（8）V+了₁+时量补语/数量补语/动量补语。"了"的残缺有七种情况：（1）V+（了）+（O）中"了"的残缺；（2）V+（了）+趋向补语/结果补语中"了"的残缺；（3）V+（了+）时量补语/动量补语/数量补语（+了）中"了"的残缺；（4）表示连续动作的后续小句中"了₁"的残缺；（5）被动句（+了₂）中"了₂"的残缺；（6）V+O（+了₂）中"了₂"的残缺；（7）"有"字句中"了"的残缺。作者还对比了泰国留学生与母语为非泰语的留学生习得"了"时所产生的偏误特点，以此来揭示不同母语背景的留学生习得"了"的过程的共性和个性现象。最后文章从语际迁移、语言的普遍性因素和语言的自然度因素三个方面分析了泰国留学生产生偏误的原因。

2.3 俄罗斯学生习得助词"了"的偏误研究

针对母语为印欧语系语言的汉语学习者习得助词"了"的偏误研究，成果主要有王媚、张艳荣的《俄罗斯留学生"了"字句使用偏误分析》（2007）和王红厂的《俄罗斯留学生使用"了"的偏误分析》（2011），都是对俄罗斯学生偏误情况的考察。

王媚、张艳荣（2007）将俄罗斯留学生"了"字句的偏误用例作为考察对象，将偏误类型归纳为七类：（1）可以用也可以不用"了"，而用"了"；（2）不该用"了"，而用"了"；（3）"了₁"缺少补语；（4）"了"的位置错误；（5）"了₁"与"了₂"混淆；（6）"了"与一些结构相混淆，包括"了"与"是……的"结构的混淆、与"过""得"的混淆两种情况；（7）该用而未用"了"。通过将偏误用例与俄语译文进行对照分析，作者发现俄罗斯留学生"了"字句使用中的偏误问题主要集中在"了"字的过度泛化上。文章认为汉语与俄语分属不同的语系，两种语言在时体特征方面存在很大差异，这使得俄罗斯留学生在使用汉语体标记"了"时，将其泛化成过去时形式的标志，因此，当想要表达过去时意义时常使用"了"字，导致大量偏误问题的出现。

王红厂（2011）以北京语言大学"HSK 动态作文语料库"为基础，考察俄罗斯留学生使用"了"时产生的偏误问题。文章将偏误类型归纳为六类：（1）"了"的多余；（2）"了"的残缺；（3）"了"与"的"的误代；（4）句法成分的误代；（5）位置错误；（6）其他偏误。文章还逐类分析了偏误产生的原因。在此基础上，通过考察各种偏误类型在不同学习阶段的出现比率及其分布情况，作者发现俄罗斯汉语学习者在习得"了"时，最容易发生的偏误类型是"了"的残缺、"了"的多余和"了"与"的"的误代三种；高级阶段俄罗斯汉语学习者使用"了"时的偏误类型多而且集中，偏误率仍较高，出现"石化"现象。针对这种情况，文章提出四点教学建议：一是教师要强调"了"和俄语动词完成体的差别与联系；二是教师要加强对诸如连谓句、兼语句等特殊句式中"了"的用法以及完句功能的讲解；三是教师要加强"是……的"格式与"了"的对比教学，让学生清楚二者的区别和联系；四是结合语篇教学强调"了₂"的结束陈述的功能。

3. 基于二语习得的本体研究

还有部分学者基于二语习得过程中的问题，展开直接服务于二语教学的有关"了"的本体研究，主要有彭臻的《汉语二语习得易混用词辨析——以"了₂"和"已经"为例》（2017）和丁崇明、荣晶的《"了"的一些制约因素、使用倾向与规则——服务于教学语法的一个个案研究》（2018）。

彭臻（2017）针对二语习得中学习者使用助词"了"的偏误情况，对"了₂"和"已经"这两个容易发生混淆的词进行本体方面的描写辨析。文章主要从语义、句法、语用三个方面展开讨论。第一，在语义方面，文章认为两者与参照时间点的关系不同，动作的影响和效应是否具有延续性和有效性也存在差异。具体来说：（1）"已经"强调在参照时间点之前，动作、情况发生、实现，而"了"表示在参照时间点之时，动作、情况发生、实现；（2）"已经"强调句子所说的事情、情况在某个时间之前就成为事实，其影响与效应具有延续性和有效性，而"了₂"表示在参照时间点之时，动作、情况发生、实现，其影响和效应不具有延续性。第二，在句法方面，文章认为二者与光杆动词、形容词、不同情状类型动词共现等都存在不同的选择限制。具体来说：（1）"已经"与光杆动词、形容词共现时，要求必须是双音节动词或形容词，而"了"与光杆动词、形容词共现，单、双音节都可以；（2）"已经"与动作动词共现受到限制，一般不能与动作动词自由共现，而"了$_2$"与动作动词结合较自由。第三，在语用方面，文章认为二者在是否具有"否定"的语用功能以及在宣告句、祈使句中的使用等方面存在着差异。具体来说：（1）"已经"具有"否定"的语用功能，而"了$_2$"没有；（2）"了$_2$"可以用于宣告句、祈使句，而"已经"没有这一用法。

丁崇明、荣晶（2018）从对外汉语教学语法的实际需要出发，对助词"了"的使用条件进行归纳描写。文章主要从六个方面展开讨论：

第一，必须加"了"的句法结构及语义条件：

（1）表示已然比较语义的"形容词＋了＋数量短语"；

（2）当句子表示"去除"某物或某人的时候，动词之后要加"了"；

（3）某些离合词表示已然的情况，其中的"了"必须出现；

（4）有的构式中的"了"不能省略。

第二，倾向于不加"了$_1$"的句法语义结构：

（1）简单动词谓语句是否加"了$_1$"的主要制约因素是动词的语义特征；

（2）"了$_1$"的出现受实现义动词的制约；

（3）表已然的动结式带"了$_1$"的比例不到三分之一，多数不带"了$_1$"。

第三，复句及连谓句中"了"出现的情况：

在连续的陈述性话语中，为了保持语气的连贯常常省略"了"，而如果在这样的句子中强行加进"了"反而不正常。

第四，不能加"了"的句法结构或语义条件：

（1）"NP＋要＋形容词＋了＋不定量数量短语"句式不能加"了$_1$"；

（2）"想念、感觉、盼望、希望、打算"等表示持久性心理感知的动词后面不能加"了"；

（3）句子中带有表示经常性、反复性语义的词语如"经常、一直、常常、老是、总是"时，句子谓语中心语的动词就不能带"了"；

（4）否定副词"没、没有"后面的动词性成分不能带动态助词"了"。

第五，影响"了"出现的因素：

（1）句法成分中结果补语影响"了"的出现；

（2）韵律影响"了"的使用；

（3）语体影响"了"的使用。

第六，句子的语义决定是否带"了"，如"太＋形容词"结构中是否带"了"，受语义褒贬的影响。

第二节　助词"着"的习得研究

助词"着"的习得研究主要有刘瑜、陈德胜的《"V着"的汉越对比及偏误分析》（2010）运用对比分析对越南学生的偏误问题进行研究；丁雪欢、喻迎春的《东南亚留学生动态助词"着"的学习策略》（2011）从学习策略角度研究东南亚学生的偏误情况；刘瑜的《韩国留学生汉语持续体"V着"的习得考察》（2010）和丁雪欢、曹莉敏的《东南亚留学生对"着"使用条件的认知及其习得过程》（2014）分别对韩国学生和东南亚学生"着"的习得过程进行了考察。

1.　助词"着"的偏误研究

刘瑜、陈德胜（2010）通过考察汉语助词"着"及相关结构在越南语中的对应形式，分析越南学生持续体表达的各类偏误产生的原因。文章从五个方面将汉语"着"的用法与越南语中的情况进行对比：（1）简式"V着（＋宾语）"；（2）存现用法；（3）连动结构；（4）"V₁着V₁着，V₂"；（5）"着"的特殊用法，包括"说着"、"抽象动词＋着"、祈使句和"V着（＋Adv.）＋Adj."。对比分析的结果表明，越南语只有表示进行体的副词"đang"，没有类似于汉语"着"的持续体标记，在表示动作或状态的持续时，动词后通常不带任何时体标记，或使用"动词＋đang"来表达。学习者在习得汉语助词"着"的过程中容易出现以下偏误：（1）在不该用"着"的时候误加"着"；（2）"着"误代结果补语；（3）混淆存现句和以人作为主语的一般动词谓语句；（4）不该用"V₁着V₂"而用了该结构；（5）"V₁着V₁着，V₂"缺少后续句。针对这种情况，文章建议教学时可考虑多进行含有"V 着"的语篇的输入，让学习者尽快形成使用持续体标记表达的意识和习惯；同时结合与越南语的对比以及与汉语相似结构的对比，帮助学习者更好地区分容易混淆的结构。

2. 助词"着"的习得过程研究

刘瑜（2010）通过语料库分析和抽样观察，对韩国学习者习得汉语"V 着"的情况进行考察。文章根据句法特征将汉语"V 着"句划分为四种句式：（1）简式"V 着"；（2）连动式"V_1 着 V_2"；（3）存在式"处所 +V 着 +NP"；（4）重叠式"V_1 着 V_1 着，V_2"。对不同阶段句式正确率变化的总体分析表明：简式"V 着"和存在式的使用较稳定，正确率都稳步上升；连动式和重叠式的使用不太稳定，正确率都呈现先升后降的发展特点；句式的分布与写作内容密切相关。对各句式在不同阶段的使用情况进行的考察表明：（1）简式"V 着"的习得相对较稳定，正确率逐步上升。习得偏误主要有"V 了"误用为"V 着"和与处所短语连用时出现的偏误，学习者使用简式"V 着"句的表达，经历了从不严谨的并列结构过渡到较严谨的镶嵌结构的发展过程。（2）存在式"处所 +V 着 +NP"是所有句式中学得最好的，也是最稳定的。（3）连动式"V_1 着 V_2"的习得不太稳定，受母语影响，"着"误代"地"形成"Adj 着 V"的偏误结构较突出。（4）重叠式"V_1 着 V_1 着，V_2"平均正确率低且发展不稳定，学习者并未完全掌握该句式，学习者出现的偏误是经常漏用后续句，造成表达不完整。对语料中简式句带宾语与否的考察表明：在日常语言输入频率和教材选例动词范围的共同影响下，带宾语句的习得难度相对较低，韩国学习者更容易习得带宾语句。基于以上研究结果，文章认为：教学中应加强连动式的举例，增加较复杂的镶嵌结构、共现结构的输入；结合语言对比和举例说明，加强对"着、了、地"的辨析；利用关键词（如：忽然、便、竟然）分情况对重叠式的后续句进行举例说明，强调使用重叠式的语境要求。

丁雪欢、曹莉敏（2014）通过对三类语料的定性定量分析，考察东南亚学生对汉语助词"着"的习得过程。根据语料调查，作者发现东南亚学生对于"着"所附着的动词具有［－终结］特征，含终结意义的"V+结果补语/宾语"和"表持续意义的'着'"相冲突，有清醒的意识；对于"着"前动词可为[+附着]语义特征及"V+在+处所"V后不加"着"的限制条件的认知比较模糊。根据自发生成和强制语境使用语料的定性定量分析，作者发现各类"着"结构的习得存在由静态义向动态义、意义基本句向意义非基本句、结构简单句到结构复杂句的发展趋向，习得顺序可以归纳为：静态方式句＞动态方式句＞静态基本句/静态存现句＞动态存现句＞叠用句＞动态基本句＞变化句/祈使句。习得顺序反映难度顺序。习得顺序主要受句子结构及意义的复杂度、形式的明晰度等语言自然度或标记性及汉语母语者使用频率的影响。根据对初级、中级、高级三个阶段语料的分析，作者发现东南亚留学生"着"习得的动态变化过程为：准确度上，在自动生成语料时，由于回避策略，"着"的准确度高，在强制性语境中使用"着"的准确率比较低。初级、中级、高级三个阶段整体准确率呈现"U"状变化。从"着"前动词和形容词种类、"V着"所在句的复杂度来看，从初级到中级、高级阶段准确率的变化不明显。

3. 助词"着"的学习策略研究

丁雪欢、喻迎春（2011）以暨南大学华文学院留学生的中介语语料为主要材料，通过数据分析、访谈、调查问卷等实证方法，对东南亚留学生习得动态助词"着"时的学习策略展开研究。文章首先根据"着"字句的句法语义特点，将"着"字句分为八种基本句型：

（1）静态基本句：（状语）$V_{静}$着（+O）

（2）动态基本句：（状语）$V_{动}$着（+O）

（3）静态方式句：（状语）$V_{1静}$着 +V_2

（4）动态方式句：（状语）$V_{1动}$着 +V

（5）静态存现句：处所 +（状语）$V_{静}$着 +O

（6）动态存现句：处所 +（状语）$V_{动}$着 +O

（7）叠用句：（状语）V_1着 +V_2着

（8）其他

丁雪欢、喻迎春（2011）对这八种句型的使用频率、偏误率等方面进行了数据统计分析。通过语料分析统计与访谈，作者发现东南亚汉语学习者在习得"着"字句时主要运用了四种学习策略：迁移策略、概括策略、简化策略和回避策略。具体来说，迁移策略主要是指时间认知方式的迁移。学习者的"着"字习得过程，体现了学习者的时间认知方式，隐含着其对汉语时间认知方式的态度。在习得过程中，学习者的认同与抗拒这两种不同的态度会对习得结果产生巨大的影响。概括策略主要表现为留学生在使用"着"字句的时候，过度概括了"着"的语法功能，将"着"作为状语的标志或者认为"着"表示"同时进行"。简化策略在"着"字句习得过程中主要体现在对限制条件的轻视上。回避策略主要体现在回避使用和回避纠正两个方面。通过分析，文章认为汉语学习者的偏误中隐藏着学习者习得过程的心理过程，也就是学习策略。通过偏误分析可以窥探学习者习得"着"字句的内在心理轨迹。学习策略是造成偏误的一个极其重要的原因，但不是唯一原因。

第三节　"了""着"等助词作为体标记的习得研究

在汉语的时体研究中，"了""着"等助词常被看作是汉语的体标记，有研究者从这一角度展开了大量本体研究。在二语习得领域，同样有研究者将"了""着"这类助词作为体标记来考察汉语的习得问题，这方面比较有代表性的研究者是杨素英，近年来其主要研究成果有《"体假设"及"了""着"的二语习得》（2016）和《句子类型、情状类型、语篇进展与汉语中介语体标记的使用》（2017）。

1. "体假设"与"了""着"的习得

在时体标记习得研究中，有一些广泛存在的倾向，即习得者往往将简单过去时（包含完成体）标记的使用仅限于终结性情状，而将非完成标记的使用仅限于非终结性情状。在许多语言中，这种有限制的使用导致了普遍存在的标注不足的倾向。学者把这些普遍存在的倾向总结为"体假设"，具体可以概括为四个模式：

（1）习得者最初将过去时态（比如英语）或完成标记（比如汉语、西班牙语等）用于终结和达成情状中，后来才将这些标记的使用扩展到活动情状以及状态情状中。

（2）在区分完成体和非完成体的语言中，以动词形态表示的非完成过去时（比如在罗曼语中）比完成过去时更晚习得，而且非完成过去时最先出现在状态和活动情状上，后期才扩展到终结和达成情状中。

（3）在有进行体标记的语言中，进行体标记首先出现在活动情状中，然后扩展到终结和达成情状中。

（4）进行体标记不会被错误地扩展到状态情状中。

杨素英（2016）通过对母语为英语的留学生习得汉语体标记"了"和"着"的情况进行全面考察，试图证明"体假设"的普遍原则对汉语二语习得过程同样具有一定解释力。研究结果表明：首先，"了"和"着"的自然分布正好是"体假设"的理论基础——"相关原则"——的最好明证；其次，语料显示习得者的确主要在终结和达成中使用"了"，以及主要在状态和活动中使用"着"。因此，用来解释"体假设"的普遍原则在汉语中有直接的表现，正好吻合了习得者的普遍倾向，有利于汉语体标记的习得。标注不足现象不严重，反而有过度标注的现象。在此基础上，文章进一步对"体假设"提出两条修改建议：

第一，习得者初期仅将完成体或完成体过去时用于终结和达成情状中，后期才扩展使用到活动和状态情形上。扩展使用的前提是：这种扩展在目的语中是必须的。

第二，在具有不同非完成体类别的语言中，某一种非完成体标记的基本意义可能让模式（2）和模式（3）描述的有限使用非完成体标记的倾向成为可取，因而这两个模式所预示的非完成体标记的后期扩展使用不会出现。

2.　句型、动词情状、语篇与体标记的习得

杨素英（2017）进一步以汉语水平考试作文语料库中母语为日语的学生的作文为语料，分析句型、动词情状类型和语篇进展等因素对中介语中的"了""着""过""在"等体标记使用的影响。文章首先对语料进行标注，标注

的项目包括：（1）每一个小句的类型，包括主句，表示时间、目的、原因等的状语从句，修饰名词的定语从句，以及充当主语或者宾语的小句；（2）每一个动词的情状类型，包括单动词、双连动词、三连动词等不同情况；（3）体标记的使用，包括正确使用、该用而没用（少用）、不该用却误用；（4）语篇的进展，包括推动叙述事件进展的前景句，描述景观、状态、心情及伴随事件的句子，以及评论句和讨论将来的背景句。标注完成后，作者依次对不同对应关系的标注进行提取、统计和分析，以发现上述不同因素与体标记使用间的关系。结果显示：（1）由于汉语的特殊性，习得者体标记使用不足的现象不严重，但存在多用的现象；（2）语料中大部分"了"出现在终结和达成情状中，大部分"着"出现在活动情状中，大部分"过"出现在否定句中，大部分"在"出现在活动情状中，这些发现支持"体假设"背后的普遍原则；（3）在情状类型允许某一体标记的情况下，汉语句子结构甚至可以超越情状类型的相关性而影响体标记的使用，而汉语习得者对某些句型和句子结构使用体标记的制约掌握较差，出现多用、错用或少用体标记的错误；（4）语篇进展对体标记使用的限制也是汉语特有的现象，而且是超越句子在更高的语篇层次上对体标记的使用有所影响，而汉语习得者对此把握得不好。在前景句中存在少用"了"的现象，而在背景句中存在多用"了"和少用"着"的现象。

第四节　其他助词的习得研究

相较于"了""着"等动态助词的研究，近20年来，有关其他助词的习得研究成果较少，主要有结构助词"的"的偏误研究和助词"们"的习得研究。

1. 助词"的"的偏误研究

汉语助词"的"的习得研究主要围绕偏误问题展开，王利峰、肖奚强的《形容词定语后"的"字隐现习得研究》（2007）一文重点考察了"的"的缺省和冗余两种偏误；齐春红、陈海燕的《老挝留学生汉语结构助词"的"习得考察》（2011）重点考察了老挝留学生的偏误情况，二者都结合偏误分析给出了相应教学对策或建议。

王利峰、肖奚强（2007）结合本体已有研究，选取了140个常用双音节形容词，在受限的汉语母语者语料和中介语语料中分别考察这些形容词在充当定语时带"的"和不带"的"的具体使用频率，并对二者进行比较。在此基础上，作者重点分析了中介语中的偏误用例，主要是缺省偏误和冗余偏误这两种类型，并从母语负迁移和目的语规则泛化两个角度解释偏误成因。据此文章提出了双音节形容词充当定语时"的"字隐现的一些教学对策：一是在教学过程中有必要严格区分两种不同类型的偏正短语，即简单式偏正短语和复杂式偏正短语。在初级阶段先教授简单式偏正短语，复杂式偏正短语的教学可以有意识地和简单式偏正短语的教学分开进行。中级、高级阶段再追加不带"的"的简单式偏正短语和带"的"的复杂式偏正短语。二是在初级阶段可以用三条明确的语法规则把"的"字的使用情况告诉学生，这三条规则分别是：（1）定位规则，即"的"是汉语的定语标记；（2）基本规则，即在简单式偏正短语中，双音节形容词充当定语要带"的"，结构表示为 A-de-N；（3）扩展规则，即在复杂式偏正短语中，双音节形容词充当（降级）定语不带"的"，结构表示为 N-de（-AN）、VP-de（-AN）等。

齐春红、陈海燕（2011）通过考察老挝学生作文语料和调查问卷中助词"的"的使用情况，探讨老挝学生在习得该语法项目时的偏误问题。文章通过对比两种语料中偏误的分布情况，将偏误类型归纳为两个大类：定语中"的"字隐现的偏误、"的"和"地、得"误代的偏误。并运用标记理论、第二语言习得理论和认知语言学等理论分析了偏误成因。在此基础上，结合偏误的具体统计数据及偏误成因，文章归纳了老挝学生习得汉语结构助词"的"的四个难点：（1）"的"和"地""得"的区别；（2）"的"字短语的使用；（3）称谓性定语的使用语境；（4）多项定语中"的"字的使用规律。作者据此提出了四点教学对策：第一，在教学中把结构助词"的"的学习和句子成分的学习结合起来；第二，教师要讲清楚"的"字短语的使用规律，加强交际训练，避免学生对"的"字短语的回避和误用；第三，汉语内涵定语是否加"的"形成称谓性定语和非称谓性定语的对立，而老挝语里没有这种对立，这就有必要加强语块教学，把称谓性定语作为一个语块来教，就可以有效地避免"的"字的误加，提高教学效率；第四，多项定语中"的"字的使用规律一直是一个有分歧的难点，在教学中教师应首先指出哪些定语必须带"的"，然后再根据多项定语不同的组合情况，指出"的"的具体位置，根据学习规律，就每一种组合情况进行针对性的操练。

2. 助词"们"的习得研究

汉语助词"们"一般附着在普通指人名词、名词短语、人称代词后面，表达"集合"或者"类指"意义。一般认为，"们"不仅是一个复数标记，更是一个"有定"范畴标记。姜有顺在《母语为英语和泰语的汉语高级学习者有定范畴习得研究——以单句内光杆 NP 标记"们"为例》（2017）一文中，重点考察了汉语高级水平的泰语母语者和英语母语者对助词"们"的习得情况。

姜有顺（2017）首先描写了"们"作为标记所受到的三个层面的制约因素，即 NP 及其修饰语的词汇语义因素、句法位置因素和语篇衔接因素。在此基础上，作者将研究范围限定为单句中的光杆普通 NP，只探讨"们"在单句层面的标记规则及其习得问题。然后通过汉语与英语、泰语的对比分析，文章对"们"的习得情况做出三个假设。基于假设，作者采用有图片诱导的完形填空任务，考察了汉语高级水平的泰语母语者和英语母语者以及汉语母语者对单句内部五个句法位置的光杆 NP 标记"们"的语感倾向。五个句法位置分别是：主语位置、介宾位置、兼语位置、宾语位置、存现句宾语位置。结果发现：汉语母语者有给谓语前位的 NP 加"们"的显著倾向；二语者对"们"的标记规律的习得受汉语表达有定性的语序手段（即有定效应）与母语的有定标记的强制性这两个因素的共同影响；谓语前位的 NP 标记"们"的规律首先被二语者习得。以"们"标记的习得为个案，文章进一步探讨了汉语作为二语有定范畴习得的一般规律：（1）学习者对汉语的语序手段的习得主要受语言标记度、范畴典型性等普遍认知因素的影响；（2）学习者对有定标记"们"的习得主要受母语迁移的影响；（3）光杆 NP 在单句层面标记"们"的规则，本质上是汉语表达有定性的语序手段和有定标记"们"在为 NP 赋予有定性时产生的交互作用。学习者对 NP 在单句层面标记"们"的规则的习得，本质上是对汉语表达有定性的语序手段与其母语的有定标记的强制性这两个因素的交互作用的习得。

第五节　本章小结

1.　主要成果

（1）对助词"了"的习得研究开展得较为全面、深入

近 20 年来，学界对汉语助词的习得研究的成果主要集中于对"了"的习得研究方面。研究内容涉及范围广，包括偏误分析，对习得过程、习得难度、习得顺序的研究，以及从二语习得出发面向二语教学的本体研究等方面。研究开展得较为深入，针对偏误、习得顺序等问题，在一般性研究基础上均开展了多种国别化专题研究。此外，这方面的研究还结合了时体研究、情状研究、篇章研究等，取得了一批较为可靠的研究成果。

（2）结合"体假设"对汉语动态助词的习得进行研究

在对汉语动态助词"了、着"等的习得研究中，一些学者在研究范式上有所创新，主要表现在结合国外二语习得理论中的"体假设"，对汉语中被普遍看作体标记的动态助词展开习得研究。"体假设"是在时体标记习得研究中，学者们对一些广泛存在的倾向所进行的概括。杨素英在论文《"体假设"及"了""着"的二语习得》（2016）中，通过对母语为英语的留学生习得汉语体标记"了"和"着"的情况进行全面考察，证明了"体假设"的普遍原则对汉语二语习得过程同样具有一定解释力，并结合汉语学习者的习得情况对"体假设"提出了两条补充修改建议。彭臻、周小兵在《越南留学生汉语体标记"了₁"习得研究——基于情状类型的考察》（2015）一文中，通过考察越南语母语者习得汉语完成体标记"了₁"的过程、特点与规律，也对"体假设"的普遍解释力进行了检验。

2.　研究的不足

（1）除动态助词外，其他助词类研究普遍不足

从对文献的梳理来看，近 20 年来，学界对汉语助词的习得研究主要是在动态助词方面，尤其是在动态助词"了""着"的习得研究方面。其他助词类的研

究普遍不足，比如结构助词的习得研究方面，讨论结构助词"的"的偏误问题的论文只有几篇，对"地、得"两个助词几乎没有论文涉及。而其他类别的助词的研究更少，目前看到的只有零星的关于助词"们"的习得研究。

（2）偏误研究有待深入

在助词习得研究中，学界对动态助词"了""着"的研究整体上看开展得比较充分，但是针对偏误问题的研究，仍然存在分析不到位、研究结论不一致的问题，如：国别化偏误研究中的重复性研究；偏误成因分析雷同，缺乏针对性和解释力。

（3）实证研究方法有待创新

目前助词习得研究在实证设计环节上还停留在对语料库或问卷、测试结果做简单的数据统计与语言学的简单分析上，缺乏更多更为有效科学的研究手段和方法，这也造成在偏误分析和习得顺序研究中出现了不同研究者对同一问题和相同研究对象得出差异较大的结论这一问题。

3. 研究展望

（1）拓宽研究领域，深化研究内容

汉语的助词是一个"收容站"，各成员之间相同之处不多，例如时态助词和结构助词之间的差异就非常大，外国学生必须一个一个地学习，因此，加强对每一个助词的深入研究和个案研究，仍然是今后助词习得研究的重要任务。受外国学生母语的负迁移，助词的偏误和习得在不同母语背景下会有不同表现，加强不同母语外国学生的习得研究，也是十分必要的。不同的助词其个性都十分突出，不同阶段的学习者在习得过程中都会感到十分艰难，学界需要对更多助词或助词类展开习得问题的考察，如结构助词"地、得"的习得情况、比况助词"似的、一般"等的习得情况、助词"连"的习得情况等，以发现这些助词习得中存在的问题和规律。其中一些助词的习得研究如"连"等，也可与相关句式的习得研究相结合展开。对目前研究比较集中的动态助词，学界需要进一步深化研究内容，一是对偏误成因的分析需要进一步拓展研究思路，比如周小兵、欧阳丹的《日本学习者句末助词"了$_2$"的习得情况考察》（2014）一文借鉴"知、言、行"认知三域的框架分析日本学习者遗漏"了$_2$"的原因，具有较好的解释力。二是可以进一步结合本体研究中有关时体、动词情状、篇章的研究成果，继续深化动态助词的习得研究。

（2）助词习得研究进一步与理论研究相结合

在目前的助词习得研究中，结合二语习得理论中的"体假设"对汉语动态助词"了""着"的研究取得了一些成果，今后在这一方面，学界还可以开展更多实证性研究和国别化研究，以提升汉语助词研究的整体理论水平。另一方面，语言研究中的篇章、认知、语法化等理论可以为助词习得研究提供更多有效的分析视角。如杨素英在《句子类型、情状类型、语篇进展与汉语中介语体标记的使用》（2017）一文中，通过考察中介语中的"了""着"在语篇进展中前景句和背景句中的分布情况，发现汉语在更高的语篇层次上对体标记的使用也存在限制。高顺全在论文《从语法化的角度看语言点的安排——以"了"为例》（2006）中，以助词"了"为例讨论了对外汉语教学中语法项目的排序与语法化顺序之间的关系，为助词"了"的习得难度研究和习得顺序研究提供了一种研究思路。

第九章 其他词类的习得研究

本章整理了近些年对外汉语学界，与数词、量词、连词、语气词、叹词等有关的研究，发现相关的习得研究主要集中于偏误分析。这些研究根据实际的习得情况得出对应的教学策略，并以此来引导具体的教学实践。

第一节 数词、量词的习得研究

数词和量词在汉语中常常作为数量结构一起出现。数词是所有语言共有的一种词类，且在各语言中差异不大，掌握起来较为容易。量词则不同，大多数语言都不具备这一词类，而汉语量词使用的灵活性以及搭配的开放性更使其难以通过类推来系统掌握。近年来，对外汉语学界对数词的研究相对较少，成果主要集中在习得方面；对量词的研究更为重视，研究内容主要侧重于分析留学生的偏误类型及产生原因，根据他们的习得情况得出相应的教学策略来指导具体的教学。

1. 数词的习得研究

所有语言中都存在数词，它既是数认知的主要对象，也是数范畴的重要组成部分。从跨语言的角度来看，作为量词性语言典型代表的汉语在数范畴的表达方面有着独特的句法语义表现。桑紫宏（2016）选取了 16 名中德双语儿童，按照心理语言学中通用的实验设计，用数数（count list elicitation）、给数（give-a-number）和给数名（give-number-noun）三项任务测试被试，三类任务间存在难度区分。中德双语儿童的数数长度与其所理解的数词之间存在正相关，但数数与给数名之间并无显著相关。给数和给数名之间存在高度相关，被试对数的理解与名词的出现与否之间存在高度相关。虽然汉语和德语代表不同数范畴系统，但双语儿童在习得的汉语和德语中的数词之间并无显著差异，也就是说，数能力的发展是独立于语言的。

桑紫宏的研究旨在探讨数范畴对数词习得的影响，研究所选取的中德两种语言是不同数范畴的代表，根据双语儿童在习得数词时表现出的差异来判断数认知的发展是否依赖于语言，这篇文章突破了数词习得的常规研究思路，从认知的角度深化了人们对数范畴的认识。

2.　量词的相关习得研究

由于量词在习得过程中出现偏误的概率较大且种类较多，近 20 年来，数词、量词习得的偏误研究以量词为主，本节将量词偏误研究分为偏误分类和原因分析两部分。偏误的类型主要是错序、误用、缺失、多余，本节将分别从语义、语法和母语迁移的角度来分析其产生的原因。

2.1　量词的习得研究

日语、韩语中都存在量词，且都曾经在很大程度上受汉语的影响，所以日本与韩国留学生的量词习得值得关注。伏学凤（2007）以大约 5 万字左右的初级、中级日本与韩国留学生的汉语作文为语料，总结出四种偏误类型，分别是缺少量词、多用量词、数量结构位置错误和误用量词。作者指出其中误用量词和量词位置不当型偏误的比例最高，前者在很大程度上与汉语量词数量庞大及其个体性有关，而后者可能和日语、韩语与汉语语序差异较大有关。误用量词以"个"的泛用为主。量词位置不当型偏误中，作者进一步划分出"名量词位置不当"和"动量词位置不当"两种类型，其中后者更为常见，动词后有宾语和动量词修饰动宾式复合词时比较容易出现此类偏误。由此可以看出，母语中存在量词系统的学习者在学习汉语量词时会在很大程度上受其母语系统的影响。

胡清国（2012）考察留学生的量词习得情况，发现中高级阶段留学生汉语量词习得的准确性还不够高，高频量词的习得准确率高于低频量词，名量词的习得情况好于动量词，而动量词又好于借用量词。作者进一步对中高级留学生汉语量词习得的主要偏误类型进行了分析，认为可以划分成四类，分别为：过度泛化；

尚未建立量词与名词的双向选择组合群；尚未建立动作与动量、事物与借用量间的语义关联；无法区分同一名词前不同量词的语义差异。总之，汉语量词的丰富性和灵活性使其区别于日语、韩语中的量词，留学生使用汉语量词过于单一，没有充分掌握汉语量词与其后名词或者动词的语义关联。

在量范畴的表达上，汉语和俄语有相同之处。闫丽（2012）以中亚哈萨克斯坦、吉尔吉斯斯坦留学生 2007—2010 学年期中、期末考试试卷及课堂练习作文为自然语料，发现动量词中"次"出现的频率最高。作者又选取了"次、回、趟、遍、顿"五个在汉语中词汇意义相近，在俄语中有对应表达的词作为研究重点，设计调查问卷。闫丽（2012）发现影响中亚留学生动量词选择的因素有：俄语对动作次数的表示方法、量词在汉语中的使用频率、量词在对外汉语教材中的编排。

林新年、陈晟（2016）针对日本学生对汉语常用量词"个"和"种"的混用现象，从两国语言的本体出发，用语言对比的方法试图找到日本学生在量词使用上产生偏误的原因。该文以"HSK 动态作文语料库"为基础，根据误用的方向划分出两种现象。首先是"种"误用为"个"，在日语中，存在"個"和"ひとつ"（一つ /1 つ）两个与汉语"个"类似功能的（数）量词。由于"ひとつ"（一つ /1 つ）与汉语量词"个"的对应性比较强，留学生很自然地会选择"个"来替换"ひとつ"，这也是"个"泛化的体现。以汉语为母语的人可以从语义和语用两个层面区分两者，从而灵活运用。其次是"个"误用为"种"，文章排除了日语中（数）量词"種（しゅ）"或"種类（しゅるい）"存在母语负迁移的可能。从汉语的角度看，"个"应用的广泛性及其泛化是造成其滥用的主要原因，而"个"与"种"之间本身存在的相似与差异也不可忽略。从日语角度看，个（数）量词"ひとつ"的负迁移使日本留学生多以量词"个"代替"种"。

之前的量词研究很少关注成人对生命和非表形（比如功能）事物的认知情况，杨娟（2018）从认知角度入手，选取了 129 名在上海高校就读本科一、二年级的日本、韩国和欧美留学生，根据前人考察的具体量词的情况，挑选出八个常用的量词，以量词测试卷的形式进行个体量词测试。从事物的形状、功能和生命三个语义认知特征出发，作者分别对动物类量词、形状类量词和功能类量词的习得情况和影响因素加以描述。文章指出母语为量词语言的学习者在习得中没有表现出明显的优势，量词所搭配的事物特征对学习者习得量词影响更大。三个小组中，日本学生对功能量词的掌握较好，但日本学生与韩国学生通过事物形状特征选择量词的意识普遍较弱。文章还探讨了语言背景、学习经历、事物特征和量词习得之间的关系。虽然量词可以突显事物特征，但母语者对事物特征的认识主要来源于事物本身。母语中包含量词的语言会在一定程度上会影响学习者。学习经历的丰富性对学习者量词个体的习得有益，但对不同母语背景的人影响不同。作者还发现学习者即使关注到了事物特征，也会在选择同一语义特征下的量词时因为细节特征的误判而出错。因此，内部区别特征较多的形状量词的错误率较高。

2.2　数量结构的习得研究

汉语中的数量结构除了具有常见的数量表达功能以外，还具备一定的篇章指代功能、个体化功能以及对某些特殊句法结构的制约功能等。

王康海、陈绂（2006）从本体研究和应用研究两个角度对比了汉语和越南语的数量名结构。文章在本体研究部分采用对比分析手法，从语言结构和语源关系的角度入手，着重对越南语中借用自汉语的"汉越词量词"进行描述；在应用研究部分，采用自然语料分析法和问卷调查法，分析学习者学习汉语量词的重难点和原因，指出名词与量词的搭配理据应是对越汉语量词教学的一个重点。

高玮（2014）不关注比较容易察觉的词汇偏误，单独从篇章建构角度出发，以中介语语料库中四个不同等级留学生的 435 篇作文语料作为研究基础，对先行语偏误中与语篇因素有关的不易察觉的数量结构偏误做统计分析。文章按定指程度由强到弱将先行语表达式分为四类（领属结构、定指名词、复杂结构、数量结构），又将偏误类型整合为多余、缺失、错用三种，占比最大的是错用，其次是缺失。数量结构的缺失偏误会对可接受程度、前景—背景信息地位和语体产生影响。这些偏误的产生主要有两个直接相关因素：一个是语体，二是表达式的复杂程度和定指程度。因为宾语多为无定的名词性成分，所以从句法位置来看，宾语的偏误多于主语。随着年级的升高，留学生也尝试在宾语位置上使用先行语引入新信息，逐步向汉语表达习惯靠拢。

2.3　量词重叠式的习得研究

王振来（2008）特别关注量词重叠式的偏误，把教学中留学生名量词重叠错误的句子搜集起来，归纳出偏误的类型主要有错序、缺失、误选、多余四种，并提出了两点避免偏误的措施。首先，汉语学习者应当先了解量词重叠的类别、语法功能、语法意义。其次，要了解数量短语重叠的用法，文章以数量词语"一＋量词"为例，分析了"一 A 一 A""一 AA""一 A 又一 A"三种具体形式的异同。

可见，学者们从不同角度和不同范围对量词的偏误类型进行分析，伏学凤（2007）从国别的角度出发，特别关注日本与韩国留学生的偏误；王振来（2008）从重叠式出发，高玮（2014）从语篇角度出发考察偏误类型。我们对他们的研究成果加以总结，得出多用、缺失、误用和错序四种主要量词偏误类型，其中误用型偏误最为常见，且常表现为"个"的泛用。汉语中量词数量庞大且搭配复杂，在一定程度上加大了学习者的选择难度，母语是量词语言的学习者受到负迁移影响，也很难掌握汉语量词的使用规律。

3.　教学策略研究

上文从偏误分析和习得两个方面探讨了数量词的研究概况，针对汉语量词的学习，学者们还给出了具有指导性的教学策略。这些学习策略主要从教、学双方入手，部分也涉及对教材的改进。

对外汉语教师在具体的教学中应当注重语言本体的研究，做好语言的对比教学，并创造语言环境从认知角度来改变学生的思维。伏学凤（2007）认为教师应针对学生母语的特点，适当强调汉语量词在句法位置上的特性，个别量词在数量方面的要求以及近义量词间的细小差异，重视量词不同的语义源流及其与名词、动词的搭配理据。闫丽（2012）认为要加强语言对比分析和对比教学，预测二语学习者的困难区域，分阶段开展教学；同时要改进教材及学习工具书和生词表的注释。胡清国（2012）提出教师应该允许泛化，适当地纠错，避免"化石化"，尽量选择高频和高感知度的量词开展教学，建立语义关联的情境教学模式。高玮（2014）建议帮助学生建立语体意识和语篇概念，从语篇建构的角度来进行词汇教学，关注句子组合所产生的综合效应。

从学生的角度来看，学生不仅要掌握基础的语法知识，还要改变认知视角，加强练习。例如王振来（2008）认为学生需要了解量词重叠的类别、形式、语法意义和语法功能，根据具体的语言环境，选择最恰当的表达方式。杨娟（2018）认为学生要建立正确的量词学习观念，认识到母语中是否有量词不会直接影响学习效果。同时，学习者要学习汉语母语者的认知视角，有意识地关注事物的特征；通过大量量词输入和体验不同使用场景，区别不同形状量词的细微差别，用实例加深感知。胡清国（2012）强调整体认知，认为应建立起结构框架与范式，提出汉语儿童的量词习得过程可以作为参照。

参考书的编写要突出重点难点。高玮（2014）在提出与语篇建构有关的先行语教学对策时就特别强调数量结构"（一）+量名"在语篇中的功能，建议编写参考书时将"（一）+量词"的形式与其他数量词分开，单列一章，做具体论述。胡清国（2012）也指出应该选择高频和高感知度的量词进行教学，并厘清它们与名词的语义关联。

第二节　连词的习得研究

连词是用来连接词、词组或句子表示逻辑关系的虚词。其在语言表达中的作用不可忽视，是汉语学习者学习的难点之一。近年来有关连词的研究主要集中在偏误研究和习得研究两个方面，其中部分研究还提出了相应的教学策略。

1. 连词的偏误研究

针对连词的偏误研究通常从篇章角度展开，以对复句的分析为主，研究的重点在关联词语，连词的研究也更加偏重其连接句子时的用法。相关的偏误研究有两个方向，一种是总结其类型并分析原因，另一种是引入理论来探讨深层的语义特征。

1.1 偏误分析

关联词语的偏误在语篇偏误中占了很大的比重，必须引起重视。黄玉花（2007b）研究了中高级阶段的韩国学生在自然习作中出现的复句，发现他们在关联词语习得中的问题有：连接词贫乏，总是使用固定词语表述复句关系；使用频率较高的关联词错误率也相应较高；对同类关联词语的语用差别认识不足；使用中容易重复、堆砌，表达冗长，结构松散。由此可以看出，学生对关联词语的掌握呈现出很大的不均衡性。关联词语的偏误主要集中在三个方面，分别是错用、省略和搭配不当。从关联词语的角度来看，其同类之间的句法语用的细微差异会给习得造成困难，往往会出现高频使用代表性词语而回避其他词语的现象。从教学的角度来看，对外汉语教材中对关联词语语法点的说明不够详细，部分教师本身也缺乏相关知识，这些都不利于留学生关联词语的习得。就学生本人而言，韩语与汉语复句连接成分的不对等是他们产生偏误和采取回避策略的主要原因。

周静、杨海明（2008）以两个具体的关联词"既A又B"和"既A也B"为切入点，先从汉语本体的角度比较两者的异同，再分析留学生的偏误。文章将留学生的偏误分成四种，分别是忽略述谓性、超越辖域、前后项不同质和匹配不当。忽略述谓性型偏误多见于以日语为母语的学习者，日语中的接续词的负迁移和学习者对此类句式词语的语义要求认识不清是主要原因。超越辖域类偏误是由遗忘主语或谓语超越辖域形成的，行为或事件、行为类型、陈述过程只要有一个不同质就会形成前后项不同质型偏误。匹配不当也细分为四种：顺序不当、搭配错误、内部缺少统辖、外部缺少呼应。

1.2　理论解释

部分研究引入了相关理论对中介语的偏误进行深层解释，例如李靖华（2018）就用中介语分析方法中的概念迁移理论来探讨因概念范畴不同而导致的隐晦语义偏误。概念迁移指的是思维范畴的跨语言影响，可以表现在词汇、句法和语篇多个层面，该理论从语言与认知的角度强调学习者一语对其二语习得的影响。已有的对汉语转折连词的研究多注重表层结构的对比，忽略深层语义特征，但汉语连词的语义特征比形式特征复杂，学习者所产生的语言信息往往在结构上是二语性质的，在概念上却是母语性质的。李靖华（2018）以汉语口语考试语料库和"HSK动态作文语料库"作为研究语料，引入中介语分析方法中的概念迁移理论来解释表达形式正确但语义并不连贯的现象。文章以转折连词"但是"为例，先剖析了汉语和英语中表示"但是"的转折范畴，然后确定了两者的非共享概念范畴——意外情状义。该文指出伴随学习者迁移的除了一语中的概念，还有一语中的认知图式，也就是说学习者使用了汉语的连词形式，但内化规则是英语的。

2.　兼有连词性质的虚词的习得研究

对外汉语学界有关连词习得的研究总体不多，在近十年的探索中，高顺全的《基于语法化理论的汉语兼类虚词习得顺序研究》（2015）是比较重要的成果。本部分就以此书作为主要内容。该书的语料来源有两个，分别是作者（高顺全）自建的复旦大学语料库和南京师范大学国际文化教育学院的汉语中介语语料库。

兼类虚词是一种特殊的语法化现象，高顺全（2015）基于虚词不同意义用法的语法化顺序和习得顺序基本一致的前提，用前者来构拟后者，然后再以输出情况、初现和正确率作为标准，在中介语中验证假设和客观事实的一致性。兼有连词性质的虚词有介连兼类词和副连兼类词两种，作者主要对后者做了习得情况和习得顺序两个方面的分析比较，所得出的习得顺序受使用频率和母语迁移等因素的影响，与词性并不一致。作者认为影响习得顺序的因素主要是学习者的认知机制，其次还包括语言项目的输入频率、语言项目的规则化程度和句法复杂程度、教学顺序。

高顺全（2015）以语法化作为理论框架，对习得顺序进行解释和预测。汉语兼类虚词习得顺序的内在规律表现在其与语法化顺序的一致性上。作者还提出了一个重要推论：副连兼类虚词的主观化程度会影响其二语习得过程，如果连词用法像相应的副词一样具有主观性，那么就比副词后习得；如果连词用法只表示逻辑事理关系，就先习得。这一推论为后续学者探讨连词的习得提供了新的研究视角。

3.　教学策略研究

连词和关联词语可以用来标记复句关系，在语篇表达中的作用巨大，学者们针对留学生习得过程中出现的常见问题从教材和教师两个方面提出了相应的教学策略。

周静、杨海明（2008）根据对"既 A 又 B"和"既 A 也 B"的类型划分，将习得策略分为初级、中级、高级三个等级，认为该内容的教学应遵循由易到难，由普遍规律到特殊情况，最后到个别例外的规律。教师在每个阶段都应有对应的教学策略，初级阶段强调并列顺序和并列分类匹配，中级阶段优先讲匹配内一致与固定类型关系，高级阶段优先讲匹配内两项的条理与排列顺序。

黄玉花（2007b）指出教师要加强自身关联词语的相关知识，确定每一种关联词语教学的重点和难点，从关联词语的搭配特点、在句中的隐现条件、句法分布、同类的辨析等四个方面来把握关联词语的教学，同时关注学生的母语，在对比中教学。就教材的编写来说，黄玉花（2007b）认为应该丰富教材中关联词语语法点的说明，明确其在句法和语用方面的区别，使其更具有针对性。

第三节　语气词、叹词的习得研究

语气词和叹词有表达情感、表示语气的作用，它们在日常表达中使用频率很高，熟练掌握它们是汉语学习者灵活运用汉语进行交流的前提。由于这两种词数量较少，之前的研究往往不太重视。近年来，随着对外汉语教学的发展，相关的研究逐渐增多，但总体以语气词为主，叹词相对较少。语气词的研究集中在偏误研究、习得研究和教学策略三个方面，其中偏误研究侧重对"呢"的研究。围绕语气词展开的习得研究在研究方法上趋于成熟，且旨在通过揭示习得过程背后的规律来指导教学工作；叹词的研究仍停留在对习得情况的表层了解上，缺乏深入的分析解释，仍然是对外汉语教学研究中的一个盲点，有待进一步挖掘。

1.　语气词的习得研究

1.1　语气词"呢"的习得研究

"呢"在语气词中最为常见，且用法多样，学习难度较大，目前关于语气词的偏误研究主要围绕其展开。徐棠、胡秀梅（2007）从母语负迁移角度对日本留学生学习语气词"呢"的偏误进行分析，选取北京师范大学汉语文化学院 130 个以日语为母语的留学生为研究对象，开展横向调查，并对其中 2 人进行了纵向个案跟踪调查。作者在前人研究的基础上将"呢"从语法形式上分为七类，得出日本学生的三种常见偏误：一是语气词误用，表现为"呢"与"吗""吧"的混用；二是语气词缺失；三是综合偏误，主要是结构偏误和语气词误用的结合。文章在每一偏误类型下对日语和汉语的表达进行对比，突出体现了日语语法和语义的负迁移对留学生学习汉语语气词的影响。

邢玲、朴民圭（2009）从"呢"的意义和用法出发，在北大语料库的基础上展开论述。从语法意义来看，"呢"可以影响句子语气，具有完句功能；从情态主观意义来看，"呢"的语义不断虚化，主观性程度不断增强，作者认为不同的意义在对外汉语教学上具有不同的习得难度等级。研究发现，韩国学生对表示疑问的"呢"基本能够正确使用，学习难点在于"呢"的其他用法，学生总体上回避使用"呢"。作者还运用二语习得理论中的语言迁移理论对学生的偏误进行了分析，提出韩国留学生习得"呢"的偏误的主要影响因素为母语的负迁移、目的语知识的负迁移和学习环境，认为教师应该加强对"呢"的教学，同时对教材的编写提出了相应的改进意见。文章指出应该按照具体语气词"呢"在学习中表现出的难易程度来确定其在教学中出现的频率，完善讲解系统。就教材来说，要提高对语气词"呢"的重视，提高"呢"的重现率；就教师来说，需要全面教给留学生"呢"的各种用法，给"呢"制订教学顺序，并根据语块理论来深入讲解，在具体使用中还需与"吗""吧"做对比。总之，语气词的学习要结合语法意义、语义背景和它的句法格式。

1.2　语气词"吗"的习得研究

丁雪欢（2009b）通过个案跟踪调查和聚焦描述的研究方法，考察是非问疑问标记和是非问疑问功能的纵向动态习得过程，试图揭示习得过程中潜在的习得模式和学习策略。研究的被试为在中国某大学学习汉语的处于第一、二、三学期的三位留学生，这三位留学生分别代表疑问句习得的不同时期，语料的搜集采用自由谈话的方式。文章提出，是非问习得过程体现在三个方面："吗"标记从无到有的变化；"吗"所在句法环境从简单呆板到复杂灵活的变化；"吗"和同类项"吧"从混用到区分的变化。这三种变化反映了标记形式在二语习得中的普遍过程。在疑问功能的习得过程方面，总特点为初期多为单纯的高疑问（最纯粹的疑和问），中期出现少量常用型低疑问（有所测度的非单纯问），后期以低疑语用问为主，多语用突出问句（附加问、反问、语用语篇功能问）；是非问中仅以句尾高音调表示猜测和疑惑的测度语调问在三个阶段始终占较高比例，文章也在一定程度上说明了所概括的"是非问习得步骤"符合普遍的习得规律。

2. 叹词的习得研究

针对叹词的研究较少，目前见到的有代表性的为刘蕾的《叹词习得情况的调查与分析》（2002）。作者根据学习时长把留学生划分为初、中、高三个组，又将叹词划分出三个大类，分别是：（1）表达各种感情的；（2）引起对方注意，招呼或呼唤别人的；（3）回答别人问话，同意或答应的。在第一类细分出11个小类，从分类入手，采用模仿练习、反应练习、自我认识三种方式对留学生叹词习得的现状进行调查分析。研究发现，高级组对叹词的掌握情况总体较好，初中级组的学生在反应练习和自我认识方面与高级组呈现出显著差异，三组学生均对叹词的同音现象、多义现象等掌握较差。总而言之，留学生对叹词的掌握情况普遍较差，能准确运用的叹词数量很少，这与中国人日常口语中广泛使用叹词的情况不符。到目前为止，对外汉语学界针对叹词的习得研究数量仍然很少，这是对外汉语教学研究中的一个盲点，还需要更深入的研究。

第四节　本章小结

1. 主要成果

本章所涉及的数量词、连词、语气词、叹词等相对于其他词类来说数量较少，在二语习得过程中所产生的问题也不易被发现，因此目前对外汉语领域对它们关注度较低，有部分学者注意到了这一点并开始做相关的探讨，就一些显著问题展开了分析，他们的研究成果主要表现为以下三个方面：

（1）研究者依靠科学的研究方法来得出结论

偏误研究和习得研究都是在教学实践的基础上，依托中介语语料库、自然语料、问卷调查等开展实证研究。开始采用实证的、动态的方式开展讨论，不是静态描述，而是先预设，再调查，后印证，胡清国（2012）在调查中高级留学生的量词习得状况时就采用了这种方法。另外，在研究对象的选择上，研究者十分注重学习时长、学习等级等因素，区分不同等级、不同母语背景的学习者；问卷的设计严谨细致，从题目选择到分数标准都有理有据；进行数据统计和分析时采用 SPSS 等专业软件，使研究的结论更有说服力。例如丁雪欢（2009b）通过个案跟踪调查和聚焦描述的研究方法，考察是非问疑问标记和是非问疑问功能的纵向动态习得过程。

（2）研究者有针对性地开展国别研究

有相当一部分学者在研究时关注到学习者的母语迁移问题，有针对性地开展国别研究，通过具体的语言对比来分析习得情况不同的深层原因。例如在量词的习得研究中，林新年、陈晟（2016）立足于中日对比，王康海、陈绂（2006）从越南语出发，闫丽（2012）以俄语为对照，通过分析留学生母语与汉语语言系统的不同来解释具体偏误产生的原因；在数词研究中，桑紫宏（2016）考察了汉语和德语的数词习得问题。

（3）研究者引用理论来做出预测和解释

研究者尝试引入相关的理论来解释语言现象之所以出现的原因，指出影响习得的因素。例如杨娟（2018）引入认知理论，从成人对生命和非表形（比如功能）事物的认知情况入手来谈留学生的量词习得；桑紫宏（2016）按照心理语言学中通用的实验设计，比较了代表不同数范畴系统的汉语和德语的数词习得；邢玲、朴民圭（2009）在研究中运用二语习得理论和语块理论；李靖华（2018）引入中介语分析方法中的概念迁移理论来解释转折连词"但是"习得中形式和语义不同步的现象；高顺全在《基于语法化理论的汉语兼类虚词习得顺序研究》（2015）中以语法化作为理论框架，对兼类虚词的习得顺序做出解释和预测。理论的引用让研究摆脱了就问题说问题的狭隘局面，使结论更加有理有据。

2.　研究的不足

本章相关词类的汉语习得研究虽然取得了一定的突破和进步，但总体上仍存在不足之处，有待进一步改进，主要体现在以下几个方面：

（1）关注不足

相对其他词类的研究，本章所涉及词类的相关研究数量还是很少，对外汉语学界对它们的关注度仍然不够高，其中尤以数词和叹词为最，仅有个别学者对习得问题做出了探讨。关注度的不足直接导致了研究形式的单一和研究深度的不足，也不利于对习得规律的发掘。

（2）深度、广度不足

由于此前相关的研究一直较少，研究者们虽然关注到了相关的习得问题，但主要集中于对偏误现象做出描述，较少从理论的层面来分析解释，研究在很大程度上仍然是为教学服务。例如伏学凤（2007）、王振来（2008）、闫丽（2012）在分析量词的时候，徐棠、胡秀梅（2007）在对语气词"呢"进行分析时都将篇幅集中于偏误的类型以及数量上。在量词研究方面，胡清国（2012）就指出已有的研究往往忽略共时平面的格式义与词语义，多个案和微观研究，少宏观研究。

（3）研究设计不足

本章所录文献的语料大部分来自语料库、问卷调查和自然语料。语料库中语料的代表性，问卷调查的严谨性以及自然语料的有效性都值得思考。如在问卷调查中，词语的选择、被试的选择以及问卷的设计等都会对最终的分析产生影响。学者们意识到了研究数据的重要性，但在具体的环节上考虑得还不够全面。例如黄玉花（2007b）以学生的自然习作为语料，这种语料的可靠性就值得考虑。

3. 研究展望

（1）研究问题的深化

目前，对外汉语学界仍需要增强对本章相关词类的关注，加大研究的深度和广度。具体来说，有关数词、量词、语气词等词类的习得研究存在很多值得关注的问题。例如，有关数词的读法和省略问题，以及中国式数词（甲、乙、丙、丁）的习得问题；有关量词与名词的配搭问题；有关语气词"吗"使用时的回避问题和"吧"的多种语气功能问题，以及不同的"呢"的习得问题；等等，这些都是很值得进一步研究的问题。此外，连词和关联词等已经开始被关注的领域则需要跳出对偏误类型做简单描写的圈子，围绕其成因从篇章、语义、语用等多个角度来探析，让问题得到全面的探索。

（2）理论和方法的提升

本章的习得研究以实证研究为主，多使用测试或问卷调查的方式开展，在理论和方法方面还有待加强。一方面，可以适当结合二语习得理论中具体的相关理论来解释已有现象，预测会出现的问题，而不是停留在对测试做语言学的简单分析与数据统计。另一方面，可以从共时和历时两个角度来展开调查，除了划分学习阶段，还可以进行个案的跟踪调查，更清晰地把握学习者的学习过程。除此之外，在语料的选择以及数据的分析方面仍可以做出改进，保证实验的可信度，在数据处理与分析时可以借助更加专业的软件和系统，让数据与结论更加有效可靠。

下编　句子成分习得研究

第十章　句子成分习得研究概述

汉语作为二语习得的过程中，句子成分的习得是语法习得中的难点问题，也是学者们长期关注的问题之一。进入 21 世纪以来，关于句子成分习得的研究成果较为丰富，相关论文和著作对汉语的主语、宾语、定语、状语和补语的习得问题展开了较为细致的考察，其中汉语补语的习得研究成果最为丰富。总体而言，近 20 年来，学界对汉语句子成分习得问题的探讨更趋深入，视角更为多元，也更注重国别化研究。因此，对近 20 年汉语二语句子成分习得的研究进行一个阶段性的回顾和梳理，有助于加强对当前研究进展的把握，反思存在的不足，并在此基础上揭示未来研究的方向。

第一节　汉语二语句子成分习得研究概况

1.　文献来源

与上编相同，下编关于汉语二语句子成分习得研究的回顾主要基于近 20 年关于句子成分习得研究的期刊论文和专著（不包括学位论文）。在文献检索上，本编与上编保持一致，以《世界汉语教学》《语言教学与研究》《汉语学习》《语言文字应用》《华文教学与研究》《云南师范大学学报（对外汉语教学与研究版）》

这六种刊发汉语二语习得的研究性论文较为集中的期刊为主要文献来源。我们穷尽性地检索了这六种期刊的相关论文，同时也检索了其他的 CSSCI 核心期刊中的相关论文作为补充。此外，部分章节受当前研究所限，上述期刊中几乎没有相关论文，因而在具体的写作过程中，本书也酌情纳入了少量其他期刊的论文，如《海外华文教育》等。

就句子成分习得部分而言，我们共检索到相关期刊论文 62 篇，其中六大期刊的文献情况如表 10-1。

表 10-1　六大期刊近 20 年句子成分习得论文发文情况

期刊	2000—2009 年	2010—2020 年	文献总量
《世界汉语教学》	3	3	6
《语言教学与研究》	2	6	8
《汉语学习》	4	6	10
《语言文字应用》	0	2	2
《华文教学与研究》	3	3	6
《云南师范大学学报 （对外汉语教学与研究版）》	2	4	6

此外，句子成分习得的相关专著有三部，即《面向汉语习得的常用动词带宾情况研究》（魏红，2009a）、《东南亚三国学生汉语趋向补语习得研究》（齐春红，2016）、《趋向补语的认知和习得研究》（杨德峰，2017）。

2.　研究领域与文献分布

从汉语句法成分的角度来看，目前检索到的文献和专著的研究主要涉及主语的习得、宾语的习得、定语的习得、状语的习得、补语的习得这五大方面，相关文献的具体分布情况如表 10-2。

从文献数量来看，汉语各句法成分习得的文献数量由高到低依次为：补语习得＞宾语习得＞主语习得＞定语习得 / 状语习得。可见，汉语补语的习得研究成果最为丰富，这与汉语补语的独特性密切相关，并且补语内部分类复杂，用法复杂，习得难度大，因而文献数量最多。

表 10-2　各句法成分习得研究文献分布情况

研究对象	论文数量	专著数量	代表作者
主语习得	6		曹秀玲、杨素英、黄月圆等（2006）；常辉、周岸勤（2013）；常辉（2014a）；王丽、刘颖（2015）；常辉、徐俪珑（2016）；胡丽娜、郑丽娜、常辉（2017）
宾语习得	23	1	曹秀玲（2000a）；全裕慧（2002）；郑丽娜（2015）；肖贤彬、陈梅双（2008）；马萍（2008）；魏红（2009a、2009b、2017）；王静（2007a、2007b、2009、2013）；常辉（2014b）；何清强（2014）；潘淼（2015）；柴俊星（2015）；李昱（2014、2015）；吴琼（2016）；朱艳欣、赵杨（2016）；王洪磊（2017）；徐开妍（2017）；程仕仪、肖奚强（2017）；王亚丽（2017）
定语习得	5		杨骐冰、齐春红（2011）；陈海燕、薄巍（2013）；王紫琬、李慧（2017）；周小兵、雷雨（2018）；薄巍（2013）
状语习得	5		施文志（2008）；刘振平（2009）；林文月、张勇（2015）；林文月、高霞（2016）；杨建（2018）
补语习得	25	3	杨德峰（2003a、2003b、2004a、2004b、2017）；黄玉花（2007a）；魏红（2009a、2009b）；周小兵、邓小宁（2009）；肖奚强、周文华（2009）；肖奚强、芮晓玮（2009）；靳洪刚、章吟（2009）；张先亮、孙岚（2010）；汤玲（2011）；邓小宁（2011）；陆燕萍（2012）；王松（2012）；刘汉武（2013、2015、2016）；车慧（2014）；齐春红（2014、2016）；王松、刘文攀（2015）；朱旻文（2017）；王艳（2017）；朱京津（2017）；王嘉天、彭爽（2018）

3.　研究内容

从表 10-2 所示的文献分布的情况，我们可以大致了解当前汉语句法成分习得研究所覆盖的内容，具体情况如下：

3.1　主语习得研究

与其他句子成分相比，汉语的主语是一个相对简单的成分，其习得难度也相对较低，因而学界单纯关于主语习得的研究成果很少。但汉语主语与话题、主位等概念密切相关，因而话题的习得，主位的习得等问题，引起不少学者的关注。有学者考察母语为英语、日语和韩语的汉语学习者习得汉语话题句的情况，并针对 SVO 基本结构和最简连接原则以及母语影响等方面进行讨论（曹秀玲、杨素英、黄月圆等，2006）；考察母语为菲律宾语学习者对汉语话题结构的判断，探讨其对汉语话题结构的习得情况以及学习者母语和二语水平在汉语话题结构习得中的作用（胡丽娜、郑丽娜、常辉，2017）；基于主述位理论研究母语为英语的汉语学习者书面语主述位结构的习得情况（王丽、刘颖，2015）。

此外，当前研究还关注了汉语空主语的习得问题，主要涉及主语空论元的习得以及空主语和空宾语不对称的习得研究。空主语的习得主要探讨学习者对汉语空论元的习得、习得汉语空论元中学习者的母语的作用以及汉语空论元使用的影响因素（常辉、周岸勤，2013；常辉、徐俪珑，2016）。空主语与空宾语不对称的习得研究主要考察了英语母语者和日语母语者对汉语空主语和空宾语不对称使用的情况，并分析了学习者的母语与汉语的差异、目标语输入、凸显度和认知度以及空虚主语等因素对习得的影响（常辉、周岸勤，2013；常辉，2014a）。

3.2　宾语习得研究

汉语二语宾语的习得研究主要关注单宾语习得、双宾语习得和动宾结构习得这三大方面。

单宾语的习得研究主要涉及三个方面：一是单宾语的偏误分析，如宾语误加（徐开妍，2017）、宾语与补语共现（曹秀玲，2000a）、名动词宾语偏误（王静，2009）等；二是单宾语习得难度研究（曹秀玲，2000a；王静，2007a、2007b；柴俊星，2015）；三是单宾语的加工机制研究（王洪磊，2017）。

双宾语的习得研究主要包括三个方面：一是双宾语的偏误分析（全裕慧，2002；王静，2013）；二是双宾语结构的习得研究，如双宾语结构的语义限制（朱艳欣、赵杨，2016）、双项并列宾语的排序原则（程仕仪、肖奚强，2017）、双宾语的论元（李昱，2015）等问题；三是双宾语及其与格转化结构或变异结构的习得研究（常辉，2014b；李昱，2014b）。

动宾习得研究主要包括四个方面：一是习得影响因素研究，主要探讨了留学生习得各类动宾结构的普遍影响因素如语言难度、输入频率和学习阶段（魏红，2009a、2009b）；特定影响因素，如动词的义项与输入频率（魏红，2017）以及语义与动宾语义关系（何清强，2014）。二是接受能力与产出能力研究，主要是对被试不同宾语类型的动宾搭配的接受能力和不同宾语类型动宾搭配的产出能力进行测试（肖贤彬、陈梅双，2008）。三是特殊动宾结构习得研究，如非常规动宾结构的习得研究主要探讨非常规动宾结构习得的多个影响因素，包括语义复杂度、使用频率、文化背景知识以及身体体验等（吴琼，2016）；不及物动词带宾语的习得研究主要探讨句法、词汇、母语和目标语输入对英语母语背景学习者习得汉语不及物动词带宾语结构的影响（郑丽娜，2015）；动宾离合词的习得研究主要是构拟出留学生习得离合词各项扩展形式的真实轨迹（马萍，2008）。四是动宾结构偏误研究，主要是分析留学生习得两个动宾离合词"帮忙"和"见面"的偏误问题（王亚丽，2017）。

3.3　定语习得研究

目前学界对汉语定语的习得研究主要可以分为两个方面，即单项定语的习得研究与多项定语的习得研究。

单项定语的习得研究主要是国别化研究，对泰国和老挝的汉语学习者的单项定语习得情况展开研究，主要涉及单项定语习得难度研究、单项定语习得情况的考察以及偏误类型和偏误原因分析（陈海燕、薄巍，2013），单项定语习得顺序研究（杨骐冰、齐春红，2011）。

多项定语的习得研究主要涉及三个方面：一是多项定语习得顺序与难度研究，主要是对二项定语的习得难度进行探讨（王紫琬、李慧，2017），多项定语的各类偏误率的统计（周小兵、雷雨，2018）。二是多项定语的偏误研究，主要是分析老挝学生习得汉语二项定语、三项定语和四项定语的偏误类型和偏误原因（薄巍，2013）；考察泰国学生多项定语错序的偏误情况（周小兵、雷雨，2018）。三是探讨人类语言的普遍规律与汉语多项定语的习得，如距离象似原则、指别词和数词前置于核心名词的优势语序对习得汉语多项定语的影响（薄巍，2013；周小兵、雷雨，2018）。

3.4　状语习得研究

学界对汉语状语的习得研究主要集中在单项状语的偏误分析、单音节形容词作状语和补语时的混用以及对多项状语的习得顺序问题的探讨上。

单项状语的偏误分析主要包括两个方面：一是单项状语与中心语语序偏误研

究，主要是针对泰语母语者和老挝语母语者习得汉语单项定语的偏误分析（施文志，2008；杨建，2018）；二是单项状语与补语混用问题，主要是以单音节形容词作状语和补语为例，对留学生状补混用的偏误情况进行考察，并分析偏误产生的原因（刘振平，2009）。

多项状语的习得难度明显高于单项状语，但目前学界对多项状语的习得研究文献较为少见，主要是对泰国学生的国别化调查，对泰国学生习得汉语多项状语的情况进行调查分析，并分析语际迁移、语内迁移、学习环境和交际策略对习得的影响（林文月、张勇，2015；林文月、高霞，2016）。

3.5　补语习得研究

汉语补语历来是汉语二语教学中的难点。当前学界对补语习得的研究主要探讨了结果补语、趋向补语、程度补语、可能补语、数量补语的习得问题，其中趋向补语习得研究的文献数量最多，研究最为充分，结果补语次之，程度补语、可能补语、数量补语等的习得研究仍较为薄弱。

（1）趋向补语的习得研究

趋向补语的习得研究较为充分，主要可以分为两大方面。

一是趋向补语习得的整体性研究，主要包括正确率与习得顺序研究、偏误分析两类。正确率与习得顺序的相关研究，主要探讨了趋向补语习得的错误率与正确率及习得顺序（杨德峰，2003a、2003b、2004a、2004b）、中高级韩国留学生使用率较高的 11 项趋向补语的正确率（黄玉花，2007a）、趋向补语句的 14 个下位句式的正确率与习得顺序（肖奚强、周文华，2009）；越南学生汉语趋向补语的习得顺序（齐春红，2014）。趋向补语的偏误分析主要是偏误类型和偏误原因分析（黄玉花，2007a；肖奚强、周文华 2009；刘汉武，2013）。

二是趋向补语习得的个案研究，主要涉及"过来""过去""出"组趋向补语和"下"组趋向补语。"过来"的习得研究主要是从认知语言学的角度，基于范畴化、意象等概念分析留学生的偏误（汤玲，2011）。"过来/过去"的习得研究主要基于三个义项的意象图式及其空间隐喻机制分析偏误原因。此外，刘汉武（2013、2015、2016）对越南学生习得汉语"出"组趋向补语、"下"组趋向补语以及"来/去"趋向补语的情况进行了系列考察。

（2）结果补语的习得研究

结果补语的习得研究主要包括两个方面：一是动结式的偏误研究，主要是以构式语法为理论框架，采用测试法归纳学习者使用汉语动结式时常出现的偏误类型，并且分析偏误产生的原因（陆燕萍，2012）；基于类型学视角考察缅甸、泰国、越南和马来西亚这四个国家的学生汉语结果补语的习得情况（王艳，2017）。二是动结式习得的特征与影响因素研究，主要是从构式语法出发，分析学习者英语母语的形式透明度和语义透明度对汉语动结式形式习得产生的重要影响（朱旻文，2017）；考察中高级留学生高频结果补语的输出正确率，并分析结果补语准确输出的影响因素（胡清国、张雪，2017）；考察越南、韩国、泰国三个国家的留学生对动结式带宾语的习得情况（魏红，2009a、2009b）。

（3）其他补语的习得研究

除了趋向补语和结果补语外，学界还对程度补语、可能补语、数量补语以及"得"字补语的习得情况进行了考察。程度补语的习得研究主要探讨了程度补语的偏误类型，即替代、遗漏、冗余和错序（王松，2012），考察了十个程度补语句的下位句式的习得顺序（王松、刘文攀，2015）。可能补语的习得研究主要是考察可能补语"V 得 / 不 C"的偏误类型，并分析其偏误原因（张先亮、孙岚，2010）。数量补语的习得研究主要是考察时量补语、动量补语的偏误类型，并得出数量补语句的习得顺序（肖奚强、芮晓玮，2009）；考察美国学生习得汉语动量补语的认知过程，揭示习得汉语动量补语的个性规律，分析影响其习得动量补语的原因（王嘉天、彭爽，2018）。"得"字补语的习得研究主要是考察"N₁+V+O+V+ 得 +C""N₁+O+V+ 得 +C"这两种状态补语句的正确率以及习得的影响因素（周小兵、邓小宁，2009），考察"N+V+得+A"的习得过程（邓小宁，2011）以及探讨"选择性注意"及"差异效应"在方式补语习得过程中的作用（靳洪刚、章吟，2009）。

第二节　汉语二语句子成分习得研究的主要成果

汉语句子成分的习得是语法习得的重要内容。近 20 年来，学界对汉语的主语、宾语、定语、状语和补语这五大句子成分的习得情况进行了全面的考察，其中补语的习得研究较为充分，且有相关专著专书讨论。并且，随着本体研究的推进以及相关语言习得理论的深化，近20年来，句子成分的习得研究更加注重吸收相关研究的新成果，改进研究方法，加强国别化研究，因而取得了较为丰硕的研究成果。总体而言，主要表现为以下四个方面。

1.　注重运用本体研究的新理论、新成果

当前对句子成分习得的研究较为重视吸收和运用本体研究的新理论和新成果，加深了对相关问题的认识，推进了相关的习得研究。

句子成分的习得往往涉及句法结构以及成分之间的组配关系。近年来兴起的构式语法理论为句法结构的研究提供了新的视角。在二语习得领域，也有学者从构式角度重新审视句子成分的习得问题。如李昱（2014）在语言类型学对双及物构式的研究基础上，吸收了语言库藏类型学的相关理念，对汉语中介语中与双及物构式相关的语言变异现象进行分析；李昱（2015）又从构式角度对汉语中介语中的双宾语动词和双宾语论元习得情况进行考察，探讨了语言共性和个性在第二语言习得中的具体表现。再如结果补语的习得研究方面，朱旻文（2017）运用构式理论，将动结式视为一个整体，并引入"模式""透明度"等来考察动结式形式和意义匹配学习的发展过程，探讨形式透明度和语义透明度对动结式习得的影响。这是当前补语习得研究进一步深化的趋势。此外，学界还注重运用认知语言学的理论，如汤玲（2011）基于范畴化、意象图示等概念，通过趋向补语的路径图示加深对趋向补语习得研究的深度，进而更好地分析学生偏误产生的原因。常辉、徐俪珑（2016）把汉语空论元的习得研究建立在当前空论元的相关理论之上，充分吸收了"空主语参数"（Chomsky，1981）、"形态统一性原则"（Jaeggli & Safir，1989）、"原则与参数理论"等理论成果。

2.　注重国别化研究，开始关注语言类型对习得的影响

汉语的句子成分与词类不一一对应，在使用中又具有明显的特性，尤其是汉语补语复杂多样的结构形式以及语义关系、多项定语和多项状语的顺序等问题，

常常与留学生的母语之间存在很大差异。因此学界对句子成分的习得研究中有相当一部分为国别化研究，更有针对性地对比汉语与学生的母语之间在某类句子成分使用上的差别，其中有一些研究开始基于语言类型学对某一语言母语者的汉语学习者的习得问题进行更深刻的类型学思考，并尝试对其进行解释。如学界关于汉语话题方面的研究都是国别化研究（曹秀玲、杨素英、黄月圆等，2006；胡丽娜等，2017），主要涉及母语为英语、日语、韩语和菲律宾语的汉语学习者，在语言类型上覆盖了主语突出、话题和主语均突出、话题和主语均不突出三种语言类型。学者们大都基于语言类型对母语为不同语言类型的学习者的习得情况进行考察，并从类型学的角度对其习得情况进行分析，得出了具有参考价值的结论。动词带宾语的结构的习得研究主要涉及母语为英语、韩语、日语、泰语等语言的汉语学习者的国别化研究，其中李昱（2014、2015）的研究都是基于语言类型学对双及物构式的研究。定语的习得研究主要是关于单项定语和多项定语的习得问题，都为国别化研究，涉及泰语、老挝语和英语，其中部分研究尝试从类型学的角度对其偏误现象进行解释（薄巍，2013；周小兵、雷雨，2018）。状语习得研究中的国别化研究主要围绕泰国学生和老挝学生展开。补语习得研究中趋向补语的习得研究涉及韩国、越南、英国、日本等国的国别化研究；结果补语的习得研究涉及缅甸、泰国、越南和马来西亚以及一些说英语的国家；动量补语的国别化习得研究主要围绕美国学生展开。

3. 研究方法更多样更科学

近20年来，句子成分习得研究在实验方法、统计方法和分析方法上也有了一定的提升，采用的方法较为多样，也更趋科学，这在一定程度上提升了研究结论的科学性和可靠性。

如空宾语的习得研究中，王洪磊（2017）使用限时的实验范式——跨通道启动——让被试在限时的实验任务中加工语言信息，通过分析被试的反应时间以了解英语母语者对汉语空宾语结构的加工机制及时间进程。定语的习得研究中，陈海燕、薄巍（2013）采用了正确使用相对频率法、蕴含量表法等较为科学的定量分析方法，对初级阶段和中级阶段的老挝学生习得汉语十类定语的顺序进行考察，并得出各个单项定语类型习得难度的序列等级。补语的习得研究中，刘汉武（2015）采用似然比检验方法对使用频次、使用频率分别进行统计，以此检验越南学生使用趋向补语时是否存在超用或少用的现象。齐春红（2014）通过伽特曼再生系数的检测，证明其蕴含量表的难度预测是有效的。

4. 部分研究对已有的一些理论假说进行了验证

学界的相关研究还对已有的一些理论假说进行了验证，如肖奚强、周文华（2009）发现初级、中级和高级三组留学生趋向补语习得偏误数呈"U"形分布，刘汉武（2015）发现越南学生习得"下"组趋向补语时其习得正确率沿着"高—低—高"的趋势发展，这些研究验证了 Eric Kellerman（1985）的"U-shaped behavior"假说。朱艳欣、赵杨（2016）引入界面假说进行预测，认为根据"句法—语义"界面假说，汉语双宾语结构对动词的语义限制可以为留学生所习得。但测试结果显示，学习者直至高级阶段也未能完全掌握该内容，结果与界面假说相悖，基于这一验证结果，作者进一步对影响学生习得的因素进行了探讨。

第三节   汉语二语句子成分习得研究的反思与展望

1. 反思

近 20 年来，句子成分习得研究在与本体研究成果的结合、国别化研究的开展以及研究方法的改进等方面都取得了不同程度的新进展、新成果，但也还存在一些不足之处，值得反思。主要表现为以下几个方面：

（1）一些句子成分的研究成果较为单薄

当前句子成分习得研究的成果仍较为单薄，主要表现为两个层面。

一是定语、状语两大句子成分的研究成果单薄。就文献数量来看，当前学界对留学生汉语定语习得和状语习得研究的论文数量非常有限；就文献质量来看，高质量高水平的研究较少，特别是在 CSSCI 核心期刊上发表的论文数量极为有限。这也从一个侧面说明当前汉语定语习得和状语习得的研究还存在很大空间。

　　二是各类句子成分中的一些小类的习得研究仍显不足。就句子成分的大类而言，汉语补语和宾语习得的研究成果较为丰富，但补语和宾语的一些小类的习得研究仍有待加强。一些常见的补语类型并未有专文考察，比如目前研究所考察的结果补语类型有限，大多将动结式限制在双音节范围内，如朱旻文（2017）、王艳（2017）。事实上，汉语中大量存在三个音节以上的动结式，如动词本身是双音节的、结果补语是双音节的或者多音节的短语等情况，这类结果补语的习得研究较为欠缺。此外，汉语双宾语存在多种不同义类的语义类型，但当前的文献只对"给予"类双宾语的习得进行了考察，其他各类如"获取""叙说""租借"等类型的习得尚未见专文探讨。事实上，对留学生而言，这几类双宾语习得的难度更大，也值得研究者关注和研究。

　　（2）国别化研究的覆盖面小，解释力有待提升

　　汉语的各大句子成分，尤其是定语、状语与中心语的位置问题、多项定语和多项状语的语序问题，以及汉语的各类补语都具有明显的汉语特征，与其他语言存在较大差异。而留学生的母语背景非常多元，与汉语的各大句子成分之间的关系也不尽相同，因而难以一概而论。相对而言，国别化研究能更有针对性地开展偏误分析和习得研究。近20年来，学界对句子成分的习得研究虽然较为重视国别化研究，但总体而言，覆盖的语种仍很有限。

　　如前所述，汉语定语的习得研究主要涉及泰国、老挝、英国、美国等国家，状语的习得研究主要涉及老挝和泰国，补语的习得研究主要涉及英国、美国、韩国、越南、日本、缅甸、泰国、马来西亚等国家。从国别数量来看，其覆盖面较小，研究还不充分。母语为俄语、阿拉伯语、西班牙语、法语等其他语种的学习者的习得研究尚未涉及。汉语和英语都属于SVO型语言，那么SOV型或VSO型的语言，诸如日语、阿拉伯语等，这些语言类型的汉语学习者在习得汉语的定语、状语、补语等句子成分时是否呈现出其他的问题，是目前研究未曾探讨的。而不同语言背景的二语学习者在习得汉语补语时采取的学习策略有何不同，这些不同是否和语言类型有关，这些问题都尚未开展研究。

　　（3）实验设计和实验方法存在不足

　　学界对汉语句子成分的习得研究采用的统计方法和分析方法有明显的提升，但在实验设计和实验方法等方面仍存在较多不足，主要表现为：

　　一是实验设计存在不足。相较而言，实证研究数据真实，具有较强的信度，但实验设计中的一些因素会影响实验结果的信度，如测试内容的设定、被试的选择等。当前研究中有的调查基于实验展开，但实验设计存在一些问题。如朱艳欣、赵杨（2016）考察英语、日语母语者汉语双宾语结构习得情况时，就曾指出自身测试设计存在的不足：测试的动词数量有限，只选择了两个典型动词；被试数量有限，样本量小，而且缺乏汉语水平接近的汉语母语者被试。这在一定程度上影响了实验结果的可靠性，类似问题也在其他测试中普遍存在。如杨建（2018）的研究对象为初学汉语的老挝预科留学生，作者也指出被试的汉语水平近乎零，因此作者所考察的只是一小部分状语错序的偏误类型，难以全面地反映学生的习得情况。

　　二是实验方法存在不足。当前研究多采用任务判断法，偏重理解型测试，只有少数结合产出型测试。而单一测试工具或研究方法会在一定程度上影响研究结果的信度和效度。判断型测试任务只能考察判断任务所涉及的语言知识，即被试的一部分知识，而且有可能这部分知识他们实际上并不使用；产出型测试任务有时效度不高，因为有时要考察的内容被试并没有使用，这种情况有时会较大地影响研究结论的准确性。因而，单独使用其中一种方法都可能存在一定的缺陷。

2. 展望

　　基于上述反思，在加强本体研究的基础上，未来我们应该进一步吸收语言学理论和语言习得理论的新成果，加强国别化研究，基于语言对比从类型学视角对相关问题进行解释，推进当前研究进一步深化。具体表现为以下几个方面：

　　（1）加强对句子成分中的复杂问题的研究

　　就句子成分的大类而言，应加强对汉语定语和状语习得的研究。就各类句子成分内部而言，还有很多复杂的问题需要进一步的研究。

　　目前学界对汉语主语习得中的空主语和话题等问题的探讨还不是很充分。比如汉语空主语的习得或使用的影响因素除了学界所考察的汉语水平、空论元位置、空论元性质、单复数、人称、性别、特指性等因素外，是否还有其他因素影响汉语空主语的习得？这些因素与空主语的习得的相关度如何？再如当前对话题结构习得的研究主要集中在句子层面，语篇层面的话题结构的研究尚未涉及。

汉语宾语的情况较为复杂，其复杂性主要表现为：充当宾语的成分复杂、宾语与述语之间的语义关系复杂、能够带宾语的动词复杂、带受事宾语的及物动词也非常复杂。这些复杂情况增加了习得的困难，但学界对上述复杂问题的关注还很有限，今后可以加强对这些语言现象习得情况的考察，并对其做出合理的解释。此外，非常规动宾结构的习得是留学生宾语习得中的难点，相关研究也有待深化。

汉语定语与状语的复杂性主要表现为定语、状语与中心语的位置，多项定语、多项状语之间的顺序，定语标记"的"以及状语标记"地"在什么情况下必须使用，什么情况下不能使用，什么情况下可用可不用，这些问题都是留学生学习中的难点，都有待进一步深入研究。

汉语补语情况复杂，当前学界对补语内部的结果补语、程度补语、情态补语、可能补语、趋向补语、数量补语这几类之间的习得顺序和方法的探讨几乎没有涉及，而这是二语学习者习得汉语补语以及教材对补语的处理和编排都必须要考虑的问题。此外，动结式和动趋式相当复杂，前者是语义上的复杂，后者是位置上的复杂，如何在基本理解的基础上，推进研究的纵深化，是值得思考的问题。如动结式中动词和补语之间的语义关系、趋向补语和宾语共现时复杂的位置问题，当前的解释是很不足的，还需继续探讨其本质的原因究竟是什么。

上述问题的深入探讨，都需要建立在本体研究的基础上，因而应该加强本体研究，进一步解释汉语自身的特殊性，为汉语二语句子成分习得中的复杂问题的研究打好基础。

（2）及时吸收语言学理论、语言学习理论的新成果

在加强本体研究的同时，未来研究还应注重及时学习、吸收和借鉴国外相关语言学理论和语言学习理论的新成果，以新的视角重新审视一些基本问题，从而加深对汉语句子成分的认识，并促进相关的习得研究。如与主语习得相关的话题、主位、空主语等语言现象的研究，可以借鉴国外语言学界的相关研究成果。

如 "空主语参数"（null subject parameter）（Chomsky，1981）用以解释空主语的跨语言差异；"形态统一性原则"（Morphological Uniformity Principle）（Jaeggli & Safir，1989）对空主语的参数差异进行了细致的说明。此外，国外二语习得研究也将论元结构的习得与句法、语义和语用接口联系起来。如众多学者（如 Sorace & Filiaci，2006；Sorace，2011）认为接口知识的习得比纯句法知识的习得更难，并且外接口句法与语用知识的习得比内接口句法与语义知识的习得更难，由此提出接口假说（Interface Hypothesis）。因此，对于空主语的问题，我们可以借鉴诸如接口假说等理论进一步探讨是否还有其他因素影响汉语空主语的习得，这些影响因素的重要性如何，以从更多角度解释空主语与空宾语不对称的现象。

（3）加强国别化研究，从类型学视角加以解释

如前所述，近 20 年来，句子成分习得研究中有一部分研究成果是国别化研究，但除了补语习得研究涉及的国家略多以外，其他句子成分习得研究所涉及的国家数量还非常有限，如主语、定语和状语的习得大多只涉及两三个国家。因此，未来我们可以进一步加强国别化研究，尤其是分属不同语言类型的国别化研究可以帮助我们加深对不同语言类型的母语者汉语句子成分习得情况的认识，更好地把握其习得的规律。

在加强国别化研究的基础上，今后的研究可以立足于语言类型学的视角，对不同语言类型的汉语学习者的习得情况进行考察，进而发现母语与汉语分属不同语言类型的学习者在习得汉语句子成分时的习得顺序与习得难度如何，存在哪些偏误，母语与汉语属于同一语言类型的学习者，在习得汉语某类句子成分时的习得顺序与习得难度如何，又存在哪些偏误。在此基础上，对比不同语言类型学习者在习得汉语某类句子成分时的共同点和不同点，从而厘清哪些问题是外国学生普遍存在的问题，哪些问题与其母语类型密切相关，进而更好地指导汉语作为第二语言的教学实践。

（4）实验方法与设计的改进

当前句子成分习得研究大多基于实证研究，所使用的实验多为测试或问卷调查，在理论和方法上还有待加强。一方面，应及时吸收二语习得理论中最新的实验方法，优化实验设计。在研究对象的设定、被试的选取、测试的设计、问卷的

设计等方面更为科学严谨，在数据库以及数据分析方面需保证样本的数量与质量，借助专业的统计软件进行数据处理与分析，得出更为科学可信的数据与结论。另一方面，应注意共时考察与历时追踪调查相结合。二语习得中的跟踪调查，可以更真实地反映学习者在不同阶段对某一语言现象的理解和掌握的情况。当前句子成分习得研究都为共时层面的考察，虽然有的研究分别考察了不同的汉语学习阶段，但尚未见同一学习群体在不同阶段的习得情况的跟踪调查，这也是未来深化句子成分习得研究的一个方向。

第十一章　主语习得研究

　　汉语的句子成分中，主语是一个相对简单的成分，其习得难度也相对较低，因而前人时贤单纯关于主语习得的研究成果很少。但也有一些与主语概念相关联的语言单位的习得，如话题的习得、主位的习得等问题，引起不少学者的关注。另外，汉语句子中主语使用的特殊要求，也成为汉语二语习得中较受关注的课题。例如，汉语主语使用时可以允许空主语，而世界语言中不少语言不允许空主语的出现，那么这类语言为母语的学习者在习得汉语空主语时是否存在习得困难？有的语言与汉语一样允许空主语出现，这类语言为母语的学生在习得汉语空主语时是否更加容易？哪些因素会影响空主语的习得？这些问题是汉语二语习得中较受关注的课题。此外，汉语的主语与话题、主位等密切相关，因而汉语话题结构的习得以及主述位的习得也引起了部分学者的关注与研究。

第一节　话题与主位的习得研究

　　主语是一个重要的概念，在传统语法和较近的语言学论著中都经常使用，但语言学家对主语的身份缺乏一致意见。Comrie（1989）从格标记、句法标准等方面确定主语的身份，但仍然发现汉语侧重不同的标准会得出不同的结论。汉语的主语也不是一个完全清晰的概念，它与话题、主位等概念的关系密切，因此主语的研究有时也与话题、主位的研究密切相关。留学生在习得汉语话题与主位时也避不开主语习得。因此，本节主要回顾学界关于留学生习得汉语话题与主位的相关研究。

1.　话题结构的习得研究

话题（也称主题）在汉语语法中非常重要，Li & Thompson（1976）就提出汉语是话题突出（topic-prominence）型语言，英语则是主语突出（subject-prominence）型语言。此后，汉语语法理论学界基本形成共识：汉语是一种话题优先的语言。当然，对这一命题的确切解读或有差异，但是汉语不像日语和韩语，其中的话题有形态标记标注，汉语的话题和主语有时重合，有时分离，不易区分，因而话题的习得实际上也涉及主语的习得问题。前人对话题习得的研究都是针对具体国别的学习者而展开的，主要是母语为英语、日语和韩语的汉语学习者（曹秀玲、杨素英、黄月圆等，2006）以及母语为菲律宾语的汉语学习者（胡丽娜、郑丽娜、常辉等，2017）。

根据话题是否移位，汉语话题结构可以分为移位类和基础生成类（Pan & Hu，2008）。移位类话题结构中的话题是通过移位生成的，生成的话题结构具有句法语缺（gap），话题和谓语具有句法关系，是谓语的论元。关于汉语话题习得的研究一般都针对这两大类话题结构展开。

曹秀玲、杨素英、黄月圆等（2006）在前人研究的基础上，比较了母语为英语、日语和韩语的学习者习得汉语话题句的情况，对三组学习者的测试材料和自然语料进行观察。测试材料分为两类，测试1主要考察学生对不同类型话题句的接受程度，包括十二种不同类型的话题句。测试2包括六种类型，前三种类型第一小句中的不同主要成分（a. 主语；b. 宾语；c. 主语或宾语都有可能）是后续句中的话题；后三种类型都有一个确定的话题（处于后续句主语前面，并有逗号与后续句主语分开），而话题与后续句中的不同成分（主语、宾语或不同后续句中的不同成分）有关。自然语料则来自学生的作文。对语料的考察主要围绕以下三个问题：

（1）话题突出和主语突出不同母语背景的习得者在习得汉语时是否表现出相同的特点？

（2）和主语突出母语背景的学生相比，具有话题突出母语背景的学生是否较易习得汉语的话题句？

（3）日语和韩语同是话题和主语均突出的语言，母语为日语和韩语的学生在习得汉语时表现是否相似？

　　曹秀玲、杨素英、黄月圆等（2006）主要针对 SVO 基本结构、最简连接原则、母语影响等方面进行了讨论。研究发现，三组习得者都没有经历一个普遍的话题突出的阶段，非移位式话题句的理解和使用都存在习得困难。这进一步证实了 Yuan（1995）的发现，即习得者即使在有正面的语言输入（母语也有话题突出的特点）的情况下也不能在初级、中级，甚至中级、高级阶段掌握非移位式的话题句，也证实了 Frazier（1978、1985）和 Frazier & Rayner（1988）提出的最简连接原则（the Principle of Minimal Attachment）对这一现象的解释力。同时该研究也发现，三组不同母语的习得者在理解和使用简单句宾语移位作话题的句子时没有什么困难，但习得复杂的话题句或非移位式的话题句却表现出困难。此外，英语和日语、韩语组对领格语域式话题句（如"那棵树，叶子很大。"）都用得比较多。做合法度判断时，二语组对测试 1 中这类句子的接受程度也高于其他非移位式话题句。该研究对此做出了解释，认为人脑中最简、最原型的结构似乎就是 SVO，而二语习得者，至少是成人习得者，在习得初期的分析是建立在 SVO 结构上的。

　　就母语影响而言，在学习非移位式的话题句时，所有习得者都存在困难，但以日语和韩语为母语的习得者比以英语为母语的习得者表现得好一些。在链话题回指判断方面，日语组和韩语组的表现则明显好于英语组。可见，母语对话题句习得的影响不容忽视。

　　除了上述对母语为英语、日语和韩语的汉语学习者的习得研究，还有学者对母语为菲律宾语的学习者习得汉语话题结构进行了研究。菲律宾语与汉语不同，也与英语、日语和韩语不同，是话题和主语均不突出的语言，因而在习得汉语话题结构时也可能表现出独特的情况。胡丽娜、郑丽娜、常辉（2017）以母语为菲律宾语的学习者为研究对象，以汉语母语者为控制组，通过句子可接受度判断测试，考察母语为菲律宾语学习者对汉语话题结构的判断，探讨他们对汉语话题结构的习得情况以及母语和二语水平在汉语话题结构习得中的作用。根据话题是否移位，Pan & Hu（2008）将汉语话题结构分为移位类和基础生成类。胡丽娜、郑丽娜、常辉（2017）在此基础上将话题结构分为两类八种：即（1）悬挂移位话题结构，如"苹果我爱吃"；（2）话题从宾语位置移位到话题位置，并在宾语位置上使用与移位宾语同指的代词（resumptive pronoun），如"这个人大家都不喜欢他"；（3）话题从主语位置移位到话题位置，并在主语位置上使用与移位主语同指的代词，如"这个女孩她很漂亮"；（4）表地点或时间的介词短语、方位短语、名词或名词短语作话题的话题结构，如"在香港生活很方便""周六我们去爬山"；（5）话题与述题的主语存在领属关系，如"大象鼻子长"；（6）与话题有包含关系的名词或名词短语是述题的主语，如"水果香蕉最好吃"；（7）与话题有包含关系的名词或名词短语不是述题的主语，如"水果我最喜欢草莓"；（8）关于性（aboutness）话题结构，即话题不与述题中的某个成分有关系，而是与整个述题有关，如"这件事我做主"。上述话题结构中,（1）～（4）为移位类,（5）～（8）为基础生成类。菲律宾语中很少出现话题结构，仅存在上述（3）、（4）和（6）话题结构。

句子可接受度判断测试的任务包括以上八种话题结构，每种结构 5 个句子，共 40 个句子，为目标句，另有 40 个干扰句，共 80 个句子。这 80 个句子随机打乱。为减少词汇和句子长度对判断任务的影响，目标句和干扰句都尽可能选择最简单的汉语词汇，以保证被试能够充分理解测试句，而且句子长度都尽量相同。测试句采用"李克特五级量表"，完全可接受为 2，基本可接受为 1，不确定为 0，基本不可接受为-1，完全不可接受为-2。被试分为两组：低水平组和高水平组，低水平组为考过 HSK 一级或二级的 35 名留学生，高水平组为考过 HSK 六级的留学生及菲律宾汉语老师共 26 人。测试结果见表 11-1。

表 11-1　被试对八种话题结构可接受度判断的总体情况 [①]

组别	第一种	第二种	第三种	第四种	第五种	第六种	第七种	第八种
低水平组	0.01	0.15	0.10	0.29	0.26	-0.08	-0.28	0.09
高水平组	0.85	0.67	0.62	1.04	0.88	0.82	0.67	0.75
汉语母语组	1.01	0.90	1.07	1.48	1.13	0.65	0.64	1.26

从表 11-1 可知，与基础生成类话题结构相比，被试更倾向于接受移位类话题结构。高水平被试和汉语母语者都比较接受汉语的话题结构，但低水平被试对

① 参见胡丽娜、郑丽娜、常辉（2017）。

汉语话题结构的接受度较低，接近 0。可见，低水平组被试的判断和另两组被试的判断都存在质的差异，而高水平组被试的判断与汉语母语者比较接近。

菲律宾学习者的低水平组被试还没有习得汉语话题结构，与控制组的判断存在显著差异。但随着汉语水平的提高，高水平组被试的表现与汉语母语者接近，能够较好地习得汉语的话题结构。另外，被试对移位类话题结构的习得先于基础生成话题结构；被试较早习得（4）、（5）、（8）话题结构。

胡丽娜、郑丽娜、常辉（2017）的研究表明：（1）菲律宾学习者对移位类话题结构的习得先于基础生成类话题结构，可能是受目标语输入的影响，因为汉语移位类话题结构比基础生成类话题结构更为普遍；也可能是受英语的影响，英语中存在移位类话题结构，而英语是菲律宾的第二国语，因此他们更快习得汉语移位类话题结构可能是受英语的正迁移。（2）母语及二语水平在他们对话题结构的判断中发挥了重要作用。低水平组被试对汉语话题结构的接受度较低，因为他们对汉语话题结构的正确性还没有把握，而高水平组被试对汉语话题结构的判断接近汉语母语者，说明他们能够习得话题突出特征。这表明汉语二语水平对话题结构的习得发挥了重要作用。

2. 主位的习得研究

与主语相关的另一个概念是"主位"。主语的习得，也可以从主位和述位的角度来研究。主述位理论从语篇整体结构出发，注重语篇的衔接和连贯。因此研究主位类型和主位推进模式有助于帮助语言学习者把握语篇的语义关系和内在联系，从而在书面语写作中可以从整体上把握语篇的衔接与连贯。

王丽、刘颖（2015）从主述位理论出发，研究母语为英语的汉语学习者书面语主述位结构的习得情况。考察母语为英语的汉语学习者在主位类型、复式主位功能以及主位推进模式上的使用情况，并将其跟汉语母语者的语篇进行对比分析，探讨两者的使用差异以及造成差异的原因，最后探讨研究结果对母语为英语的汉语学习者语篇学习的启示。

王丽、刘颖（2015）将主位分为简式主位（simple theme）、复式主位（multiple theme）和句式主位（clause theme）三类。简式主位是指主位是一个独立的整体，内部结构不能再划分，如"父母和孩子（简式主位）也是一对矛盾体（述位）"。复式主位由多种语义成分构成，并且总是含有一个表示概念意义的成分，另外还可能含有表示语篇和人际意义的成分，如"那么，父母（复式主位）应该怎样教育孩子呢（述位）"。句式主位指由整个小句充当的主位，即当一个句子由一个以上小句构成，并且这些小句呈现并列关系或主从关系时，则首先出现的小句为主位。也就是说出现在前的小句本身又含有主述位结构，如"家庭是孩子的第一所学校（句式主位，并列关系），父母是孩子的第一任老师（述位）"。

根据主位功能的不同，王丽、刘颖（2015）将汉语复式主位划分为以下三类：语篇主位（textual theme），指在语篇中起连接作用的连词及表时间和处所的词、短语；人际主位（interpersonal theme），表示说话人的态度、观点、要求，并试图影响他人的态度、观点和行为，并多以"插入语"的形式体现；话题主位（topical theme），即陈述对象的实体成分，是动作行为的参与者，主要为名词性成分或者事物化的动词短语。

王丽、刘颖（2015）按照以下几个步骤展开研究：（1）将两个语料库中的主位和述位结构分别进行标注；（2）区分出两个语料库中的主位类型，找出简式主位、复式主位和句式主位。对复式主位中的语篇主位、人际主位和话题主位分别进行标注；（3）对两个语料库中的主位推进模式分别进行分析和标注；（4）分别统计出主位类型以及主位推进模式的数量，用似然率差异显著性软件统计两者的差异是否具有显著性。学习者和汉语母语者语料中主位类型的频数统计结果见表 11-2。

表 11-2　主位类型在学习者语料和汉语母语者语料中的频数及对数似然率差异 [①]

主位类型	学习者语料	汉语母语者语料	对数似然率（P 值）
简式主位	869	967	-0.001***
复式主位	922	691	+0.000***
句式主位	354	464	-0.000***
总计	2145	2122	+0.800

其中，复式主位的语篇主位、话题主位和人际主位的频数情况见表 11-3。

[①]　参见王丽、刘颖（2015）。说明：＊p<0.05；＊＊p<0.01；＊＊＊p<0.001。

表 11-3　复式主位三种成分在学习者语料和汉语母语者语料中的频数及对数似然率差异[①]

复式主位	学习者语料	汉语母语者语料	对数似然率（P 值）
语篇主位 + 话题主位	472	324	+0.000 ***
人际主位 + 话题主位	254	253	+0.992
语篇主位 + 人际主位 + 话题主位	196	114	+0.000 ***
总计	922	691	0.000 ***

　　基于孙新爱（2004）和吕春红（2008）对主位推进模式的分类，同时结合该研究中两个语料库的实际标注情况，王丽、刘颖（2015）归纳了九种推进模式，即：连续型、延续型、集中型、交叉型、派生型、集合型、主题型、单一型、发散型。语料统计结果显示，学习者共使用了 776 个主位推进模式，汉语母语者共使用了 1004 个主位推进模式，两者差异显著（P＜0.001）。在各主位推进模式的使用频数上，汉语学习者使用情况如下：单一型（340 个）＞连续型（199 个）＞延续型（190 个）＞集中型（38 个）＞交叉型（5 个）＞发散型（2 个）＞派生型（1 个）/ 集合型（1 个），学习者语料中没有出现主题型。汉语母语者主位推进模式使用情况如下：单一型（347 个）＞连续型（294 个）＞延续型（244 个）＞集中型（60 个）＞主题型（22 个）＞交叉型（15 个）＞派生型（11 个）＞发散型（9 个）＞集合型（2 个）。

　　九种推进模式在汉语母语者语料中全部出现，而学习者语料中则只出现了八种，单一型在两个语料库中均使用最多，连续型、延续型和集中型也是两者常用的推进模式，交叉型、派生型、集合型和发散型的使用频率都很低。主题型虽然没有出现在汉语学习者语料中，但在汉语母语者语料中出现的次数较多（22 个），排名第五。

　　可见，汉语学习者和汉语母语者在使用主位类型、主位推进模式等方面既有共同之处，也存在差异。使用主谓类型的相同点表现为：简式主位使用得较多，句式主位使用得较少；汉语学习者和汉语母语者使用得最多的都是"语篇主位 + 话题主位"结构，使用得最少的是"语篇主位 + 人际主位 + 话题主位"。不同点表现为：汉语学习者和汉语母语者使用"语篇主位 + 话题主位"的频数存在显

---

① 参见王丽、刘颖（2015）。

著差异；汉语学习者使用复式主位较多；汉语母语者使用简式主位和句式主位较多。在使用主位推进模式方面，相同点表现为：单一型、连续型、延续型、集中型四种推进模式占主导地位；交叉型、派生型、集合型、主题型、发散型均使用得较少。不同点表现为：汉语学习者未使用主题型推进模式；汉语母语者使用主位推进模式的分布更均衡；汉语学习者和汉语母语者使用派生型、单一型的频数存在显著差异。

第二节　空主语的习得研究

论元结构（argument structure）是当今国际上各个语法学派普遍使用的观念，即用句子中的动词及其所联系的语义角色来观察句子的基本结构。其中空论元（null argument）一直是论元结构习得研究的一个热点，它的使用涉及句法、语义和语用三个层面的语言知识。空论元指的是因为某些原因，句子的主语或宾语没有语音表现形式，但有语法作用和语义内容，即空论元包括空主语（null subject）和空宾语（null object）。如"她说没做作业"中，内嵌句的主语与主句的主语相同，即"她"，但内嵌句中"她"没有出现，没有显性的语音表现形式，由此形成了空主语。再如"她说今天要做作业，但她没做"中，第二个分句的宾语与第一个分句的宾语相同，即"作业"，但在第二个分句中"作业"没有出现，没有显性的语音表现形式，由此形成了空宾语。

不同的语言中空主语和空宾语的使用情况不同。有的语言既允许空主语，也允许空宾语，如汉语、韩语和日语等；有的语言既不允许空主语，也不允许空宾语，如法语、英语等；还有些语言只允许空主语，不允许空宾语，如西班牙语等。因此，二语习得时，空主语和空宾语的使用也值得关注。本节主要讨论汉语空主语的习得、空主语和空宾语不对称的习得研究。

1.　主语空论元习得研究

空主语，是一个比较复杂的问题，学界也提出过多种理论对其进行解释。如

Chomsky（1981）指出允许空主语出现的语言其形态较为丰富，只有不允许空主语的语言具有虚主语（expletive），如英语的 there 和 it。Huang（1984）指出不同的语言事实，并非只有形态丰富的语言才允许空主语，形态匮乏的语言如汉语也可能允许空主语。Huang（1984）认为汉语的空主语是 pro。此外，还有学者尝试对上述现象进行解释，如 Jaeggli & Safir（1989）、Yuan（1997）等。但是，总体而言，当前理论都尚未能对空主语现象进行合理的解释，而汉语空主语现象尤为复杂，因为汉语的空主语既可以出现在主句，又可以出现在从句，既存在于句子层面，还存在于语篇层面。汉语空主语还与其他语言存在跨语言差异。如前所述，空主语在汉语中较为常见，但英语则不允许空主语。汉语和英语的这种差异是否会给英语为母语的汉语学习者造成习得困难，学习者最终能否习得汉语的空主语和空宾语，都是值得研究的问题。

二语汉语空论元习得方面的研究最早出自 Yuan（1993）[①]。Yuan（1993）以不同学习阶段英语背景的汉语学习者为被试，采用可接受度判断，考察被试对汉语空论元的习得情况。结果显示，不同学习阶段的被试都接受含有空主语的汉语句子，这说明空主语和话题脱落参数在二语习得过程中可以重新设置，普遍语法可及。

Kong（2007）以第二语言习得框架下"原则与参数理论"中的"参数设定理论"为切入点，考察英语为母语的学习者对汉语空主语的习得情况，采用判断任务，对被试进行关于汉语空主语语料的倾向测试。结果显示，被试倾向于使用汉语空主语的频率和汉语水平的高低成正比，被试的汉语水平越高，对汉语空主语的接受度也越高；被试习得从句空主语的难度高于主句空主语。该研究表明，空主语的习得在主句和内嵌句上表现出不对称性，母语和目标语水平对汉语空主语的习得存在影响。研究结果支持 Tsimpli & Roussou（1991）的观点：与功能性范畴相关的语言参数值，对于年龄超过关键期的学习者的第二语言的重新建构是无效的。

Zhao（2012）考察了母语为英语的成年人对汉语中零主语的解释，并在原则和参数的框架内解释了汉语二语学习者和汉语母语者在二语习得中与参数相关

---

① 本书系所收录文献起始时间为2000年，只在必要情况下收录少量早些年份的文献。

的差异。对汉语空主语相关属性的偏好测试的结果表明，随着语言熟练度的提高，第二语言使用者对空主语的使用随之增加。研究还表明，包括高级汉语水平说话人在内的第二语言学习者在习得零嵌入主语（null embedded subjects）方面比使用零矩阵主语（null matrix subjects）困难得多。这些结果支持 Tsimpli & Roussou（1991）关于功能性范畴的语言参数值的结论。研究还发现，被试能够正确判断内嵌句中显性主语所指的内容，无论其指代主句主语还是语篇中除主句主语之外的人；被试也能够正确判断内嵌句中空主语指代主句主语的情况，但只有高级汉语学习者能够正确判断内嵌句中空主语指代语篇中除主句主语之外的人这种情况。

常辉、周岸勤（2013）在原则与参数理论框架内，基于"HSK 动态作文语料库"，考察母语为英语的汉语学习者的产出性语料，探讨学习者对汉语空论元的习得、习得汉语空论元中母语的作用以及汉语空论元使用的影响因素。

常辉、周岸勤（2013）的研究的语料来自"HSK 动态作文语料库"中题为《父母是孩子的第一任老师》的作文，共 57 篇，考生都来说英语的国家，其中 32 篇出自美国考生，14 篇出自加拿大考生，11 篇出自英国考生，共计 21022 字。这些作文按照得分高低分为三组。

研究设计围绕三大问题展开，即：（1）母语为英语的学习者在汉语空主语和空宾语的使用上是否存在不对称现象？（2）论元的位置（主句/从句）和性质（有生命/无生命）是否会影响母语为英语的学习者对汉语空主语和空宾语的使用？（3）母语为英语的学习者的汉语写作水平和母语是否会影响他们对汉语空主语和空宾语的使用？

统计结果显示：（1）被试（母语为英语的汉语学习者）使用的空主语数随着写作水平的提高而增多，即使是写作水平最低的第一组被试都使用了一定数量的空主语，这说明被试已经习得了汉语允许空主语的句法知识，空主语参数得到了重新设置；（2）被试对空主语的使用随写作水平的提高而呈增多趋势，表明学习者使用汉语空主语的意识在增强；（3）论元的位置对被试汉语空主语的使用没有显著影响，语料中并没有出现空主语在主句和从句中不对称的现象；（4）论元的性质对空主语的使用产生一定的影响，第三组作文中有生命空主语的使用率都高于无生命的空主语的使用率，但随着被试汉语写作水平的提高，这种差异越来越小；（5）被试的汉语写作水平是否对不同性质空论元的使用产生影响，在有生命的空论元方面，第三组被试没有表现出任何倾向性。

该研究的部分结论与前人二语习得研究中的一些结论并完全不一致。比如在论元的位置和性质是否影响空主语使用的问题上，Kong（2001）发现中国学生对英语主句中空主语的判断比从句更加准确；王月华、于善志（2012）发现中国学生对英语主句中空主语和空宾语的判断比从句更准确；而 Yuan（1997）发现，主句和从句以及有生命和无生命对中国学生判断英语的空论元都没有显著影响，且该研究的调查结果显示论元的位置对被试汉语空主语的使用没有显著影响。因此，论元的位置和性质是否会影响母语为英语的学习者对汉语空主语和空宾语的使用，还需要进一步考察。此外，汉语水平是否会影响母语为英语的学习者对汉语空主语的使用也需要进一步考察；学习者几乎没有使用空宾语的意识，能否重新设置话题脱落参数也还有待进一步探讨。

Li（2014）通过访谈录音和故事复述考察了母语为日语、韩语、英语和俄语的汉语学习者对汉语主语的使用，主要探讨二语汉语主语使用的影响因素。调查结果显示，与单数、有生性、非叙事、特指环境相比，被试在复数、无生性、叙事文、非特指环境中更多地使用空主语。此外，母语类型、性别、汉语水平等都对汉语空主语的使用产生影响。相对而言，日本与韩国学习者使用空主语的情况比英俄学习者多，男性使用空主语的情况比女性多，汉语水平高的学习者使用空主语的情况比水平低的学习者多。

常辉、徐俪珑（2016）对当前二语汉语空论元习得研究进行了总结，介绍了空论元的相关理论，如"空主语参数"（Chomsky，1981）、"形态统一性原则"（Jaeggli & Safir，1989）、"原则与参数理论"等。在此基础上，作者分析了英汉空主语的类型、性质及其跨语言差异。英语和汉语是两种不同类型的语言，英语主句和内嵌句的主语都不能省略，汉语内嵌句中的主语可以省略。英语主从复合句中主句和从句中的主语都不能省略，汉语空主语可以出现在主句，也可以出现在从句。汉语空主语还可以发生在语篇层面，有时是空话题。进而，作者对目前有关二语汉语空论元习得研究进行了回顾与评析。常辉、徐俪珑（2016）并非只针对空主语问题，他们同时还讨论了空宾语问题。

2. 空主语与空宾语不对称的习得研究

从目前的研究来看，空主语和空宾语的不对称性似乎是二语习得中的一个普遍现象。

常辉、周岸勤（2013）关于空论元的研究也探讨了空主语与空宾语不对称的问题。该研究结果显示，英语母语者习得汉语空主语和空宾语时，在使用频率和习得难度上表现出不对称。就使用频率而言，空主语的使用率远高于空宾语。卡方检验显示，三组作文中空主语和空宾语的使用都存在显著差异（p=.000）。也就是说，在空主语和空宾语使用上三组不同写作水平的被试都存在不对称现象，他们都使用了一定数量的空主语，但几乎不使用空宾语。无论是在主句中还是在从句中，空主语的出现率都远高于空宾语。就习得难度而言，对英语母语者而言，空宾语的习得难度明显高于空主语。这一点可以从使用频率上得到支撑。

对于上述不对称现象，常辉、周岸勤（2013）认为这主要是母语的作用——英语与汉语的语言差异造成了被试对汉语空主语和空宾语的不对称使用。根据Schwartz & Sprouse（1996）的完全迁移观，英语不允许出现空论元，那么按照母语迁移的作用，这促使英语母语者在汉语习得中不使用空主语和空宾语。但事实上，英语的特殊性还在于英语中有虚主语，与英语虚主语相对应的汉语成分是空主语，并且当英语使用虚主语时，汉语必须使用空主语。当学习者在学习过程中意识到这一点时，英语的虚主语就成了母语为英语的汉语学习者习得汉语空主语的触发性材料，促使他们很快地成功重设空主语参数。但是，英语不存在虚宾语，除祈使句外在正式文体中也不允许省略宾语，触发性材料的缺失使得母语迁移持续发生作用，母语为英语的汉语学习者几乎不使用空宾语，从而造成了他们汉语空主语和空宾语的不对称现象。

常辉（2014a）对日本学生汉语空主语和空宾语不对称的现象进行了考察。研究发现，日本学生的汉语作文中空主语和空宾语的使用不对称，学习者使用空主语的频率和数量高于空宾语，空宾语的使用相当有限。结合常辉、周岸勤（2013）和常辉（2014a）两项研究的事实，可以说明两点：一是不管母语是否允许空论元，他们习得汉语时都会出现空主语与空宾语的这种不对称现象；二是这种不对称现象应该不是母语迁移造成的。因为英语既不允许空主语，也不允许空宾语，日语既允许空主语，也允许空宾语，英语不存在空主语和空宾语的不对称现象，日语空主语与空宾语并没有显著的不对称，但是母语为英语或日语的学习者都出现了汉语空主语和空宾语不对称的现象。

由此，常辉（2014a）对这种不对称现象进行了进一步的思考，他认为可能受到目标语输入、凸显度和认知度以及空虚主语等因素的影响。就目标语而言，汉语本身就存在空主语和空宾语的不对称现象[①]，因此，学习者的汉语输入本身就存在空主语和空宾语的不对称现象，从而导致了他们二语汉语中空主语和空宾语的不对称性。就凸显度和认知度而言，主语往往位于句首，其凸显度和认知度比宾语高，学习者处理主语时会投入更多的注意力，使得二语汉语学习者使用空主语的意识更强，对空主语的使用率也更高。就空虚主语（null expletive）而言，母语中的空虚主语对二语汉语空主语和空宾语的不对称性可能也产生了一定的作用。他认为，当日本学生发现与日语空虚主语对应的汉语也是空虚主语，母语为英语的汉语学习者发现与英语虚主语对应的汉语是空虚主语时，他们就会意识到汉语允许空主语。这说明，母语中存在空虚主语是汉语空主语习得的触发性材料。但是这一点对母语为日语的汉语学习者解释力不强。日语也存在空宾语，那么母语的触发性材料在母语为日语的学习者习得汉语空宾语时也应该起作用，但事实上这对空宾语的习得并没有发挥显著作用。

第三节　本章小结

1. 主要成果

综上所述，当前关于主语习得的研究主要涵盖空主语、话题、主位等问题。关于空主语习得的研究主要包括两个方面的问题：一是空主语的习得问题，主要是能否习得、不同位置和性质的空主语习得时间的先后、不同位置和性质的空主

---

① Wangetal（1992）调查显示，母语为汉语的儿童和成人空主语的使用率远高于空宾语的使用率。

语习得的不对称情况、习得的影响因素；二是空主语与空宾语的不对称问题。学界关于汉语话题、主位习得等方面的研究不多，文献数量少，2000 年以来的文献主要是上述三篇论文，都是国别研究，主要涉及母语为英语、日语、韩语和菲律宾语等四种语言的汉语学习者，在语言类型上覆盖了主语突出、话题和主语均突出、话题和主语均不突出的三种语言类型。空主语、话题、主位等概念都与语言类型密切相关，学者们大都基于语言类型对母语为不同语言类型的学习者的习得情况进行考察，并从类型学的角度对其习得情况进行分析，得出了具有参考价值的结论，并验证了一些先前的假说。

2.　研究的不足

当前学界对上述问题进行了相关探讨，但仍存在一些问题和不足：

（1）有些问题有待更充分的探讨

目前对影响二语汉语空主语的习得或使用因素的探讨还不是很充分。常辉、徐俪珑（2016）曾指出，以往研究在考察汉语空主语使用情况时，发现了汉语水平和空论元位置（在主句中还是在内嵌句中）、空论元性质（有生性还是无生性）对空主语使用的影响，也有少数研究关注到了单复数、人称、性别、特指性、母语水平等影响因素。但是是否还有其他因素影响汉语空主语的习得？这些影响因素在习得过程中的重要性，哪个或哪些是最重要的影响因素，这些问题仍需进一步思考和挖掘，以便确定影响二语汉语空论元习得的最重要的因素，改善二语汉语空主语的习得情况。

此外，话题既出现在句子层面，也出现在语篇层面，而当前对话题结构习得的研究主要集中在句子层面，但语篇层面的话题结构也是考察留学生话题结构习得的重要方面，但这方面的研究是欠缺的。再如主位习得研究，目前主要集中考察主位类型和主位推进模式，是否还有其他因素影响主位的习得？这些因素中哪些比较重要？

（2）当前研究的解释力仍待提高

在二语习得者不对称使用和习得汉语空论元的问题上，现有研究所做的解释还有待深入。常辉、徐俪珑（2016）曾指出，汉语二语习得者的空主语使用率比空宾语高，对空主语的习得比空宾语更快、更容易。当前研究多用"接口假说"来解释这种不对称现象，认为空主语的习得涉及纯句法知识或内接口知识，而空宾语的习得涉及外接口知识。根据"接口假说"，二语中外接口（句法和语用）知识比纯句法知识和内接口（句法和语义）知识更难习得，所以空宾语的习得比空主语更难。但实际上，空主语和空宾语都可以发生在句子层面和语篇层面，"接口假说"并不能很好地解释空主语和空宾语的不对称现象。

（3）当前的研究方法和研究材料较为单一

单一测试工具或研究方法在一定程度上影响了研究结果的信度和效度。当前研究多采用任务判断法，偏重理解型测试，少数结合产出型测试。这两种方法都存在一定的缺陷，判断型测试任务只能考察判断任务所涉及的语言知识，即被试的一部分知识，而且有可能这部分知识他们实际上并不使用。此外，受语感的影响，被试在完成判断任务过程中可能会使用某些策略（Davies & Kaplan，1998），从而使二语习得表现出变异性（variability）的倾向。产出型测试任务有时效度不高，因为有时要考察的内容被试并没有使用，这种情况有时会较大地影响研究结论的准确性。就研究材料而言，可能是出于材料掌握的便捷性，研究者多使用书面语或作文，但话题和主位等在口语中使用更频繁，研究者也应考虑对这部分材料进行考察研究。

3. 研究展望

（1）紧跟世界语言理论和语言学习理论的发展

与主语习得相关的话题、主位、空主语等，都是比较新的概念，也是比较复杂的语言现象，学界也提出过多种理论对其进行解释，尤其是国外语言学界对相关问题开展了持续而深刻的讨论。如 Chomsky（1981）提出"空主语参数"用以解释空主语的跨语言差异。Jaeggli & Safir（1989）提出"形态统一性原则"，对空主语的参数差异进行了细致的说明。Yuan（1997）则指出，"形态统一性原则"并没有真正解释空主语的问题，他认为某种语言是否允许空主语取决于主语位置是否由词汇管辖和在什么层面管辖。此外，国外二语习得研究也将论元结构的习得与句法、语义和语用接口联系起来，如众多学者（如 Sorace & Filiaci，2006；Sorace，2011）认为接口知识的习得比纯句法知识的习得更难，并且外接口句法与语用知识的习得比内接口句法与语义知识的习得更难，由此提出接口假说（Interface Hypothesis）。因此，未来的主语习得研究应注意紧跟世界语言理论和语言学习理论的发展，及时学习、吸收和借鉴新的研究成果和研究方法，从而推进和加深对汉语主语的认识，并促进相关的习得研究。

　　此外，现有研究中一些问题的深入探讨，也需要结合相关的语言理论进一步推进。就话题、主位等问题，未来可以结合语篇研究的理论成果，从语篇角度，加强对主语和话题的研究，以掌握更全面的话题结构的习得情况，并对其中的现象进行更合理、更全面的解释。对于空主语的问题，我们可以借鉴诸如接口假说等理论进一步探讨是否还有其他因素影响汉语空主语的习得，这些影响因素的重要性如何，进而从更多角度解释空主语与空宾语不对称的现象。同时，我们也可以结合语言类型学的理论和方法，进一步扩大研究对象的范围，对母语为不同语言类型的汉语学习者的习得情况进行考察，以求更全面、更客观地反映不同语言类型学习者的真实习得情况。

　　（2）加强本体研究

　　在关注世界语言理论的发展的同时，学界还需进一步加强汉语的本体研究，探讨汉语自身的特殊性。就主语而言，我们还应加强汉语话题、主位等的本体研究。汉语话题与主位的习得、汉语主语的关系密切，又不完全对等，但当前本体研究对话题、主语、主位三者之间的关系仍有争议，尤其是话题和主语之间，争议较大。那么，在习得研究中，如何有效地测试主语、话题的习得存在一定的难度。再如，话题结构的习得研究一般都对话题的结构进行分类，再考察各类的习得情况，一般先分为移位类话题结构和非移位类话题结构两大类，但这两类之下的次分类，不同的学者分类不尽相同，有时也存在将非话题结构纳入进来的问题。因此，加强本体研究，是汉语二语习得研究的基础。

　　（3）理解型与产出型测试相结合

　　为了提高研究结果的信度和效度，在设计实验时，研究者应注意理解型测试与产出型测试这两种类型方法的互补使用，进而较为有效地避免由于语言习得者的理解和产出存在不对称（Hendriks & Koster，2010）而导致研究结论相去甚远的问题，从而提升研究结论的可信度。

第十二章　宾语习得研究

近年来从本体角度研究汉语宾语取得了较为丰硕的成果。相较而言，外国留学生习得汉语宾语的情况尚未得到充分的重视，相关研究尚不多见。总体来说，近 20 年来，对外汉语学界对宾语习得情况的研究主要关注单宾语习得、双宾语习得和动宾结构习得这三大方面。

第一节　单宾语习得研究

从宾语的数量来看，汉语中的宾语有单宾语和双宾语之分。一般而言，单宾语习得的情况相对简单，但也有一些特殊情况容易发生偏误，造成习得困难，对外汉语学界对此情况进行了探讨，主要侧重偏误和习得两个方面。

1. 单宾语偏误研究

就内容而言，近 20 年来的文献中关于单宾语习得的偏误研究主要分为偏误类型考察和偏误原因分析两方面，并且二者常常是一起进行的。就国别而言，这些研究主要分为国别研究和非国别研究，国别研究主要是针对母语为韩语/朝鲜语的学习者（曹秀玲，2000a；徐开妍，2017）。

1.1 宾语误加

徐开妍（2017）选取了 100 万字的初级、中级、高级韩国学生汉语中介语语料，对韩国学生出现的宾语误加类偏误的具体类型及其产生原因进行考察。研究发现，宾语误加的类型主要有不及物动词误加宾语、误加动词形成不必要的宾语句、离合词直接带宾语、状语误为宾语、"一……也/都……"句式误用、成语后误加宾语等六种类型。在列举偏误类型的同时，作者对偏误产生的原因也进行了分析，指出：不及物动词误加宾语的原因主要在于韩国学生对不及物动词的使用规则掌握不准确；离合词直接带宾语以及状语误为宾语的原因主要在于学生错将状语置于宾语位置，并遗漏了介词。总体而言，宾语误加类偏误主要与一些特殊的动词、介词、强调句式及成语有关。

1.2 宾语与补语共现

除单宾语独立使用的偏误外，二语习得者在习得汉语宾语与其他句子成分共现时也较易出现偏误，尤其是宾语与补语共现的情况。宾语和补语是二语习得者在习得汉语语法过程中普遍感觉困惑的语言点。这主要是因为宾语和补语自身的用法比较特殊，并且在句法中位置多变，二者共现更是增加了习得的难度，即使到了高级阶段，汉语补语和宾语的语序偏误情况也非常多。因此，一些研究针对这类问题进行了考察和分析。

朝鲜语和汉语这两种语言在语法上存在许多差异，比如补语是汉语独有的句法成分，对应朝鲜语的多种形式，因此这为以朝鲜语为母语的学生习得这一句式带来了一定的困难。尤其是宾语和补语共现的句子，更是学生学习的难点。曹秀玲（2000a）通过测试语料，归纳了学生习得汉语宾补共现句的错误类型，同时也对偏误产生的原因进行了论述。宾语与状态补语、可能补语、时量补语、动量补语和趋向补语共现时都可能产生偏误。状态补语与宾语共现的偏误主要是：一个结构分化为两个、转用为其他形式、VOC 式误用。可能补语与宾语共现的偏误主要有：分成两个结构、可能补语与状态补语混用、主谓式误用。可能补语与宾语共现不用重复动词的形式，这与状态补语与宾语共现形成鲜明的对比。由于状态补语与可能补语的肯定式同形，所以混用的情况较多。时量补语与宾语共现的偏误主要有：VOC 式误用、VCO 式误用和其他形式误用。动量补语与宾语共现的偏误主要有：CVO 式误用和 VOC 式误用。汉语的时量补语对应于朝鲜语的时量状语，前一种情况显然是学生受母语影响的结果，后一种情况是学生简单地将补语置于宾语之后的结果。趋向补语与宾语共现的偏误主要有 VCO 式误用和其他形式误用。

柴俊星（2015）考察了汉语习得中宾语、补语的语序偏误，并从语序规则的角度分析了偏误产生的原因。该文指出，汉语宾语、补语语序偏误类型主要有：结果补语与宾语语序偏误、时量补语与宾语语序偏误、动量补语与宾语语序偏误、复合趋向补语与宾语语序偏误、可能补语与宾语语序偏误、状态补语与宾语语序偏误。各类补语与宾语的语序问题在习得者学习的各阶段都存在，补语自身的形式多样以及意义不同是造成习得者排序偏误的重要原因。

1.3　名动词宾语

名动词宾语是汉语中比较特殊，也很重要的一类宾语。该类宾语的偏误率在学习者汉语水平各阶段都很高，习得难度大。王静（2009）从自然语料和问卷调查两方面对留学生名动词宾语的使用和习得情况进行调查。调查发现，从留学生生成的句子来看，相对其他类型的宾语来说名动词宾语的数量最少。使用出现错误主要是因为很多学生不明白这个宾语其实是有名词性质的。从初级、中级阶段的偏误情况来看，名动词宾语的偏误率随汉语水平的提高而降低了，这说明留学生是随学习时间的推移和汉语水平的提高来习得此类宾语的。

2.　单宾语习得难度研究

目前检索到的文献中，关于单宾语习得的研究主要围绕习得难度和习得的加工机制这两大方面展开。

曹秀玲（2000a）通过对以朝鲜语为母语的学生汉语宾补共现句习得的实际考察，对宾补共现的习得难度得出以下认识：

（1）学生习得第二语言时，受母语的影响很大，但随着汉语水平的提高，这种影响逐渐减弱，但在一定程度上仍存在，这说明母语影响第二语言习得具有持久性。以朝鲜语为母语的学生习得汉语的宾补共现句也受到母语的持久影响。因此，在教学中教师应该根据学生的母语情况进行有针对性、预见性的教学。

（2）母语影响在学习者汉语习得的各个阶段不是平衡的，补语和宾语的类型不同，对应于朝鲜语的形式不同，学生的掌握程度也不同。学生对汉语宾补共现句的掌握顺序：状态不带宾＞可能肯定式＞可能否定式＞趋向＞动量＞状态带宾＞时量。这一序列既说明了学生掌握汉语宾补共现句的情况，又说明了宾补共现句不同情况的习得难度。

（3）从句型的使用情况来看，初级阶段的学生很少使用汉语的变式句，基本上都使用基式句，次高和高级阶段的学生则对变式句运用自如，这是各级学生汉语水平的真实体现。也就是说，基本式习得难度低，变式的习得难度相对较高。

王静（2007a、2007b）从考察几部现行大纲和教材对宾语这一语法点的安排和介绍入手，通过使用频率、偏误率等情况考察习得难度。作者首先依据宾语的结构性质将其分为四大类九小类，即体词性宾语（一般体词宾语、处所词宾语）、谓词性宾语（动词宾语、名动词宾语、形容词宾语）、小句宾语和双宾语[①]（体词性双宾语、谓词性双宾语、小句双宾语）。在此基础上，作者通过分析自然语料和开展问卷调查对留学生使用上述各类宾语的情况进行调查，从而得出几类宾语的习得难度顺序。调查发现，从宾语的使用频率来看，体词性宾语、谓词性宾语、小句宾语和双宾语四大类的使用频率是不一样的。体词性宾语的使用频率最高，占 64.79%；小句宾语次之，占 17.6%；再次是谓词性宾语，占 11.92%；双宾语最少，只占 5.68%。具体到各小类，使用频率的顺序由高到低依次为：一般体词宾语＞小句宾语＞处所词宾语＞动词宾语＞双宾语＞形容词宾语＞名动词宾语。

从总的偏误率来看，双宾语使用频率最低，但是偏误率最高；谓词性宾语和小句宾语次之，差距很小；体词性宾语使用频率最高，但偏误率最低。使用频率似乎和偏误率成反比。从各小类宾语的偏误率来看，双宾语偏误率最高；其次是动词宾语、小句宾语；再次是处所词宾语、形容词宾语、一般体词宾语。名动词宾语可能是被回避使用了，偏误率未知。

此外，柴俊星（2015）对汉语宾语和补语共现时不同补语类型与宾语共现的习得难度进行了考察。作者指出，从类别上来看，习得结果补语与宾语语序、时量补语与宾语语序、可能补语与宾语语序习得相对较为容易，而动量补语与宾语语序、趋向补语与宾语语序、状态补语与宾语语序较难习得。

3. 加工机制研究

在对外汉语教学中，留学生的母语与汉语之间的差异常常会导致学生出现偏

---

① 王静（2007a、2007b）根据宾语的结构性质对宾语进行了分类，并对各类的习得难度进行排序，其中也包括双宾语。基于结论的完整性，此处将关于双宾语的部分也一并收录在内。

误，因而一直是教学与研究的重点。如英语中的论元（主语或宾语）不能省略，而汉语在上下文适当的情况下，主语和宾语都可以省略。母语为英语的留学生能否成功掌握汉语中的空论元，一直是对外汉语教学研究中的重点问题。以往的研究使用语料库的方法以及非限时的实验任务发现学习者学习汉语空宾语结构存在很多困难，但并未充分解释造成这种困难的原因。

由此，王洪磊（2017）采用跨通道启动的实验范式，调查汉语学习者对于空宾语的两种解读（严格解读与松散解读）的加工机制。跨通道启动（Mc Donough & Trofimovich，2009）即使用限时的实验范式。在这类实验任务中，研究者通常让被试在限时的实验任务中加工语言信息，通过分析被试的反应时间以了解他们的语言加工机制及时间进程。理论语言学认为汉语空宾语的解读涉及句法、语用两个模块，加工松散解读只需要句法模块内的信息，而加工严格解读则需要整合语用模块的信息。该实验的研究数据表明，汉语学习者在加工严格解读时的反应时间明显长于加工松散解读的时间，汉语学习者在加工整合语言信息时是具有倾向性的，加工语用信息比加工纯句法信息更困难，这一结果在二语习得研究的接口假说中可以得到解释，同时对汉语语法教学也具有一定的应用价值。

以上研究在讨论宾语使用的偏误情况时，也提出了相关的教学策略和教学建议。如柴俊星（2015）在讨论汉语习得中宾语、补语语序偏误之后，针对偏误类型和特点，提出了几种行之有效的减少偏误的策略：整体策略、结构符号策略、推论策略、话题策略。整体策略主要针对结果补语和可能补语的习得。由于动补短语中动词和补语的关系非常紧密，当有宾语的时候，动补短语中动词和补语仍然不可分开。因此，将这两类动补短语看成一个整体结构，更有利于此类习得问题的解决。此外，把动词和结果补语整齐划一，再加上宾语，可较好地解决排序问题。时量补语、动量补语和宾语语序偏误都是由于学习者对宾语的词性认识不清导致的，教师可以使用符号策略和结构策略来解决此类排序问题。推论策略适用于状态补语与宾语共现的句子，状态补语与宾语的语序不同，需要宾语提前或者重复动词才能解决。使用正确的有针对性的推论扩展，可以有效地减少偏误，更清楚地展现复杂补语的结构。教师可以通过句子扩展（如通过加上主语、宾语，重复动词等方式），使习得者了解句子的结构由简单到复杂的生成过程，推出结构类型，加深记忆和理解，以便更好地使用。话题法主要是针对含义不同且结构部分重合的补语、宾语的教学。

徐开妍（2017）指出，在对外汉语实际教学中，教师应对易引起偏误的词语或句式予以重视，如讲解到具体离合词、不及物动词时应重点强调其带宾语的规则；在讲解动词"是""有"时应注意其说明在动词谓语句、形容词谓语句中不需要使用的情形；在讲解"学习""工作""打工"等动词时应强调其前不需要加动词"做"；在讲解容易遗漏的介词时应多进行介宾短语作状语的练习；在讲解"一……也/都"句式时应强调句末无须另接宾语等。如此，以求规避偏误，提高留学生宾语使用的准确性。

第二节　双宾语习得研究

双宾语结构是现代汉语研究中的一个焦点，无论是国外语言界的学者还是国内语言界的学者都对双宾语结构进行了大量的探讨和研究。在二语习得研究中，汉语双宾语的习得研究相对较少，但也引起了部分学者的关注与探讨。这类研究多数将双宾语作为一个整体来考察，如王静（2013）、常辉（2014b）。也有研究者对某一特定义类的双宾语进行专门研究的，如潘淼（2015）。国别研究主要针对母语为英语、法语和日语的学习者，如常辉（2014 a、2014b），朱艳欣、赵杨（2016）。

1. 双宾语偏误研究

关于双宾语的偏误研究，较早的文献带有举例性质，之后的研究多围绕偏误数量、偏误率、偏误类型和偏误原因分析等问题开展。

全裕慧（2002）在对比分析英汉双宾句及其与格转换结构的关系的基础上指出，由于对外汉语教学中先教"给予"类双及物动词，母语为英语的汉语初学者将"取得"类和"给予"类双及物动词等同起来，且将英语与格转换结构和汉语与格转换结构直接等同起来，从而在理解和使用上出现偏误。但该研究只列举了一些在教学中发现的实例，没有通过实验设计研究汉语双宾句及其与格转换结构的习得。

王静（2013）对不同类型的双宾语偏误数量、偏误率进行了考察和统计。该文对现行的几部教材和大纲进行考察，前者如《现代汉语教程——读写课本》《实用汉语课本》《初级汉语课本》《速成汉语初级教程综合课1》《标准汉语教程》《汉语教程》，后者如《汉语水平词汇与汉字等级大纲》《汉语水平等级标准与语法等级大纲》《高等学校外国留学生汉语言专业教学大纲》《高等学校外国留学生汉语教学大纲（长期进修）》，并利用北京语言大学"HSK动态作文语料库"，对体词性双宾语、谓词性双宾语和小句双宾语三类双宾语的偏误进行分析。

王静（2013）发现，就各小类双宾语的偏误数量而言，体词性双宾语的偏误数量最多，小句双宾语的偏误次之，谓词性双宾语最少。但这并不代表他们习得体词性双宾语最差，谓词性双宾语最好。偏误数量的多少跟他们的使用频率密切相关。就使用情况来说，体词性双宾语使用得最多，小句双宾语使用得较少，谓词性双宾语使用得最少。但就偏误率来说，谓词性双宾语偏误率最高，达56.3%；小句双宾语的偏误率次之，达41.5%；体词性双宾语的偏误率最低，为33.4%。偏误率越高说明习得难度越大。这与该文关于留学生习得谓词性双宾语和小句双宾语会比较难的推测基本吻合。因为，汉语宾语教学中一直比较重视体词性双宾语的教学，其输入和输出都比其他两类多，所以体词性双宾语习得较好。

留学生习得双宾语出现偏误的原因主要是目的语规则泛化，母语负迁移的影响比较小。另外，偏误的产生还与教学、教材、词典对双宾语的重视不够以及学生不正确地类推有一定的关系。

此外，该论文还可能对教学、教材编写、大纲和词典编撰有所启示。双宾语出现得最多的偏误是在没有语境的情况下遗漏了不可少的宾语。在教学中教师要注意强调哪个宾语必带，哪个可省，什么情况下可省。对能带双宾语的动词教师要及时归纳总结，对有不同特点的动词要分类介绍。按照语法项目安排的原则，较难的语法点可以分散教学，但是要组成一个系列。在词典编撰时，王静（2013）建议纳入更多的可带双宾语的动词，对可以转换成介词结构的动词需举例说明。

　　除上述整体性偏误分析外，也有少量研究针对某一特定义类的双宾语展开。如潘淼（2015）针对留学生在学习汉语"给予"义双宾语的过程中出现的偏误情况进行调查研究。作者以 100 名留学生为研究对象，采用问卷的方式对留学生在习得"给予"义双宾语的过程中出现的偏误进行调查，其偏误主要表现为遗漏、误加、误代和错序四种情况，留学生的母语负迁移影响和教师教学方法失当是偏误形成的具体原因。一方面，留学生在没有完全掌握已学的知识时，往往会受母语影响，从而产生语法错误；另一方面，教师教学方法失当，没有引导学生进行大量练习则是造成"给予"义双宾语句语法偏误的主要原因。教师在教学过程中应遵循由简及繁、由易到难的原则，合理地安排教学顺序，可以将语法切分为几个小的语法点分层次进行讲解。

2.　双宾语结构习得研究

　　目前为数不多的有关二语汉语双宾语的习得研究大多是偏误分析，这些研究在一定程度上有助于二语汉语双宾语的教学。然而，偏误只是二语习得者表现出来的一个方面，不能反映其习得全貌。偏误分析忽略了学习者目标语中正确的方面，往往会夸大二语习得者的错误。因此，我们需要对汉语双宾语进行全面考察，发现哪些结构容易习得、哪些结构较难习得，并找出原因，从而更好地为二语汉语学习和对外汉语教学提供指导和参考。

　　对双宾语结构习得的研究主要涉及语义限制（朱艳欣、赵杨，2016）、双项并列宾语的排序原则（程仕仪、肖奚强，2017）、双宾语的论元（李昱，2015）等问题。

　　汉语双宾语结构涉及"句法—语义"界面，在语义限制条件上与英语和日语中相对应的结构存在明显不同。朱艳欣、赵杨（2016）通过可接受性判断测试和组句测试的方式，考察了 40 名母语为英语和 40 名母语为日语的学习者对汉语双宾语结构的习得情况，主要关注学习者能否掌握这一结构对动词的限制条件。测试结果发现：（1）英语和日语母语者直至高级阶段也没有完全掌握汉语双宾语结构对动词的语义限制，英语组和日语组在各类动词的表现上有所差异，但总体来看，日语组的表现好于英语组；（2）对于 S2 式（"NP1+V+NP3+ 给 +NP2"）对动词的不太严格的语义限制，英语组和日语组直至高级阶段也没能完全掌握，两组在各类动词的表现上同样有所差异，但总体来看，英语组的表现好于日语组；（3）随着汉语水平的提高，母语为英语、日语的学习者关于汉语双宾语结构对动词的语义限制的掌握，在某些动词类别上表现出发展趋势。作者认为这可能是跨语言影响、处理资源不足和输入量等因素相互作用的结果。

双宾语的习得还涉及宾语排序的问题，就双项并列宾语的排序而言，汉语母语者的排序原则与二语习得者存在差异。程仕仪、肖奚强（2017）根据汉语母语者双项并列宾语的排序原则考察外国留学生汉语双项并列宾语的习得状况。通过对从 90 万字的中介语语料中抽取出来的 1351 个用例进行统计分析，并基于汉语母语者双项并列宾语的排序原则，作者对留学生双项并列宾语的排序情况进行了考察。汉语母语者使用的三大类十条原则（语义由重到轻的显著性原则、熟悉程度原则、文化原则，语义由轻到重的发展程度原则、逻辑关系原则、重要性原则，无明显语义轻重的空间顺序原则、时间顺序原则、对应原则、形式原则），在留学生中介语语料中均有出现。留学生中介语语料中还发现了由小到大和个人熟悉程度两条新的排序原则。经对比，程仕仪、肖奚强（2017）发现除了显著性原则在两种语料中都强势使用外，汉语母语者和留学生在其他原则的使用倾向上存在明显差异，汉语母语者倾向使用形式原则、发展程度原则，而留学生更倾向于运用显著性原则和熟悉程度原则。

李昱（2015）以汉语中介语中的双宾语动词和双宾语论元习得为例，在语言类型学对双及物构式研究的基础上，探讨了语言共性和个性在第二语言习得中的具体表现。研究发现，语言共性和个性在汉语学习者的中介语中都得到了不同程度的体现。不同母语背景的汉语中介语都反映了原型动词高频率、低偏误以及论元的生命度属性等跨语言共性，而"取得"类动词在一些语言中的缺乏导致汉语中介语中该类动词的低频率和高偏误率。也有一些语言共性并未体现在二语习得中，如双宾语论元的指称形式，而另一些跨语言差异则会在中介语中得到消解，最典型的就是不同语言在具体双宾语动词上的差异。

3. 双宾语及其与格转化结构或变异结构的习得研究

也有一些文献不仅讨论双宾语的习得问题，同时也探讨其与格转换结构间题。常辉（2014b）在前人对英语、汉语双宾语及其与格转换结构以及法语与格结构的研究的基础上，从句法特征角度对英语、汉语双及物动词进行分类，并比较英语、汉语双宾句及其与格转换结构的差异，以及法语与格结构和汉语双宾句及其与格转换结构的差异。基于"HSK 动态作文语料库"，作者还考察了母语为英语和法语的学习者对汉语双宾语及其与格转换结构的习得情况。

结果显示，学习者能够克服母语迁移较好地习得汉语双宾语及其与格转换结构，其习得困难主要表现在词汇层面，而非句法层面。这说明：（1）母语负迁移没有发生，二语习得者也可以不直接迁移母语中的结构，这与"完全迁移假说"相悖；（2）母语中不存在的句法结构在二语中是可以习得的，参数在二语习得中是可以重设的，这与 Hawkins & Chan（1997）的"特征失效假说"中的"母语中没有激活的句法特征在二语习得过程中不再可及而不能习得"的观点相悖；（3）汉语双宾语及其与格转换结构的使用涉及句法、语义和词汇层面，该研究被试在汉语双宾语及其与格转换结构的使用上没有表现出什么困难，这与"接口假说"也相悖。

双及物构式的二语习得受学习者母语和目的语双及物类型的影响。Heine & König（2010）基于大规模语料调查，依据与事论元和客体论元的语序和标记模式，总结出了他们所调查的语言中双及物构式的几种基本类型，其中 IOC（indirect-object construction）型双及物和 DOC（double-object construction）型双及物是世界语言中最普遍的两种双及物类型[①]。在一些语言中可以使用 DOC 构式来编码的语义内容在 IOC 型语言中只能通过 IOC 型构式来表达；对 DOC 型语言来说，IOC 型双及物构式所传递的全部语义信息必须通过 DOC 构式进行重新编码，才能被母语者所理解。因此，在学习第二语言的过程中，这种语际之间的形式转换给中介语变异形式的产生提供了空间，也提供了偏误发生的背景（李昱，2014。）

基于上述认识，李昱（2014）讨论了汉语双及物构式二语习得中的语言变异

[①]　IOC 型双及物是指客体论元 T 跟与事论元 R 标记不同，而与单及物构式中受事论元 P 标记相同的标记类型，即只有与格标记和分别使用与格和宾格标记的双及物构式；DOC 型双及物是指 T、R 和 P 的标记都相同的标记类型，即与格标记和 T、R 有着相同标记的双及物构式。IOC 相对于 DOC 来说是无标记构式，在世界语言范围内是更普遍的双及物类型。

现象。在语言类型学对双及物构式的研究的基础上，文章吸收了语言库藏类型学的相关理念，对汉语中介语中与双及物构式相关的语言变异现象进行分析。该文基于中介语变异理论，将双及物构式的相关变异形式分为标准形式和非标准形式两类，对不同母语类型（IOC 型与 DOC 型）被试进行专题测试，主要针对与与格标记相关的双及物变异形式、与兼语构式相关的双及物变异形式、与介词结构相关的双及物变异形式这三类变异形式，考察这些非标准形式是否真正具有共性，以及它们在特定语义场景中的其他变异形式及其变异特点。

李昱（2014）发现，标准形式和非标准形式都受构式在学习者母语和汉语中显赫程度的控制，显赫形式更容易出现在中介语中。二语习得中的非标准形式有其特定来源和价值。与标准形式相同，非标准形式也来自目的语和母语的语言形式库藏，尤其是库藏中的显赫形式；非标准形式的价值在于它是标准形式的替换形式，也是二语习得过程中特定阶段的产物。学习者二语水平的提高，与其说是偏误得到了纠正，不如说是非标准形式逐渐在交际中为相应的标准形式所替代，是两者的显赫性发生了置换。

此外，语言类型对变异形式的选择产生影响。不同母语背景的学习者在学习 IOC/DOC 型汉语双及物构式时，既有共性的一面，又体现出不同类型母语在中介语中的迁移。有一些语言库藏形式具有跨语言的普遍性，如单及物构式，因此虽然学习者母语类型不同，仍会产出具有共性的变异形式；有一些语言库藏形式虽然共性不强，但是由于其在目的语以及和目的语属于同一类型的语言中格外显赫，因此在中介语中仍具有跨母语背景的共性，如汉语双宾语 VRT 式甚至可以扩展到兼语构式的语义范畴。如果学习者母语中有与目的语相同类型的构式，那么这种一致性会反映在中介语变异形式的频率上。如果学习者母语与汉语分属不同的语言类型，那么语言间的差异对变异形式的影响也是显著的，IOC/DOC 型母语的学习者产出的双宾语构式要多于 IOC 型母语的学习者。IOC 型母语学习者在与格构式和介词结构的使用频率上也要显著高于 IOC/DOC 型母语学习者。可见，语言类型上的分立也会在中介语变异形式的数量和类型上有所体现。

第三节　动宾习得研究

汉语中动词与宾语之间语义关系的多样性、复杂性是非常引人注目的，也一直是外国学生汉语习得的难点之一。对外汉语学界关于动宾习得的研究多为实证研究，研究者通常通过对留学生汉语动宾习得问题的调查开展研究。目前检索到的文献，一部分是对习得因素的整体性分析，一部分是针对某一影响因素的专文分析。就国别而言，大部分研究不区分国别，少部分研究侧重国别，主要针对泰语、印度尼西亚语和英语背景的学习者。

1.　习得影响因素研究

1.1　习得影响因素的整体性分析

动宾习得的影响因素分析中，整体性分析是指对影响动宾习得的因素进行全面分析。如魏红（2009b）从汉语作为第二语言习得的角度考察留学生对各类动宾结构的掌握情况，并对影响留学生动宾结构习得的多方面因素进行探讨。该文以《高等学校外国留学生汉语教学大纲（长期进修）》（2002）为依据，选取初等阶段 764 个最常用词中的 179 个动词作为考察对象，对不同语义类型宾语总的习得情况、不同结构形式宾语的习得情况、动词不同义项带宾语的习得情况、不同水平留学生常用动词带宾语的习得情况、不同母语背景的留学生对常用动词带宾语的习得情况分别进行考察，主要针对留学生理解正确率的倾向性做分析。研究发现，影响留学生汉语动宾结构习得的因素主要是普遍因素和类型因素。

具体而言，普遍因素主要包括语言难度、输入频率和学习阶段三方面。常用动词带简单宾语比带复杂宾语的习得效果好。这进一步证明，结构复杂的宾语认知和习得难度更大。留学生对常用动词的常用义项带宾语的习得效果总体上要高于非常用义项带宾语的情形，一个非常重要的原因就是常用义项的输入频率要高于非常用义项。不同学习阶段的留学生对常用动词带宾语的习得情况有很大的差异，各类宾语的习得正确率都遵循"高级阶段优于中级阶段，中级阶段优于初级阶段"的规律。类型因素主要是指语言习得受学习者母语和汉语类型差异的影响，母语为英语、韩语、越南语的学习者受语言类型分类规律的影响是不同的。英语、韩语、越南语与汉语分别存在宾语分类差异、标记分类差异以及定语修饰语分类差异，这些差异都影响学习者对汉语动宾结构的习得。

1.2　特定影响因素分析

（1）动词的义项与输入频率

动宾组合的习得过程中，动词对习得影响作用重大。魏红（2017）针对泰国学生汉语动宾短语的习得情况进行了个案调查研究。作者选取了八个高频动作动词作为考察对象，从第二语言习得的角度考察了不同汉语水平的泰国学生理解动宾短语的情况。调查内容的设计主要为：依据测试试卷考察接受性理解能力，并附加学生专项选择性组句调查，同时结合与初级、中级、高级三个等级学生的访谈交流。研究发现，不同动词带同一宾语类型时相关短语的习得正确率有差异，正确率较高的动词义项数相对较少。动词的多义性直接影响习得的准确率，但需区分常用义项和非常用义项。动词常用义项带宾和非常用义项带宾短语理解率排序无变化或变化小的动词一般都是常用义项带宾类型多，语义关系复杂，而且汉泰义项对应差异比较大，常用义项习得难度较大，习得正确率较低。动词常用义项带宾短语往往属于高频短语，理解率相对较高。另外，学生汉语水平与提升多义动词带宾短语的习得理解率成正相关的关系。但是，高级阶段的学生对于动宾短语的理解还是停留在常用义项上，非常用义项的习得正确率不高。

（2）语义与动宾语义关系

汉语动宾结构的深层语义关系比较复杂，习得情况也相对复杂。何清强（2014）基于当前的研究提出假设，即外国留学生习得汉语动宾结构受深层语义关系的影响，遵循"受事＞处所＞工具＞施事"的习得顺序，且该习得顺序与学习者所处水平阶段及母语背景不相关。

2.　接受能力与产出能力研究

肖贤彬、陈梅双（2008）对英汉宾语类型进行对比，以语言学习深度理论以及目前二语词汇深度习得的实证性研究为基础，对54位被试不同宾语类型的动宾搭配接受性能力和不同宾语类型的动宾搭配产出性能力进行测试。通过实证研究，文章得出以下结论：（1）词汇量水平与搭配能力总体相关；（2）搭配接受性能力与产出性能力存在不同的发展模式；（3）留学生各类型宾语搭配习得的发展水平参差不齐。这些结论对汉语动词教学的启示主要有：词汇深度习得与词汇宽度扩展并重；产出能力发展与接受能力发展并重。

3. 特殊动宾结构习得研究

3.1 非常规动宾结构的习得研究

不同的汉语动宾结构在语义上存在差别，而这种差别很有可能对习得产生影响。非常规动宾结构是动宾结构中非常特殊的一类，也是留学生习得动宾结构的难点之一，对其习得的影响因素的分析十分必要。吴琼（2016）依据动词是否发生隐喻、宾语是否发生转喻和隐喻以及动宾结构的意义是否发生变化，建立了一个区分更为细致的汉语动宾结构的语义层级系统，并对二语学习者习得汉语非常规动宾结构的过程进行了考察，对影响学习者输入处理的因素进行了分析，并以此为基础提出若干假设。实证调查结果表明，学习者对汉语非常规动宾结构的输入处理是一个复杂的过程，其间受多个因素的影响，包括语义复杂度、使用频率、文化背景知识以及身体体验等。具体而言，语义复杂度的高低与学习者理解的难度成正比；使用频率高的搭配理解起来容易，而使用频率低的搭配在理解的过程中学生需要付出更多的认知努力；社会文化知识的缺乏是导致文化类搭配理解得分较低的主要原因，学习者尚未建立相应的二语文化知识背景，这使得他很难正确理解这些搭配的意义。在意义理解的过程中身体体验的影响是非常明显的。学习者对身体动词不同义项的理解呈现出以身体部位为中心，不断向外辐射扩散的趋势。这些发现有助于我们深入了解汉语二语学习者理解非常规动宾结构的过程以及输入处理背后的习得机制。

3.2 不及物动词带宾语的习得研究

不及物动词带宾语现象是汉语语法的一大特点。郑丽娜（2015）在对两类不及物动词进行理论分析的基础上，对英汉不及物动词带宾语的现象进行比较，并基于"HSK 动态作文语料库"，考察了英语背景学习者对汉语不及物动词带宾语结构的习得情况。结果显示，学习者使用的汉语不及物动词带宾语结构仅限于非宾格动词，句法、词汇、母语和目标语输入都对他们习得汉语不及物动词带宾语结构产生了重要影响，而语义则没有。此外，学习者还习得了汉语不及物动词带宾语结构的语义限制。研究结果符合"二语建构观"，但与"接口假说"不符。研究不同水平学习者习得汉语不及物动词带宾语结构的顺序，对课堂教学、教材编写和汉语水平测试都有参考价值。

4.　动宾结构偏误研究

在动宾结构的习得中，关于偏误分析的文献较少，仅见王亚丽（2017）。该文以留学生偏误率较高的两个动宾离合词"帮忙"和"见面"为研究对象，基于"暨南大学中介语语料库"中"帮忙"和"见面"的语料整理分析，将其偏误分为插入助词类、带宾语类、插入补语类、插入定语类和重叠类。研究发现，印度尼西亚留学生前三类偏误率较高。造成偏误的原因主要有"教"和"学"两个方面："教"的方面有训练不科学及词典、教材标注不当，"学"的方面有母语负迁移，插入成分未习得及回避策略。教学方面，应树立正确的离合词观，先"合"后"离"并重"离"，教师要重语素义讲解，要逐个讲解，要足量输入和反复操练。

5.　教学策略研究

上述文献中，一部分研究在习得研究的基础上对教学策略进行了相关的探讨。如魏红（2009b）在对留学生汉语常用动词带宾语习得情况考察的基础上，结合研究，提出动宾结构的教学中应采取的相关措施和方法，即针对汉语动词带宾语的特点和规律实施教学；针对学习者的汉语水平来确定教学的内容；针对学习者母语、中介语与汉语之间动宾结构的异同来设计教学策略。

魏红（2017）基于泰国学生习得汉语动宾短语的个案调查研究，从汉泰对比、宾语结构形式、多义动词构语力特点、高频动宾短语熟语化倾向等方面对教学建议和方法进行探讨。主要表现为以下几个方面：

（1）基于汉泰对比的教学方法

基于汉泰多义动词和宾语类别之间的共性与差异的特点，将对比分析法运用于实际教学中能够有效预测教学重点和难点。即针对汉语动词多义性突出的特点，加强汉泰多义动词的多义性的比较；针对汉语宾语语义关系多样性的特点，加强汉泰之间的动宾结构对比；运用汉泰对比教学法更重要的作用在于预测学生在学习过程中可能出现的困难，帮助教师有效把握教学的重点和难点。

（2）基于宾语结构形式差异特点的教学顺序

基于宾语结构形式差异特点的教学顺序，遵循先教多义动词带光杆宾语的用法，后教复杂宾语扩展形式的教学顺序。

（3）基于宾语语义角色典型性特点的教学策略

针对带受事宾语的动词教学，同样遵循先教基本结构——光杆宾语，然后再教扩展形式——复杂宾语形式的顺序。对于其他非受事宾语的教学顺序则需要根据具体动词的情况来确定。

（4）基于多义动词构语力特点的语块教学方法

多义动词所带受事宾语都具有较强类推性，可以作为语块教学的首要选择。

（5）基于不同汉语水平学生习得差异的贯通式教学方法

教师在讲解的过程中应该注意遵循循序渐进的原则。对多义动词带宾的系统性和延续性，教学需要引起重视；在学生不同汉语水平阶段的教学中，教师应该不断完善学生的相关知识内容。

第四节　本章小结

1. 主要成果

相较于汉语本体研究，宾语的习得研究仍在起步阶段。学界对宾语习得中的一些主要问题的考察和分析也取得了一些成果，主要表现为以下三个方面：

（1）研究者通过实证研究得出了较为可靠的结论

宾语习得研究主要依托中介语语料库、自然语料、问卷调查等开展实证研究，一般是根据两种语言的句法语义特征对比，预测习得难点，然后进行一定规模的调查，一些测试还配有一组母语者被试作为对照。此类研究大多基于数据统计和分析，有的使用了专业的统计软件，得出的结论也更有说服力。

（2）关注习得者的母语背景

当前的习得研究中有不少开始关注习得者的母语背景，从而开展国别研究，基于汉语与二语习得者的母语之间的差异，更有针对性地考察宾语的习得情况。少数研究者引入类型学视角，基于不同类型语言的共性与个性进行习得研究，如李昱（2015）在语言类型学对双及物构式研究的基础上探讨了语言共性和个性在第二语言习得中的具体表现。

（3）研究范式的创新

在进行习得研究时，研究者在一定程度上对研究范式进行了创新，并对相关的假说进行验证。如王洪磊（2017）使用限时的实验范式——跨通道启动（McDonough & Trofimovich，2009），让被试在限时的实验任务中加工语言信息，通过分析被试的反应时间以了解英语母语者对汉语空宾语结构的加工机制及时间进程。朱艳欣、赵杨（2016）引入界面假说进行预测，认为根据"句法—语义"界面假说，汉语双宾语结构对动词的语义限制可以为留学生所习得。但测试结果显示，学习者直至高级阶段对此也未能完全掌握，结果与"界面假说"相悖。由此对影响学生习得的因素进行了探讨。

2. 研究的不足

汉语宾语习得研究虽取得了一定的成果，但总体而言，仍存在不足之处，有待进一步加强，主要体现在以下几个方面：

（1）研究的深度与广度仍显不足

a.分类研究不足

汉语双宾语的情况较为复杂，存在多种不同义类的语义类型，如"给予"类、"获取"类、"叙说"类、"租借"类，但当前的文献只对"给予"类双宾语的习得进行了考察，其他各类如"获取"类、"叙说"类、"租借"类等类型的习得尚未见专文探讨。事实上，对留学生而言，这几类双宾语习得的难度更大，也更值得研究者关注和研究。

b. 研究较为分散

目前检索所得的文献，大多是一篇文献讨论一个问题，对同一问题多文探讨的情况较为少见。这一方面说明目前宾语习得的研究力度不足，文献数量有限；另一方面这也说明研究较为分散，同一问题的研究还不够深入。

c. 偏误的原因分析有待深入探讨

当前对单宾语、双宾语以及动宾搭配等问题的研究都涉及偏误分析，但偏误类型、偏误产生的原因等分析较为笼统，尤其是偏误的原因分析不够到位，仍存在较大的研究空间。

（2）实证研究设计不足

本章所录文献除少量依赖语料库进行外，其他多以实证研究为基础。实证研究数据真实，具有较强的信度，但仍有一些因素会影响实验结果的信度，如测试的动词有限、被试有限等。如朱艳欣、赵杨（2016）考察英语、日语母语者汉语双宾语结构习得情况时，就曾指出自身测试设计存在的不足：第一，测试的动词数量有限，只选择了两个典型动词，难以全面反映汉语母语者和汉语学习者对该类动词能否进入相关句式的情况；第二，被试的数量有限，样本量较小，而且缺乏汉语水平接近汉语母语者的被试。因此，对于学习者最终能否掌握双宾语结构对动词语义的限制还不能下结论。这些问题在其他测试中也普遍存在。

3. 研究展望

（1）加强对宾语习得中复杂问题的研究

与世界其他语言相比，汉语宾语的情况较为复杂，其复杂性主要表现为：a. 充当宾语的成分相对复杂，有体词性的，也有谓词性的，可以是一个词，也可以是一个小句，成分的复杂增加了习得的困难；b. 宾语与述语之间的语义关系复杂，尤其是受事宾语，可以是动作的结果、工具、方式、受事、原因、目的、处所、对象、角色等，这些特殊的语义类型是二语习得者较难掌握的；c. 能够带宾语的成分相对复杂，有带受事宾语的一般及物动词，有带施事宾语的不及物动词如"来客人了"，还有带宾语的形容词如"红了脸"等，宾语前成分的复杂性增加了习得的困难；d. 带受事宾语的及物动词也是非常复杂的，有的只能带体词性宾语，有的只能带谓词性宾语，有的两者皆可，有的必须带宾语，有的可以不带宾语，带受事宾语的及物动词的种种复杂情况，增加了习得的难度。

目前学界对上述复杂问题的关注还显不足，今后可以加强对这些语言现象习得情况的考察，并对其做出合理的解释。此外，双宾语的各语义类型的习得尤其是"获取"类、"叙说"类、"租借"类语义类型的习得情况值得学界关注与研究；非常规动宾结构的习得是留学生宾语习得中的难点，对其研究也有待深化。

（2）加强理论与方法的提升

宾语习得研究有赖于实证研究的设计与开展，当前研究所使用的实验多为测试或问卷调查，在理论和方法上还有待加强。一方面，应注意结合最新的二语习得理论，而不是停留在对测试做语言学的简单分析与数据统计上；另一方面，应注意研究范式和研究方法的创新。比如二语习得中的跟踪调查，可以更真实地反映学习者在不同阶段对某一语言现象的理解和掌握的情况。当前的宾语习得研究都为共时层面考察，虽然有的研究分别考察了不同的汉语学习阶段，但尚未见同一学习群体在不同阶段的习得情况的跟踪调查，这也是一种颇有价值的研究方向。另外，在数据库以及数据分析方面仍需进一步加强，保证样本的数量与质量，借助专业的统计软件进行数据处理与分析，得出更为科学可信的数据与结论。

第十三章　定语习得研究

定语在人类语言中普遍存在，作为修饰语，定语主要修饰主语或宾语。汉语的定语有自身的特点，表现在定语与修饰语的位置、定语结构的标记以及多项修饰语的顺序等方面。

首先，汉语定语的位置较为固定，一定在被修饰语的前面。这一点与其他一些语言差别较大，比如英语、泰语等。以英语为例，有的定语在被修饰语之前，有的定语在被修饰语之后。其次，汉语的定语与修饰语之间常常使用结构标记"的"。"的"标志定语并没有强制性，因此结构标记"的"的使用存在必须使用、可用可不用、不能用等情况。再次，多项定语还存在语序问题，这也是汉语二语习得中的一个难点问题。

关于上述问题，虽然汉语本体研究已经做了较为详尽的描写，但条目繁多，很难在教学中直接运用，这也给留学生习得汉语定语造成了困难。

第一节　单项定语习得研究

定语是汉语中一个重要的附加成分。由于语言之间的差异，两种语言存在的异同给留学生汉语定语的习得带来了一定的困难。定语存在单项定语和多项定语两种情况，学界对于单项定语习得的研究并不多见。文献检索仅发现两篇相关文章，这两篇文章皆为国别研究，分别针对泰国和老挝汉语学习者的单项定语习得情况展开研究，主要涉及习得情况的考察以及偏误类型和偏误原因分析等方面。

1.　单项定语习得顺序研究

　　杨骐冰、齐春红（2011）主要考察泰国学生汉语单项定语的习得顺序。在此之前，也有学者对此做过一些探索。如林勇明（2000）按充当定语的语法成分，把定语分为七类，并统计了 164 份泰国大学生调查问卷中这七类单项定语的正误频次，构拟出泰国学生汉语单项定语的习得顺序。因为采用调查问卷所观察到的现象有一定的局限性，对存在的部分问题，作者未能给予较完善的解释。

　　杨骐冰、齐春红（2011）在此基础上，通过搜集"HSK 动态作文语料库"中的语料和泰国学生作文中的语料，对泰国学生习得单项定语的情况做了进一步的分析和研究，以得到一个更为准确的习得顺序。该研究的语料来源为"HSK 动态作文语料库"以及云南师范大学留学生作文。根据作文水平和汉语等级，作者将语料分为初级、中级、高级三个级别，其中初级组语料来自云南师范大学初级水平的泰国学生的作文，共 100 篇；中级组语料来自"HSK 动态作文语料库"中分数在 45～55 分之间的泰国学生作文 15 篇，以及云南师范大学中级水平的泰国学生作文 62 篇，共计 77 篇；高级组语料来自"HSK 动态作文语料库"中获 C 级以上证书的泰国学生的作文，共 5 篇。该研究从上述语料中提取单项定语用例 2794 个，其中初级用例 980 个，中级用例 927 个，高级用例 887 个。

　　根据可充当定语的语法成分，结合语料中单项定语的实际情况，杨骐冰、齐春红（2011）将汉语单项定语分为 12 类，即：D1 领属性词语定语（如"我的妈妈 / 姐姐的喊声"）；D2 非领属性名词定语（如"木头桌子"）；D3 时间词定语（如"今天的作业"）；D4 方位词 / 方位短语定语（如"树上的鸟"）；D5 形容词定语（包括性质形容词和状态形容词，如"好孩子 / 漂亮的姑娘"）；D6 形容词短语定语（如"非常美的景色"）；D7 数量词 / 指量词定语（如"一个人 / 那本书"）；D8 指示代词 / 疑问代词定语（如"这样的人 / 哪个教室"）；D9 动词定语（如"吃的东西"）；D10 动词短语定语（如"写好的文章"）；D11 主谓短语定语（如"爸爸给我买的玩具"）；D12 介词短语定语（如"对那部电影的评论"）。

　　杨骐冰、齐春红（2011）主要从自然度来考察泰国学生习得汉语各类单项定语的顺序。自然度主要表现为：（1）第二语言中某个特征对学习者是否突显；

（2）一个已知形式与其意义之间的关系是否简单明了；（3）语言项目是简单形式还是复杂形式。自然度高的语言项目，学习者容易习得；自然度低的语言项目，学习者不容易习得，且习得时间晚。

从自然度第（3）点来看，汉语各类单项定语中短语类定语的结构比词类定语的结构复杂，因此泰国学生一般先习得词类定语，后习得短语类定语。该研究又分别讨论了词类定语和短语类定语的习得顺序，词类定语的习得顺序为：最先习得 D1，其次习得 D8 和 D7，接着习得 D2、D3、D4 和 D5，最后习得 D9。短语类定语中，泰国学生最先习得 D6，然后习得 D10 和 D11，最后习得 D12。

在此基础上，杨骐冰、齐春红（2011）综合汉语各类单项定语的使用正确率和自然度，归纳出泰国学生习得汉语单项定语的顺序。具体如下：

一级：D1（领属性定语）

二级：D7（数量词/指量词定语）、D8（指示代词/疑问代词定语）

三级：D2（非领属性名词定语）、D3（时间词定语）、D4（方位词/方位短语定语）

四级：D5（形容词定语）、D6（形容词短语动词）、D9（动词定语）

五级：D10（动词短语定语）、D11（主谓短语定语）

六级：D12（介词短语定语）

也就是说，泰国学生最先习得 D1 领属性定语，最后习得 D12 介词短语定语，其中四级、五级和六级是学习的难点。

在此基础上，该研究提出以下建议：

（1）对于信息负载量大的定语，教师可以通过语境教学，反复多次接触，帮助学生建立心理词库，掌握全面的词汇知识，做到根据情境使用词语；

（2）对于自然度不高、对学习者来说特征不够突显的定语类型，教师要解释清楚这些定语的使用规则，并且加大练习力度，让学生在大量的练习中熟悉、掌握这些定语的使用；

（3）对于在词语类定语的基础上增加定语部分的信息量形成的短语类定语，可以在学习者掌握了词语类定语的基础上，逐步增加定语部分的信息量，启发学生学习使用这些短语类定语。

陈海燕、薄巍（2013）基于自然语料，将单项定语分为名词定语、代词定语、形容词定语、动词定语、动词词组定语、主谓短语定语、偏正短语定语、数量短语定语、方位短语定语、介词短语定语等，分别记为 T1、T2、T3、T4、T5、T6、T7、T8、T9、T10，考察了初级、中高级老挝留学生汉语单项定语的习得情况。

陈海燕、薄巍（2013）按照正确使用相对频率法，结合对自然语料中老挝初级、中高级留学生使用 T1、T2、T3、T4、T5、T6、T7、T8、T9、T10 这十种类型定语的频次、频率、偏误次数、正确使用相对频率等进行的统计分析，发现初级阶段和中高级阶段各单项定语的习得顺序为：

初级阶段：T8＞T2＞T4＞T5＞T10＞T9＞T6＞T3＞T7＞T1

中高级阶段：T5＞T9＞T8＞T6＞T10＞T3＞T2＞T7＞T1＞T4

2. 单项定语习得难度研究

陈海燕、薄巍（2013）还采用蕴含量表法对初级、中高级留学生习得各单项定语类型的难度情况进行考察。通过正确率转换为二分变量（0，1）后以 0.80 为标准分界，正确率≥0.80 为 1，正确率＜0.80 为 0。变量为 0 的项目可以认为在该阶段尚未被习得。由此得出初级、中高级老挝留学生单项定语类型习得难度顺序蕴含量表矩阵图，如图 13-1 和图 13-2。

T1	T7	T3	T9	T10	T5	T4	T6	T2	T8
0	1	1	1	1	1	1	1	1	1
0	0	0	0	0	0	0	1	1	1

图 13-1　初级老挝留学生单项定语类型习得难度顺序蕴含量表矩阵图 [1]

T1	T7	T3	T9	T10	T5	T4	T6	T2	T8
1	1	1	1	1	1	1	1	1	1
0	0	0	0	0	0	0	1	1	1

图 13-2　中高级老挝留学生单项定语类型习得难度顺序蕴含量表矩阵图 [2]

由此可见，初级老挝留学生各单项定语类型的习得难度情况为：

最容易习得的定语项目：T6、T2、T8

---

① 参见陈海燕、薄巍（2013）。

② 同上。

较容易习得的定语项目：T7、T3、T9、T10、T5、T4

出现习得后反复的项目：T1

中高级老挝留学生各单项定语类型的习得难度情况大致是：

最容易习得的定语项目：T6、T2、T8

较容易习得的定语项目：T7、T3、T9、T10、T5、T4、T1

3. 单项定语偏误研究

3.1 偏误类型

陈海燕、薄巍（2013）分别考察了初级、中高级老挝留学生汉语单项定语的习得情况。通过对老挝留学生自然语料的考察和问卷调查，作者指出，老挝留学生在使用单项定语时出现的偏误类型主要有遗漏、误加、错序、误用等四种，具体为：结构助词"的"的遗漏、结构助词"的"的误加、定中错序、定语误用。这四类偏误在老挝留学生的自然语料和调查问卷中的分布情况如表 13-1。

表 13-1　单项定语偏误分布表 [①]

偏误类型		E1 遗漏		E2 误加		E3 错序		E4 误用	
		初级	中高级	初级	中高级	初级	中高级	初级	中高级
自然语料	偏误数	70	24	86	29	23	12	27	19
	比例	33.98%	28.57%	41.47%	34.52%	11.17%	14.29%	13.11%	22.61%
调查问卷	偏误数	266	187	295	193	270	131	62	18
	比例	9.28%	9.70%	10.29%	10.01%	9.42%	6.80%	2.16%	0.93%

可见，无论是自然语料还是调查问卷，老挝留学生单项定语出现的偏误最多的都是误加，误加的偏误比例均高于其他偏误类型。

此外，陈海燕、薄巍（2013）还结合母语的负迁移作用和留学生的汉语水平等级对这四类偏误中的十种不同成分作定语的偏误情况逐一进行了分析。

3.2 偏误产生的原因分析

陈海燕、薄巍（2013）在对老挝留学生习得汉语单项定语的偏误类型进行考

---

① 参见陈海燕、薄巍（2013）。

察的基础上，还对其偏误产生的原因进行了分析。研究发现，其偏误产生的原因主要是母语负迁移和目的语规则类推。

（1）母语负迁移

老挝留学生出现偏误最多的类型是误加，其次为遗漏。这两种偏误的产生都与母语负迁移密切相关。老挝语中定语和中心语之间也常常使用结构助词，因而"定语 + 结构助词 + 中心语"的结构与汉语"定语 + 的 + 中心语"一致。但老挝语中定语表示领属或处所时使用介词来连接定语和中心语。因此，老挝留学生在习得汉语中诸如"中国音乐、木头桌子、塑料玩具"等定中结构时，对表示人或事物性质属性的名词充当定语的情况的判定产生了问题，导致老挝语中表示领属或处所的介词在汉语中产生负迁移，因而产生误加结构助词"的"的偏误。

此外，老挝学生出现的定中语序错序，其产生原因也主要在于母语的负迁移。就定中语序而言，汉语和老挝语之间存在明显的差异。汉语中，定语和中心语的位置关系一般为"定语 + 中心语"或"定语 + 的 + 中心语"，老挝语中定语总在中心语之后，用来修饰主语或宾语，其结构为"中心语 + 定语"或"中心语 + 的 + 定语"。受老挝语定语在中心语之后的语序的影响，老挝留学生习得汉语定中语序时容易出现错序问题。

（2）目的语规则类推

目的语规则类推，是指学习者学习了一段时间的目的语，掌握了有限的目的语知识以后，在进行新知识的学习时利用已有的知识去推导归纳新知识，结果产生偏误，即目的语规则的过度泛化。这是语内迁移（intralingual transfer）的一种类型。汉语定中结构中加不加"的"以及定语的顺序，情况非常复杂，其中的语法规则并不是非常明确。这种语法的复杂性加剧了汉语定语语法规则类推导致的过度泛化等问题。

汉语定语本身语法的复杂性是老挝留学生产生误用偏误的主要原因。《汉语水平等级标准与语法等级大纲》（1996）中指出充当定语的语法成分主要为名词、代词、形容词、动词、动词短语、主谓短语、偏正短语、数量短语、方位短语、介词短语这十种。汉语充当定语的语法成分数目繁多，这使得老挝留学生对汉语定语本身语法的复杂性认识不深或掌握不足，具体体现为：一个语法成分作定语时必须与什么样的语法成分共现，可以与什么样的语法成分共现，不能与什么样的语法成分搭配，以及相似语法成分作定语时各自的使用条件等。这些语法规则也分布在不同的学习阶段，因而留学生很难在某个学习阶段全面地掌握这些规则。因而老挝留学生会很自然地把之前所学的有限的、不充分的语法规则类推到新的定中结构中，由此产生误用偏误。

第二节　多项定语习得研究

一个定中结构中，有时有两个或两个以上的定语修饰中心语，并且定语之间形成不同的层次，这种情况可以称之为有多项定语。目前汉语语法学界对多项定语的理解和分类、多项定语的语序排列以及定语的语义特征等问题，存在不同的观点和看法。汉语作为第二语言习得方面，关于多项定语的习得研究，多数为学位论文（林勇明，2000；王敏凤，2006；武氏秋香，2007；崔美敬，2009；马竞，2012；吴素华，2014），期刊论文数量有限。

1. 多项定语习得顺序与难度研究

王紫琬、李慧（2017）以二项定语的习得为研究对象，具体为中心语前面的两项成分分别直接修饰中心语，并且这两项定语成分之间没有直接的语义联系。作者选择研究对象的理据有二：一是二项定语的使用比例，苏岗（2000）以《毛泽东著作选读》为语料，通过抽样调查，对递加式多项定语的项数分布情况进行了统计，发现二项定语的比例高达81.94%；二是多项定语的三种类型——并列式多项定语、递加式多项定语和交错式多项定语（刘月华、潘文娱、故韡，1983）——中，王紫琬、李慧（2017）认为并列式多项定语的各项语义是对等的，可以视为一个联合短语；交错式多项定语的规律比较复杂，难以考察；因而其只选取递加式多项定语为研究对象。

王紫琬、李慧（2017）对《新实用汉语课本》（1～6级）《拾级汉语》（1～6级）和《很好》（1～4级）这16本教材中的递加式二项定语进行了手动提取，统计得出 40 种不同的二项定语类型及其在教材中的出现频次，并按出现频次由高到低选取前 10 个二项定语类型，即"数量词＋形容词""数量词＋动词""领属词＋形容词""指示量词＋形容词""数量词＋不带'的'的名词性 / 形容词性词语""指示量词＋动词""形容词＋形容词""形容词＋不带'的'的名词性 / 形容词性词语""主谓结构＋形容词""领属词＋数量词"，并以此作为问卷考察的内容。

该研究采用语法测试的形式，每种类型设计两个句子，每个句子给出两个定语，由学生选择定语的顺序。测试对象是南京大学海外教育学院以英语为母语的留学生，初级、中级和高级汉语水平的留学生各 12 人，共计 36 人。

测试结果显示，被试使用这 10 种二项定语类型的正确率为：T1（数量词＋形容词）＞T5（数量词＋不带"的"的名词性 / 形容词性词语）＞T4（指示量词＋形容词）＞T9（主谓结构＋形容词）＞T2（数量词＋动词）＞T8（形容词＋不带"的"的名词性 / 形容词性词语）＞T6（指示量词＋动词）＞T3（领属词＋形容词）＞T10（领属词＋数量词）＞T7（形容词＋形容词）。由此作者推导出英语母语者习得汉语二项定语的难易度顺序为：T1＜T5＜T4＜T9＜T2＜T8＜T6＜T3＜T10＜T7。

针对上述习得情况，王紫琬、李慧（2017）从各个二项定语类型的语序在英语、汉语中是否对应的角度进行解释，主要观点如下：（1）T1、T5、T4 在英语、汉语中的结构基本对应，受母语正迁移的影响，这一组定语类型的习得难度较低，掌握情况最好。（2）T6、T3 和 T10 在英语、汉语中对应的结构存在差异，特别是在语序方面，是基本相反的，因而这组定语类型的习得难度较高，掌握程度较低，习得也比较晚。（3）T7（形容词＋形容词）这一类型比较复杂，英语和汉语的差异较大。英语和汉语的形容词都可以分为限定性形容词和描写性形容词，但是中西方人思维方式的不同，两种语言中的多个形容词作定语的排序差别也较大，笼统来说，汉语倾向于"表客观性质的形容词＋表主观评价的形容词＋中心语"，英语中多个形容词的排序有时与之相反，有时还按照先短后长的规律来进行排序，因为情况复杂，习得难度较大。

可见，英语为母语的学生在习得汉语二项定语时会受到很多因素的影响，如母语的正负迁移、僵化现象及充当多项定语的成分的复杂性等。英语母语的汉语学习者对第二语言的习得并非只受一种因素的制约，而是受多个因素的共同制约。

周小兵、雷雨（2018）根据语言单位类别和学习阶段，对多项定语的使用进行统计。语言单位分为名词、代词、数量词、形容词、动词、名词短语、形容词短语、动词短语、介词短语、主谓短语、区别词和其他，按 HSK 水平分为初级（2~3 级）、中级（4 级）、高级（5 级及以上）三个等级。该研究选取泰国宋卡王子大学、泰国瓦莱岚大学、重庆大学 107 名泰国学生的日记和作业，约 55 万字。从这些语料中作者提取出含多项定语的句子 2449 句，其中按照汉语水平来划分，初级的有 689 句，中级的有 781 句，高级的有 979 句。统计发现，泰国学习者多项定语的错序偏误率随着汉语水平的提高而逐渐减少。其中，介词短语后置占错序偏误的 55%。

2. 多项定语偏误研究

多项定语的偏误分析的相关研究并不多见，主要是国别研究，针对老挝留学生、泰国留学生展开的，主要考察偏误的类型和偏误产生的原因。

2.1 偏误类型

薄巍（2013）主要考察老挝留学生习得汉语二项定语、三项定语和四项定语的偏误情况，老挝留学生多项定语习得主要存在四种偏误类型：

E1：定中之间"的"的误用，主要是指多项定语后需要使用"的"或不需要使用"的"的误用情况；

E2：错序包括两种情况，即定语和中心语错序、多项定语内部错序；

E3：定语误代是指老挝留学生在习得汉语多项定语的过程中，使用了一些不恰当的成分充当多项定语，导致了语句出现歧义、语意含混、语意矛盾或多项定语与中心语搭配不当等问题；

E4：中心语遗漏体现为使用定语来代替整个定中结构，导致中心语丢失。这类偏误主要发生在三项定语中。

这四类偏误的分布情况如图 13-3。

偏误类型	偏误分布		偏误类型	偏误分布	
	偏误/次	比例/%		偏误/次	比例/%
E1	31	15.12	E3	46	22.44
E2	105	51.22	E4	23	11.22

图 13-3　老挝留学生多项定语习得偏误分布情况 [①]

周小兵、雷雨（2018）则只考察泰国学生多项定语错序的偏误情况。根据错序参照点，作者将多项定语错序分为两大类：（1）定语错置于中心语之后，其参照点是中心语；（2）中心语之前的多项定语内部错序，其参照点是本应位于它后边的定语。

定语错置于中心语之后的偏误有两种情况：一是所有定语都错置于中心语之后；二是部分定语错置于中心语之后，包括介词短语错置、动词短语错置、主谓短语错置、形容词短语错置、名词短语错置。

2.2　偏误产生的原因

留学生学习汉语的过程中，偏误产生的情况较为复杂，原因也具有多样性。总体而言，大多与母语负迁移、目的语自身的复杂性或目的语规则泛化以及教材教法等有关。当然，不同的偏误情况有其具体的诱发原因，需要具体问题具体分析。

薄巍（2013）认为老挝留学生习得汉语多项定语偏误的产生主要有母语负迁移、自然度低、汉语自身复杂性、留学生汉语水平等方面的原因，并分别对 E1 定中之间"的"的误用（包括需要使用"的"而没有使用、不需要使用"的"而误加）、E2 错序、E3 定语误代、E4 中心语遗漏四种偏误类型产生的原因逐一进行分析，主要结论如下：

造成 E1 定中之间"的"的误用的原因主要有三个：（1）充当定语的语法成分负载信息量过大。汉语名词作定语时，表示中心语的材料质地、功能用途、职业身份、产地来源和描写中心语的性质、状态等，代词作定语时可以表示领属关系、表示处所和表示方式式样等，都存在用"的"和不用"的"两种情况，所

---

① 参见薄巍（2013）。

负载的信息量大，留学生不易判断，因而出现较多"的"的误用。（2）其他偏误诱发 E1 定中之间"的"的误用。老挝留学生在形容词作定语时出现"的"的误用，多与语序偏误有关；出现"的"的误用和错序共现，这类偏误常常表现为多项定语的语序出现错误，同时诱发定中之间结构助词"的"的误用偏误。（3）母语负迁移。汉语的定语标记只有一个结构助词"的"，但在老挝语中却有两个对应形式，且老挝语中的外延定语①均不使用结构助词，与之对应的汉语外延定语中的这类规则不是那么严格；老挝语的内涵定语②规则较简明，即除了主谓短语作定语需要使用结构助词外，其他成分作定语则可用可不用，甚至是一定不能用结构助词，与之对应的汉语内涵定语中的这类规则是可以用的，有些情况是必须用的。

E2 错序主要分为定中错序和多项定语内部错序两种情况。绝大多数的定中错序偏误是受母语负迁移的影响，即老挝语中的定语语序对汉语定语语序的习得造成负迁移。多项定语错序的产生原因主要有三个方面：（1）母语负迁移；（2）汉语多项定语难度等级高；（3）汉语多项定语优势语序的复杂性。

E3 定语误代出现的原因主要在于使用了不恰当的或错误的词语或短语充当定语来修饰中心语，导致语义偏失或表义含混。

E4 中心语遗漏偏误主要出现在三项定语的使用中，其主要原因在于语句加工的难度。

周小兵、雷雨（2018）则针对泰国人汉语多项定语错序这一类偏误进行分析，认为其原因主要有三大方面：（1）母语负迁移。汉语、泰语同属 SVO 型语言，但泰语定语在中心语之后，汉语定语在中心语之前。多项定语一般语序与汉

---

① 刘丹青（2008）将定语分为内涵定语和外延定语，并对二者进行了界定。他指出，外延定语由指称或量化成分充当，用来给名词语赋以指称、量化属性，表明它在真实世界或可能世界中的具体所指范围，即在不改变内涵的情况下指明其外延，由指示词、冠词、数量词语、量化词语（全量或分量词语）充当。这类定语在生成语法中不但不称为定语，而且分析为限定词短语 DP 的核心 D 或量化名词语 QP 的核心 Q，是管辖 NP 的成分。

② 刘丹青（2008）指出，内涵定语由实词性开放性语类充当，是给整个名词语增加词汇性语义要素（即内涵）的定语，包括描写性定语和限制性定语，由名词、区别词、形容词、动词、介词短语及定语从句（英语这类语言中还包括部分副词）等充当。句法上，内涵定语大都是核心名词的加接语（adjunct），加得再多也不改变整个结构光杆名词语（bare NP）的性质。

语相反，呈镜像关系。受母语影响，泰国学生会将多项定语中一项定语后置于中心语。（2）目标语规则泛化。泰语和汉语的多项定语大多呈现镜像关系，但学习者对这一规则掌握得不够透彻，会把泰语中的两个后置定语从中心语后整体搬到中心语前，而没有注意这两个定语的位置也应该互换。此外，少数情况下，泰语和汉语的多项定语并非镜像关系。此时，学习者将镜像关系类推到这些情况中，就会产生错误。（3）教材的解释不足。汉语教材，即使是专门针对泰国人的汉语教材中汉泰定语的对比也明显不足，教学中也不够重视，这使得泰国学生对汉语多项定语的规则了解不足，因而受到母语负迁移的影响出现偏误。

上述研究都是对不同偏误类型分别进行偏误原因的分析，具有较强的针对性，对国别教学的实践具有指导意义。

2.3　人类语言的普遍规律与汉语多项定语的习得

关于人类语言中多项定语修饰中心语的问题，语言类型学的一些研究成果加深了我们对这一问题的认识和理解，如"可别度领先原则""语义靠近原则""轨层理论"等都是学界在跨语言调查基础上总结出的人类语言的共性，这些共性在定语与中心语的顺序以及多项定语之间的顺序等问题上具有较强的解释力。值得注意的是，学界在对汉语定语习得的研究过程中，也开始关注人类语言的普遍规律及其在二语习得中的作用。

可别度，即可识别度。陆丙甫（1998、2004、2005a、2005b）对"可别度领先原则"进行阐释，具体表述为：

可别度领先原理 1：如果其他一切条件相同，可别度高的成分前置于低的成分。

引申的可别度领先原理 2：如果其他条件相同，可别度越高的成分越倾向于前置。

可别度领先原理 3：如果其他一切条件相同，那么对所属名词短语可别度贡献高的定语总是前置于贡献低的定语。

可别度领先原理 3 可以直接用于解释名词短语内部定语的语序规律。名词短语内部最基本的定语有指别词、数词和形容词，其中指别词使名词短语成为定指成分，形容词则主要增加名词短语所指的内涵，不直接作用于外延的指别性。如果说形容词也起了缩小外延的作用，那是间接的派生作用。数词性质比较复杂，但它也属于外延性定语，在这一点上与指别词相同。当指别词、数词、形容词分别出现在核心名词两端时，不可能存在形容词前置于核心名词而指别词或数词却后置于核心名词的情况（Hawkins，1983：120）。这些人类语言的共性也会在一定程度上影响二语习得者的二语习得情况。

周小兵、雷雨（2018）在考察泰国学生习得汉语多项定语的错序偏误时发现，泰国学习者容易把动词短语、主谓短语、介宾短语等错置于中心语之后，但数量词、代词和表领属的名词则不容易错置。作者认为，这种情况与语言普遍性相关。普遍语法的一些语言共性，有可能对二语习得产生促进作用。例如，人类语言中，指别词和数词有前置于核心名词的优势语序，领属语一般也前置于核心名词（Greenberg，1966；Hawkins，1983；陆丙甫，2005a、2005b）。汉语的领属语属于内涵定语，一般前置于（外于）限定词（刘丹青，2008）。在普遍语法规则的影响下，泰国学生能够克服母语迁移，习得这几类定语的位置，完成部分修饰语右向参数到左向参数的重设，说明普遍语法的一些语言共性，二语习得者可能是部分可及的。

"语义靠近原则"最早是 Behaghel 于 20 世纪 30 年代提出的，其主要内容为：语义关系上越紧密的成分，在句法位置上也越靠近。陆丙甫将这一原则与轨层结构结合在一起用于语序分析。如多项修饰成分的内部顺序，一般以核心成分为参照，依据从松到紧、从不稳定到稳定、从抽象到具体排列。实际上，这也是修饰语和核心成分之间的距离关系。这个理论可以用来解释语言中多项定语和多项状语的排列顺序。

薄巍（2013）在考察多项定语顺序时指出，汉语中多项定语的排列顺序总是按照一定的逻辑关系，总体上来说，多项定语的排列顺序表现为与核心名词关系越密切的定语就越靠近核心名词。但是作者没有进一步说明如何将这一规律运用于学生的习得。

陆丙甫（2004）指出，一个附加语离核心词越远，越需要添加表示它跟核心词之间关系的线性标记。所谓距离是以核心词为定位标准的。两个语法上相互关联的成分距离越近，标记越不重要；相反，距离越远，标记就越发重要。薄巍（2013）在分析汉语多项定语的顺序时也指出，根据距离象似原则，在领属关系中，相应的领属结构里领有成分和被领有成分之间的距离较近，可让渡的领属关系表明两个概念之间的联系不密切，相应结构成分的距离也较远。汉语中用无标记来表示两个概念之间的密切联系与不可让渡性。不论是汉语、老挝语中的并列式多项定语还是递加式多项定语，它们的排列规律都由一条认知策略所决定，即距离象似动因。但薄巍（2013）并未进一步讨论如何利用这一规律指导老挝留学生学习汉语的多项定语，尤其是多项定语内部的顺序。

Hawkins（1983）的长度顺序原则认为人类语言倾向于把长的成分放在后边。Dryer（1992）的样本库显示，关系从句在人类语言中以后置为绝对优势。介词短语、动词短语、主谓短语等的结构较长，根据语言共性，这类定语倾向于后置，如泰语；像汉语这样前置于中心语的，属于标记性语言项。

周小兵（2009）指出，第一语言无标记，第二语言有标记，中介语可能无标记。因此，泰语中位于最后的长定语，比其他定语更容易出现负迁移。作者进一步从认知角度指出，汉语多项定语中结构短的、可别度高的代词，数量词，领属性名词（短语）等不容易后置，即容易完成参数重设；结构长的、可别度较低的介词短语，主谓短语，动词短语等，不容易前置，参数重设难一些。

事实上，语义靠近原则和可别度领先原则，有时和谐，有时冲突。Hetzron（1978）指出，"形容词之间语序自由的情况，都发生在形容词后置于名词的情况中。"陆丙甫（2005a、2005b）进一步指出形容词定语内部语序共性，即当形容词定语都前置于名词时，顺序相当稳定，而它们都后置于名词时，顺序非常自由。形容词实际上也直接或间接地具有潜在可别度，而这种可别度跟它们与核心名词的语义紧密度大致上成反比。

语义靠近原则，所谓语义上关系密切，主要依据"稳定性"和"内在性"两个标准（陆丙甫，1993）。可别度领先，可别度是指可识别度，如范围大的成分的可别度高于范围小的成分，高指别性的可别度大于低指别性，高生命度的指别性大于低生命度的指别性等。如"大型—白色—自动—洗衣机"，当形容词前置时，语义紧密度原则和可别度领先原则都要求"大型—白色—自动—洗衣机"顺序，两个原则互相和谐、强化。但是当形容词后置时，语义靠近原则要求"洗衣机—自动—白色—大型"，可别度领先原则却要求"洗衣机—大型—白色—自动"，两个原则的作用互相冲突、抵消，因此结果就倾向不明。

可见，当形容词定语都前置时，语义语序原则和语用语序原则的作用结果通常是一致的，因此语序稳定。相反，形容词定语都后置时，这两个语序原则作用的结果通常是互相冲突的。最终结果或者其中之一完全压倒另一方，或者折中一下，互相抵消，结果也就表现出相当的自由度。因此，对于母语形容词定语后置的学生来说，母语中形容词定语的顺序较为自由，在一定程度上影响了他们习得汉语多项形容词定语的顺序。这也正是周小兵、雷雨（2018）发现泰语和汉语多项定语多数情况下呈镜像关系，但少数情况下并非镜像关系的原因所在。但周小兵、雷雨（2018）只是指出了这一现象，并未对其进行解释，也未对由此产生的中介语做进一步的分析。

第三节　本章小结

1.　主要成果

定语的习得研究主要是关于单项定语和多项定语的习得问题，都为国别化研究，涉及泰国、老挝和说英语的国家。目前学界对泰国学生习得汉语 12 类定语，老挝学生初级阶段、中高级阶段习得汉语 10 类定语的顺序进行考察，后者采用了较为科学的定量分析方法，如正确使用相对频率法、蕴含量表法等，并得出了各单项定语类型习得难度的序列等级。偏误研究主要是针对老挝留学生习得单项定语时出现的偏误进行归类，并从母语和目的语两方面分析偏误产生的原因。多项定语的习得研究主要集中在偏误分析上，探讨各类多项定语的偏误率、偏误类型以及偏误产生的原因。值得指出的是，学者们开始关注语言类型对汉语二语的定语习得的影响，并尝试从类型学的角度对其偏误现象进行解释。

2.　研究的不足

汉语定语的情况比较复杂，尤其对二语习得者而言，定语与中心语的位置、多项定语之间的顺序、定语标记"的"在什么情况下必须使用、什么情况下不能使用、什么情况下可用可不用，这些问题都是留学生学习中的难点。但就目前的研究现状来看，关于留学生汉语定语习得的研究还有很多问题和不足。

（1）研究成果数量有限

就当前学界对留学生汉语定语习得研究的情况来看，高质量高水平的研究较少，特别是在 CSSCI 核心期刊上发表的论文数量极为有限。这也从一个侧面说明当前汉语定语习得研究仍存在很大空间。

（2）国别研究覆盖面小

目前学界对留学生汉语定语习得的研究多为国别研究，主要涉及说英语的国家、老挝、泰国等。从国别数量来看，其覆盖面很小。即使是针对说英语的国家的留学生的汉语定语习得研究也仅有一篇，而且是以二项定语为研究内容的。汉语定语其实非常复杂，也是留学生学习的难点之一。此外，定语的习得在很大程度上还受学生母语的影响，偏误情况常常具有较为明显的国别特征，偏误分析也需要结合学生的母语进行具体分析，因而深入而广泛的国别研究是深化定语习得研究的一个方向。

（3）研究范式相对单一

目前文献所及的研究，其习得情况和偏误分析一般是基于语料库或问卷调查而开展，对偏误的数量、偏误率等进行统计。陈海燕、薄巍（2013）采用的是自然语料和问卷调查相结合的方式，对初级阶段、中高级阶段留学生各单项定语的使用频次、使用频率、偏误次数、正确使用相对率等各项数据进行统计分析，并且对自然语料和问卷调查中的偏误数和比例分别进行了统计。在此基础上，作者按照正确使用相对频率法，采用蕴含量表法对初级阶段、中高级阶段留学生习得各个单项定语的情况进行分析。相对而言，该研究的数据分析比较扎实。

其他几位学者的研究基本基于语料或问卷调查，进行简单的数据统计，在科学研究方法的支撑方面还有不足。此外，研究范式方面还需要借鉴本体研究的范式以开展更为科学有效的研究。

在问卷设计方面，也还存在一些不足。如王紫琬、李慧（2017）的调查问卷的对象共 36 人，初级、中级和高级汉语水平的留学生各 12 人。相对来说，被试数量较少，而且问卷仅设计了 20 个题目，语料不够丰富，可能存在偏误少、分类简单等问题，从而影响对留学生习得情况的全面把握以及对偏误原因的探索。另外，问卷设计中，还有一些有争议的问题，可能在一定程度上影响了统计结果。如王紫琬、李慧（2017）的调查问卷中出现的定语类型并不属于其限定的研究范围。该研究对定语的分类采用的是《实用现代汉语语法》（刘月华、潘文娱、故桦，1983）中的分类，即并列式多项定语、递加式多项定语和交错式多项定语，并将研究范围限定在递加式多项定语上。但是，该研究的调查问卷中考查"形容词＋形容词"的二项定语时设计的题目并不属于递加式定语。原题^①为：

1. 上海是一座（ ）（ ）城市。

A. 繁华（flourishing） B. 热闹（lively）

2. 妹妹总是对（ ）（ ）东西很感兴趣。

A. 有趣（interesting） B. 新鲜（new）

按照该文对并列式多项定语、递加式多项定语和交错式多项定语的定义，上述两题的定语属于并列式定语，并非递加式定语，因此，这两个问题是无效的。并且，该问卷每种定语类型只设计了两个小题，因此该问卷实际上并未考查到学生习得"形容词＋形容词"作递加式定语的情况，这在一定程度上影响了分析结果的效度和信度。

此外，有的研究对学生偏误的分析也值得商榷。如薄巍（2013）指出，老挝留学生的语料中"所以老挝人大部分都会打排球"是定中错序的偏误类型，并从语言类型学的角度对其进行解释。他认为，根据距离象似原则，在领属关系中，相应的领属结构里领有成分和被领有成分之间的距离较近，可让渡的领属关系表明两个概念之间的联系不密切，相应结构成分的距离也较远，汉语中用无标记来表示两个概念之间的密切联系与不可让渡性。因此，该句中"老挝""人"之间无标记，表示它们之间的距离较近，而"大部分"与中心语之间则可以使用标记，表示它们之间的距离较远。句中定语"大部分"较"老挝人"离中心语更远，应该在"名₁"的位置上，因而正确用例为"所以大部分老挝人都会打排球"。但是，这个句子在缺乏上下文语境的情况下很难判定为定中错序，因为这

---

① 把 A、B 两项分别填入括号中，顺序自己定。如需要可加上"的"。

句话也可以理解为一个话题句，从句法结构上也可以视为主谓谓语句。

出现上述不足的主要原因在于：（1）本体研究的不足在一定程度上限制了二语习得的相关研究。（2）研究者受外语水平的限制较难开展广泛而深入的国别研究。研究者需掌握或基本掌握二语习得者的第一语言，并对这种语言及其文化特点有深入认识和精准把握，这是跨语言对比、偏误分析及中介语研究的基本条件。研究一种语言尚且不易，当研究对象同时涉及习得者的第一语言、目的语及其产出的中介语系统时，研究难度更大，面对不同母语学习者或多语学习者时，涉及的变量增多，进一步加大了研究难度。（3）相关论文的作者多为本体研究出身，对二语习得理论和研究方法等的把握尚待进一步提升，同时学界也需要二语习得研究者对此类问题的关注和研究。

3. 研究展望

当前研究存在的不足同时也为我们提供了继续研究的空间。

（1）更广泛地开展国别研究

后续研究可以结合人类语言类型开展国别研究，提供更多语种语言类型的学生习得汉语定语的语料，进一步分析不同语言类型的二语习得者在汉语定语习得时存在的问题、偏误的类型和原因，也反过来为语言类型学的研究提供支撑。

（2）更好地借鉴本体研究和语言类型学的成果

一方面，加强汉语的本体研究，并将本体研究的成果转化到汉语作为二语习得的研究中；另一方面，更充分地利用语言类型学的成果来加深研究的深度。如前所述，学界在对汉语定语习得研究的过程中，已经关注到人类语言的定语和中心语以及多项定语之间的顺序等方面存在一些共性。不过学者们多用普遍规律解释二语习得者出现的错误，但对于如何利用这些普遍规律促进留学生对汉语定语的习得与掌握等问题，尚未进行深入的探讨。

（3）更多地学习和借鉴二语习得的理论和方法

后续研究应多借鉴二语习得研究中的新范式、新方法，加强对习得中介语、习得者内部因素、习得内容和习得者外部因素等方面的探讨。另外，应注意借助科学的数学方法来进行数据统计和分析，提高研究的信度。

第十四章　状语习得研究

状语是谓词性短语中修饰中心语的成分。与定语类似，汉语状语有自身的特点，在与修饰语的位置、结构标志以及多项修饰语的顺序等方面，与其他的语言存在一定的差异。汉语状语一般在中心语之前，常带结构助词"地"，多项状语顺序复杂，这些问题都是留学生习得汉语状语的难点。目前文献检索显示，学界对汉语状语的习得研究主要集中在单项状语的偏误分析、多项状语的顺序问题以及形容词作状语和补语时的混用等问题。

第一节　单项状语偏误研究

1.　单项状语与中心语语序偏误研究

学界对单项状语的习得研究主要是对单项状语的偏误分析。目前学界已有的研究主要是针对泰语母语者和老挝语母语者习得汉语单项状语的偏误分析。泰语、老挝语和汉语都属于汉藏语系语言，表达语法意义主要依靠语序和虚词这两种手段，但汉语和泰语、老挝语在语序规则方面存在差异，尤其是状语的位置存在明显的不同，这给泰国和老挝的学生习得汉语状语造成了负迁移，影响了他们对汉语状语的掌握和正确使用。

施文志（2008）以泰国学生为研究对象，从学生习得汉语状语的偏误出发，运用对比分析理论，对泰语和汉语中介词短语作状语的情况进行对比，进而分析其偏误产生的原因。该研究的对象是泰国东方大学人文学院汉语专业的学生和云南民族大学人文学院的泰国留学生。所有语料均为上述学生使用汉语时出现的句子，主要来源于书面作业和汉语作文。

　　该研究共搜集到偏误句758例，其中移位性偏误281例，占所有偏误的
37.07%。移位性偏误中，状语移位造成的偏误141例，占50.18%。根据充当状语
的不同成分，这些偏误大致可以分为五类，详见表14-1。

表14-1　泰国学生汉语状语移位性偏误分布 [①]

项目	介词短语	副词	助词短语	多层状语	时间名词	其他
数量	73	18	9	9	6	26
百分比	51.77%	12.77%	6.38%	6.38%	4.26%	18.44%

　　从表14-1可知，泰国学生汉语状语移位性偏误中，介词短语的移位偏误率
最高。施文志（2008）统计发现，这类偏误主要是介词"为了""从""在"以及
"跟"组成的介词短语的误用，例如：

　　（1）*我要努力学习汉语为了好的将来。

　　（2）*我要去运动为了减肥和身体健康。

　　（3）*星期六上午十点我等她在大学门口。

　　（4）*我借到80本英汉词典从东方大学图书馆。

　　（5）*我常常说汉语跟中国朋友。

　　调查发现，这类偏误基本都是语序错位，介词短语充当目的状语、地点状语
或方式状语时，被置于句尾，造成偏误。究其原因，主要是母语负迁移。泰语
中，"介词短语的语法作用是修饰动词、动词短语，在句中充当状语，有时也修
饰形容词、形容词短语"。泰语介词短语充当状语时，位置大多位于被修饰的中
心语之后。如果句中没有其他状语，那么介词短语一般放在句末，充当句末状
语。例如：

　　（1）　ว่ายน้ำ　ในทะเล
　　　　　　游泳　　在海里　　（裴晓睿，2001）

　　（2）　เขา มอง ผม　ด้วยความหวาดระแวง
　　　　　　他　看　我　用怀疑(胆怯)的眼光　（裴晓睿，2001）

---

① 参见施文志（2008）。

在汉语中，介词短语作状语时一般都位于中心语之前，少数由介词"为了""关于""至于"或"按"组成的介词短语只能位于主语前充当句首状语。可见，介词短语作状语时，在两种语言中的位置完全不同。

"由于第一语言的存在，第一语言语法观念的存在，以及跟第一语言紧密相关的思维活动定势的存在，当他们学习第二语言的时候，不可能不受已有的语法观念、思维活动定势等因素的影响"（王魁京，1998），泰国学生学习汉语时，对汉语句子结构的规则掌握得不够牢固，容易将母语中句子结构的规则混同于汉语的结构规则，从而形成偏误。泰国学生在习得汉语状语时出现的移位性偏误，主要是受泰语语序规则的影响，按照泰语的语序将介词短语充当的状语放在句末，造成了偏误。

老挝学生在习得汉语状语时也常常会规律性地出现许多与汉语状语语序不符的错序偏误现象。杨建（2018）对老挝留学生在使用汉语状语时出现的错序问题进行梳理，对比考察两种语言的状语语序，分析老挝留学生在汉语学习和使用中出现状语语序偏误的原因，在此基础上，提出了相应的教学建议。

该研究的语料来源于初学汉语的老挝预科留学生的平时汉语交谈和作业作文中出现的状语错序偏误。通过对语料的整理和归纳，杨建（2018）发现老挝留学生出现的错序问题主要集中在汉语的地点状语、时间状语、程度状语、方式状语、情态状语、协同状语、对象状语等七类状语上。该研究考察的是这七类状语单独作状语的情况，并不涉及多项状语的偏误。统计结果显示，各类状语的偏误率由高到低为：时间状语（73例）＞地点状语（58例）＞程度状语（36例）＞情状状语（31例）＞方式状语（28例）＞协同、对象状语（14例）。

时间状语、地点状语、情状状语、方式状语的偏误情况类似，都是误将状语置于句末，程度状语的错序表现为状语错置于修饰对象的后边，或将状语错放于主语的前面，协同、对象状语的错序表现为将状语错置于谓语动词后或句末。

在对相关偏误句的汉语与老挝语进行对比分析的基础上，杨建（2018）指出，老挝留学生习得汉语状语时的错序偏误主要是由母语负迁移导致的。老挝语中，方式状语一般都放在句尾。时间状语、地点状语一般放在句尾表示动作行为发生的时间和地点，位于句尾时，一般在时间名词和地点名词前加介词。有时，时间状语和地点状语也可以位于句首，此时多是为了强调句中动作行为所发生的时间和地点。表示情状的状语一般都在谓语动词后或者句末，特别是带有状语标志的情状状语习惯于放在谓语动词后。如果句中有宾语，状语应放在宾语之后。表示协同、对象的状语一般也在谓语动词后或句末。然而，汉语中状语都在谓语动词之前。正是上述老挝语状语的语序规则导致老挝学生在习得汉语状语时出现了不同情况的错序。由此，作者对老挝学生汉语状语教学提出了以下建议：

（1）加强汉语状语语序的教学和训练，注重老挝学生汉语状语语感的培养；

（2）合理安排汉语状语教学，结合偏误实例讲授汉语状语知识；

（3）注重汉语、老挝语状语对比教学。

2.　单项状语与补语混用问题

单项状语习得过程中，除了状语与中心语的顺序问题，还会出现状语与补语混用的问题，尤其是汉语的单音节形容词作状语或补语时。汉语的单音形容词，既可以作动词的状语，形成 "A+V" 的状中结构，又可以作动词的补语，形成 "V+A" 的述补结构。这两种结构在语义和语用上的表现复杂：（1）二者的位置都离动词很近，与动词之间存在修饰或补充关系；（2）二者在语义指向上有重合，即不仅可以指向动作行为，也可以指向施事或受事；（3）形容词本身很复杂，不是所有的形容词都可以直接作状语或补语，形容词在不同位置上意义也不尽相同（赵春秋，2009）。因此，形容词何时作状语，何时作补语，学习者不易掌握，因而经常会在状语和补语的位置安排上出现问题，形成偏误。

汉语语法学界对形容词作状语和补语各自表达的意义研究相对较多，但对形容词作状语和补语的习得研究的探讨依然不够深入、系统。刘振平（2009）以单音节形容词作状语和补语为例，对留学生状语、补语混用的偏误情况进行考察，并分析了偏误产生的原因。

刘振平（2009）的语料来源于北京语言大学 "HSK 动态作文语料库"，作者以 437 个 ^① 单音节形容词为对象，在"HSK 动态作文语料库"中逐一进行检索，得到状补混用句 613 个。考察发现，偏误类型主要有两种情况：一是应该用作补语而误用成了状语，如"* 她早来了，电影还有一个多小时才开始"；二是应该作状语而误用成了补语，如"* 要睡早起早，这样对身体好"。同时，作者还发现，留学生对不同的单音节形容词的使用存在不同的偏误倾向：

（1）某些单音形容词，如"多""少"等，留学生倾向于把它们用作补语而回避或者基本不用作状语。统计结果显示，偏误句中，有 27 例"多"应该作状语却误作补语，而相反的情况仅出现 1 例；有 11 处"少"应该作状语却误作补语的情况，而相反的情况一例也未发现。

（2）还有部分单音节形容词，如"早""晚"等，留学生则基本分不清什么时候作状语，什么时候作补语，典型的问题是状语和补语的混淆乱用。

（3）对于极少数作状语时与动词凝固程度较高的单音节形容词，留学生一般都能很好地掌握它们作状语时的情况，如"粗看""怪叫""生吃"等。

刘振平（2009）认为，第一种倾向的出现与留学生对状语的直观认识有关。在学习汉语的过程中，留学生虽然很早就接触到了状语，但常见的状语大多是形容词的复杂形式，单音节形容词则大部分是作补语的，所以就造成他们在具体的语言表达当中，不轻易把单音节形容词用作状语。汉语的语言事实也确实如此，单音节形容词直接作状语要受很大的限制。第二种倾向的出现与使用频率有关。"早""晚"等单音节形容词，直接作状语和直接作补语的使用频率都很高，留学生对其使用情况和具体意义上细微的区别掌握得不够全面，所以出现混用的现象。第三种倾向的出现主要是由于留学生将这些凝固度高的"单音节形容词＋动词"搭配当作一个词进行整体认知。

综上，刘振平（2009）将留学生对单音节形容词作状语还是补语的偏误倾向情况梳理如表 14-2。

---

① 刘振平（2007）曾全面考察了437个单音节形容词充当状语和补语的情况，确定了哪些单音节形容词可以充当状语、哪些单音节形容词可以充当补语、哪些单音节形容词既可以充当状语又可以充当补语，并分析了作状语和作补语在语义表达上的异同。刘振平对单音节形容词作状语或补语的偏误考察正是以此为研究基础的。

表 14-2　单音节形容词作状语或补语偏误情况 [①]

	单音节形容词的类别	状语和补语的误用倾向
1	基本不作状语，作状语时与动词凝固程度高	不发生误用
2	作补语多于作状语的情况，表事物性状	倾向于用作补语
3	作状语和作补语的频率都高，表动作、时间、方式、情状等	无倾向地混用

最后，刘振平（2009）分析了留学生在使用单音节形容词作状语和补语方面的偏误原因，主要有以下两个方面：

（1）留学生不清楚单音节形容词作状语和补语的功能。对于学过的单音节形容词，留学生不清楚其句法功能，是只能作状语，还是只能作补语，还是既能作状语又能作补语。因而在使用时"要么是将已学过的规则过度泛化，如发现某个词经常作补语，于是误以为它不能作状语；要么就根据自己的母语来类推，比如形容词'多'在英语中对应的是'more'，并且多用作补语，所以留学生在写汉语句子的时候也总是把'多'用作补语，导致误用；要么就乱用一气，该用作补语的用作状语，该用作状语的用作补语，而不管其意义上的差别"（刘振平2009）。

（2）留学生不清楚单音节形容词作状语和作补语在表达上的区别。单音节形容词作状语时一般强调动作，作补语时一般强调动作的结果。此外，作状语还是补语还受具体语境和句式的限制，比如祈使句式一般要使用形容词作状语的结构，因果句式一般要使用形容词作补语的结构等。这些表达上的区别和选择上的限制比较复杂，留学生往往较难全面掌握，因而容易出现二者混淆的情况。

第二节　多项状语习得研究

就习得难度而言，汉语多项状语的习得难度高于单项状语，多项状语的构成成分丰富，项目类型多样，排列顺序复杂，是对外汉语语法教学的重点之一，也

---

① 参见刘振平（2009）。

是学生学习的难点之一。但目前文献检索显示，多项状语习得的研究数量非常少，并且未检索到 CSSCI 核心期刊论文。可见，多项状语的习得没有得到学界的充分关注，也可能是多项状语情况复杂多样给研究的开展造成了困难。

1.　多项状语的偏误率与难度分析

目前所见的多项状语习得研究以泰国学生为研究对象。汉语多项状语与泰语多项状语存在明显的差异，泰国学生在习得过程中经常出现偏误。林文月、张勇（2015）以泰国学生为对象，对其习得汉语多项状语的情况进行调查分析。该调查的对象为泰国中级、高级汉语水平的学生，其中在泰国不同学校和机构学习汉语的学生 100 人，在中国广州中医药大学学习汉语的学生 20 人，一共 120 人。其中男生 38 名，女生 82 名，其年龄从 14 岁至 24 岁不等，都系统学习过至少一年半的汉语。

林文月、张勇（2015）以对比分析的角度切入，基于汉语和泰语多项状语构成成分及排列顺序的差异设计问卷，内容涉及两项、三项、四项、五项状语的使用情况，其中两项状语共 7 类，三项状语共 28 类，四项状语共 21 类，五项状语共 15 类。问卷调查结果显示，使用两项状语时，被试出现偏误率最高的是"时间状语＋介词短语 A[①]"，使用准确率仅为 66.4%；使用三项状语时，被试出现偏误率最高的是"时间状语＋描写动作者＋表动作性状"的三项状语，使用准确率仅为 10.7%；使用四项状语时，被试出现偏误率最高的项目类型是"时间状语＋表重复副词＋介词短语 A＋处所词／介词短语 B[②]"和"时间状语＋否定副词＋处所词介词短语 B＋介词短语 C[③]"，准确率皆为 0%；使用五项状语时，偏误率最高的项目类型是"时间状语＋语气副词（表估计）＋否定副词＋处所词介词短语 B＋特殊介词短语"，偏误率高达 98%。并且，随着项数的增加，被试出现偏误的概率也随之增大，正确率逐渐降低。28 类三项状语的平均正确率为 47.4%，21 类四项状语的平均正确率为 29.5%，15 类五项状语的平均正确率为 16.3%。

---

① 介词短语 A，指表目的、关涉、协同、依据的状语，多由介词短语充当。
② 介词短语 B，指表处所、空间、方向、路线的状语，多由处所短语或介词短语充当。
③ 介词短语 C，指表对象的状语。

林文月、高霞（2016）仍以上述问卷调查为基础，对调查结果进行了更为细致的说明：（1）泰国中级、高级汉语水平的学生，对汉语两项状语掌握的整体情况较好，但在使用包含"介词短语A"的两项状语时，错误率较高。（2）泰国中级、高级汉语水平的学生，在使用汉语三项、四项、五项等多项状语的时候，难度明显大于单项状语、两项状语，其中难度较大的项目类型主要由以下构成成分组成：a. 三项状语：时间副词、语气副词、介词短语A、处所词、表对象、表情态方式、固定短语；b. 四项状语：时间副词、表重复及表否定的副词、处所词、表目的、表对象、"把"字句；c. 五项状语：时间副词、表否定的副词、处所词、表语气、表对象、"把"字句、"被"字句。（3）泰国中级、高级汉语水平的学生，初级阶段未能较好掌握的状语成分，在学习者中级、高级阶段的学习中构成了相应的阻碍，会影响中级、高级阶段的多项状语的学习，如初级阶段出现的处所词与单项时间状语的排序问题。（4）泰国中级、高级汉语水平的学生，在使用汉语多项状语时，主要涉及排列顺序问题，其学习难度随着项目数目的增加而加大，准确率呈明显下降趋势。

2. 多项状语偏误产生的原因

林文月、张勇（2015）认为，泰国学生习得汉语多项状语时产生偏误，主要受语际迁移、语内迁移、学习环境和交际策略等的影响。语际迁移主要是指学习者受泰语各状语成分的排列顺序的影响而产生偏误。林文月、张勇（2015）指出，汉语和泰语两种语言中，方式状语、工具状语、地点状语、时段状语、时点状语这五种状语成分与动词之间的远近距离关系虽然完全一样，但状语和中心语的顺序正好相反，即汉语的语序为"修饰语＋中心语"，泰语为"中心语＋修饰语"，这一差异容易引起学生的偏误。多项状语的项目数量增加时，学生的偏误率也随之上升，这也与汉语内部知识的干扰、回避或语言转换有关。此外，被试学生大多是在泰国学习汉语，缺少汉语语境，难以通过充分的语境自然感知从而习得汉语多项状语。

第三节 本章小结

1. 主要成果

当前学界对汉语状语的习得研究主要考察了单项状语和多项状语的习得情况，所见文献数量较少。就单项状语而言，现有文献主要讨论了单项状语与修饰语之间的语序、单项状语与补语的混用的问题。学界基于语料统计，对泰国学生习得汉语单项状语时介词短语作状语的移位性偏误、老挝学生习得汉语七类状语时的错序偏误、单项状语与补语混用等问题进行了考察，错序类偏误产生的原因主要是母语负迁移，混用类偏误产生的原因主要是学习者对汉语状语和补语的功能和表达差异掌握不足。就多项状语而言，现有研究主要考察了泰国学生习得汉语两项、三项、四项、五项状语时，每一类情况中偏误率最高的状语类型，并从语际迁移、语内迁移、学习环境和交际策略等方面探讨了偏误产生的原因。但汉语中状语成分复杂，尤其是多项状语类型的复杂性，给习得研究的开展造成了较大的困难，这也在很大程度上限制了学界对状语习得问题的深入探讨。

2. 研究的不足

汉语状语的情况比较复杂，尤其对二语习得者而言，状语与中心语的位置、多项状语之间的顺序、状语标记"地"在什么情况下必须使用、什么情况下不能使用、什么情况下可用可不用，这些问题都是留学生学习中的难点。但就目前的研究现状来看，关于留学生汉语状语习得的研究还有很多问题和不足。

（1）研究成果数量有限，质量有待提高

当前学界对留学生汉语状语习得研究的相关文献数量很少，高质量高水平的研究更加缺乏，特别是在 CSSCI 核心期刊上发表的论文数量极为有限。这也从一个侧面说明当前汉语状语习得研究仍存在很大空间。

（2）相关研究的覆盖面小

状语习得的偏误多与汉语和学生母语语序的差异密切相关，因而目前学界对留学生汉语状语习得的研究多为国别研究，主要涉及老挝和泰国等。从国别数量来看，其覆盖面很小。汉语状语，尤其是多项状语以及状语和补语的纠缠等问题非常复杂，这也是留学生状语习得的难点之一。此外，状语的习得在很大程度上还受学生母语的影响，偏误情况常常具有较为明显的国别特征，偏误分析也需要结合学生的母语进行具体分析，因而深入而广泛的国别研究是深化状语习得研究的一个方向。

（3）被试的选择对研究结果产生影响

语法项目的习得情况还与学生的目的语水平密切相关。研究的被试汉语水平过低，会对研究结果产生一定的影响。如杨建（2018）的研究对象为初学汉语的老挝预科留学生，作者也指出被试的汉语水平近乎零，因此搜集到的状语错序偏误类型仅为老挝学生汉语学习中出现的一部分，当然这些状语可能是生活中经常出现的，是表达上最早使用的，或是教学上最先教授学生的，但是这类研究往往只能反映一小部分的情况。当然这并不是否定初级阶段的偏误研究的价值，而是希望更多不同学习阶段的习得情况得到学界的关注和研究，从而使这一问题得到更全面、更系统的思考和探索。

3. 研究展望

当前汉语状语的习得研究成果非常有限，并不能说明留学生习得汉语状语的情况良好，没有可以研究的内容，反而从一个侧面说明汉语状语的复杂性，很多问题受现有研究水平和条件所限，难以开展深入探讨。

事实上，汉语状语的问题比定语更复杂一些，因此汉语状语的习得难度应该大于定语。这种复杂性主要表现为：

（1）汉语状语的功能要比定语复杂，定语修饰的只是中心语，状语则可以修饰后面的动作行为本身，如"他慢悠悠地走进来"，也可以修饰前面的动作行为的发出者，如"他高高兴兴地走进来"；（2）汉语状语的组成成分比定语复杂，介词结构、副词、形容词、动词甚至名词都可以充当状语，如"在教室里学习""忽然刮起风来了""优雅地起身""面对面地谈""视频聊天"等，并且在语义上也比作定语涵盖的范围广；（3）汉语状语在句中的位置比定语更加灵活，大多位于中心语之前，也可以出现在主语前，如一些由介词结构、语气副词充当的状语，其复杂性还表现为有的状语只能出现在主语后，有的只能出现在主语前，还有一些则两可；（4）多项状语的语序问题复杂，轨层理论（陆丙甫，1987）曾指出，在状语前置的语言中，时点状语（T）、时段状语（D）、处所状语（L）、工具状语（I）和方式状语（M）的排列以"TDLIM"为优势语序，但这是一个倾向性规律，具体语言表达的情况更为复杂。

汉语状语的这些复杂性给二语学习者的习得造成了障碍，留学生也出现了一些回避使用的情况，比如回避使用多项状语，这也给研究者开展研究带来一定的困难。

此外，状语作为修饰语，它与中心语的位置关系、多项状语之间的顺序、状语与补语的混淆等问题都和语言类型密切相关。目前的状语习得研究都为国别研究，主要关注的是的泰语、老挝语为母语的学生的习得情况，这两种语言中状语与中心语的顺序都与汉语不同。

今后的研究可以从语言类型学的视角，在加强国别化研究的基础上，对母语为不同语言类型的汉语学习者的习得情况进行考察，进而发现母语与汉语分属不同语言类型的学习者在习得汉语状语时的习得顺序与习得难度如何，存在哪些偏误；母语与汉语属于同一语言类型的学习者，在习得汉语状语时的习得顺序与习得难度如何，又存在哪些偏误。在此基础上，对比母语为不同语言类型的汉语学习者在习得汉语状语时的共同点和不同点，从而厘清哪些问题是外国学生普遍存在的问题，哪些问题与其母语类型密切相关，进而更好地指导汉语作为第二语言的教学实践。

第十五章　补语习得研究

　　补语是汉语语法的一大特点，其他大部分语言（如英语、法语、俄语、德语、日语等）中都没有完全对应的形式。对二语习得者而言，如果不能很好地掌握补语的用法，那就很难说出正确、地道的汉语。因而，在对外汉语教材中补语占有很重要的位置，补语的比重大，出现频率高。《北京语言学院现代汉语精读教材主课文句型统计报告》（赵淑华、刘社会、胡翔，1995）的统计结果显示，补语句总数为3882句，占单句总数的13.2%，占动词谓语句的27.6%，高于"把"字句、"被"字句、连动句等常见的句式。

　　对于汉语学习而言，补语的重要性不言而喻，但是汉语补语历来是汉语教学中的难点。一是因为学习者的母语中大多没有与汉语补语相对应的成分；二是汉语补语本身形式各异，用法复杂，补语之难是不争的事实。陆俭明（1992）认为，述补结构是对外汉语教学的一个难点，原因在于述补结构本身有它的复杂性。这种复杂性表现为：（1）结构类型的多样性；（2）结构上的缩略性质；（3）补语语义指向的多样性；（4）结构分析上的困惑；（5）同义格式辨析既包括内部格式之间的辨析也包括与其他结构之间的辨析。因此，汉语补语的习得研究也是学者们较为关注的问题之一。

　　当前学界对补语习得的研究主要探讨了结果补语、趋向补语、程度补语、可能补语、数量补语的习得问题，其中趋向补语习得研究的文献数量最多，研究最为充分，结果补语次之，程度补语、可能补语、数量补语等的习得研究仍较为薄弱。

第一节　结果补语习得研究

　　补语是汉语具有鲜明个性的语言特征，是汉语最重要的语法表现之一。补语系统中，结果补语是代表性结构，张旺熹（1999）强调结果补语是现代汉语语法系统中极为重要的一种句法形式，可以说，它是整个动补结构的核心。关于结果补语句式，语义的本体研究历时很长，王力、吕叔湘时期学界已重视讨论汉语结果补语。

从形式上看，结果补语是谓词后加上一个表示结果的成分，但谓词与其后的结果成分存在搭配纠葛，且其语义呈多向性，这些都成为留学生习得汉语结果补语的障碍，使得结果补语成为汉语作为第二语言教学中的重点与难点。

对结果补语的第二语言习得研究主要集中于偏误分析。早期研究大多以结构主义语言学为基础，偏重对表层形式结构的分析，对形式和意义的关系的关注较少。近年来，随着构式语法的兴起，人们对形式和意义相结合的观念有了新的认识，构式语法认为构式（construction）是一种基本的认知单位，语言是由各个层级的构式组成的系统（Goldberg，1995、2006；王寅，2011）。构式是语言习得的基本单位，语言习得也就是构式的习得。基于构式的习得研究注重考查学习者语言结构形义关系的发展，以及整体意义和功能学习（朱旻文，2017），这为语法习得研究打开了新的思路。

构式语法尚在创建和完善阶段，目前理论层面的研究较多，在语言习得领域的应用性研究尚处于尝试阶段。具体到汉语作为第二语言的习得研究，从构式角度对汉语动结式习得的情况进行分析的文献不多，仅见陆燕萍（2012）、朱旻文（2017）。二者都以构式语法为理论框架，将汉语动结式视为一个特殊构式，在实证研究的基础上，分析英语母语者在习得汉语动结式的过程中出现的偏误类型，并借助构式语法深入分析偏误产生的主要原因。

1. 动结式的偏误研究

陆燕萍（2012）对英语母语者习得汉语动结式的情况进行偏误分析，采用测试法，并以构式语法为理论框架，归纳出学生使用汉语动结式时常出现的偏误类型和偏误产生的原因。

基于构式语法，赵琪（2009a、2009b）依据句法和语义的差别将汉语动结式分为五大类，Goldberg（1995）、Goldberg & Jackendoff（2004）将英语动结式分为两大类。

从语义上来看，汉英动结式都用于描述由动词引起的动作或变化而发生的结果。两者的区别在于：（1）汉语动结式有五种类型，比英语动结式的两种类型更复杂多样。（2）二者虽然在句法结构上相似，但不完全相同。英语动结式中，动词后紧接的是宾语，而在汉语动结式中动词后紧接的是补语，该补语可以是形容词也可以是动词，所以汉语动结式也常常被认为是动词＋动词的复合结构，而在英语中不存在这样的情况。（3）尽管二者都用来描述一个实体由于某种动作的作用经历了状态的变化，但在英语动结式中发生改变的一定是动词受事，该受事可能与构式受事相容，也可能由构式单独提供，而在汉语动结式中发生变化的不一定是受事，也可能是动作的对象、动作的施事，甚至有可能是动作使用的工具等（赵琪，2009b），这导致了汉语动结式的多样性和复杂性。

陆燕萍（2012）采用测试卷的方法考察英语母语者习得汉语动结式的情况。被试为英语母语者，共 42 名，其中南京师范大学国际教育学院的留学生 15 名，英国威勒尔中文学校和利物浦中文学校的学生 27 名。他们学习汉语的时间均为一年左右，已学过汉语动结式，但在实际使用时仍会出现偏误。测试卷包括三大题型（多项选择题、填词题和翻译题），共 30 题。

基于 42 份测试卷中的 338 处汉语动结式使用偏误，陆燕萍（2012）发现偏误类型有遗漏、回避、错序和误代四大类。统计结果显示，最常出现的是汉语动结式的回避偏误，其次是误代偏误，遗漏和错序偏误出现得较少。具体统计结果详见表 15-1。

表 15-1   动结式习得偏误类型及百分比 [①]

偏误类型		数量	百分比
遗漏	遗漏补语成分	25	7.4%
	遗漏动词	2	0.6%
回避	回避成两个主谓句	72	21.3%
	回避成一个词	47	13.9%
	回避成"了"	46	13.9%
	回避成一个主谓句	11	3.2%

[①]   参见陆燕萍（2012）。

续表

偏误类型		数量	百分比
错序	动词和否定词错序	25	7.4%
误代	补语误代	42	12.4%
	误代为状中结构	33	9.7%
	否定式误代	13	3.8%
	误代为状态补语	13	3.8%
	误代为趋向补语	9	2.6%
总计		338	100%

　　基于上述统计结果以及构式语法，陆燕萍（2012）指出，英语母语者习得汉语动结式时产生偏误的原因主要是母语迁移和语内影响。作者认为，遗漏和错序都受英语负迁移的影响。比如汉语的一些动结式，在英语中对应的常常是一个表示动作和结果的动词，受此影响，学生常常使用汉语中只表示动作的动词来表达动词和结果的整体语义，而遗漏了汉语动结式中的补语成分。此外，回避也是造成偏误的一大原因。从类型来看，与英语动结式相比，汉语动结式的结构类型和构式意义都更为复杂，因而学生有时会采取回避策略，用一个相近词组或句式来代替动结式。语内干扰主要是过度概括和简化规则两种情况。回避偏误中将补语成分回避成助词"了"、补语成分的误代都与过度概括密切相关。简化规则则是指语言规则的不完整使用。当学习者尚未完全掌握某个语法结构的意义和用法，或者将错误意义强加于某种结构时，就可能出现误代为其他结构的偏误，如"了"误代为趋向补语、状态补语、状中结构的偏误。

　　陆燕萍（2012）的不足在于其被试汉语水平不是最理想的等级水平。被试学习汉语的时间均为一年左右，相对于汉语动结式的学习而言，这一阶段的学生才刚刚接触动结式，学习时间尚短，接触面还窄，有的学生还没有形成动结式的意识，难以较为自由地输出结果补语，此时测试他们的汉语结果补语的准确度还难以收到满意的效果。从论文中所举的偏误例句也可以看出，不少偏误句子是由于被试的动结式的意识不强而使用了其他更早习得的结构或者母语中的结构，如"* 他喝太多酒还有吐了"。

　　王艳（2017）基于类型学视角，以北京语言大学"HSK 动态作文语料库"

为语料来源，以缅甸、泰国、越南和马来西亚学生的作文为研究文本，考察这四国学生汉语结果补语的习得情况。

汉语补语情况复杂，内部语义类型繁杂，分类难免出现交叉。因此，王艳（2017）考察的结果补语仅限于双音节动结式，且不区分动结式复合词和动结式短语，主要包括三种类型：（1）典型的结果补语，即两个动词连用描述动作行为及其结果，如"杀死"；（2）形容词出现在动词后表示状态改变的结果，如"宠坏""问清"；（3）两个形容词连用，如"累坏"等。

北京语言大学"HSK动态作文语料库"将学生作文等级划分为"A、B、C、无"四种，前三种属于高等。王艳（2017）主要考察了两个方面的习得情况：一是不同国别不同作文等级结果补语的使用情况。缅甸、越南、泰国三国学生使用结果补语的次数随"A、B、C、无"等级呈递增趋势，马来西亚学生B等级使用结果补语的次数占四个等级总数的一半以上。二是不同国别不同句式中结果补语的使用情况。四个国家的学生在"把"字句中结果补语的使用频率明显高于"被"字句。

此外，王艳（2017）对不同国别学生汉语结果补语偏误类型进行了分析，主要有遗漏、冗余、误用、混用、乱序、回避等六类。遗漏主要有结果补语遗漏（如"* 真的迷了那个时代的全世界的年青人"）和动词遗漏（如"* 我不敢把米饭掉了"）两种情况；冗余以"到"和"了"的冗余较为常见（如"* 在他的推荐下，我得了工作"）；误用有结果补语误用（如"* 我的车失去控制撞入一棵大树"）、动词误用（如"* 情侣们到后来还是散开了"）和动结式误用（如"* 他就决下心说"）三种情况；混用主要有状语与补语混用（如"* 现在加多了两个人"）、否定副词混用（如"* 父亲没有想象到这座楼有多高14层！"）、"得"与其他结果补语混用（如"* 香烟的尼古丁将吸烟者的牙齿熏得黄色"）这三种情况；乱序主要有"VRO"的乱序（如"* 到了读书好后"）、"V、R"之间的乱序（如"* 政府同意了，下定了法律以后，才能实现"）和"V、R、了"之间的乱序（如"* 今天我成功了学好汉语"）这三种情况；回避主要是指有的学生以使用频率更高的词代替动结式（如"* 吸烟会对环境污染"）。

对于上述偏误，王艳（2017）认为偏误产生的主要原因在于以下四个方面：

（1）母语负迁移。虽然汉语动结式在缅甸语、泰语、越南语、马来西亚语等语言中有相对应的形式，但是具体形式存在差异，有时其对应的形式只是一个词（达成或成就动词），因而学生使用汉语动结式时容易出现遗漏。缅甸、越南、泰国、马来西亚四国语言中动结式的排序与汉语的不同，也容易形成偏误。（2）目的语过度泛化。比如汉语中"得"和"到"常常组合使用，学生在使用"使"和"到"时过度类推，产生"使到"的偏误用法。（3）目的语的难度。汉语动结式中一部分结果补语发生虚化，语义抽象，组合灵活，习得难度较大，不易掌握。（4）教学失当。教学过程中，教师没有重视易混淆用法的辨析，使得学生常常把可能补语与结果补语混淆使用。

针对上述情况，王艳（2017）提出了相应的教学策略：（1）把握区别性特征，固化形式；（2）注重语块习得，训练语义搭配；（3）依托语境，加强句子练习。

2.　动结式习得的特征与影响因素研究

朱旻文（2017）认为，构式语法理论可以帮助我们重新审视动结式的形式、意义以及形式和意义之间关系的特异性，有助于我们从整体的角度来看待动结式，并为语言习得和教学研究提供参考。因此，他先从模式和透明度两个方面对汉英动结构式进行了对比。

从模式角度来看，与动结致使关系相关的语义结构成分可以分析为五个认知因子：凸体（figure）、衬体（ground）、动作（action）、结果（result）和方式（manner）（Talmy，1985）[1]。这五个认知因子在汉语动结构式和英语动结构式中的表现不完全相同。表达致使因果关系认知时，无论是汉语还是英语，动作和结果都必须有，方式在汉语致使因果关系的认知中必须存在，但在英语中则可有可无。根据动作、结果和方式三者的不同组合形式，动结构式可以形成四种认

---

[1] 凸体和衬体是同一认知结构中两种相对的事物。一般来说，衬体较大，而凸体较小；衬体相对固定，而凸体较容易改变位置。动作指运动本身，结果是动作引起的状态变化。方式指产生行为的工具、形式等。其中凸体、衬体一般在句子中位置固定，衬体在普遍知道的情况下有时可省略，动作结果必须要有，方式则可有可无。

知模式：（1）动词包含动作、结果和方式，如"He saw an apple"中"see"包含动作、结果和方式；（2）动词包含动作和结果，不包含方式，如"He broke the vase by the hammer"中"break"包含动作义和结果义，"by the hammer"表示方式；（3）动词包含动作和方式，不包含结果，如"He blew off the candle"中"blow"包含动作和方式，"off"表示结果，又如汉语"他吹灭了蜡烛"中"吹"包含动作和方式义，"灭"表示结果义；（4）动词只包含动作，不包含结果和方式，如"He cut off the wire by the scissors"中"cut"表示动作，"off"表示结果，"by the scissors"表示方式。

根据结果义和方式义的组合，汉语动结式的形式和意义匹配比较稳定。英语结果构式则包含以上四种模式，比较复杂。

从透明度来看，同一类构式在不同的语言中形式透明度和语义透明度^①可能不同。汉语动结式的句法形式为"动词＋附属结构"，谓语动词一般都包含方式义，因此形式透明度和语义透明度都较高。英语中，有的英语结构和汉语动结式一致，形式和语义的透明度都高；有的则形式透明度和语义透明度一个较低或两个都很低。具体来说，英语句法形式为"动词＋附属结构"的结构与汉语动结式的句法形式一致，形式透明度高；英语句法形式为单个动词的结构与汉语动结式不一致，形式透明度低。英语谓语动词包含方式义的结构与汉语动结式一致，语义透明度高；英语谓语动词不包含方式义的结构与汉语动结式不一致，语义透明度低。

朱旻文（2017）认为，从构式语法的角度看，留学生汉语动结式的习得过程可以理解为动结构式形式和意义匹配学习的发展过程，即从母语结果构式形义的匹配方式转到第二语言汉语动结构式形式的匹配方式。因此，作者着力于考察以下三个问题：（1）学习者如何学会这一转化；（2）动结式的形、义匹配的形成和发展；（3）构式透明度对动结式习得的影响。

---

① 施春宏（2013）提出构式透明度（transparency of construction）的概念，即一个结构整体特征能从其构成成分及其关系特征中推导出来的程度，即能从一个构式的形式和意义中推测出整体构式义的程度。构式透明度包括形式透明度（formal transparency）和语义透明度（semantic transparency）。形式透明度指整体结构与其成分形式的相关程度，语义透明度指整体意义与其成分语义的相关程度。

朱旻文（2017）的被试为北京语言大学速成学院英语母语背景的汉语学习者。初级、中级、高级三个等级水平各 20 人，一共 60 人。初级水平者的汉语学习时间为 4 个月，刚学习结果补语；中级水平者的汉语学习时间为 8 个月到 1 年，学习结果补语的时间较短；高级水平者的汉语学习时间为 2 年，学习结果补语的时间较长。学习者男女各半，年龄 18～30 岁。

在动结式四个分类的基础上，朱旻文（2017）从三个语料库中选取适合的动结式。从"CCRL 语料库"[①]中查找"单音节动词+单音节动词"和"单音节动词+单音节形容词"语料共得到 492264 条，随机抽取 5%，再从中筛选出所有的动结式共 1733 个，将这些动结式按结果补语复现率降序排列，根据四种动结式类型各取前 10 个，共 40 个。用同样的方法，分别从北京语言大学"HSK 动态作文语料库"和"汉语中介语语料库"中选取汉语学习者常用和常错的动结式，根据四种动结式类型也各取前 10 个，两个语料库各 40 个。将从三个语料库中选出的 120 个动结式进行配对，复现率高的即为常用动结式。每类动结式选取 3 个，共 12 个。该 12 个动结式在汉语母语者的使用和留学生学习的教材中出现的频率都较高。

测试卷均为选择题（根据英语翻译选择正确选项）。四种类型的动结式各 3 题，共 12 题。

朱旻文（2017）运用 SPSS 进行 3（汉语水平）×2（形式透明度）×2（语义透明度）的三因素方差分析。结果显示，在初级水平上，形式透明度和语义透明度的交互作用显著（$F_{[1, 19]}=16.63$，$P<0.01$）。当形式透明度低时，语义透明度低的汉语动结式的形式习得明显好于语义透明度高的汉语动结式（$P<0.01$）。当形式透明度高时，语义透明度低的汉语动结式和语义透明度高的汉语动结式习得差异不显著（$P>0.05$）。在中级水平上，形式透明度和语义透明度的交互作用也显著（$F_{[1, 19]}=4.89$，$P<0.05$）。当形式透明度高时，语义透明度高的动结式的形式习得明显好于语义透明度低的汉语动结式（$P<0.05$）。当形式透明度低时，语义透明度低的汉语动结式和语义透明度高的汉语动结式习得差异不

---

① 面向语言教学研究的汉语语料检索系统（Chinese Corpus Retriever of Language Teaching and Research），由北京语言大学语言信息处理研究所研发。

显著（P＞0.05）。在高级水平上，形式透明度和语义透明度的交互作用不显著
（F＜1）。

实验结果说明了动结式习得的影响因素及其动态阶段性：

（1）动结式的习得受学习者母语构式透明度的影响

形式透明度和语义透明度都是影响因素，且在不同汉语水平阶段这两个因素
对学习者的影响不同。就形式透明度而言，母语结果构式透明度高，则该构式习
得情况较好；反之则较差。就语义透明度而言，英语结果构式的语义透明度低，
则该构式动结式习得情况较好，反之则较差。此外，形式透明度和语义透明度对
动结式形式习得的影响还受汉语水平的制约。形式透明度和语义透明度在初级阶
段和中级阶段影响较大，在高级阶段影响不大。而在初级阶段和中级阶段的影
响，又有所不同。初级阶段形式透明度影响明显，语义透明度影响不明显，这是
因为相对形式透明度来说，语义透明度没有标记，是一种隐形的因素，不容易被注
意到，习得较晚。初级学习者由于目的语知识的不足，更多地依赖母语和目的语在
形式透明度上的一致性。英语母语的形式透明度和语义透明度对汉语动结式形式
的习得产生重要的影响主要发生在初级阶段和中级阶段，对初级阶段的影响最大。
随着学习者汉语水平的提高，这两个因素的影响逐渐减小，直至不产生影响。

（2）动结式发展呈现阶段性

汉语水平对动结式的习得产生了重要的影响，表现为高级学习者和中级学习
者优于初级学习者。高级水平汉语学习者的动结式习得情况最好，中级水平汉语
学习者和高级水平汉语学习者的习得差异不显著，总体呈现阶段性发展的特点。
朱旻文（2017）指出，动结式构式意识的建立主要在初级到中级的学习阶段。初
级阶段由于目的语知识的缺乏和母语透明度的影响，动结式的习得受母语的影响
较大，学习者的构式意识尚未形成。随着语言水平的提升，学习者具备更多的目
的语知识和学习经验，动结式的构式意识逐渐增强，到高级阶段动结式内部各类
之间没有明显差异，学习者已具有较强的构式意识。

与陆燕萍（2012）的研究对象为一年级的学生不同的是，胡清国、张雪
（2017）以汉语言本科生为研究对象，排除了一年级的学生，对中级、高级阶段
留学生汉语结果补语输出准确度不高的现象进行了考察与分析。该研究采用调查

测试（填空）的方式，即预设中级、高级留学生已经具有汉语结果补语的语法知识。被试为东华大学国际文化交流学院汉语言本科（二年级、三年级和四年级）的留学生，共 58 人，来自 10 个不同的国家，其母语涵盖多种主要语言。

胡清国、张雪（2017）认为"只有较高频率的动词，才能在口语和书面语中共现，才能具有较高的使用范围，从而具有较高的辨识度，获取的语料才能有信度与效度，结论才具有可分析性"，因此，其设计的测试问卷都以使用频率较高的动词为对象。测试问卷分为两个部分：第一部分为单项填空题，侧重考察被试汉语结果补语使用的准确性。这部分分为两题，第一题有 6 个小题，动词是"吃"；第二题有 7 个小题，动词是"看"。第二部分为多项填空题，侧重汉语动词和结果补语的丰富性与复杂性，以便考察习得策略对被试的影响与制约。这部分共 9 个小题，测试"喝、弄、摔、想、打、坐、记、摆、收拾"等使用频率较高的动词。该测试的数据统计结果显示：

（1）输出准确率与汉语层级水平呈较高的正相关

测试结果显示，无论是高频还是低频结果补语的输出正确率与汉语学习层级大体正相关，即汉语学习等级越高，结果补语的输出正确率也越高。如以"我吃（饱）了，吃不下水果了"为例，二年级、三年级、四年级的正确输出率分别为 68.4%、95.2% 和 100%。但也存在例外，如"你们要记（住 / 好），下次不能这样了"这题的正确率分别为 78.9%、76.2% 和 55.6%，正确率与学习层级呈负相关。

（2）留学生已经具备一定的汉语动补结构多样性的语法意识

测试卷中出现了一些超常规的低频动补搭配，如"把衣服弄（皱 / 湿 / 乱）了"等，虽然这不是整体现象，只是一两个学生的做法，但留学生对汉语动补结构的多样性已经形成一定的认知。

（3）输出的过度泛化

留学生在使用结果补语时存在过度泛化的问题，从而形成错误的输出。如作为补语成分的"完"常被类推到其他不应该用"完"作补语的句子中。

（4）未能完全构建起动词与结果补语之间的语义网络

在多项填空题部分，虽然测试卷本已明确指出有些句子可以填入多个词语，要求学生尽可能多填，但留学生基本上是以单一结果补语为主，这表明留学生虽已经学过两年以上的汉语，但还是未能构拟出述语与结果补语的多重适配性。

在上述测试结果的基础上，胡清国、张雪（2017）对中高级留学生结果补语准确输出的影响因素进行了探讨。他们认为其影响因素主要来自语言内部和习得运作策略两个方面：

（1）语言内部因素

a. 形式与意义的规约性与非规约性。动词与结果补语的形式意义之间的复杂性是影响和制约外国学习者汉语结果补语准确运用的语言内部要素。

b. 结果补语的使用频率。使用频率高的结果补语一般在教材中更早出现，有更多的复现语境，高频高感知度降低了学习者学习该结果补语的难度，成为较易掌握且不易被迁移的语言知识。当相同或相似的语境复现时，学习者较容易将大脑中储存的高频高感知度的结果补语提取出来完成搭配。

（2）习得运作策略

a. 一对一运作原则（One-to-one principle）

就汉语结果补语的输出而言，学习者运用"一对一"的习得操作策略表现为这样两个方面：第一，固化动补概念框架，寻求优选搭配，最终目的是让汉语动词与结果补语的形式搭配呈现较为清楚的一对一关系，显著降低习得的难度。这样处理，可以减轻习得与记忆的难度，但往往会出现过度类推的问题，导致偏误出现。第二，"一对一原则"让"动作—结果"结构搭配简化，成为大脑中不可迁移的知识。高年级学生在习得结果补语的过程中，有时会自行简化，构拟出"V—C"搭配的一对一关系，这种一对一的映射关系成立后，其输出的准确率非常高，但同时也限制了多对多、一对多等搭配关系的正确输出率。

b. 分布偏见原则（Distributional bias principle）

X 与 Y 都能出现在 A 和 B 两种语言环境中，但是对 X、Y 的分布偏见使得 X 只出现在 A 语境中，Y 只出现在 B 语境中，因此学习者在习得与输出中会使 X 只出现于 A 语境，Y 只出现在 B 语境（温晓虹，2012）。由于结果补语的形式和意义之间存在纠缠与扭曲，这不利于学习者习得与记忆，学习者在对结果补语进行输出时，会主动或被动地进行认知加工，采取一定的习得运作策略对其分布进行分配，只对自己有印象的、易操作的对象进行归纳、固化、记忆与提取。

魏红（2009a）对越南、韩国、泰国三国留学生动结式带宾语的习得情况进行了考察，主要考察了以下几类习得情况，即：（1）动词后是否用结果补语的习得情况；（2）单、双音节动词带结果补语差别的习得情况；（3）"动＋结＋宾"结构中时体成分使用的习得情况；（4）"动＋结＋补"结构中宾语的语义类型的习得情况；（5）否定式、疑问式"动＋结＋宾"结构的习得情况；（6）"动＋结＋宾"结构中语义指向的习得情况；（7）宾语与结果补语语序关系的习得情况；（8）"动＋结＋宾"结构与相关句式的语义关系问题的习得情况；（9）"动＋结＋宾"结构中动词、宾语、结果补语搭配关系的习得情况。试卷测试结果显示，三个国家的学生习得的总体情况不好，准确率偏低；不同母语学生的整体习得效果相近，但在具体问题上有差异；学生对不同的考察内容的掌握情况有差异：对难点问题的习得情况非常不理想，如否定式、疑问式的"动＋结＋宾"结构的习得，"动＋结＋宾"结构与相关句式之间的语义关系以及变换关系的习得，主宾互易"动＋结＋宾"结构的习得等。由此，作者指出，课堂教学中教师应该遵循教学规律，分散知识点，逐步进行；采取因材施教的教学策略，针对不同的教学对象教学策略应有所区别；要做到"精讲活练"。

第二节　趋向补语习得研究

趋向补语是汉语补语系统中一个重要的类别，也一直是语法学界关注的热点之一，关于趋向补语本体的研究数量较多，也具有一定的广度和深度。在二语习得研究领域，关于趋向补语习得方面的研究虽然远不及本体研究深入、全面，但与补语系统的其他补语相比，趋向补语的习得研究论文数量最多，另有专著专门探讨。学界关于趋向补语习得的正确率、习得顺序以及偏误类型、偏误原因等方面的探讨较为充分，研究涉及的汉语学习者来自多个国家。相关的研究有对趋向补语习得的整体性研究，也有个案研究。

1.　趋向补语习得的整体性研究

1.1　习得的错误率与正确率

　　杨德峰（2003a）以北京语言大学的"汉语中介语语料库"为语料来源，对语料库中母语为韩语/朝鲜语的 1～4 级，即初级和中级①的韩国学生和朝鲜学生使用的带趋向补语的句子进行穷尽性的提取，得到 432 个用例，整理出 12 个考察项目，即：

　　（1）到……来/去（本义）

　　（2）动词 + 到……来/去（本义）

　　（3）动词 + 简单趋向补语（本义）

　　（4）动词 + 简单趋向补语（引申义）

　　（5）"动词 + 简单趋向补语（本义）"带宾语

　　（6）"动词 + 简单趋向补语（引申义）"带宾语

　　（7）动词 + 复合趋向补语（本义）

　　（8）动词 + 复合趋向补语（引申义）

　　（9）动词 + 趋$_1$ + 宾语 + 趋$_2$（本义）

　　（10）动词 + 趋$_1$ + 宾语 + 趋$_2$（引申义）

　　（11）动词 + 复合趋向补语（本义）+ 宾语

　　（12）动词 + 复合趋向补语（引申义）+ 宾语

　　统计发现，上述 12 个项目在初级阶段的语料中全部都出现了，在中级阶段的语料中只出现了 11 项，不同阶段不同项目的使用频率和错误率也存在差异，具体情况如表 15-2。

---

① 此处的初级和中级是依据国家对外汉语教学领导小组办公室汉语水平考试部研制的《汉语水平等级标准与语法大纲》（1996）中的划分标准确定的。

表 15-2　初级、中级留学生 12 项趋向补语的习得情况 ①

趋向补语类型	错误			
	初级		中级	
	错误率	错误类型	错误率	错误类型
到……来／去（本义）	0		0	
动词＋到……来／去（本义）	33.3%	"到……"提前	66.7%	"到……"提前
动词＋简单趋向补语（本义）	2.4%		7.9%	
动词＋简单趋向补语（引申义）	33.3%	1. 搭配错误 2. 不该用却用了	5.6%	
"动词＋简单趋向补语（本义）"带宾语	16.7%	类推泛化	29.4%	类推泛化
"动词＋简单趋向补语（引申义）"带宾语	0		16.2%	搭配错误
动词＋复合趋向补语（本义）	3%		0	
动词＋复合趋向补语（引申义）	45%	1. 搭配错误 2. 当动词使用	47.7%	1. 搭配错误 2. 当动词使用
动词＋趋₁＋宾语＋趋₂（本义）	0		0	
动词＋趋₁＋宾语＋趋₂（引申义）	0		0	
动词＋复合趋向补语（本义）＋宾语	25%	类推泛化	87.5%	
动词＋复合趋向补语（引申义）＋宾语	100%	类推泛化		

　　杨德峰（2003a）对上述 12 项分别进行分析和说明。实际上，可以根据从初级阶段到中级阶段语法项目错误率的变化，将统计结果大体分为三种情况：

　　（1）初级阶段和中级阶段的错误率都为 0

　　"到……来／去（本义）""动词＋趋₁＋宾语＋趋₂（本义）""动词＋趋₁＋宾语＋趋₂（引申义）"这三项，在初级阶段和中级阶段的错误率都为 0，这说明这三项趋向补语容易习得，学生在初级阶段或者至少中级阶段已经完全掌握。

　　（2）错误率下降

　　从初级阶段到中级阶段，"动词＋复合趋向补语（本义）""动词＋简单趋向补语（引申义）"这两项的错误率下降了，前者由 3% 下降到 0，后者由 33.3% 下降到 5.6%。这说明初级阶段的学生基本上掌握了"动词＋复合趋向补语（本

――――――――――
①　参见杨德峰（2003a）。

义）"，到中级阶段则已经完全掌握，也说明该项目很容易习得。"动词+简单趋向补语（引申义）"在初级阶段的错误率较高，中级阶段该项目的习得错误率有了大幅度的降低，这说明学生在初级阶段还没有完全掌握该项目，到中级阶段才基本上掌握。

（3）错误率上升

从初级阶段到中级阶段，"'动词+简单趋向补语（引申义）'带宾语""动词+简单趋向补语（本义）""动词+到……来/去（本义）""'动词+简单趋向补语（本义）'带宾语""动词+复合趋向补语（引申义）""动词+复合趋向补语（本义）+宾语"这五项的错误率没有下降，反而上升了。作者指出，"'动词+简单趋向补语（引申义）'带宾语"错误率由 0 上升为 16.2%，这说明该项目习得得并不稳固，也说明初级阶段的习得错误率并没有完全反映学生习得的真实情况，这可能与初级阶段该项目的用例较少（只有 13 例）有关。"动词+简单趋向补语（本义）"的错误率由 2.4% 上升到 7.9%，虽然错误率有所上升，但总体而言，错误率较低，这说明学生在初级阶段已经基本掌握该项目，同时也说明该项目较易习得。而"动词+复合趋向动词（引申义）"的错误率由 45% 小幅上升到 47.7%。总体而言，错误率一直偏高，并且初级阶段和中级阶段的错误类型都是搭配错误和当作动词使用。这说明该项目不仅习得难度高，而且习得时容易出现"化石化"现象。"'动词+简单趋向补语（本义）'带宾语"的错误率由 16.7% 上升到 29.4%，中级阶段的错误率高于初级阶段，说明学生在中级阶段的习得情况仍没有什么进展，也说明该项目属于比较难习得的项目。

"动词+复合趋向补语（本义）+宾语"的错误率由 25% 上升到 87.5%，中级阶段的错误率比初级阶段高很多，似乎不合情理。作者认为，初级阶段的错误率不是很高，与初级阶段该项目的用例（只有 5 例）较少有关，即该错误率没有反映学生习得的真实情况，同时这也说明该项目习得难度较大。

此外，"动词+复合趋向补语（引申义）+宾语"初级阶段的习得错误率是 100%，中级阶段则没有出现该项目。初级阶段的习得情况可以说明该项目也是母语为韩语/朝鲜语的学生习得时很困难的项目，其习得难度很大。

这里，作者特别关注用例多少对初级阶段和中级阶段错误率变化的影响。毋庸置疑，这是一个重要因素。但作者忽视了有些项目本身在不同阶段的复杂程度不同。中级阶段的错误率高于初级阶段，不仅仅与所搜集用例的数量有关，还可能与中级阶段趋向补语中的动词更为复杂、动词与趋向补语搭配时的语义关系更加多样有关，这些因素在很大程度上加大了学习者的习得难度。所以，这些趋向补语项目随着汉语水平的提高也逐渐复杂，因而在中级阶段可能出现错误率反而高于初级阶段的现象。

黄玉花（2007a）也对韩国学生汉语趋向补语习得情况进行了考察。该研究以中高级韩国留学生汉语写作中出现的趋向补语为研究对象，语料来源于吉林大学国际语言学院汉语言专业本科二年级和三年级韩国学生两个学期汉语写作课上所写的 350 篇作文（包括记叙文、游记、议论文、读后感等），约 16 万字。语料中共出现 219 例趋向补语句，涵盖了 22 种趋向补语。

统计结果显示，韩国留学生趋向补语的使用率较高的 11 项依次为："V+ 起来"＞"V+ 出 来"＞"V+ 上"＞"V+ 去"＞"V+ 来"＞"V+ 去"＞"V+ 下来"＞"V+ 下"／"V+ 下去"＞"V+ 过来"＞"V+ 起"；其他 11 项"V+ 上去""V+ 进""V+ 进去""V+ 回去""V+ 上来""V+ 进来""V+ 出去""V+ 回""V+ 回来""V+ 过""V+ 过去"使用频率很低，大部分只出现了 1 例。因此，作者没有对使用频率很低的这 11 项进行后续分析和研究。

使用率较高的 11 项趋向补语中，正确率较高的 6 项依次为："V+ 来""V+ 出""V+ 下去""V+ 过来"＞"V+ 上"＞"V+ 去"；使用偏误率较高的 5 项依次为："V+ 起"＞"V+ 下来"＞"V+ 起来"＞"V+ 下"＞"V+ 出来"。

同时，作者还分别考察了 11 项趋向补语的习得特点，总结了每一项趋向补语中主要的动词、使用普遍且准确的搭配、习得的难点以及主要的问题，具体情况如下：

"V+ 来"：韩国学生使用"V+ 来"表示趋向义时，V 主要是"回""出""进""起""过""带""打""传""袭""买"等 10 个。其中，"回""出""进""带""过""起"等与"来"的搭配比较普遍，使用准确率较高。"V+ 来"的特殊用法是学习的难点，只有极少数学生使用。"V+ 来"带处所宾语的用法是学生习得的主要问题。

"V+ 去"：表示趋向义时，韩国学生使用的动词主要有"上""下""进"

"过""回""出""带""跑"等 8 个。其中"上""下""进""出""回""过"与"去"的搭配比较普遍，准确率高。"V+ 去"带处所宾语的用法是学生习得"V+去"的主要问题。

"V+ 上"："V+ 上"的用例多表示结果义，只有个别汉语水平较高的学生使用了表示趋向义的"V+ 上"，且没有特殊用法的用例。省略趋向补语是学生习得"V+ 上"的主要问题。

"V+ 下"：表示趋向义时，学生使用的动词主要是"流""放""掉""吃"。"流下"使用普遍，但出现的偏误较多。趋向补语残缺是学生习得"V+ 下"的主要问题。

"V+ 下来"：表示趋向义时，学生使用的动词只有"流"和"滴"。习得的主要问题是动词和趋向补语"下来"的搭配错误以及趋向补语的残缺。

"V+ 下去""V+ 出""V+ 出来""V+ 起"这四项表示趋向义的用例极少，这与它们在韩语中的对应形式有关，有的是一个动词，有的动词是零形式，因而也是韩国学生学习的重点。

"V+ 过来"：表示趋向义时，学生使用的动词主要是"吹""划""反""拢"等。

"V+ 起来"：韩国学生使用"V+ 起来"时主要表示状态义和结果义，主要的问题是残缺、搭配错误和宾语错位。

在此基础上，作者还分析了韩国留学生习得趋向补语的影响因素：

（1）汉语趋向动词的语法化在一定程度上增加了习得的难度；

（2）动趋式的使用频率与趋向补语的习得成正比；

（3）趋向动词的组合能力与趋向补语的使用频率成正比；

（4）母语的干扰作用；

（5）教材编写与课堂教学。

肖奚强、周文华（2009）根据趋向补语的句法结构特征将趋向补语句划分为 7 类句式并区分每一类的本义和引申义，由此得到趋向补语句的 14 个下位句式：

句式 Ia：主 + 动 + 简单趋向动词（本义）

句式 Ib：主 + 动 + 简单趋向动词（引申义）

句式 IIa：主 + 动 + 宾语 + 简单趋向动词（本义）

句式 IIb：主 + 动 + 宾语 + 简单趋向动词（引申义）

句式 Ⅲa：主＋动＋简单趋向动词＋宾语（本义）

句式 Ⅲb：主＋动＋简单趋向动词＋宾语（引申义）

句式 Ⅳa：主＋动＋复合趋向动词（本义）

句式 Ⅳb：主＋动＋复合趋向动词（引申义）

句式 Ⅴa：主＋动＋宾语＋复合趋向动词（本义）

句式 Ⅴb：主＋动＋宾语＋复合趋向动词（引申义）

句式 Ⅵa：主＋动＋趋向动词$_1$＋宾语＋趋向动词$_2$（本义）

句式 Ⅵb：主＋动＋趋向动词$_1$＋宾语＋趋向动词$_2$（引申义）

句式 Ⅶa：主＋动＋复合趋向动词＋宾语（本义）

句式 Ⅶb：主＋动＋复合趋向动词＋宾语（引申义）

通过对南京师范大学"中介语偏误信息语料库"（90 万字，分为初级、中级、高级三个学习阶段，每个阶段 30 万字）的检索，作者得到趋向补语句 2156 句，其中正确用例 1903 句，偏误用例 253 句。统计结果显示，外国学生各句式的使用频率从高到低排列顺序为：Ⅳb＞Ⅲa＞a＞Ⅲb＞Ⅳa＞Ⅱa＞Ⅶb＞Ⅰb＞Ⅵb＞Ⅵa＞Ⅴb＞Ⅶa＞Ⅴa＞Ⅱb。各句式按三个学习阶段的正确率均值从高到低的排序为：Ⅴa＞Ⅰa＞Ⅲa＞Ⅲb＞Ⅳa＞Ⅴb＞Ⅳb＞Ⅶb＞Ⅰb＞Ⅶa＞Ⅵa＞Ⅵb＞Ⅱa。

魏红（2009a）则专门考察了越南、韩国、泰国学生汉语"动＋趋＋宾"结构的习得情况。该研究对九类情况进行了分析：（1）动词后出不出现趋向补语的习得情况；（2）动词对趋向补语的选择的习得情况；（3）动词、趋向补语与处所宾语共现式的习得情况；（4）动词、趋向补语和受事宾语共现式的习得情况；（5）动词、趋向补语与施事宾语共现式的习得情况；（6）动词、趋向补语与其他语义类型宾语共现式的习得情况；（7）"动＋趋＋宾"结构中宾语与简单趋向补语语序关系的习得情况；（8）"动＋趋＋宾"结构中宾语与复合趋向补语语序关系的习得情况；（9）时体成分与"动＋趋＋宾"结构共现的习得情况。总而言之，习得的情况良好，准确率为 66.7%；不同母语学生的整体习得效果相近，但在具体问题上有差异；学生对不同的考察内容掌握的情况有差异：简单趋向补语习得情况好于复合趋向补语；处所宾语的习得效果好于受事宾语，受事宾语的习得情况又好于其他宾语；位移义、移动义"动＋趋＋宾"结构的习得效果好于隐现义、状态义"动＋趋＋宾"结构。

1.2   趋向补语习得顺序研究

趋向补语学习起来比较困难，固然与其本身比较复杂有很大的关系，但与我们对趋向补语的研究还不够，特别是跟我们对趋向补语的习得顺序研究得还很不够有一定的关系。

杨德峰（2003b）对母语为英语的留学生汉语趋向补语的习得顺序进行了考察。该研究以北京语言大学的"汉语中介语语料库"为语料来源，研究对象限定为美国、英国、加拿大、澳大利亚、新西兰等国家的母语为英语的学生，在语料库中，作者对这些国家的学生使用的带趋向补语的句子进行了穷尽性的检索，得到 427 个用例，其中初级阶段用例 297 例，中高级阶段用例 130 例。母语为英语的学生各类型趋向补语的习得情况，详见表 15-3。

表 15-3   英语国家的学生各类型趋向补语的习得情况 [①]

趋向补语类型	习得错误率		错误类型	
	初级阶段	中高级阶段	初级阶段	中高级阶段
动词 + 简单趋向补语（本义）	3.8%	0		
动词 + 简单趋向补语（引申义）	0	0		
"动词 + 简单趋向补语（本义）"带宾语	41.6%	39.1%	1. 宾语位置错误 2. 结构杂糅	宾语位置错误
"动词 + 简单趋向补语（引申义）"带宾语	11.1%	7.7%		
动词 + 复合趋向补语（本义）	2.1%	8.3%		
动词 + 复合趋向补语（引申义）	28.9%	29.2%	搭配错误	搭配错误
动词 + 趋$_1$+ 宾语 + 趋$_2$（本义）	29.6%	0	类推泛化	
动词 + 趋$_1$+ 宾语 + 趋$_2$（引申文）	0	33.3%		
动词 + 复合趋向补语 + 宾语（本义）	100%	100%	宾语类型错误	宾语类型错误
动词 + 复合趋向补语 + 宾语（引申义）	16.7%			

杨德峰（2003b）认为，学生使用某一语言项目错误率越低，说明该语言项目的习得情况越好，一般情况下也说明该语言项目容易习得；反之某一语言项目使用错误率越高，说明该语言项目的习得情况越差，也说明该语言项目不易习

---

① 参见杨德峰（2003b）。

得。基于这一认识，根据准确率的高低，作者大致构拟出以英语为母语的学生趋向补语的习得顺序如下：

（1）动词＋简单趋向补语（本义）

（2）动词＋简单趋向补语（引申义）

（3）动词＋复合趋向补语（本义）

（4）"动词＋简单趋向补语（引申义）"带宾语

（5）动词＋趋$_1$＋宾语＋趋$_2$（本义）

（6）动词＋趋$_1$＋宾语＋趋$_2$（引申义）

（7）动词＋复合趋向补语（引申义）

（8）动词＋复合趋向补语（引申义）＋宾语

（9）"动词＋简单趋向补语（本义）"带宾语

（10）动词＋复合趋向补语（本义）＋宾语

这种习得顺序虽然是倾向性的，并不是绝对的，但毫无疑问它不仅有利于课堂教学，而且对教材编写以及语法等级大纲和语法教学大纲的制定等也具有一定的参考价值。

杨德峰（2004b）以上述 10 个趋向补语类型的子项为对象，考察了日本学生习得这 10 个子项的基本情况。该研究的语料来源于北京语言大学"中介语语料库"。经检索，作者共得到 978 个用例，分别来自初级、中级、高级三个等级的日本学生使用的带趋向补语的句子。统计结果如表 15-4。

表 15-4　日本学生各类型趋向补语习得情况 [①]

趋向补语类型	错　误					
	初　级		中　级		高　级	
	错误率	错误类型	错误率	错误类型	错误率	错误类型
动词＋简单趋向补语（本义）	7.7%	1.该用复合的却用了简单的 2.该用结果补语却用了趋向补语	5.1%	该用复合的却用了简单的	2%	该用复合的却用了简单的

① 参见杨德峰（2004b）。

续表

趋向补语类型	错　　误					
	初　级		中　级		高　级	
	错误率	错误类型	错误率	错误类型	错误率	错误类型
动词＋简单趋向补语（引申义）	0		13.6%	该用复合的却用了简单的	7.7%	搭配错误
"动词＋简单趋向补语（本义）"带宾语	41.7%	宾语类推泛化	22.2%	宾语类推泛化	35.4%	宾语类推泛化
"动词＋简单趋向补语（引申义）"带宾语	40%	宾语类推泛化	13.5%	搭配错误	6.8%	1.宾语类推泛化 2.两个补语同时使用
动词＋复合趋向补语（本义）	0		4.9%	立足点错误	1.6%	
动词＋复合趋向补语（引申义）	14.8%	不该用复合趋向补语时却用了	15.4%	搭配错误	12.5%	1.搭配错误 2.立足点错误
动词＋趋$_1$＋宾语＋趋$_2$(本义)	60%	宾语类推泛化	0		14.3%	宾语类推泛化
动间＋趋$_1$＋宾语＋趋$_2$(引申义)	0		0		0	
动词＋复合趋向补语（本义）＋宾语	50%	宾语类推泛化	100%	宾语类推泛化	100%	宾语类推泛化
动词＋复合趋向补语（引申义）＋宾语	100%	宾语类推泛化	100%	宾语类推泛化	75%	宾语类推泛化

在此基础上，杨德峰（2004b）将自己考察所得与钱旭菁（1997）的结论相比较，他认为钱旭菁提出的"表示本义的趋向补语的习得顺序基本上都在表示引申意义的趋向补语的前面"失之偏颇。他指出，表示引申义的"动词＋趋$_1$＋宾语＋趋$_2$"比表示本义的"动词＋趋$_1$＋宾语＋趋$_2$"先习得。

肖奚强、周文华（2009）综合外国学生趋向补语使用频率的排序和外国学生三个学习阶段正确率均值的排序等因素，得出外国学生习得趋向补语句的顺序为：Ⅲa＞Ⅰa＞Ⅳb＞Ⅲb＞Ⅳa＞Ⅰb＞Ⅴa＞Ⅵa＞Ⅶb＞Ⅱa＞Ⅵb＞Ⅴb＞Ⅶa＞Ⅱb。各趋向补语类型具体为：

（1）Ⅲa：主＋动＋简单趋向动词＋宾语（本义）

（2）Ⅰa：主＋动＋简单趋向动词（本义）

（3）Ⅳb：主＋动＋复合趋向动词（引申义）

（4）Ⅲb：主＋动＋简单趋向动词＋宾语（引申义）

（5）Ⅳa：主＋动＋复合趋向动词（本义）

（6）Ⅰb：主＋动＋简单趋向动词（引申义）

（7）Ⅴa：主＋动＋宾语＋复合趋向动词（本义）

（8）Ⅵa：主＋动＋趋向动词₁＋宾语＋趋向动词₂（本义）

（9）Ⅶb：主＋动＋复合趋向动词＋宾语（引申义）

（10）Ⅱa：主＋动＋宾语＋简单趋向动词（本义）

（11）Ⅵb：主＋动＋趋向动词₁＋宾语＋趋向动词₂（引申义）

（12）Ⅴb：主＋动＋宾语＋复合趋向动词（引申义）

（13）Ⅶa：主＋动＋复合趋向动词＋宾语（本义）

（14）Ⅱb：主＋动＋宾语＋简单趋向动词（引申义）

齐春红（2014）对越南学生汉语趋向补语的习得顺序进行了考察。在此之前，关于越南学生汉语趋向补语的习得研究主要是硕士学位论文（如杨春雍，2005；白克宁，2010；段芳草，2011；田静，2011）。白克宁（2010）根据趋向补语的10个子项目在初级、中级、高级三个阶段的平均正确率总结出了习得顺序。齐春红（2014）指出，习得顺序并不等于习得正确率顺序，因而仅仅根据正确率得出习得顺序并不全面。

齐春红（2014）提出了四个标准：（1）准确率是否达到80%；（2）使用频率是否达到汉语母语者的使用标准；（3）使用频率和准确率在下一个阶段是否出现下滑；（4）结合偏误类型考察"不该用的时候也用了"过度泛化的情况。如果某个语法项目的使用频率达到或超过了汉语母语者的使用频率，习得准确率又达到了80%，并且到了下一个阶段使用频率和习得准确率没有出现下滑，我们就可以判定该项目在该阶段已经习得了。

齐春红（2014）的研究语料来源如下：高级阶段的语料来自北京语言大学"HSK动态作文语料库"中HSK考试分数在60分以上的越南学生作文语料和云南师范大学取得高级证书的越南学生作文语料，共计1.48万字；中级阶段的语料来自云南师范大学取得中级证书的越南留学生作文语料 10.2 万字；初级阶段的语料来自云南师范大学初级水平的越南留学生作文语料 15.8 万字。三个阶段的语料共 27.5 万字。趋向补语的下位分类则采用肖奚强、周文华（2009）的 14 个小类（参见上文）。

齐春红（2014）分别统计了初级、中级、高级三个阶段使用上述 14 个趋向补语类型的情况，数据包括使用频次[①]、使用频率[②]、错误频次、正确率[③]、汉语母语者使用频率[④]、越南学生和汉语母语者使用频率之差、外国学生使用频次[⑤]。

综观越南学生在三个阶段趋向补语各类型的习得情况，作者得出以下习得顺序：Ⅰa＞Ⅲb＞Ⅱa＞Ⅲa＞Ⅳa＞Ⅰb＞Ⅳb＞Ⅵa＞Ⅵb＞Ⅱb、Ⅴa、Ⅴb、Ⅶa、Ⅶb。

在此基础上，作者用蕴含量表进行排序，得到趋向补语各类型的 4 个难度等级：

（1）Ⅰb、Ⅲa、Ⅲb、Ⅳb、Ⅵa

（2）Ⅰa、Ⅱa、Ⅳa

（3）Ⅵb、Ⅱb

（4）Ⅴa、Ⅴb、Ⅶa、Ⅶb

伽特曼再生系数的检测数据显示，该量表的难度预测是有效的。齐春红（2014）认为，Ⅰa、Ⅱa、Ⅳa 在高级阶段没有出现的原因是语料数量不足和语体限制，因此将这三个项目调到第一阶段。Ⅵa 在三个阶段的准确率都很高，但使用频率低，因此作者将其难度等级后调。由此得出以下习得顺序：Ⅰa、Ⅱa、Ⅳa、Ⅰb、Ⅲa、Ⅲb、Ⅳb＞Ⅵa＞Ⅵb、Ⅱb＞Ⅴa、Ⅴb、Ⅶa、Ⅶb。

综观上述各项研究，我们可以发现，不同学者对留学生趋向补语习得顺序的研究有同有异。具体而言，表现为以下几个方面：

（1）趋向补语的子项有所不同

各项研究虽都以趋向补语为研究对象，但大家对趋向补语子项的分类不尽相同。杨德峰（2003b）将子项分为 10 项，肖奚强、周文华（2009）将子项分为 14

---

① 使用频次是指相应句式在该阶段中介语语料中出现的总次数。
② 使用频率＝使用频次/该阶段的总字数。
③ 正确率＝每个句式正确的频次/总的使用频次×%。
④ 汉语母语者使用频率来自我们对国家语委2000万字现代汉语语料库的统计。
⑤ 初级、中级、高级三个级别外国学生使用频率的数据来自肖奚强、周文华（2009）。

项，齐春红（2014）沿用肖奚强的 14 项分类。比对之后，可以发现，上述分类中，有 10 个子项相同，14 项分类比 10 项分类多了"Ⅱa：主＋动＋宾语＋简单趋向动词（本义）""Ⅴa：主＋动＋宾语＋复合趋向动词（本义）""Ⅰb：主＋动＋宾语＋简单趋向动词（引申义）""Ⅴb：主＋动＋宾语＋复合趋向动词（引申义）"。也就是说，后者增加了宾语在趋向动词前的 4 种类型，显然后者的子项分类更为全面。

（2）习得顺序的排序标准不同

习得顺序的归纳都需要参考一定的标准，上述各项研究的排序标准各有不同，最初学界一般根据准确率对语言项目的习得进行排序（Dulay, H. & M, Burt，1974）。杨德峰（2003b）正是根据各子项在初级和中高级阶段的错误率由低到高得出趋向补语各子项的习得顺序。然而，准确率只反映了某一个横向阶段该语法项目的习得情况，并不能完全对应习得顺序，习得情况在后一阶段往往还会产生波动。此外，学习策略如对较难项目的回避，也会造成某个语法项目的习得准确率高而实际上学生并未完全习得等情况的出现。基于对正确率的不同看法，肖奚强、周文华（2009）先根据三个学习阶段各子项的正确率由高到低得出排序，再综合汉语母语者使用频率的排序和外国学生使用频率的排序等因素进行调整并得出习得顺序。齐春红（2014）的参考标准则更为全面，她提出四个标准：a.准确率是否达到 80%；b.使用频率是否达到汉语母语者的使用标准；c.使用频率和准确率在下一个阶段是否出现下滑；d.结合偏误类型考察"不该用的时候也用了"过度泛化的情况。相较而言，齐春红的参考标准更为全面科学。

（3）各家构拟的趋向补语习得顺序不同

如上所述，几位学者的研究中子项的类别有所不同，参考的标准不同，考察的对象也不同，有的是国别研究，有的则不分国别。这些因素对习得顺序也产生了影响，因而各家得出的趋向补语的习得顺序也有所不同。

如果参照肖奚强（2009）的简化符号，各家构拟的习得顺序如下：

杨德峰（2003b）：Ⅰa＞Ⅰb＞Ⅳa＞Ⅲb＞Ⅵa＞Ⅵb＞Ⅳb＞Ⅵb＞Ⅲa＞Ⅶa

肖奚强（2009）：Ⅲa＞Ⅰa＞Ⅳb＞Ⅲ＞Ⅳa＞Ⅰb＞Ⅴa＞Ⅵa＞Ⅶb＞Ⅱa＞Ⅵb＞Ⅴb＞Ⅶa＞Ⅱb

齐春红（2014）：Ⅰa、Ⅱa、Ⅳa、Ⅰb、Ⅲa、Ⅲb、Ⅳb ＞Ⅵa ＞Ⅵb、Ⅱb＞Ⅴa、Ⅴb、Ⅶa、Ⅶb

1.3　趋向补语的偏误研究

黄玉花（2007a）对韩国学生习得 11 项趋向补语的情况进行考察，归纳出三大偏误类型，并简单分析了不同偏误类型产生的原因。

（1）趋向补语的残缺

韩国学生在学习和使用汉语趋向补语时，常常出现补语残缺的问题，如"*老师说每个人都要爬山。可是我不喜欢爬山，再说也不愿意跟大家一起爬，于是躲（　）了"。这主要是因为汉语的趋向补语在韩语中没有完全对应的形式。韩语中有些动词可以单独使用表示动作的方向、结果或状态，而不需要借助其他的成分。韩语的趋向动词位于谓词后表示的语法意义比较单一，大部分只表示趋向意义。这种语法范畴的"空缺"或不对称，使得韩国学生在学习和使用汉语趋向补语时出现补语残缺的偏误。

（2）动趋式带宾语时宾语的错位

汉语趋向补语常常和宾语共现，但宾语的位置比较复杂，尤其是复合趋向补语和宾语共现的情况更为复杂。宾语的位置与动词带的趋向补语的性质、动词的性质、宾语的性质、语境等因素有关。但是韩语中动趋结构带宾语时，宾语的位置只有一个，即在整个结构之前。因此，韩国学生不论汉语水平高低，都倾向于将宾语放在最后，使用普遍，也较准确，但宾语需放在动词和趋向补语之间时，韩国学生常常出现宾语位置不当的问题。这主要是受到母语迁移以及汉语"V+来 / 去 +O"规则泛化的影响。

（3）趋向补语混用

汉语趋向补语经过长期的语法化，语义变得抽象，句法功能泛化，汉语趋向补语大多有几种不同的语法意义，很难找到规律。不同的趋向补语的引申用法有时比较接近，对二语习得者而言，难以区分。因而学生容易出现动词和补语搭配不当的偏误，如"*请你们把今天的作业记下去"等。

肖奚强、周文华（2009）对初级、中级、高级三个等级的留学生趋向补语句的习得偏误进行分析，发现学生的偏误可以分为两大类：一是不该用趋向补语而误用趋向补语，具体情况见表 15-5。

表 15-5　趋向补语误用偏误分布 [1]

	初级阶段	中级阶段	高级阶段	总计
简单趋向补语	8	5	8	21
复合趋向补语	3	20	21	44
合计	11	25	29	65

二是趋向补语句内部的偏误。趋向补语内部的偏误有错序、误代、遗漏和冗余四种，具体情况见表 15-6。

表 15-6　趋向补语内部偏误分布 [2]

	错序	误代	遗漏	冗余	合计
初级阶段	48	19	14	5	86
中级阶段	22	28	15	8	73
高级阶段	32	35	15	12	94
总计	102	82	44	25	253

从表 15-6 可知，三个阶段的偏误数量由高到低依次为：错序＞误代＞遗漏＞冗余。

基于 253 例语料，肖奚强、周文华（2009）进一步分析了上述四类偏误的偏误小类以及各阶段学生偏误率的变化情况。具体结论如下：

错序类偏误数量最多，主要是宾语和趋向补语的错序，少量为动词与趋向动词的错序、时间名词与趋向补语的错序。各阶段出现错序偏误的句式按数量由高到低依次为：

初级阶段：Ⅱa＞Ⅰa＞Ⅲa、Ⅳb、Ⅵa、Ⅵb＞Ⅴb

中级阶段：Ⅱa＞Ⅵb＞Ⅰa、Ⅲa、Ⅳb、Ⅲb、Ⅴb

高级阶段：Ⅱa＞Ⅳb、Ⅵb、Ⅰb、Ⅵa、Ⅶb

---

[1]　参见肖奚强、周文华（2009）。
[2]　同上。

　　错序类偏误与表 15-6 中偏误的总体变化趋势一致，初级、中级、高级三个阶段的偏误数呈 "U" 形分布，这说明语序是困扰学生的一个大问题。

　　误代类偏误主要是趋向动词之间的误代。各阶段出现误代偏误的句式按数量由高到低依次为：

　　初级阶段：Ⅳb＞Ⅱa＞Ⅲa、Ⅵa＞Ⅰa、Ⅲb、Ⅶb

　　中级阶段：Ⅲa＞Ⅰa、Ⅲb、Ⅳb＞Ⅰb、Ⅳa＞Ⅵb＞Ⅶb

　　高级阶段：Ⅳb＞Ⅰa、Ⅲa＞Ⅲb＞Ⅳa＞Ⅰb、Ⅱa、Ⅵa、Ⅶb

　　误代类偏误在句式和数量上都随着年级升高而增多。肖奚强、周文华（2009）认为这主要是因为学习难度随着年级的升高而提高。从初级阶段到高级阶段，学生学习的趋向动词增多，各个趋向动词用法之间的交叉关系更为复杂，相互之间的区别更难以分辨，因而容易产生混用趋向动词的问题。

　　遗漏类偏误主要是趋向动词、行为动词和一些虚词的遗漏。初级、中级、高级三个等级遗漏偏误的数量比较接近，没有大的变化。各阶段出现遗漏偏误的句式按数量由高到低依次为：

　　初级阶段：Ⅳb＞Ⅰb、Ⅲa、Ⅳa＞Ⅰa、Ⅱa、Ⅵb、Ⅶ b

　　中级阶段：Ⅳb、Ⅶb＞Ⅰa、Ⅲa、Ⅲb、Ⅳa、Ⅶa

　　高级阶段：Ⅲb＞Ⅲa、Ⅳb＞Ⅳa、Ⅵa

　　趋向补语句的冗余类偏误并不多，主要是趋向动词的冗余。各阶段出现的冗余偏误句式按数量由高到低依次为：

　　初级阶段：Ⅰa＞Ⅱa、Ⅲa、Ⅳa

　　中介阶段：Ⅲa＞Ⅰa、Ⅱa、Ⅲb、Ⅳa、Ⅳb、Ⅵa

　　高级阶段：Ⅳb＞Ⅶb＞Ⅰa、Ⅲa、Ⅵb

　　在上述分析的基础上，肖奚强、周文华（2009）指出：（1）不该用趋向补语而误用趋向补语的偏误在三个学习阶段都有，而且呈逐渐增加的趋势。此类偏误产生的主要原因是学生对趋向补语使用的类推泛化，所以教师给学生讲清楚趋向补语的语义和用法至关重要。（2）该用趋向补语而用错了的情况以错序和误代为主，错序多为趋向动词与宾语之间的错序，其产生的主要原因是学生受汉语动补式词语的影响，倾向于把趋向补语当作一个动词来使用，不习惯在趋向动词前面或两个趋向动词中间插入宾语；误代多为趋向动词之间的误代，主要是因为学生没有掌握各趋向动词的用法的区别；遗漏偏误多出现在趋向动词、行为动词和一些虚词的使用中；冗余偏误虽然不多，但它出现的频次是逐级增多的。冗余是学生对趋向补语的使用类推泛化所导致的，同时受学生追求表义的丰富性所影响，即为了从不同角度表达动作的趋向性，从而使用不同的趋向补语。

肖奚强、周文华（2009）对初级、中级、高级三个等级不同的偏误类型进行了较为详尽的数据统计和原因分析。但是，理论上来说，偏误类型除了不该用趋向补语而误用趋向补语、该用趋向补语而用错了这两类之外，还应该有一类该用趋向补语而没有用。但这一点在肖奚强、周文华（2009）的研究中没有体现。

刘汉武（2013）考察了初级汉语水平越南学生趋向补语习得过程中出现的偏误。该研究的语料来自中山大学、广西师范大学的越南留学生，越南河内国家大学下属外国语大学、胡志明市开放大学学生的试卷作文，语料共计约 17 万字。通过归纳，作者共筛选出了 124 条趋向补语偏误用例。统计发现，初级汉语水平越南学生使用汉语趋向补语的偏误有五种类型，即趋向补语冗余、趋向补语之间混淆、趋向补语与其他补语混淆、趋向补语的遗漏、趋向补语与宾语错序。各类偏误出现的情况见表 15-7。

表 15-7 初级汉语水平越南学生趋向补语偏误统计 [①]

序号	偏误类型	偏误数	百分比
1	趋向补语冗余	38 条	30.64%
2	趋向补语之间相混淆	32 条	25.81%
3	趋向补语和其他补语混淆	25 条	20.16%
4	趋向补语遗漏	18 条	14.52%
5	趋向补语和宾语错序	11 条	8.87%
	合计	124 条	100%

基于上述统计，刘汉武（2013）指出，趋向补语冗余是初级汉语水平越南学生最典型的趋向补语偏误。趋向补语之间的混淆主要表现为趋向补语和谓词不能

① 参见刘汉武（2013）。

搭配或者可搭配但不符合语境要求。趋向补语与其他补语混淆表现在该用趋向补语时却用了其他补语或者不该用趋向补语时用了趋向补语。趋向补语的遗漏是指在该用趋向补语时却没用，而只用单个谓词来表达整个谓词＋趋向补语结构的功能。

进而，刘汉武（2013）对每一类偏误类型的具体偏误原因进行了分析和统计。具体情况见表15-8。

表 15-8　初级汉语水平越南学生趋向补语偏误原因统计 [①]

原因	趋向补语冗余	趋向补语之间混淆	趋向补语和其他补语混淆	趋向补语遗漏	趋向补语和宾语错序	合计	比例
母语负迁移	32	31	23	18	10	114	91.94%
目的语过度泛化	6	1	2	0	1	10	8.06%
合计	38	32	25	18	11	124	100%

可见，母语负迁移是初级汉语水平越南学生习得趋向补语偏误产生的主要原因。汉语趋向补语在越南语中有多种对应形式，有的动词在汉语中不能和趋向补语搭配但在越南语中却可以和趋向补语搭配；有的动趋结构在汉语和越南语中形式相同但语义相异；有的在汉语中动词后需加上趋向补语，但在越南语中却不需要；有的在越南语中动词后需加上趋向补语但在汉语中却不需要。初级水平越南学生因上述因素的影响，输出汉语时经常使用母语中的各种表达方法和语序来表达，因而产生各种偏误。

2.　趋向补语习得的个案研究

关于趋向补语的习得研究，除了将所有类型的趋向补语作为一个整体来研究留学生的习得情况之外，还有部分研究以某一小类趋向补语为研究对象，考察学生的习得情况，主要涉及"过来""出"组趋向补语和"下"组趋向补语。

2.1　"过来""过去"

"过来"作补语时，有本义和引申义两种语义，其中引申义主要有两种含义和用法，即"过来₁"和"过来₂"（卢福波，1996）。"过来₁"表示回到原来的正

---

① 参见刘汉武（2013）。

常状态，如"他终于醒过来了"；"过来 $_2$"表示对数量、范围大的事情能否有能力完成，如"这么多工作，我忙不过来了"。初级阶段的汉语学习者，一般只要求掌握"过来 $_1$"[①]。

汤玲（2011）从认知语言学的角度，基于范畴化、意象等概念，指出"过"表示经过某段时间从源点到目标点，主要凸显运动路径。当"来"的方向性与"过"的经过性相结合，"过来"凸显的是源点、终点与过程，强调的是变化。因而"过来"能激活的词必须具有 [+ 源头][+ 终点][+ 变化][+ 路径][+ 方向] 等义素。"V+ 过来"表示的路径见图 15-1。

图 15-1　"V+ 过来"的路径图示 [②]

基于"北京大学 CCL 语料库"，汤玲（2011）统计出了进入"过来"引申义句子中的动词，结果如下：

单音节：改、转、醒、缓、挺、喘

双音节：醒悟、属性、醒觉、震醒、清醒、省悟、回复、明白、惊觉、纠正、觉悟、教育、反应、校正、纠正、抢救、挽救、习惯、挣扎、改良、改造、调整、回味、镇静、扭转、悔改

上述动词具备相应的义素特征，可以进入"过来"的意象图示。事物起先处于非正常状态，经过此类动词的作用，逐渐向人们意识中的正常状态转变，这种变化是有方向的，是一个渐变的过程。

同时，汤玲（2011）基于初级阶段留学生的作业与考试的相关语料，统计出留学生偏误句中出现的动词，主要是"爱、说、吃、想、笑、理解"。这类动词并不具备上述义素特征，"不吃""不爱""不想"本身并不含有非正常状态的意思，只是特定的语境赋予其这样的含义。作者指出，这类动词建构的是一种广义的容纳图示，是人在感情上、心理上对客观事物的容纳，不体现正常与非正常状态的区分。

---

① 《发展汉语》（初级下）（北京语言大学出版社）要求学生在初级阶段掌握"过来 $_1$"。
② 参见汤玲（2011）。

正是不清楚上述"过来₁"的认知特性、意象图式，留学生在习得该趋向补语时容易出现偏误。由此，汤玲（2011）指出，在引申义"过来₁"的教学过程中教师应该尽可能地从认知特性与系统方面加以详细解释。

朱京津（2017）探讨了"过来／过去"的三个义项的意象图式及其空间隐喻机制，并对与之搭配的动词进行语义特征分析，发现客体与参照点距离的趋近和趋远，可以通过视觉感知客体清楚与否和有无的变化来认知。在此基础上作者主要探讨了"过来""过去"的教学释义策略，指出在对外汉语教学中，教师对心理认知语义的解释，可以采取从视觉上的清楚变化和有无变化到思维意识上的清楚变化和有无变化的顺序，从而使学生更容易理解"过来""过去"的引申义。

朱京津（2017）也简要分析了留学生习得"过来 C""过去 C"时出现偏误的原因：

（1）留学生不明白"过来 C""过去 C"从何而来，其语义特征是什么。"过来""过去"从空间认知域到心理认知域的投射是由隐喻机制的映射形成的。两个认知域都具有位移主体、源点、路径、方向、终点五个构成要件，最主要的区别特征是 [+ 空间位移] 和 [+ 意识位移]。

（2）留学生不明白与"过来 C""过去 C"搭配的动词应该具有哪些语义特征。"过来 C""过去 C"最主要的义素是 [+ 空间位移] 和 [+ 意识位移]，因此，与之搭配的动词也必须具备这两个义素，语义上才能保持和谐。

（3）留学生不知如何界定正常状态与非正常状态。

2.2 "出"组趋向补语

刘汉武（2013）对越南学生习得汉语"出"组趋向补语、"下"组趋向补语以及"来／去"趋向补语的情况进行了系列考察。

汉语"出"组趋向补语包括"V+ 出""V+ 出来""V+ 出去"，"出""出来""出去"三者本身都可以表示从里面到外面的移动，在越南语中的对应动词都是"ra"。但是当它们用作谓语的补语时，既有本义用法，表示"通过动作使人或物体由某处的里面向外面移动"；也有引申义用法，表示"通过动作使事物由无到有，由隐藏到公开"（刘月华，1998）。此时，三者在越南语中的对应形式就不只是"V+ra"这一种形式。正是这种不对应性给越南学生习得"出"组趋向补语带来了困难，导致偏误的出现。

刘汉武（2013）对汉语"出"组趋向补语及其格式在越南语中的对应形式进行了总结，具体情况见表15-9、表15-10。

表 15-9　汉语"出"组趋向补语在越南语中的对应形式 ①

V		V+ 出	V+ 出来	V+ 出去
V		√	√	√
V+ 趋向补语	V+ra(出)	√	√	√
	V+ lên（上）	√	√	
	V+ đi（去）	√		√
	V+ đến / lại（来）	√		
V+ 结果补语	V+ khỏi（离）	√	√	
	V+ được（得）	√	√	
V+ 趋向补语 + 结果补语	V+ra(出)+ khỏi（离）	√	√	√

表 15-10　汉语中含"出"趋向补语在越南语中的对应形式 ②

宾语	汉语格式	越南语格式
零宾语	V+ 出 / 出来 / 出去	V V+ra(出)/ lên（上）/ đến（来）/ đi（去） V+ được（得）
处所宾语	V+ 出 +O$_处$+（来 / 去）	V+ra(出)+O$_处$ V+ khỏi（离）+O$_处$ V+ra(出)+ khỏi（离）+O$_处$
非处所宾语	V+ 出 +O$_{非处}$ V+ 出来 / 出去 +O$_{非处}$ V+ 出 +O$_{非处}$+ 来 / 去 V+O$_{非处}$+ 出来 / 出去	V+O$_{非处}$ V+ra(出)/ lên（上）/ đến / lại（来）/ đi（去）+O$_{非处}$ V+ được（得）+O$_{非处}$ V+O$_{非处}$+ra(出)/ đi（去）

由此，刘汉武（2013）推测越南学生在习得汉语"出"组趋向补语时可能会出现以下偏误类型：（1）趋向补语冗余；（2）趋向补语遗漏；（3）"出"组趋向补语与其他趋向补语混淆；（4）"出"组趋向补语与其他补语混淆；（5）"出"组趋向补语与宾语错序。作者基于"越南学生汉语中介语语料库"统计归纳的结果与其预测结论一致，具体情况见表15-11。

---

① 参见刘汉武（2013）。

② 同上。

表 15-11　越南学生习得"出"组趋向补语的偏误类型 ①

偏误类型	偏误数量	所占比例	造成偏误的主要原因
1. "出"组趋向补语冗余	61	44.85%	母语负迁移、目的语过度泛化
2. "出"组趋向补语遗漏	12	8.82%	母语负迁移
3. "出"组趋向补语与宾语错序	8	5.88%	母语负迁移
4. "出"组趋向补语与其他趋向补语混淆	32	23.53%	母语负迁移、目的语过度泛化
5. "出"组趋向补语与其他补语混淆	23	16.92%	母语负迁移

可见，越南学生习得汉语"出"组趋向补语时，冗余是最典型的偏误类型，趋向补语之间的混淆次之，而造成偏误的原因主要是母语负迁移和目的语过度泛化。

刘汉武（2013）考察"出"组趋向补语的偏误时，使用的语料为"越南学生汉语中介语语料库"（约 65 万字），但并没有说明其所使用的是来自哪个或哪几个阶段的学生的语料。这在一定程度上影响了数据的信度。因为不同阶段的学生受汉语水平的限制，出现偏误的情况会有所不同。有的项目可能在初级阶段尚未习得，如"V+ 出 +O处 + 来 / 去""V+O非处 + 出来 / 出去"，或者有的项目在某个阶段刚刚开始习得，这些情况都可能对统计的数据产生影响，因而对学习者的汉语水平的说明是有必要的。

2.3　"来 / 去"趋向补语

"V+ 来""V+ 去"是汉语较为常见的趋向补语，本义表示人或物通过动作向立足点移动或离开立足点向另一处趋近，其引申义可以表示实现某种状态。此外，"V+ 去"还可以表示"除去"。当"V+ 来""V+ 去"与宾语共现时，处所宾语在 V 和"来 / 去"之间，非处所宾语则既可以放在 V 和"来 / 去"之间，也可以放在"V+ 来""V+ 去"之后。虽然汉语趋向补语"来""去"的语法规则较为简单，但越南学生在习得过程中的初级、中级、高级三个阶段都出现偏误。

刘汉武（2015）以"越南学生汉语中介语语料库"（2012 年版）为语料来源，对初级、中级、高级三个阶段越南学生使用趋向补语"来""去"的情况进行了统计，具体数据见表 15-12。

---

① 参见刘汉武（2013）。

表 15-12　越南学生趋向补语"来""去"的正确用例分布情况 [①]

	初级阶段			中级阶段			高级阶段		
	总用例频次	正确用例频次	正确率	总用例频次	正确用例频次	正确率	总用例频次	正确用例频次	正确率
来	39	17	43.6%	85	72	84.7%	106	96	90.6%
去	12	5	41.7%	52	33	63.5%	40	27	67.5%

据此，刘汉武（2015）得出越南学生趋向补语"来""去"的习得正确率折线图，详见图 15-2。

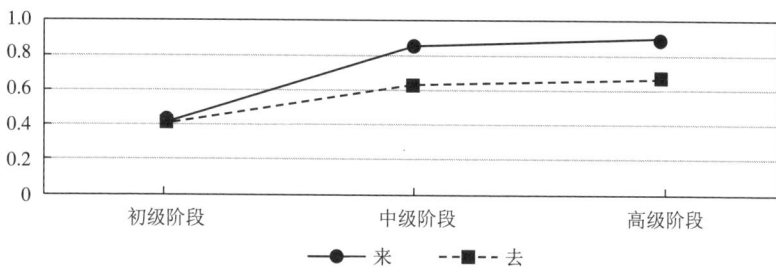

图 15-2　越南学生趋向补语"来""去"的习得正确率折线图 [②]

由此，刘汉武（2015）指出，趋向补语"来""去"的习得正确率是随着汉语水平的提高而递增的。可见，越南学生对趋向补语"来""去"的习得是稳步提高的，趋向补语"来"的习得情况好于"去"。

同时，刘汉武（2015）借鉴 Carl James（1998）的分类方法，根据学生的实际偏误，将越南学生趋向补语"来""去"的偏误（84 条）分成以下五类：冗余（32 条）、与其他趋向补语混淆（24 条）、与其他补语混淆（20 条）、遗漏（7 条）、与宾语错序（1 条）。从作者对每一个偏误类型的举例分析可以发现，越南学生习得趋向补语"来""去"的偏误原因主要在于母语负迁移，大多是由汉语和越南语的表达不对应而引起的。

把汉语学习者所使用的语言和汉语母语者的语言进行比较，可以发现学习者的超用（overuse）和少用（underuse）现象。刘汉武（2015）对越南学生习得趋向补语"来""去"是否存在这两种现象进行了检验。该研究的特殊之处在于采

---

① 参见刘汉武（2015）。
② 同上。

用了比较适合汉语研究的似然比检验法（Likelihood Radio Test）。

首先，刘汉武（2015）采用似然比检验法对汉语母语者和越南学生汉语趋向补语"来""去"的本义和引申义的使用频次、使用频率分别进行统计，以此检验越南学生使用该趋向补语时是否存在超用或少用的现象。结果显示，汉语母语者语料库和越南学生语料库中都出现了"来""去"的各个意义的用法。在趋向补语"来"以及表"除去"的趋向补语"去"的使用上，越南学生与汉语母语者之间不存在显著性差异（p＞0.01）。当"V+去"表示离开立足点向另一处趋近时，越南学生出现少用的现象，当"V+去"表示"实现某种状态"时，越南学生存在超用的现象。在以上两个义项的使用上，越南学生与汉语母语者之间存在显著性差异（p＜0.01）。

其次，刘汉武（2015）采用似然比检验法对含趋向补语"来""去"的主要格式"V+C_2""V+C_2+O""V+O+C_2"的使用情况进行了统计。结果发现，在"V+C_2+O"的使用上，越南学生与汉语母语者之间不存在显著性差异（p＞0.01）；在"V+C_2""V+O+C_2"的使用上，汉语母语者的使用频率明显高于越南学生，二者之间的差异较为显著（p＜0.01）。可见，越南学生使用"V+C_2""V+O+C_2"时存在少用现象。

2.4　"下"组趋向补语

刘汉武（2016）采用相同的研究思路和方法对越南学生习得汉语"下"组趋向补语的情况进行了考察，"下"组趋向补语包括"下""下来""下去"三类情况。该项研究对初级、中级、高级三个不同阶段的越南学生"下"组趋向补语的习得情况分别进行了统计，具体情况见表 15-13。

表 15-13　越南学生各阶段"下"组趋向补语正确用例分布情况[①]

	初级阶段			中级阶段			高级阶段		
	总频次	正确频次	正确率	总频次	正确频次	正确率	总频次	正确频次	正确率
下	59	54	91.5%	63	52	82.5%	51	42	82.4%
下来	30	25	83.3%	59	42	71.2%	28	23	82.1%

---

① 参见刘汉武（2016）。

	初级阶段			中级阶段			高级阶段		
	总频次	正确频次	正确率	总频次	正确频次	正确率	总频次	正确频次	正确率
下去	6	2	33.3%	24	17	70.8%	24	23	95.8%
总计	95	81	85.3%	146	111	76%	103	88	85.4%

　　从上表数据可以发现，初级、中级、高级三个阶段越南学生"下"组趋向补语的正确率分别为85.3%、76%、85.4%。由此，刘汉武（2016）认为，越南学生"下"组趋向补语的习得总体上呈现"U型行为模式"（U-Shaped Behavior）（Eric Kellerman，1985），即随着中介语的发展，学生习得某个语言项目的习得正确率沿着"高—低—高"的线路发展。但"下""下来""下去"三组的具体情况有所不同，详见图 15-3。

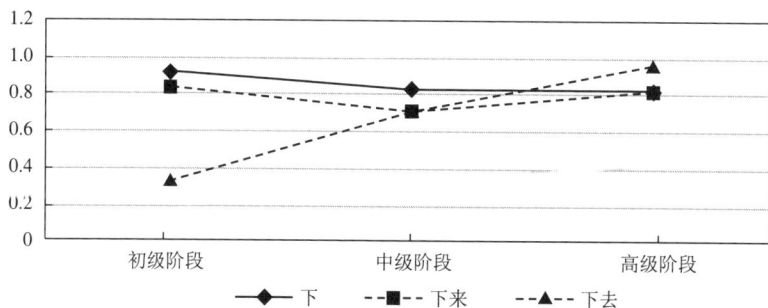

图 15-3　越南学生"下"组趋向补语习得正确率折线图[①]

　　可见，就个体而言，只有趋向补语"下来"的习得正确率沿着"高—低—高"曲线发展；趋向补语"下"的习得正确率随着汉语水平的提高而降低，但三阶段变化幅度很小；趋向补语"下去"的习得正确率随着汉语水平的提高而递增。"下"组趋向补语在三个不同阶段的习得正确率由高到低分别为：

初级阶段：下＞下来＞下去

中级阶段：下＞下去＞下来

高级阶段：下去＞下＞下来

总体而言，越南学生对趋向补语"下"的掌握比趋向补语"下来""下去"好。

---

① 参见刘汉武（2016）。

　　同时，刘汉武（2016）将越南学生"下"组趋向补语的偏误（64条）分成以下五类：遗漏（20条）、冗余（18条）、与其他趋向补语混淆（10条）、与其他补语混淆（9条）、与宾语错序（7条）。作者通过对每一个偏误类型进行举例分析，发现越南学生习得"下"组趋向补语的偏误原因主要在于母语负迁移，这些偏误大多是由汉语和越南语的表达不对应而引起的。

　　此外，刘汉武（2016）采用了似然比检验法对汉语母语者和越南学生的相关使用情况进行统计分析。首先，作者采用似然比检验法对汉语母语者和越南学生汉语趋向补语"下""下来""下去"的本义和引申义的使用频次、使用频率分别进行统计，以检验越南学生使用"下"组趋向补语时是否存在超用或少用的现象。结果显示，当"下""下来""下去"表示"退离面前的目标"时，越南学生没有使用该义项的用例；当趋向补语"下"表示"从整体脱离"时，越南学生与汉语母语者之间存在显著性差异（$p<0.01$），即与汉语母语者相比，越南学生较少使用该义项；在"下"组趋向补语的其他义项的使用上，越南学生与汉语母语者之间不存在显著性差异（$p>0.01$）。

　　其次，刘汉武（2016）采用似然比检验法对含"下"的趋向补语的主要格式"$V+C_1$""$V+C_1+C_2$""$V+C_1+O$""$V+C_1+C_2+O$""$V+O+C_1+C_2$"的使用情况进行了统计。结果发现，在"$V+C_1$""$V+C_1+C_2$""$V+C_1+O$""$V+C_1+C_2+O$""$V+O+C_1+C_2$"的使用上，越南学生与汉语母语者之间不存在显著性差异（$p>0.01$）；"$V+C_1+C_2+O$"在汉语母语者以及越南学生的语料库中均未出现用例。由此，作者指出，越南学生在使用"下"组趋向补语格式时不存在少用、超用某一格式的现象。

　　综上可见，刘汉武（2016）关于"下"组趋向补语习得的研究较之前"出"组趋向补语习得的研究更为全面系统，既有对初级、中级、高级三个阶段的分别考察和统计，也有整体性的分析，并且采用了较为合理和科学的统计方法。但是作者在对"$V+C_1+C_2+O$"格式的分析上似乎还有可待商榷之处。作者考察发现，在汉语母语者语料库中不存在这一格式，但就母语者语感而言，这一格式也是日常生活中较为常见的，如"扔下来一本书"等。

　　此外，刘汉武是越南人，因此对于越南学生的偏误分析很有针对性，但汉语本体方面的个别认识有一定的误差，如在分析趋向补语与宾语错序的偏误时，认为"停车""低头""定神"等是离合词，离合词带简单趋向补语时，简单趋向补语要放在离合词的动语素和名语素之间，类似分析还需提升表述的严谨性。

第三节 其他补语习得研究

学界对汉语补语的习得研究主要集中于趋向补语，结果补语次之，其他各类补语的相关习得研究的论文较为少见。检索结果显示，程度补语 2 篇，可能补语 2 篇，动量补语 3 篇，另有 3 篇论文讨论带"得"补语的相关习得问题，其分类与上述其他补语的分类不同。

1. 程度补语习得研究

王松（2012）在程度补语分类的本体研究（刘月华、潘文娱、故韡，1983；李临定，1986；陈建民，1986；王邱丕、施建基，1990）的基础上，将程度补语句下位句式分为 10 个小类，即：

T1：N+V+ 极 / 透 / 死 / 坏……+ 了

T2：N_1 +（比 +N_2+）V+ 多了 / 远了

T3：N+V+ 得 +Adv/VP

T4：N_1+V+ 得 +N_2+VP

T5：N_1+（比 +N_2）V+ 得 +Adv（多 / 远）

T6：N+V+ 得 +AP

T7：N+V+ 得 +VP

T8：N+V+O+V+ 得 +AP/VP

T9：N+O+V+ 得 +AP/VP

T10：N_1 把 N_2+V+ 得 +AP/VP

基于 150 万字的中介语语料库，王松（2012）对检索到的 542 条程度补语用例进行统计，其中正确用例 418 条，偏误用例 124 条。各下位句式具体的使用情况见表 15-14。

表 15-14　外国学生程度补语句各下位句式使用数量及比例 [1]

程度下位句式		正确用例	偏误用例	该句式用例	所占比例
黏合式	T1	61	9	70	12.92%
	T2	14	6	20	3.69%
组合式	T3	83	22	105	19.37%
	T4	2	3	5	0.92%
	T5	61	15	76	14.02%
	T6	155	49	204	37.64%
	T7	8	0	8	1.48%
	T8	15	11	26	4.80%
	T9	11	5	16	2.95%
	T10	8	4	12	2.21%
总计		418	124	542	100%

　　为了对比外国学生与汉语母语者在使用程度补语时是否存在差别，王松（2012）基于同等容量的汉语母语者语料库和中介语语料库进行了数据统计与分析，具体情况见表 15-15。

表 15-15　外国学生与汉语母语者程度补语句各下位句式使用情况对比 [2]

程度补语下位句式			外国学生使用情况		汉语母语者使用情况	
			用例数	所占比例	用例数	所占比例
黏合式	狭义程度	T1	70	12.92%	61	3.08%
		T2	20	3.69%	43	2.17%
组合式		T3	105	19.37%	363	18.31%
		T4	5	0.92%	48	2.42%
		T5	76	14.02%	47	2.37%
	广义程度	T6	204	37.64%	973	49.07%
		T7	8	1.48%	168	8.47%
		T8	26	4.80%	9	0.45%
		T9	16	2.95%	7	0.35%
		T10	12	2.21%	264	13.31%
总计			542	100%	1983	100%

---

① 参见王松（2012）。
② 同上。

由此，王松（2012）指出，外国学生与汉语母语者在使用程度补语时，最为突出的差别是程度补语句使用数量的差别，汉语母语者的用例为 1983 条，外国学生的用例为 542 条，汉语母语者的用例几乎是外国学生用例的 4 倍。对此，作者认为外国学生对程度补语句的使用存在明显的回避现象，即有些该用程度补语句表达的地方未用程度补语句而使用了其他表达方式。就各下位句式的使用率而言，外国学生各句式使用率由高到低依次为：T6＞T3＞T5＞T1＞T8＞T2＞T9＞T10＞T4＞T7；汉语母语者各句式使用率由高到低依次为：T6＞T3＞T10＞T7＞T1＞T4＞T5＞T2＞T8＞T9。可见，在 T6、T3 的使用上，外国学生与汉语母语者的使用情况比较接近。但在某些下位句式的使用上，二者存在不一致的情况，主要表现为：

（1）有的下位句式外国学生的使用率明显高于汉语母语者，如 T1、T5、T8、T9；

（2）有的下位句式外国学生的使用率明显低于汉语母语者，如 T10、T7；

（3）有的不同下位句式汉语母语者的使用率相差无几，但外国学生的使用率差别较大，如 T2 与 T5。

针对上述现象，王松（2012）指出，T1 和 T5 可能存在过度使用的情况。T1 的结构比较简单，表义也比较明确，因而外国学生可能过度使用；T5 基本可以用来表达 T2 的意义，并且 T5 在形式上有明显的标记，更易为外国学生关注并使用，也存在使用过量的嫌疑。这也可以解释为什么汉语母语者 T2 和 T5 的使用率差不多，而外国学生这两种句式的使用率差别较大。对于 T8 和 T9，作者认为现有数据暂时难以得出可信的解释，并且预测这与对外汉语教材和大纲有一定的关系。T10 和 T7 可能存在由回避策略导致的使用不足的情况。T10 句式较为复杂，T7 虽句式结构简单但表义相对复杂，这都给外国学生的使用带来困难，从而出现回避使用的情况。此外，汉语母语者经常使用的句式"N_1+V+ 得 +N_2+AP/VP"是结构上最为复杂的程度补语句下位句式，外国学生可能因为担心出错而较少甚至不去使用，因而在中介语语料库中未发现其用例也属正常。

此外，基于对外国学生初级、中级、高级三个等级程度补语句正确用例的统计分析，王松（2012）指出，随着汉语水平的升高，外国学生各句式的正确使用数量有的呈现递增态势，如 T7；也有的呈递减态势，如 T2、T5；还有的呈曲折变化，一种是先增后减，如 T1；另一种是先减后增，如 T4、T6、T8、T9、T10。中级阶段外国学生程度补语各句式出现正确用例后，在高级阶段并没有增加而是持平，使用数量都比较少。不管数量怎样变化，以上各下位句式在三个阶段的使用情况都呈现出一个共同的特点，即水平越高，句式内部成分使用得越复杂。

基于对外国学生初级、中级、高级三个等级程度补语句偏误用例的统计分析，王松（2012）指出偏误类型主要有替代、遗漏、冗余和错序。从数量上来看，替代的用例最多，遗漏次之，再次是冗余，错序的用例最少。从偏误用例总量的发展趋势来看，初级偏误率高，中级低，高级又高起来。这与 Eric Kellerman（1985）的 "U-shaped behavior" 的基本相符。

王松、刘文攀（2015）又对上述十个程度补语句的下位句式的习得顺序进行了考察。该研究采用习得区间法，即根据句式正误使用频率来推知特定语法项目的习得顺序。通过习得区间法所得的数据，我们可以考察不同学时、不同等级的外国学生对特定语法项目的习得情况。

基于相同的语料库，王松、刘文攀（2015）对初级、中级、高级三个阶段外国学生程度补语各下位句式的正确使用相对频率、偏误使用相对频率、正误使用相对频率差值分别进行了统计。研究发现，各下位句式正误使用相对频率差值大致分布在两个区间：区间 A（0.05，0.35）和区间 B（-0.05，0.05）。分布在区间 A 的句式有 T1、T3、T5、T6；分布在区间 B 的句式比较集中，有 T2、T4、T7、T8、T9、T10。总体而言，外国学生习得区间 A 中的句式早于区间 B 中的句式。在区间 A 内部，T6 在初级阶段的差值明显高于其他句式，中级阶段 T6 的差值有所下降，高级阶段 T6 的差值又大幅回升，总体而言，T6 的习得情况良好。T3 的差值大致介于 0.08～0.14 之间，在初级、中级、高级三个阶段的发展呈稳定上升的态势。T1 在初级阶段的差值低于 T3，在中级阶段其差值明显升高，到高级阶段其差值又急剧下降，王松、刘文攀（2015）认为 T1 在高级阶段的差值下降，主要是由于学生为传递更多信息，追求复杂的表达而出错所致。T5 的发展趋势与 T3 基本相反，其差值总体上低于 T1。据此，作者推测区间 A 中各句式的习得顺序为：T6＞T3＞T1＞T5。

区间 B 的情况略微复杂，王松、刘文攀（2015）又将其分为区间 C（0.005，

0.03）和区间 D（-0.01，0.005）。在区间 C 中，T7 的差值在初级、中级、高级三个阶段呈稳步上升的态势，可见学生掌握的情况尚可。T8 的差值在初级阶段较低，但到了中级、高级阶段，明显上升，总体上看，学生对 T8 的习得效果仅次于 T7。T2 的差值在初级阶段较高，但在中级、高级阶段明显下降，总体上看呈下降态势，这说明学生对该句式的习得并不理想。T10 的发展态势跟 T2 相似，但其差值在各阶段均低于 T2。在区间 D 中，T4、T8 和 T9 的差值都在某些阶段出现了负值，它们的发展呈现出明显的差异。T8 的差值在初级阶段为负值，在中级、高级阶段明显上升，已进入区间 C，这说明中级、高级阶段的学生已逐渐习得该句式。T9 的差值在初级和高级阶段均为正值，但其在中级阶段为负值，呈曲折发展态势，这说明学生在高级阶段对该句式的习得渐趋稳定，说明学生较晚习得该句式。T4 的差值在初级、中级阶段为零，在高级阶段为负值，这说明学生未习得该句式。据此作者推测，区间 B 中各句式的习得顺序为：T7＞T8＞T9＞T2＞T10＞T4。由此，作者通过习得区间法得出的外国学生汉语程度补语句的习得顺序为：T6＞T3＞T1＞T5＞T7＞T8＞T9＞T2＞T10＞T4。

据此，王松、刘文攀（2015）指出在编排大纲中的程度补语句语法点时，我们应当分等级安排相应的语法项目，初级阶段可安排 T6、T3、T1 和 T5，中级阶段可安排 T7、T8、T9 和 T2，高级阶段可安排 T10 和 T4。教材中的相应语法点也可依此顺序出现。

2. 可能补语习得研究

可能补语 "V 得 / 不 C" 是述补结构特有的表示可能或不可能的一种结构，是对外汉语教学的重点和难点。留学生在习得该结构过程中经常出现偏误。

张先亮、孙岚（2010）归纳了留学生在习得可能补语 "V 得 / 不 C" 的过程中出现的偏误类型，其主要有四类：（1）混淆 "能 / 不能 +VC" 与 "V 得 / 不 C" 的差异。汉语中 "能 / 不能 +VC" 与 "V 得 / 不 C" 都可以表示动作的结果或趋向的可能性，当 "V 得 C" 表示主观条件（能力、力气等）或客观条件是否容许实现（某种结果或趋向）时，一般可以换用 "能 / 会 / 可以 +VC"。但当表示 "情理上许可或不许可" 时，一般用 "能 / 不能 +VC" 来表达，不能用 "V 得 / 不 C"。

留学生对其中的语法规则掌握不清楚，因而容易混淆。（2）"V 得 / 不 C"或"能 /不能 +VC"错序或遗漏。作者认为这类偏误是因为"V 得 / 不 C"比较复杂，且易与"能 / 会 / 可以 +VC"混淆，留学生回避使用这两种表达而造成偏误，但从作者的举例来看，主要表现为错序或遗漏，将"V 不 C"错用为"不 VC"以及遗漏"V 得 C"中的"得"或"能 VC"中的"能"。（3）"V 得 / 不 C"动词前状语误用。这类偏误主要是留学生在动词前误用一些表示动作者发出动作时的心情、态度以及修饰动作的描写性状语，如"* 我高效地干得完这项工作"。（4）混淆"V 得 / 不 C"与特殊句式。这类偏误主要是指将"V 得 / 不 C"结构用于"把"字句、"被"字句的谓语动词后产生的偏误，如"* 自行车被修得好了"。

　　张先亮、孙岚（2010）从三个角度分析了上述偏误产生的原因。（1）语言的普遍性。汉语的能愿动词、英语的情态动词和日语含有能否意义的自动词在表示"能否"范畴上有共性，这是语言的普遍性，而汉语的可能补语"V 得 / 不 C"则是汉语的特殊表达。对留学生而言，汉语表示可能意义的能愿动词与英语表示可能意义的情态动词相对应，因而会习惯性地使用"能 / 不能 +VC"，出现该用"V 得 /不 C"却使用"能 / 不能 +VC"的问题。（2）学生的回避策略。由于"V 得 / 不 C"的复杂性及其与"能 / 不能 +VC"之间的易混淆性，留学生在表达可能或不可能意义时常常会采用回避策略，回避使用可能补语。（3）目的语规则泛化。汉语可能补语使用时有特定的语义限制和语境要求，留学生习得"V 得 / 不 C"的过程中，容易按照句法格式进行类推，而忽视或不清楚其语义限制和语境要求，在不该用"V 得 / 不 C"时不恰当地使用了，如出现在"把"字句和"被"字句等特殊句式中的可能补语。

　　由此，张先亮、孙岚（2010）指出在教学中教师应注重以下几点：帮助学生掌握"V 得 / 不 C"的特点，且帮助学生弄清"V 得 / 不 C"与"能 / 不能 +VC"的关系；改进教材编写，注重教学方法；限制学生使用回避策略，引导学生建立正确的学习策略。

3. 数量补语习得研究

　　数量补语主要是指在动词或形容词之后表示有关动作、变化的数量成分

（刘月华、潘文娱、故韡，1983）。数量短语是汉语语法系统中一类较为特殊的短语，在形式上，由数词与汉语中的独特词类——量词——相结合；在语义上具有表示有关动作数量变化的典型性；在结构上，一般出现在动词、形容词后，因此易被识别。但数量补语的使用有复杂的制约条件，如动词与数量结构的语义选择，数量补语与宾语的句法位置，限制数量词的副词的句法位置等（肖奚强、芮晓玮，2009）。对外国学生来说，想要准确地把握数量补语句的意义、用法及位置，并非易事。

学界关于数量补语的本体研究较多，但相关的习得研究成果较少，专门研究数量补语句偏误和习得的论文不多，只有零散的几篇。较早的研究，如贾颖（1985）、王琴霄（1990）、周小兵（1997）和张雅冰（2005），多以时量补语为对象，多为对句式和使用规则的总结、归纳，缺乏对各阶段外国学生数量补语习得情况的探讨，也缺少对不同母语背景学生习得差异的考察。近年来，偶有相关研究涉及动量补语，如肖奚强、芮晓玮（2009），王嘉天、彭爽（2018）。但总体而言，目前动量补语习得研究不够系统，国别化和本土化研究还有待加强。

肖奚强、芮晓玮（2009）基于"南京师范大学中介语偏误信息语料库"，结合问卷调查，对外国学生数量补语句的习得情况进行考察。该研究将数量补语分为时量（句式I）、动量（句式II）两类，并根据句式I、句式II内部句法结构的不同，各分三个下位小类，即：

句式I：

IA：NP_1+V+TL

IB：NP_1+V+NP_2+TL

IC：$NP_1+V+TL+（的）+NP_2$

句式II：

IIA：$NP1+V+DL$

IIB：NP_1+V+NP_2+DL

IIC：$NP_1+V+DL+NP_2$

在此基础上，肖奚强、芮晓玮（2009）从正误用例两个方面考察外国学生习得时量、动量补语句的使用频次、使用频率、偏误类型等基本情况。经语料库检索，作者共得到数量补语句 388 例，其中时量补语句 236 例，占比 60.82%；动量补语句 152 例，占比 39.18%。

时量补语句中正确用例 169 例，错误用例 67 例，偏误率相对较低，为 28.39%。IA、IB、IC 三个小类在初级、中级、高级三个阶段的使用频次由高到低分别为：

初级阶段：IB>IA>IC（IB 的使用频次高于其他二者之和）

中级阶段：IA>IB>IC（IA、IB 的使用频次较为接近，且远大于 IC）

高级阶段：IA>IB>IC（IA 的使用频次远大于 IB、IC）

句式 I 各阶段使用情况详见表 15-16。

表 15-16　留学生时量补语句使用情况 [①]

	初级		中级		高级	
	使用频次	使用百分比	使用频次	使用百分比	使用频次	使用百分比
句式 IA	15	8.87%	33	19.53%	28	16.57%
句式 IB	39	23.08%	30	17.75%	9	5.33%
句式 IC	8	4.73%	5	2.96%	2	1.18%
总计	62	36.68%	68	40.24%	39	23.08%

统计发现，时量补语偏误用例共 67 例，主要的偏误类型有错序、遗漏、冗余和替代。按偏误数量由高到低依次为：错序（33 例，49.25%）>遗漏（17 例，25.37%）>冗余（11 例，16.42%）>替代（6 例，8.96%）。错序主要有时量短语的错序、"了"字错序、修饰性成分的错序三种情况；遗漏主要有"了"字遗漏、量词遗漏和动词遗漏三种情况；冗余偏误的数量不多，主要集中在初级和中级两个阶段，主要有"了"字冗余、修饰成分冗余和动词冗余三种情况；替代偏误在初级阶段主要表现在数词和量词的使用上，中级阶段则多属偶发性偏误。

肖奚强、芮晓玮（2009）对动量补语句考察的主要结果见表 15-17。

---

① 参见肖奚强、芮晓玮（2009）。

表 15-17　留学生动量补语句使用情况 [①]

等级	总例	句式ⅡA		句式ⅡB		句式ⅡC	
		例数	使用的动量词	例数	动量词	例数	动量词
初级	18	9	次、下、跳			9	次、下
中级	37	15	次、下、跳、遍、回	3	次	19	次、下、趟
高级	40	23	次、下、跳、遍、声、顿、番、趟、圈、眼	4	次、眼	13	次、下、趟
总计	95	47		7		41	

　　可见，动量补语句的三个下位句式的使用频次随留学生汉语水平的提高而逐渐上升。其中ⅡA 的使用频次最高，有 47 例，占比接近 50%。这可能是因为ⅡA 是动量补语句的最典型格式。ⅡB 的正确使用频次最低，初级阶段没有检索到用例，这说明外国学生习得ⅡB 的时间较晚。

　　此外，肖奚强、芮晓玮（2009）还特别统计了各类动量补语句中的量词，发现各下位句式所使用的动量词随着留学生汉语等级的上升呈现规整的递增。初级阶段，学生高频使用"V 一下"和"VN 次"；中级阶段，学生增加了"遍、回"的使用，以使用专用动量词为主；高级阶段，学生既使用专用动量词，也使用借用动量词。

　　动量补语句的偏误类型和时量补语句相同，有错序、遗漏、替代和冗余四类，按数量多少依次为：错序（30 例，52.63%）＞遗漏（15 例，26.32%）＞替代（7 例，12.28%）＞冗余（5 例，8.77%）。错序主要有三种情况，即动量短语的错序、带离合词的动量短语错序、主宾错序；遗漏主要有两种情况，即"了 / 过"遗漏、动量短语遗漏；替代偏误主要是因为外国学生不清楚各个具体动词和动量短语之间的选择和限制条件；冗余主要出现在初级阶段，主要是动量短语冗余。

　　在此基础上，肖奚强、芮晓玮（2009）将外国学生数量补语使用情况与汉语母语者数量补语使用情况进行对比，基于"在语料库出现的语料中，句式的正确

① 参见肖奚强、芮晓玮（2009）。

使用频次或正确使用相对频率越高，就越容易、越早习得"①的假设，运用正确
使用相对频率法，得出数量补语句的习得顺序为：

　　句式IB＞句式IA＞句式ⅡA＞句式ⅡC＞句式IC＞句式ⅡB

　　结合汉语母语者数量补语句的使用频次，肖奚强、芮晓玮（2009）构拟了数
量补语句的教学顺序：

　　第一阶段：句式IB、句式IA

　　第二阶段：句式ⅡA、句式ⅡC

　　第三阶段：句式IC、句式ⅡB

　　为考察不同国籍的外国学生习得数量短语时是否存在差异，肖奚强、芮晓玮
（2009）对南京师范大学、南京理工大学、南京晓庄学院来自越南、韩国、日本
和欧美的初级、中级阶段的汉语进修生进行问卷调查，问卷主要采取连词成句的
形式。四个不同国家和地区的外国学生连词成句的错误率如图15-4。

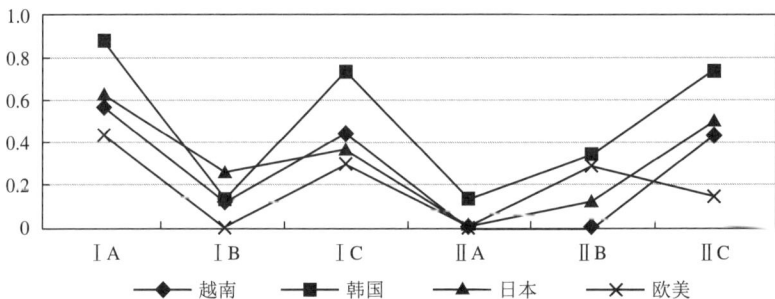

图 15-4　来自不同国家和地区的留学生习得数量短语错误率折线图②

　　肖奚强、芮晓玮（2009）指出，不同国别的外国学生习得数量补
语句时既有共性，也有个性。共性表现为：句式IA、IC、ⅡC的错误率较高，半数以上超
过0.4，而句式ⅡA、IB、ⅡB的错误率较低，半数以上低于0.4。这说明，数量补
语句各句式的习得难度在一定范围内是客观存在的，不会随习得主体的变化而变
化。个性表现为：除句式IB外，韩国学生其他各句式的错误率均明显高于其他三
个群体；欧美学生除了ⅡB外，其他各句式的错误率普遍低于其他三个群体。

---

① 参见施家炜（1998）。

② 参见肖奚强、芮晓玮（2009）。

通过对"了"字错序、NP₂ 与 SL 错序、NP₂ 错序、SL 误用为状语等偏误情况的分析，肖奚强、芮晓玮（2009）指出：（1）"了"字错序类偏误在四个群体的偏误语料中所占比重都比较大。这说明"了"字的句法位置是数量补语句的教学难点之一；（2）SL 与 NP₂ 的错序也是数量补语句的教学重点；（3）SL 误用为状语类偏误出现在韩国、日本和欧美学生的语料中，主要是受语际迁移的影响；（4）日本学生 NP₂ 错序类偏误现象比较集中，主要是受日语 SOV 结构的影响。

王嘉天、彭爽（2018）以本土化视角，以美国孔子学院和孔子课堂的学生作为研究对象，考察他们习得汉语动量补语的认知过程，揭示汉语动量补语习得的个性规律，分析影响其习得动量补语的原因。

调查对象为美国阿拉斯加孔子学院、田纳西州孔子学院、密苏里州孔子学院和锡特卡市埃奇库姆山高中孔子课堂的学生，年龄为 15~25 岁。他们都是非华裔学生，其母语背景复杂，有英语、西班牙语、法语等。他们学习汉语的时间均在六个月以上，分为初级、中级、高级三个等级。该研究着重考察"次、遍、趟、下、回、顿、场"这七个专用动量词作补语的习得情况。

调查问卷共五个部分：（1）选择填空，考察学生对动量补语的选择，包括动词搭配、动量词区分等；（2）补全对话，根据上下文选择正确的动量补语，考察学生对动量补语语义表达的了解情况；（3）完成句子，要求被试将动量补语置于句子内正确的位置；（4）排序成句，考察学生动量补语在句子中位置的习得情况；（5）翻译，测试学生使用动量补语进行表达的情况。

该研究主要通过 SPSS 对调查问卷数据进行统计，以考察学生动量补语中各动量词以及动量补语句法位置的习得情况。数据分析主要分为两大部分，具体情况如下：

第一部分分两步：（1）通过习得频次方差得出作动量补语的动量词的习得顺序。各动量词的习得正确率从高到低依次为：次＞下＞顿＞趟＞遍＞回＞场。基于学生习得作动量补语的动量词的正确率，通过习得频次方差计算（正确使用一次频次加 1，出现错误或未使用加 0），作者得出作动量补语的动量词的习得顺序为：次＞下＞顿＞趟＞遍＞回＞场。（2）通过方差检验和独立样本 t 检验，探究动量补语内各动量词习得情况与学生水平之间的关系。结果表明，初级阶段学生动量补语中的各动量词的习得频次较低，随着语言水平的提高，学生的习得频次明显提高并达到峰值，动量补语习得情况和汉语水平呈正相关。到了高级阶段，频次开始回落，王嘉天、彭爽（2018）认为这说明学生的汉语水平在下降，此时习得情况和汉语水平无明显关联。这些动量词的习得情况和它们在教材中出现的频率显示为显著性（0.044＜0.05），这说明学生习得动量词的顺序和这些动量词在教材中出现的频率之间有一定的差异，即这些词在教材中出现的频率高并不意味着学生对此掌握得好。

第二部分，作者对"动词＋（了/过）＋人称代词宾语＋动量补语""离合词＋动量补语""谓语动词＋（了/过）＋动量补语＋宾语（一般名词）""并与＋谓语（了/过）＋动量补语"这四种句法结构进行考察，以分析美国学生习得动量补语过程中存在的主要问题。调查发现，错序和遗漏是最主要的偏误类型，其中错序偏误数量最多，主要有三种类型：动量补语与动词的位置错序、动量补语与宾语的位置错序、离合词与动量补语的错序。遗漏最多的情况是"一＋动量词"的遗漏。王嘉天、彭爽（2018）指出，越接近英语语序的语法结构越先习得。学生偏误的产生，与跨语言结构差异大有关，还与思维认知方式有密切关系。

由此，王嘉天、彭爽（2018）从认知角度对美国学生动量补语习得的影响因素进行分析，主要有以下几个方面：

（1）英汉动补形式差异大

汉语动量补语的语义表达和句法结构都比较复杂，英语中没有完全对应的形式。语义接近的表达方式其结构和功能的差异也比较大，汉语动量补语具有描写动作的特点、过程、结果等功能，而英语中类似的形式只客观表达动作发生的"量"，对动作的语义描写蕴含在动词本身的词义中。汉英动量表达式之间有同有异，处于习得难度的第五级[①]，因而难免出现偏误。

（2）缺少语言环境，认知模式难以转换

孔子学院和孔子课堂的学生，学习和使用汉语的机会少，过于依赖课堂，缺少足够的练习。文化思维方式难以转化，学生缺少汉语的思维方式，导致偏误产

---

① Rob Ellis（1988）将语言之间差异分为六种，根据差异推导二语习得的五种难度等级。

生。日常使用的缺乏，习得过程中偏误不能及时纠正，导致偏误僵化严重。

（3）教学对动量补语的重视不够

动量补语的讲解，无论是教材还是课堂教学，都常常随动量词的讲解一带而过，缺乏系统性。教学中，教师对引申义和特殊功能的讲解尤为不足。

（4）非本土化汉语教材的认知误导

现阶段的汉语教学缺乏真正本土化的汉语教材，少数国别化教材也多围绕母语与汉语的对比展开。美国学生使用的汉语教材其练习和语法展示方面没有针对美国学生的特点来编排，较难调动美国学生的兴趣。这些教材练习的设计比较机械，解释和例句也缺乏科学性与严谨性，有时甚至起消极作用。如《跟我学汉语》用 times 同时标注动量词"次、回、趟、遍"，这样处理往往会导致"次"的泛化问题。

基于上述分析，王嘉天、彭爽（2018）对美国学生动量补语的习得提出了四点建议：（1）根据学生的不同阶段特点安排教学内容；（2）完善对比教学法；（3）教学顺序符合美国学生自然习得顺序；（4）设置情景，培养学生语感。

4. "得"字补语（情态补语）习得研究

周小兵、邓小宁（2009）对不同母语背景及学习阶段的汉语学习者习得两种"得"字补语句的基本情况进行考察。该研究所指的"得"字补语句是指两种状态补语句，即：

（1）N_1+V+O+V+ 得 +C（重动 V 得句，简称"重动句"或"A 式"），如：他打篮球打得很好。

（2）N_1+O+V+ 得 +C（前受事 V 得句，简称"前受事句"或"B 式"），如：他篮球打得很好。

该研究的被试分为日韩组（日本、韩国学生）和非日韩组（印度尼西亚、越南学生），学生学习等级包括初级二、中级一、中级二和高级一。研究采用"中山大学中介语语料库"调查和语法测试相结合的方法。

首先，该研究对留学生自然语料中 A 式和 B 式的使用率与正确率进行统计，并与汉语母语者语料中 A 式、B 式使用频率等情况做比较。对比发现，二语者与汉语母语者就 A 式和 B 式在总体使用频率、正确率以及两个句式的使用情况上存在差异。具体而言，二语者 A 式和 B 式每万字使用频率都比汉语母语者高很多。周小兵、邓小宁（2009）认为这与二语者滥用部分"V 得"句有关。重动句滥用的原因在于：课堂上大量操练重动句，学生对其他句式掌握有限；前受事句的使用频率高与二语母语（日语、韩语）迁移。此外，汉语母语者 A 式的使用频率比 B 式稍高，但不明显；而二语者 A 式的使用频率远远高于 B 式。作者认为这与汉语 SVO 的句式典型顺序的作用相关。二语者 B 式的使用率比汉语母语者高，但所用的动词范围较小。日韩组 B 式的正确率比 A 式高，而非日韩组 B 式的产出率为 0。

因为自然语料中没有发现非日韩组学习者使用 B 式，所以该研究又设计了 3 项语法测试，日韩组被试 529 人次，非日韩组被试 260 人次。汉语母语者也进行了同样的测试。测试内容为四个题目：第一个题目是给出两个句子，要求被试将其改写成一个句子，中间不能有逗号，且保留原义；第二个题目和第三个题目是造句，要求被试用所给的词语造出一个意思完整的句子，中间不能有逗号；第四个题目是完形填空，要求被试用给出的词语按顺序完成对话。

统计结果显示，在使用率上，二语者 A 式的使用率依然高于 B 式，与汉语母语者被试相反。日韩组被试两种句式的使用率均高于非日韩组被试，这说明不同母语背景的学习者受目的语典型顺序的影响有差异。在强制性使用前受事句的第四大题中，日韩组被试前受事句的使用率明显超过重动句，非日韩组被试前受事句的使用率略高于重动句，可见二语者的母语迁移作用不可忽视。在正确率上，日韩组被试重动句的正确率比前受事句低，非日韩组被试重动句的正确率略高于前受事句，周小兵、邓小宁（2009）认为这两种句式对被试来说都有难度，似乎需要移位的前受事句比需要添加动词的重动句更难。两组二语被试之间重动句正确率的差异不明显，而前受事句的正确率日韩组被试高于非日韩组被试。这也是母语迁移在起作用。

此外，周小兵、邓小宁（2009）还对不同阶段汉语学习者的情况进行了考察。结果显示，初级二的被试四个测试题都是重动句的使用率高于前受事句。中级一和中级二的被试都只有在第四个题目中前受事句的使用率高于重动句，其他的都是重动句高于前受事句。这说明这阶段的被试对前受事句仍缺乏认识，很少主动使用。第四个题目中前受事句的使用比例与其学时等级基本成正比，学时越长，选用前受事句的比例越大，初级学习者使用的最少，到了中级二和高级一，前受事句的使用率逐步接近汉语母语者。

基于上述考察结果，周小兵、邓小宁（2009）对两种句式习得的影响因素进行了分析，主要分为以下三个方面：（1）语际迁移。作者认为，日韩组学生在前受事句习得上的明显优势是其母语 SOV 语序的正迁移作用。（2）目的语典型顺序的作用。一般认为，汉语语序是 SVO 型，重动句虽然结构复杂，但与汉语典型顺序大体一致，因此二语者重动句的使用率高于前受事句。即使是语序为SOV 的日韩组学习者，前受事句的使用比例也不是很高，这说明目的语典型顺序在起强势作用，其母语影响会被相应削弱。（3）教材编排的影响。大部分教材在编写时侧重重动句的教学，而相对忽视前受事句的教学。前受事句的使用需要一定的语境，并且语用条件限制较多，但教材对这些内容的编写过于简略笼统，学生难以正确掌握。

邓小宁（2011）对留学生习得汉语情态补语句式"N+V+ 得 +A"的过程进行了考察。该研究的语料来源于中山大学国际汉语学院留学生中介语语料库（100 万字），研究对象为韩国、印度尼西亚、越南、日本四国的汉语学习者，来自初级二、中级一、中级二、高级一和高级二五个等级。该研究主要统计了三个方面的数据：（1）各等级的语料字数、用例数、偏误句数和偏误率；（2）"N+V+得 +A"在五个等级中出现的下位句式及不同句法功能的用例个数；（3）四国中介语各等级用于未然或将来以及用于疑问句、祈使句、感叹句的句数。三组数据都做了卡方检验，分别制成三个表格。

根据学习者"N+V+ 得 +A"句式的习得发展特点，邓小宁（2011）将汉语学习者此句式的习得过程分为萌芽期、繁盛期、高原期。其分期的界定依据是：下位句式的复杂度、"得"前动词和 A 前修饰语的类化程度、功能的丰富性、语法环境的多样性等。作者对三个分期的习得特点进行了详尽的分析。

邓小宁（2011）指出，外国学生到初级二阶段，才逐渐了解"N+V+ 得 +A"这一句式的语用功能，学生在词汇和句法方面的积累使这一表达成为可能，习得的萌芽期才出现。萌芽期的主要特点是："得"前动词类化程度低、下位句式单一、表达功能和语法环境单一、"N+V+ 得 +A"句子产出量少偏误率低。在这一阶段，四国汉语学习者句子产出量都很少，尤其是越南和日本汉语学习者，并且句式的使用大多是由老师指定的。

中级一阶段是"N+V+ 得 +A"句式习得的繁盛期，主要有以下四个特点：（1）"得"前动词和 A_1 的修饰语类化程度高。（2）下位句式丰富。在这一阶段学生下位句式的使用比在萌芽期多了三种，即"N+V+ 得 +A_2（形容词性短语）""N+V+ 得 +A_3（形补短语）""N+V+ 得 +A_4（形容词重叠式）"。（3）表达功能和语法环境多样。在这一阶段，"N+V+ 得 +A"开始用于表未然或将来的句子中，开始出现用作宾语的情形，除多数用于陈述句外，也出现用于祈使句、疑问句和感叹句的情况。（4）正确率下降、偏误类型较多。在这一阶段，偏误除了萌芽期的光杆形容词作补语外，还出现了述补搭配不当、形容词重叠式前误加程度副词、谓语动词误用、"得"与"了""着"混用等类型。其中，述补搭配不当的偏误比例最大。通过卡方检验，在这一阶段，四国汉语学习者表现出显著差异的是"N+V+ 得 +A_2（形容词性短语）"和用于感叹句时，差异主要表现在产出数上。在中级一阶段，汉语学习者习得"N+V+ 得 +A"由单一的补语形式走向多元形式，无论是从句式类型、数量，还是从语义、句法、表达功能的多样性等方面来看，此阶段都是"N+V+ 得 +A"习得的繁盛期。

中级二到高级二阶段"N+V+ 得 +A"的习得呈现出高原期的特点，具体表现为：（1）与繁盛期相比，"得"前动词和 A 的修饰语没有显著变化。（2）下位句式的使用发展缓慢，使用率不及汉语母语者。在高原期，学生"N+V+ 得 +A"句子的产出量不高，句子的复杂度也基本没有变化。（3）学习者的不同句法功能用例数量及不同语法环境用例数量接近汉语母语者。二语者将该句式用作定语的用例比汉语母语者少得多；将该句式用于将来或未然的用例数量接近汉语母语者，但偏误较多；将该句式用于疑问句、祈使句、感叹句的用例数量与汉语母语者差别不大。（4）偏误率与繁盛期相比无显著变化。高原期偏误率没有明显下降，但平均正确率基本保持在 80% 以上。

靳洪刚、章吟（2009）的研究报告比较特殊。该研究通过实验集中探讨

"选择性注意"（noticing）及"差异效应"（noticing the gap effect）在中文方式补语习得过程中的作用。"选择性注意"（Schmidt，2001）是认知心理学术语，用来描述人类对事物感知的初级阶段；"差异效应"是指通过不同的互动方式或教学处理，使学习者不但意识到目标结构的特点，而且还注意到目标语和学习者中介语之间的差异。"纠错反馈"是通过直接或间接的纠错反馈技巧，让学习者意识到自己的中介语表达与母语的差异，并增加自我纠错或调整语言表达的能力，最终促使学习者重构中介语言系统（Ellis，2001）。"加强性输出"是通过特殊设计的语言表达活动让学习者有意识地在不同的交际情景中，高频率、大量地使用目标语言结构进行交流，其目的是让学习者在使用中意识到目标结构的表达方式及结构特点，对比目标结构与其他结构的差异，最终掌握目标结构（Swain，1985、1998）。

实验的目标结构是表示动作方式的"得"字补语结构，即一种由两个部分组成的，用来补充说明动作是如何完成的特殊结构（Li & Thompson，1981），实际上与状态补语（刘月华、潘文娱、故铧，1983；周小兵、朱其智、邓小宁等，2007）、情态补语（吕文华，1995）等所指相同。

该实验由 30 名美国大学生参加，通过两个实验组、一个对照组的前测、后测、后续测及三周的专门教学处理，系统考察了两种不同的教学处理方法（输出加强、纠错反馈）是否引起"选择性注意"及"差异效应"，是否有利于学习者较快习得汉语的方式补语结构。

该报告对学习者的三个测试结果进行了定量分析，主要说明了三个问题：（1）在学习汉语"得"字方式补语时，学习者只要接受两种教学处理中的任何一种，其后测及后续测的成绩就能提高（在35%以上），因此，加强性输出及纠错反馈是两种对汉语习得有效的教学处理方法；（2）这两种教学处理的效果主要反映在目标结构的表达上，而在理解方面效果并不明显。

就第二个问题而言，在接受处理后的一周内，输出与改错的教学处理似乎没有效果上的差异，都可以帮助学习者意识到目标结构的特点，最终辅助或加快汉语"得"字方式补语的习得过程。

就第三个问题而言，实验表明纠错反馈教学处理不但能帮助学习者保持原有水平，而且还在正确率上有所提高。单纯靠输出加强，其持续性并不明显。同时我们也得知，这两种教学处理在效果上的不同至少在三周后会显现出来。

此外，该报告还对学习者在三次测试中出现的错误类型进行归纳，并统计其错误分布。"得"字方式补语的习得偏误有两大类：一是母语干扰类错误，表现为学习者直接搬用英语中的类似结构，这类错误规律性地出现在肯定、否定以及疑问式三种结构上；二是中介语错误，其中前期型中介语错误是简单加"得"的固定程式（simple addition），后期型中介语错误是指规则扩大化使用（overgeneralization）。

基于上述统计分析，靳洪刚、章吟（2009）还对如下几个重要问题进行了讨论。

首先，该报告讨论了语言形式教学法处理与"选择性注意"及"差异效应"的关系。作者指出，上述实验证实了以语言形式为中心的加强性输出与直接纠错反馈这两种技巧，可以在一定程度上帮助汉语学习者有选择地注意到汉语"得"字方式补语的结构特点，并帮助学习者在表达中使用这一结构，正确率可达到74%左右。从汉语作为第二语言的角度，这一结果证实了语言形式教学的必要性与可行性。

其次，对两种不同教学处理进行比较。作者认为，直接性的纠错过程十分重要。直接性的纠错强调自我修正，尤其是到了第四次处理，学生的检查意识在此时变得非常强，所以可能留下的印象也很深。虽然加强输出也有对比作用，但是突出性没有纠错反馈明显。因而，在持续性上，纠错显然优于输出。

再次，讨论了习得顺序。作者认为，"得"字方式补语的学习过程可以分为四个阶段，即母语干扰阶段、中介语前期发展阶段、中介语后期发展阶段和结构获得阶段。具体情况见图15-5。

最后，作者指出本实验对汉语教学具有启示意义，主要表现为四个方面：一是以语言结构为中心的教学在第二语言教学中是十分必要的，不能以交际为由而忽略了语言形式的教学；二是对外汉语教师要充分了解"选择性注意"及"差异效应"在语言教学中的地位及作用，要将这一观念贯彻到教学技巧、教学活动及教学方法上去认识；三是要周密地设计教学处理，以期达到最大的效果；四是要遵循学习者的习得规律，有重点、有选择、有系统地介绍汉语的"得"字方式补语。

```
                    方式补语的习得过程
        ┌──────────┬──────────┬──────────┐
      第一阶段    第二阶段    第三阶段    第四阶段
      无标记阶段  "得"字出现  "得"字重构  结构获得
        │           │           │
      无"得"字结构  固定使用   动词核心转移
                   "得"字结构
                              从动词转向补语
```

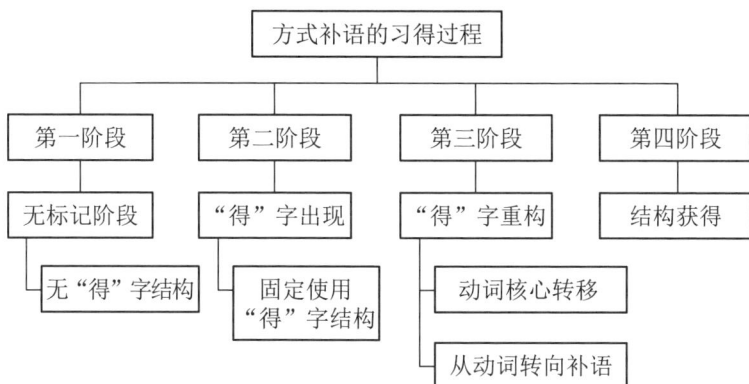

图 15-5 "得"字方式补语的习得阶段 ①

第四节　本章小结

1.　主要成果

当前学界对汉语补语的习得研究主要围绕结果补语、趋向补语、程度补语、可能补语、时量补语等的习得问题展开。就文献数量而言，趋向补语的习得是研究的重点，结果补语次之。学界对趋向补语的研究较为全面深入，考察的具体语法项目细致，对简单趋向补语，复合趋向补语，趋向补语的本义、引申义，趋向补语带宾语等的习得进行了考察，得出了各考察项目的错误率和正确率以及不同国家学生对各考察项目的习得顺序，并对偏误类型、偏误产生的原因等进行了分析。

（1）运用本体研究的新理论展开调查

当前对补语习得的研究注重运用本体研究的新理论来推进相关的研究。这一点在结果补语的习得研究上表现得较为明显。学者多运用构式理论，将动结式视为一个整体，并引入"模式""透明度"等来考察动结式形式和意义匹配学习的发展过程，探讨形式透明度和语义透明度对动结式习得的影响。这是当前补语习

---

① 参见靳洪刚、章吟（2009）。

得研究进一步深化的趋势。再如，研究者运用认知语言学的理论，基于范畴化、意象图示等概念，通过趋向补语的路径图示加深对趋向补语习得研究的深度，进而更好地分析学生偏误产生的原因。

（2）对已有的理论假说进行了验证

当前补语的习得研究，采用了更为多样的科学方法，如刘汉武（2015）采用似然比检验方法对使用频次、使用频率分别进行统计，以此检验越南学生使用该趋向补语时是否存在超用或少用的现象；再如齐春红（2014）通过伽特曼再生系数的检测，证明其蕴含量表的难度预测是有效的。同时，学界的相关研究还对已有的一些理论假说进行了验证，如肖奚强、周文华（2009）发现初级、中级和高级三组留学生趋向补语习得的偏误数呈 "U" 形分布；刘汉武（2015）发现越南学生习得 "下" 组趋向补语时，其习得正确率沿着 "高—低—高" 的趋势发展，这些研究验证了 Eric Kellerman（1985）的 "U-shaped behavior" 假说。

（3）对习得顺序的判定标准进行了调整

以往研究多根据习得的正确率得出习得顺序，但实际上习得顺序并不等于习得正确率顺序，习得情况在后一阶段往往还会产生波动。因此，齐春红（2014）提出了四个标准：（1）准确率是否达到80%；（2）使用频率是否达到汉语母语者的使用标准；（3）使用频率和准确率在下一个阶段是否出现下滑；（4）结合偏误类型考察 "不该用的时候也用了" 的过度泛化的情况。她进一步指出，如果某个语法项目的使用频率达到或超过了汉语母语者的使用频率，习得准确率又达到了80%，并且到了下一个阶段使用频率和习得准确率没有出现下滑，就可以判定该项目在该阶段已经习得了。这一认识较单纯以习得正确率为标准判断习得顺序的传统观点更为科学。

2. 研究的不足

就句子成分而言，补语的习得研究相较于其他成分更为充分，但也存在一些不足之处。主要表现为以下几个方面。

（1）语言类型覆盖面不广

就补语的情况来说，不同语言背景的二语学习者在习得汉语补语时，一定会采取不同的学习策略。当前文献检索显示，近年来补语的习得研究主要以英语、缅甸语、泰语、越南语、马来西亚语、日语、朝鲜语为母语的汉语学习者为研究对象，就语种和语言类型而言，被试的母语覆盖面不广。母语为俄语、阿拉伯语、西班牙语、法语等语种或语言类型的学习者习得汉语补语的相关研究尚未涉及。汉语和英语都属于 SVO 型语言，那么母语为 SOV 型或 VSO 型语言（如日语、阿拉伯语等）的汉语学习者在习得汉语补语时是否出现其他问题，是目前研究未曾探讨的。而不同语言背景的二语学习者在习得汉语补语时采取的学习策略有何不同，这些不同是否和语言类型有关，这些问题都尚未开展研究。

（2）关于补语习得的方法和顺序的研究仍显不足

汉语补语内部成员较为复杂，一般认为，补语可以分为结果补语、程度补语、情态补语、可能补语、趋向补语、数量补语等下位类型。当前学界关于补语习得顺序的研究基本上都是以某一个下位类型为研究对象，探讨该下位类型内部各种不同补语形式的习得顺序，而对结果补语、程度补语、情态补语、可能补语、趋向补语、数量补语这几类下位类型之间的习得顺序和方法的探讨极为少见，而这是二语学习者习得汉语补语以及教材对补语的处理和编排都必须考虑的问题。

（3）一些常见的补语类型尚未纳入研究范围

由于汉语补语本身的复杂性，不同学者对补语的分类情况不尽相同，尤其是各大类补语的下位补语类型，各家说法不一，这也在一定程度上限制了研究成果之间的比较研究。另外，有一些常见的补语类型并未有专文考察。比如目前研究所考察的结果补语类型有限，主要表现为音节的限制和语义的限制。为研究方便，不少研究将动结式限制在双音节范围内，如朱旻文（2017）、王艳（2017）明确将调查的动结式限定为"单音节动词/形容词+单音节结果成分"，其他的相关研究虽没有明确说明，但也基本考察此类双音节动结结构。事实上，汉语中大量存在三个音节及以上的动结式，如动词本身是双音节的，结果补语是双音节的或者多音节的短语等情况。此外，目前的研究所涉及的结果补语相对简单，而且只考虑动作与结果之间的关系，尚未关注动作、结果与主语之间的关系。事实上，汉语中不少结果补语，其动作的主语和补语的主语并不一致，如"她哭红了眼睛"中"哭"的主语是"她"，"红"的主语则是眼睛。此外，还有一些汉语结果补语，在其他语言中可能需要两个小句或者两个短语来表达，如"她哭累了"。

3.　研究展望

（1）加强补语习得的国别研究

不同语言背景的二语学习者在习得汉语补语时，一定会采取不同的学习策略。因此，分国别的补语习得情况的调查研究，可能会成为今后补语习得研究最深入的一个方面。此外，同一语言背景的学习者在学习不同类型的补语时采取的学习策略也可能存在差异，这些问题都有待深入研究。

（2）加强补语习得顺序和方法的研究

补语的习得应该采取什么样的方法和顺序？从基本功能来说，结果补语和趋向补语最为重要；从难易程度来说，情态补语和可能补语最难；从使用频率来说，数量补语和程度补语口语性最强，那么汉语二语学习者习得这些补语的顺序如何，采用什么方法，教材对补语的下位类型的编排顺序如何，都值得进一步深入研究。

（3）加强对动结式和动趋式习得的研究

动结式和动趋式相当复杂，前者是语义上的复杂，后者是位置上的复杂，如何在基本理解的基础上，推进研究的纵深化，是值得思考的问题。就动结式而言，动词和补语之间的语义关系究竟有哪些，不同的语义关系对二语习得有何不同的影响，动结式内部语义透明度对动结式习得的影响如何，还需进一步深入考察。动作和结果二者的凝固度对动结式的习得有无影响，有什么样的影响？是不是已经完全凝固的动结式词（如"战胜"）更容易习得，凝固度高的动结式短语（如"打破"）次之，凝固度低的动结式短语（如"挤满"）最不易习得？此外，动结式的音节数量、复杂程度对习得也可能存在一定的影响，那么这些因素与习得之间的关系如何？就动趋式而言，当趋向补语和补语共现时，二者的位置情况复杂，如"带来一本书""带一本书来"都可以；当补语是复合趋向补语时，情况更加复杂，如"拿出来一张纸""拿出一张纸来""拿一张纸出来"都可以，但

"飞回美国去"可以，相应的"*飞回去美国""*飞美国回去"却不可以说。当前对于这些现象的解释主要还在于对语料的表层规则的归纳，其解释力是不足的。究竟补语和宾语的不同位置，语义上存在哪些差异？为什么一般的宾语和补语有多种共现位置，而处所宾语与补语的位置就相当受限，其本质的原因究竟是什么？这些问题都需要学界进一步探讨，以推动相关习得研究的开展。

（4）加强高级阶段学生补语习得情况的研究

补语，是具有汉语特征的句法成分，各类补语在汉语母语者的日常表达中的使用非常普遍，因而在现有的语法等级大纲中都是甲级语法项目，是二语学习者较早学习的内容。但是由于汉语补语的特殊性，其与二语学习者的母语差别较大，学习者常常较少自觉使用，因此，如何在高年级学生中加强补语的教学和习得过程的考察研究，也许应该引起重视。

参考文献

著作类

北京语言文化大学汉语水平考试中心（2000）《HSK 中国汉语水平考试词汇大纲汉语 8000 词词典》，北京：北京语言文化大学出版社。

陈建民（1986）《现代汉语句型论》，北京：语文出版社。

程美珍、李珠（1997）《汉语病句辨析九百例》，北京：华语教学出版社。

高顺全（2012）《多义副词的语法化顺序和习得顺序研究》，上海：复旦大学出版社。

高顺全（2015）《基于语法化理论的汉语兼类虚词习得顺序研究》，北京：中国社会科学出版社。

国家对外汉语教学领导小组办公室编（2002）《高等学校外国留学生汉语言专业教学大纲》，北京：北京语言文化大学出版社。

国家对外汉语教学领导小组办公室编（2002）《高等学校外国留学生汉语教学大纲（长期进修）》，北京：北京语言文化大学出版社。

国家对外汉语教学领导小组办公室汉语水平考试部编（1992）《汉语水平词汇与汉字等级大纲》，北京：北京语言学院出版社。

国家对外汉语教学领导小组办公室汉语水平考试部编（1996）《汉语水平等级标准与语法等级大纲》，北京：高等教育出版社。

金立鑫（2007）《语言研究方法导论》，上海：上海外语教育出版社。

靳洪刚（1997）《语言获得理论研究》，北京：中国社会科学出版社。

赖鹏（2016）《英语母语者汉语情态习得多角度探析》，广州：中山大学出版社。

李大忠（1996）《外国人学汉语语法偏误分析》，北京：北京语言文化大学出版社。

李临定（1986）《现代汉语句型》，北京：商务印书馆。

刘月华（1998）《趋向补语通释》，北京：北京语言文化大学出版社。

刘月华、潘文娱、故韡（1983）《实用现代汉语语法》，北京：外语教学与研究出版社。

卢福波（1996）《对外汉语教学实用语法》，北京：北京语言文化大学出版社。

陆丙甫（1993）《核心推导语法》，上海：上海教育出版社。

吕叔湘（1999）《现代汉语八百词（增订本）》，北京：商务印书馆。

吕文华（1999）《对外汉语教学语法探索》，北京：语文出版社。

裴晓睿（2001）《泰语语法新编》，北京：北京大学出版社。

彭爽（2007）《现代汉语旁指代词的功能研究》，长春：东北师范大学出版社。

齐春红（2016）《东南亚三国学生汉语趋向补语习得研究》，北京：中国社会科学出版社。

钱旭菁（2016）《英语背景学习者汉语身体动作动词习得研究——基于词语联想的研究》，北京：北京大学出版社。

沈家煊（2006）《认知与汉语语法研究》，北京：商务印书馆。

宋扬（2016）《韩国留学生关联副词习得考察》，武汉：华中师范大学出版社。

王魁京（1998）《第二语言学习理论研究》，北京：北京师范大学出版社。

王寅（2011）《构式语法研究（上卷）：理论思索》，上海：上海外语教育出版社。

魏红（2009a）《面向汉语习得的常用动词带宾情况研究》，北京：人民出版社。

温晓虹（2012）《汉语作为第二语言的习得与教学》，北京：北京大学出版社。

肖奚强（2008）《汉语中介语语法问题研究》，北京：商务印书馆。

焉德才（2018）《韩国留学生习得汉语介词副词偏误分析——基于国别化汉语中介语料库的研究》，北京：中国社会科学出版社。

杨德峰（2017）《趋向补语的认知和习得研究》，北京：北京大学出版社。

袁毓林（1998）《汉语动词的配价研究》，南昌：江西教育出版社。

袁毓林（2010）《汉语配价语法研究》，北京：商务印书馆。

袁毓林、马辉、周韧等（2009）《汉语词类划分手册》，北京：北京语言大学出版社。

曾传禄（2014）《现代汉语位移空间的认知研究》，北京：商务印书馆。

张旺熹（1999）《汉语特殊句法的语义研究》，北京：北京语言文化大学出版社。

周文华（2011a）《现代汉语介词习得研究》，北京：世界图书出版公司。

周小兵（2009）《对外汉语教学导论》，北京：商务印书馆。

周小兵、朱其智、邓小宁等（2007）《外国人学汉语语法偏误研究》，北京：北京语言大学出版社。

Carl, James (1998) *Errors in Language Learning and Use: Exploring Error Analysis*. Pearson Education Limited.

Chomsky, N. (1981) *Lectures on Government and Binding*. Dordrecht: Foris.

Chomsky, N. (1995) *The Minimalist Program*. Cambridge, MA: MIT Press.

Comrie, Bernard (1989) *Language Universals and Linguistic Typology*. Chicago: University of Chicago Press.

Ellis, R. (1988) *Instructed Second Language Acquisition*. New York: Oxford University Press.

Ellis, R. (1994) *The Study of Second Language Acquisition*. Oxford: Oxford University Press.

Ellis, R. (ed.) (2001) *Form-Focused Instruction and Second Language Learning*. Oxford: Blackwell Publishers, Ltd.

Eric, Kellerm (1985) If at first you do succeed… In: Susan M. Gass ＆ Carolyn G. Madden(eds.)

Input in Second Language Acquisition. Cambridge: Newbury House Publishers.

Goldberg, Adele E. (1995) *Constructions: A Construction Grammar Approach to Argument Structure*. Illinois, Chicago: The University of Chicago Press.

Goldberg, Adele E. (2006) *Constructions at Work: The Nature of Generalization in Language*. Oxford: Oxford University Press.

Greenberg, J. H. (1966) *Universals of Language*. Mass, Cambridge: The MIT Press.

Hawkins, J. A. (1983) *Word Order Universals*. New York: Academic Press.

Hetzron, Robert (1978) On the relative order of adjectives. In Hansjakob Seiler(ed.) *Language Universals*. Tùbingen: Gunter Narr Verlag.

Levin, B. & M. Rappaport Havav (1995) *Unaccusativity: At the Syntax-Lexical Semantics Interface*. Cambridge, MA: The MIT Press.

Li, Charles N. (1976) *Subject and Topic*. Austin: University of Texas Press.

Li, Charles N. & Sandra A. Thompson (1976) Subject and topic: A new typology of language. In Charles N. Li (ed.) *Subject and Topic*, New York: Academic Press.

Li, C. & S. Thompson (1981) *Mandarin Chinese: A Functional Reference Grammar*. Berkeley: University of California Press.

McDonough, K. & P. Trofimovich (2009) *Using Priming Methods in Second Language Research*. London: Routledge.

Schmidt, R. (2001) Attention. In P. Robinson(ed.) *Cognition and Second Language Instruction*. Cambridge: Cambridge University Press.

Talmy, L. (2000) *Toward a Cognitive Semantics Volume II: Typology and Process in Concept Structuring*. Cambridge, MA: The MIT Press.

Tenny, C. L. (1994) *Aspectual Roles and the Syntax-Semantics Interface*. Dordrecht: Kluwer .

论文类

白克宁（2010）越南留学生汉语趋向补语习得研究，广西民族大学硕士学位论文。

白荃、岑玉珍（2007）母语为英语的学生使用汉语介词"对"的偏误分析，《语言文字应用》第2期。

毕晋、肖奚强、程仕仪（2017）新世纪以来汉语作为第二语言习得研究成果分析——基于四份 CSSCI 中国语言学来源期刊文献的统计，《语言与翻译》第4期。

薄巍（2013）老挝留学生汉语多项定语偏误分析，《西南石油大学学报（社会科学版）》第3期。

蔡北国（2010）中介语动作动词混用的调查与分析，《世界汉语教学》第4期。

蔡淑美、施春宏（2014）基于汉语中介语语料库的二价名词习得研究，《语言文字应用》第2期。

蔡甜（2012）现代汉语人体类基本层次范畴词汇研究，中央民族大学硕士学位论文。

曹秀玲（2000a）对朝鲜语为母语的学生汉语宾补共现句习得的研究，《延边大学学报（社会科学版）》第3期。

曹秀玲（2000b）韩国留学生汉语语篇指称现象考察，《世界汉语教学》第 4 期。

曹秀玲、杨素英、黄月圆等（2006）汉语作为第二语言话题句习得研究，《世界汉语教学》第 3 期。

柴俊星（2015）汉语习得中宾语、补语语序偏误研究，《郑州大学学报（哲学社会科学版）》第 2 期。

常辉（2011）母语为英语的留学生汉语致使结构的习得研究，《世界汉语教学》第 1 期。

常辉（2014a）日本学生汉语空主语和空宾语的不对称现象研究，《世界汉语教学》第 2 期。

常辉（2014b）母语为英语和法语的学习者对汉语双宾句及其与格转换结构的习得研究，《语言文字应用》第 2 期。

常辉、徐俪珑（2016）二语汉语空论元习得研究综述，《语言教育》第 1 期。

常辉、郑丽娜（2014）母语为英语的留学生对汉语否定结构的习得研究，载《对外汉语研究》（总第 11 期），北京：商务印书馆。

常辉、周岸勤（2013）母语为英语的学习者汉语中的空论元研究，《语言教学与研究》第 3 期。

车慧（2014）留学生习得汉语程度补语的偏误分析，《汉字文化》第 3 期。

陈晨（2011）越南留学生汉语"了"习得特点及语际迁移现象研究，《海外华文教育》第 3 期。

陈海燕、薄巍（2013）老挝留学生汉语单项定语习得考察，《云南师范大学学报（对外汉语教学与研究版）》第 2 期。

陈卉（2018）韩国学生对汉语疑问代词作存在极项词习得情况的实证研究——基于界面假说，《当代外语研究》第 2 期。

陈珺（2008）"보다"后置和"B 보다"位置灵活共同引起的隐性偏误发展过程分析，载《对外汉语研究》（总第 4 期），北京：商务印书馆。

陈若凡（2002）留学生使用"能""会"的偏误及教学对策，《语言教学与研究》第 1 期。

程仕仪、肖奚强（2017）外国留学生双项并列宾语习得研究，《汉语学习》第 4 期。

程潇晓（2015）五种母语背景 CSL 学习者路径动词混淆特征及成因分析，《华文教学与研究》第 4 期。

程潇晓（2017）汉语二语者路径动词的混用倾向及其成因——聚焦指示语义成分的类型学分析，《汉语学习》第 5 期。

崔立斌（2005）韩国学生对"了"的误用及其原因，《语言文字应用》第 S1 期。

崔立斌（2006）韩国学生汉语介词学习错误分析，《语言文字应用》第 S2 期。

崔美敬（2009）韩汉定语对比以及韩国学生的汉语定语的偏误分析，上海师范大学硕士学位论文。

崔希亮（2005）欧美学生汉语介词习得的特点及偏误分析，《世界汉语教学》第 3 期。

戴国华（2000）日本留学生汉语动词常见偏误分析，《汉语学习》第 6 期。

邓小宁（2011）汉语"N+V+ 得 +A"句式的习得过程考察——基于 100 万字中介语语料库的统计分析，《华文教学与研究》第 2 期。

丁安琪、沈兰（2001）韩国留学生口语中使用介词"在"的调查分析，《语言教学与研究》第 6 期。

丁崇明（2011）外国学生副词"又"习得研究，《云南师范大学学报（对外汉语教学与研究版）》第 2 期。

丁崇明（2012）外国学生"了"习得考察及相关问题研究，《云南师范大学学报（对外汉语教学与研究版）》第 4 期。

丁崇明、荣晶（2018）"了"的一些制约因素、使用倾向与规则——服务于教学语法的一个个案研究，《云南师范大学学报（对外汉语教学与研究版）》第 4 期。

丁雪欢（2006）留学生疑问代词不同句法位的习得顺序考察，《汉语学习》第 5 期。

丁雪欢（2009a）留学生疑问代词的习得研究，《语言教学与研究》第 6 期。

丁雪欢（2009b）是非问疑问标记及疑问功能习得过程的个案跟踪调查，《汉语学习》第 6 期。

丁雪欢、曹莉敏（2014）东南亚留学生对"着"使用条件的认知及其习得过程，《华文教学与研究》第 3 期。

丁雪欢、喻迎春（2011）东南亚留学生动态助词"着"的学习策略，《云南师范大学学报（对外汉语教学与研究版）》第 6 期。

段芳草（2011）初中级越南学生汉语复合趋向补语习得研究，华东师范大学硕士学位论文。

冯丽萍、盛双霞（2004）外国学生中文三价动词的习得规律研究，《云南师范大学学报（对外汉语教学与研究版）》第 3 期。

伏学凤（2007）初、中级日韩留学生汉语量词运用偏误分析，《语言文字应用》第 S1 期。

高宁慧（1996）留学生的代词偏误与代词在篇章中的使用原则，《世界汉语教学》第 2 期。

高顺全（2006）从语法化的角度看语言点的安排——以"了"为例，《语言教学与研究》第 5 期。

高顺全（2011）多义副词"还"的语法化顺序和习得顺序，《华文教学与研究》第 2 期。

高顺全（2017）语序类型学视角下的汉语框式介词习得偏误研究——以"在……上"为例，《海外华文教育》第 12 期。

高思欣（2002）留学生汉语动宾式离合词偏误分析，暨南大学硕士学位论文。

高玮（2014）从语篇角度看先行语中数量结构的偏误及其成因，《语言教学与研究》第 3 期。

高霞、佘松涛（2015）英、日学习者习得介词"跟"的偏误分析，《汉语学习》第 5 期。

郭伏良、刘鸿雁（2015）日本留学生汉语单音形容词习得偏误分析，《汉字文化》第 2 期。

韩在均（2003）韩国学生学习汉语"了"的常见偏误分析，《汉语学习》第 4 期。

郝瑜鑫（2013）外国学生深度习得汉语多功能词语的实证研究——以"就是"为例，《语言教学与研究》第 4 期。

何清强（2014）语义关系与汉语动宾结构的习得顺序，《汉语学习》第 3 期。

胡丛欢、骆健飞（2015）形容词 AABB 重叠式二语习得及偏误研究，《内蒙古民族大学学报（社会科学版）》第 5 期。

胡丽娜、郑丽娜、常辉（2017）菲律宾学习者对汉语话题结构的习得研究，《惠州学院学报》第 5 期。

胡清国（2012）中高级留学生汉语量词习得的调查与分析，《语言教学与研究》第 5 期。

胡清国、HathaiSae-jia（2015）中高级泰国学习者汉语方位词习得考察——以单纯方位词"上、下、里、中"为调查对象，《海外华文教育》第 2 期。

胡清国、张雪（2017）留学生汉语结果补语准确输出的制约因素，《海外华文教育》第 5 期。

华相（2009）韩国留学生习得介词"给"的偏误分析及教学对策，《华文教学与研究》第 1 期。

黄洁（2008）名名复合词内部语义关系多样性的认知理据，《语言教学与研究》第 6 期。

黄露阳（2009）外国留学生多义副词"就"的习得考察，《语言教学与研究》第 2 期。

黄露阳（2012）介词框架"对……来说"的偏误分析，《海外华文教育》第 3 期。

黄薇（2010）越南学习者否定副词"不""没（有）"的习得偏误考察，《语文学刊（外语教育与教学）》第 5 期。

黄玉花（2007a）韩国留学生汉语趋向补语习得特点及偏误分析，《汉语学习》第 4 期。

黄玉花（2007b）韩国学生关联词语习得情况考察，《云南师范大学学报（对外汉语教学与研究版）》第 5 期。

黄月圆、杨素英、高立群等（2005）汉语作为第二语言反身代词习得考察，《汉语学习》第 5 期。

贾颖（1985）关于时量补语的另外两种格式，《语言教学与研究》第 1 期。

江新（1999）第二语言习得的研究方法，《语言文字应用》第 2 期。

江新、房艳霞、杨舒怡（2016）汉语母语者和第二语言学习者名名组合的理解，《世界汉语教学》第 2 期。

姜有顺（2017）母语为英语和泰语的汉语高级学习者有定范畴习得研究——以单句内光杆 NP 标记"们"为例，《语言教学与研究》第 4 期。

蒋协众（2013）日本留学生汉语副词"还"的习得考察——基于 HSK 动态作文语料库的研究，《海外华文教育》第 1 期。

靳洪刚、章吟（2009）"选择性注意"与"差异效应"在汉语"得"字方式补语习得中的作用，《世界汉语教学》第 4 期。

赖鹏（2006）汉语能愿动词语际迁移偏误生成原因初探，《语言教学与研究》第 5 期。

赖鹏（2009）竞争模式视角下的情态助动词习得过程分析，《云南师范大学学报（对外汉语教学与研究版）》第 5 期。

赖鹏（2012）根情态与认识情态历时习得过程探析——基于英语母者汉语情态习得个案考察，《云南师范大学学报（对外汉语教学与研究版）》第 3 期。

雷菱（2017）离合词"帮忙"用法考察——基于语料库的研究，《云南师范大学学报（对外汉语教学与研究版）》第 5 期。

李金静（2005）"在 + 处所"的偏误分析及对外汉语教学，《语言文字应用》第 S1 期。

李靖华（2018）概念迁移:留学生汉语中介语偏误重要驱动机制探析——以"但是"为例，《云南师范大学学报（对外汉语教学与研究版）》第 2 期。

李俊、陈晨（2017）西班牙语母语者汉语副词"就"的习得研究，《海外华文教育》第 10 期。

李琳（2009）汉语语气副词习得偏误的相关因素考察，《云南师范大学学报（对外汉语教学与研究版）》第 6 期。

李彤、王红娟（2006）中级阶段外国留学生双音节动词偏误分析，《语言文字应用》第 S2 期。

李晓琪（2002）母语为英语者习得"再""又"的考察，《世界汉语教学》第 2 期。

李杨、馬德才、代婷婷（2018）韩国留学生习得汉语副词"又"偏误分析，《海外华文教育》第 1 期。

李英（2004）"不 / 没 +V"的习得情况考察，《汉语学习》第 5 期。

李英（2009）过去时间对留学生使用"不"和"没"的影响，《云南师范大学学报（对外汉语教学与研究版）》第 6 期。

李英、徐霄鹰（2009）母语为英语者口语中混用"不"和"没"的个案调查，《暨南大学华文学院学报》第 3 期。

李英哲（1980）语言学在汉语作为外语教学中的作用，《语言教学与研究》第 4 期。

李宇明（1996）论词语重叠的意义，《世界汉语教学》第 1 期。

李宇明（1998）动词重叠的若干句法问题，《中国语文》第 2 期。

李昱（2014）汉语双及物构式二语习得中的语言变异现象研究，《世界汉语教学》第 1 期。

李昱（2015）语言共性和个性在汉语双宾语构式二语习得中的体现，《语言教学与研究》第 1 期。

李泽贤、郭曙纶（2018）基于中介语语料库"特殊""特别"使用情况的考察，《海外华文教育》第 2 期。

梁德惠（2012）近 30 来汉语作为第二语言语法习得考察与分析，《云南师范大学学报（对外汉语教学与研究版）》第 1 期。

林才均（2011）现代汉语离合词及其泰籍学生的习得研究与教学探讨，泰国皇太后大学硕士学位论文。

林才均（2015）泰国初级学生汉语离合词之习得研究，《海外华文教育》第 2 期。

林菁（2013）形式动词研究及偏误分析——以"加以"和"进行"为例，福建师范大学硕士学位论文。

林齐倩（2006）外国留学生使用"在 NL"的调查分析，载《对外汉语研究》（总第 2 期），北京：商务印书馆。

林齐倩、金明淑（2007）韩国留学生介词"向、往"使用情况的考察，《暨南大学华文学院学报》第 2 期。

林文月、高霞（2016）泰国学生汉语多项状语使用情况调查，《大理大学学报》第 1 期。

林文月、张勇（2015）泰国学生习得汉语多项状语的偏误分析，《高教学刊》第 13 期。

林新年、陈晟（2016）日本学生汉语量词"个"与"种"混用现象分析——基于 HSK 动态作文语料库的专项调查，《海外华文教育》第 3 期。

林勇明（2000）泰国学生汉语定语顺序的偏误分析及其习得顺序，北京语言文化大学硕士学位论文。

林柱（2008）日本留学生使用介词"对"的有关偏误分析，《暨南大学华文学院学报》第 4 期。

刘春梅（2007）留学生单双音同义名词偏误统计分析，《语言教学与研究》第 3 期。

刘丹青（2002）汉藏语言的若干语序类型学课题，《民族语文》第 5 期。

刘丹青（2008）汉语名词性短语的句法类型特征，《中国语文》第 1 期。

刘汉武（LUU Hon Vu）（2013）越南学生"出"组趋向补语习得考察，《海外华文教育》第 4 期。

刘汉武（LUU Hon Vu）（2015）基于越南学生汉语中介语语料库的趋向补语"来、去"习得考察，载《对外汉语研究》（总第 13 期），北京：商务印书馆。

刘汉武（LUU Hon Vu）（2016）基于越南学生汉语中介语语料库的"下"组趋向补语习得研究，《海外华文教育》第 2 期。

刘汉武、丁崇明（2015）汉语"了"在越南语中的对应形式及母语环境下越南初级汉语学习者"了"的习得，《语言教学与研究》第 4 期。

刘汉武、丁崇明（2016）汉、越语时间副词进行体标记对比及其习得研究，《国际汉语教学研究》第 3 期。

刘慧清（2005）初级汉语水平韩国留学生的时间词使用偏误分析，《暨南大学华文学院学报》第 3 期。

刘蕾（2002）叹词习得情况的调查与分析，《语言教学与研究》第 2 期。

刘露营（2007）显著度与名词转喻指称的限制，《四川外语学院学报》第 3 期。

刘敏、陈晨（2012）泰国留学生汉语"了"的习得考察——基于 HSK 动态语料库的研究，《海外华文教育》第 3 期。

刘相臣、丁崇明（2015）外国学生习得预设否定类副词的中介语考察——以韩、日、英、越南语母语学生为例，载《对外汉语研究》（总第 13 期），北京：商务印书馆。

刘香君（2010）越南学生"在 +NP"使用偏误及教学对策，《云南师范大学学报（对外汉语教学与研究版）》第 6 期。

刘旭（2018）泰国大学生汉语名词习得机制探析——以名词句法功能习得为中心，《语言文字应用》第 3 期。

刘瑜（2007）中、高级学生介词"在"习得情况考察及分析，《海外华文教育》第 1 期。

刘瑜（2010）韩国留学生汉语持续体"V 着"的习得考察，《语言教学与研究》第 4 期。

刘瑜、陈德胜（2010）"V 着"的汉越对比及偏误分析，《云南师范大学学报（对外汉语教学与研究版）》第 4 期。

刘振平（2009）单音形容词作状语和补语教学新议，《暨南大学华文学院学报》第 2 期。

鲁健骥（1984）中介语理论与外国人学习汉语的语音偏误分析，《语言教学与研究》第 3 期。

鲁健骥（1987）外国人学习汉语的词语偏误分析，《语言教学与研究》第 4 期。

鲁健骥（1994）外国人学汉语的语法偏误分析，《语言教学与研究》第 1 期。

陆丙甫（1987）语法研究的新视角及其方法论意义，《语文导报》第 2 期。

陆丙甫（1998）从语义、语用看语法形式的实质，《中国语文》第 5 期。

陆丙甫（2004）汉语语序的总体特点及其功能解释，载《庆祝〈中国语文〉创刊 50 周年学术论文集》，北京：商务印书馆。

陆丙甫（2005a）语序优势的认知解释（上）：论可别度对语序的普遍影响，《当代语言学》第 1 期。

陆丙甫（2005b）语序优势的认知解释（下）：论可别度对语序的普遍影响，《当代语言学》第 2 期。

陆俭明（1992）《现代汉语补语研究资料》序言，载《现代汉语补语研究资料》，北京：北京语言学院出版社。

陆燕萍（2012）英语母语者汉语动结式习得偏误分析——基于构式语法的偏误分析，《语言教学与研究》第 6 期。

吕必松（1982）关于语言教学法问题，载《对外汉语教学探索》，北京：华语教学出版社。

吕必松（1983）谈谈对外汉语教学的性质和特点，《语言教学与研究》第 2 期。

吕春红（2008）英汉商法语篇主位结构及主位推进模式，西南交通大学硕士学位论文。

吕滇雯（2000）日本留学生汉语偏误分析之（一）：动词重叠，《汉语学习》第 5 期。

吕骏、吴芙芸（2017）试论指量词在汉语关系从句中不对称分布的可习得性——来自二语语料库及产出实验的证据，《解放军外国语学院学报》第 4 期。

吕叔湘（1985）句型和动词学术讨论会开幕词（代序），载《句型和动》，北京：语文出版社。

吕文华（1995）关于对外汉语教学中的补语系统，《语言教学与研究》第 4 期。

吕兆格（2010）关于能愿动词否定用法的偏误分析，《云南师范大学学报（对外汉语教学与研究版）》第 6 期。

马竟（2012）泰国学生学习汉语定语和状语的偏误分析与教学策略，郑州大学硕士学位论文。

马萍（2008）留学生动宾式离合词习得研究——以统计学为视角，《汉语学习》第 5 期。

马书红（2010）英语空间介词语义成员的分类与习得——基于范畴化理论的实证研究，《解放军外国语学院学报》第 4 期。

马志刚（2015）疑问词的特征组合、移位岛限制与汉语特指疑问句的中介语研究，《华文教学与研究》第 3 期。

马志刚（2016）总括义"都"字结构三种语义指称的中介语句法实现研究，《汉语学习》第 5 期。

马志刚（2017）汉语"什么"类代词疑问义、存在义和全称义的中介语句法实现研究，《语言教学与研究》第 4 期。

梅立崇（1988）同义词词典编纂散论，《世界汉语教学》第 2 期。

牟世荣（2013）外国留学生"反而"使用情况考察及教学策略，《汉语学习》第 1 期。

潘森（2015）基于留学生在"给予"义双宾语学习中的偏误情况调查研究，《荆楚理工学院学报》第 3 期。

彭淑莉（2006）留学生识别理解汉语报刊中专有名词的偏误分析，《海外华文教育》第 1 期。

彭臻（2013）越南留学生汉语助词"了"的偏误分析，《海外华文教育》第 1 期。

彭臻（2017）汉语二语习得易混用词辨析——以"了$_2$"和"已经"为例，《海外华文教育》第 4 期。

彭臻、周小兵（2015）越南留学生汉语体标记"了$_1$"习得研究——基于情状类型的考察，《广西民族大学学报（哲学社会科学版）》第 1 期。

朴珍仙（PARK Jin-Sun）（2015）韩国学生使用副词"也"的偏误考察，《海外华文教育》第 3 期。

齐春红（2014）越南语母语者汉语趋向补语习得顺序研究，《云南师范大学学报（对外汉语教学与研究版）》第 4 期。

齐春红、陈海燕（2011）老挝留学生汉语结构助词"的"习得考察，《云南师范大学学报（对外汉语教学与研究版）》第 2 期。

齐沪扬、韩天姿、亚鑫（2019）形容词的形性功能考察，《汉语学习》第 6 期。

祁淑玲（2014）国际汉语教学用基本层次范畴词汇认知的顺序性——以人体类名词为例，《语言文字应用》第 4 期。

钱旭菁（1997）日本留学生汉语趋向补语的习得顺序，《世界汉语教学》第 1 期。

全裕慧（2002）汉英 S+V+O$_1$+O$_2$ 句式对比及汉语教学，《汉语学习》第 3 期。

任海波、王刚（2005）基于语料库的现代汉语离合词形式分析，《语言科学》第 6 期。

任英琦（2017）虚义动词"进行"偏误分析，吉林大学硕士学位论文。

桑紫宏（2016）数范畴的差异会导致习得数词的差异吗？——中德双语儿童的视角，《华文教学与研究》第 1 期。

沈家煊（1995）"有界"与"无界"，《中国语文》第 5 期。

施春宏（2013）句式分析中的构式观及相关理论问题，《汉语学报》第 2 期。

施家炜（1998）外国留学生 22 类现代汉语句式的习得顺序研究，《世界汉语教学》第 4 期。

施家炜（2006）国内汉语第二语言习得研究二十年，《语言教学与研究》第 1 期。

施文志（2008）从泰国学生状语移位现象看母语的负迁移——以介词短语移位为例，《云南师范大学学报（对外汉语教学与研究版）》第 3 期。

石毓智（2002）论汉语的结构意义和词汇标记之关系——有定和无定范畴对汉语句法结构的影响，《当代语言学》第 1 期。

史静儿、赵杨（2014）泰语母语者汉语疑问代词虚指用法习得研究，《世界汉语教学》第 2 期。

宋扬（2014）汉语作为第二语言习得研究述评，《云南师范大学学报（对外汉语教学与研究版）》第 2 期。

苏岗（2000）多项定语的统计分析，《河北师范大学学报（哲学社会科学版）》第 2 期。

苏向丽（2015）CSL 学习者单音量度形容词混淆的错杂性与不平衡性，《语言教学与研究》第 1 期。

孙德坤（1993）中介语理论与汉语习得研究，《语言文字应用》第 4 期。

孙慧莉、慕田子（2017）初级水平韩国留学生单音节形容词与名词搭配使用情况研究，《牡丹江教育学院学报》第 3 期。

孙新爱（2004）主位—述位理论和留学生汉语语篇教学，暨南大学硕士学位论文。

孙雁雁（2019）对初级阶段留学生汉语"了"教学的新认识，《华文教学与研究》第 1 期。

汤玲（2011）复合趋向补语"过来"引申义的认知与习得，《海外华文教育》第 2 期。

汤路（2010）韩国留学生汉语中介语中疑问代词"怎么"的偏误分析，《海外华文教育》第 4 期。

田惠刚（1994）多层定语的次序及其逻辑特性，《世界汉语教学》第3期。

田静（2011）高级阶段越南留学生趋向补语习得偏误研究，华中师范大学硕士学位论文。

田士琪、梅立崇、韩红（1987）从第二语言习得规律看教学方法的改进，《世界汉语教学》第 4期。

汪玉霞（2017）句法和有生性在汉语反身代词实时理解中的作用——母语和二语对比研究，《语言教学与研究》第1期。

王宝帅（2016）外国留学生汉语虚义动词运用研究——以"加以"和"进行"为例，华东师范大学硕士学位论文。

王红厂（2011）俄罗斯留学生使用"了"的偏误分析，《汉语学习》第3期。

王洪磊（2017）英语母语者对汉语空宾语结构的加工：基于跨通道启动的研究，《语言文字应用》第3期。

王嘉天、彭爽（2018）美国学生习得汉语动量补语的认知过程，《汉语学习》第6期。

王嘉天、王振来（2016）美国留学生习得汉语比较性程度副词问题研究，《汉字文化》第4期。

王建勤（1994）中介语产生的诸因素及相互关系，《语言教学与研究》第4期。

王靖宇（1980）文学在把汉语作为第二语言教学中的作用，《语言教学与研究》第4期。

王静（2007a）留学生汉语宾语习得难度研究，《海外华文教育》第3期。

王静（2007b）留学生汉语宾语习得难度研究（续)，《海外华文教育》第4期。

王静（2009）汉语名动词宾语的习得情况调查研究，《云南师范大学学报（对外汉语教学与研究版)》第3期。

王静（2013）留学生汉语双宾语偏误分析，《海外华文教育》第4期。

王康海、陈绂（2006）汉语和越南语名量词比较研究——兼谈越南学生汉语名量词的学习，《语言文字应用》第1期。

王丽、刘颖（2015）母语为英语的汉语学习者书面语主述位结构研究，《语言教学与研究》第 5期。

王利峰、肖奚强（2007）形容词定语后"的"字隐现习得研究，《汉语学习》第2期。

王琳（2013）使役"给"的偏误及其教学，《海外华文教育》第4期。

王茂林（2005）留学生"比"字句习得的考察，《暨南大学华文学院学报》第3期。

王茂林（2007）留学生动词重叠式使用情况浅析，《语言教学与研究》第4期。

王媚、张艳荣（2007）俄罗斯留学生"了"字句使用偏误分析，《云南师范大学学报（对外汉语教学与研究版)》第1期。

王敏凤（2006）韩国留学生二项定语习得考察，北京语言大学硕士学位论文。

王琴霄（1990)对比维语中的状语与汉语中的时量补语、程度补语，《中央民族学院学报》第6期。

王邱丕、施建基（1990）程度与情状，《中国语文》第6期。

王瑞敏（2005）留学生汉语离合词使用偏误的分析，《语言文字应用》第S1期。

王松（2009）"以后"相关问题再考察及留学生偏误分析，《海外华文教育》第2期。

王松（2012）外国学生程度补语句使用情况考察，《云南师范大学学报（对外汉语教学与研究版）》第 6 期。

王松、刘文攀（2015）外国学生程度补语句习得顺序考察，《海外华文教育》第 1 期。

王素华（2008）汉语与泰语定语、状语语序的比较研究，厦门大学硕士学位论文。

王文斌、徐睿（2005）英汉使役心理动词的形态分类和句法结构比较分析，《外国语》第 4 期。

王亚丽（2017）印尼留学生动宾离合词习得偏误类型及教学研究——以"帮忙"和"见面"为例，《现代语文（语言研究版）》第 5 期。

王艳（2017）从类型学看东南亚学生汉语结果补语习得——基于 HSK 动态作文语料库，《海外华文教育》第 2 期。

王艺文（2015）韩国留学生习得"了（le）"的偏误调查分析，《海外华文教育》第 3 期。

王永德（2004）不同母语类型留学生理解汉语句子的实验研究，《语言文字应用》第 3 期。

王月华、于善志（2012）中国学生英语句法中的零主语和零宾语研究，《现代外语》第 1 期。

王振来（2008）量词重叠的偏误分析及教学对策，《云南师范大学学报（对外汉语教学与研究版）》第 3 期。

王振来（2009）现代汉语副词重叠及偏误分析，《云南师范大学学报（对外汉语教学与研究版）》第 5 期。

王振来、侯盼盼（2012）以介词"由"为标记句式的偏误分析，《云南师范大学学报（对外汉语教学与研究版）》第 6 期。

王紫琬、李慧（2017）英语母语学生汉语二项定语习得研究，《海外华文教育》第 9 期。

韦九报（2015）韩日印尼学生缘由目的类词语的混淆特征及成因，《华文教学与研究》第 4 期。

魏红（2009b）汉语常用动词带宾语的习得研究，《语言教学与研究》第 5 期。

魏红（2017）泰国学生习得汉语动宾短语的个案调查研究，《云南师范大学学报（对外汉语教学与研究版）》第 6 期。

温晓虹、张九武（1992a）语言习得研究概述，《世界汉语教学》第 1 期。

温晓虹、张九武（1992b）语言习得研究概述（续），《世界汉语教学》第 2 期。

吴德新（2012）副词"再"的句法语义功能及其偏误分析，《延边大学学报（社会科学版）》第 6 期。

吴继峰（2012）英美学生使用汉语介词"在"的相关偏误分析，《云南师范大学学报（对外汉语教学与研究版）》第 6 期。

吴继峰（2013a）形容词 AABB 重叠式的习得研究，《汉语学习》第 3 期。

吴继峰（2013b）英语母语者使用汉语介词"跟"的相关偏误分析，《云南师范大学学报（对外汉语教学与研究版）》第 4 期。

吴琼（2016）二语学习者汉语非常规动宾结构习得研究，《汉语学习》第 6 期。

吴琼（2020）汉语二语学习者动名搭配认知理解层级研究，《汉语学习》第 2 期。

吴氏流海（2007）越南学生汉语动宾式离合词习得研究与教学对策，北京语言大学硕士学位论文。

吴氏庆芝、吴氏金环（2019）越南大学二年级学生习得汉语"得"字情态补语的偏误分析，

《海外华文教育》第 3 期。

吴素华（2014）汉泰语修饰语的类型学研究及教学策略，厦门大学硕士学位论文。

吴颖（2010）"还是"的多义性与习得难度，《华文教学与研究》第 4 期。

武宏琛、赵杨（2018）英语、韩语母语者汉语否定标记习得研究，《世界汉语教学》第 2 期。

武氏秋香（2007）汉、越语多项定语语序对比及教学研究，华东师范大学硕士学位论文。

萧频、李慧（2006）印尼学生汉语离合词使用偏误及原因分析，《暨南大学华文学院学报》
　　第 3 期。

萧频、张妍（2005）印尼学生汉语单音节动词语义偏误的主要类型及原因，《暨南大学华文学
　　院学报》第 4 期。

肖任飞（2010）越南留学生"了"字句习得的偏误，《云南师范大学学报（对外汉语教学与研
　　究版）》第 4 期。

肖奚强（2001）外国学生照应偏误分析——偏误分析论丛之三，《汉语学习》第 1 期。

肖奚强、芮晓玮（2009）外国学生汉语数量补语句习得研究，载《对外汉语研究》（总第 5
　　期），北京：商务印书馆。

肖奚强、周文华（2009）外国学生汉语趋向补语句习得研究，《汉语学习》第 1 期。

肖贤彬、陈梅双（2008）留学生汉语动宾搭配能力的习得，《汉语学报》第 1 期。

谢敏、常辉、王丽（2020）汉语隐性和显性主语代词的回指偏向研究——对"先行词句法位
　　置假说"的验证，《世界汉语教学》第 1 期。

邢福义（1996）方位结构"X 里"和"X 中"，《世界汉语教学》第 4 期。

邢玲、朴民圭（2009）韩国学生"呢"的习得偏误及教学，《海外华文教育》第 4 期。

徐富平（2018）原型范畴理论视角下"上""里"多义习得考察，《华文教学与研究》第 4 期。

徐开妍（2017）韩国留学生汉语宾语误加偏误分析，《现代语文（语言研究版）》第 5 期。

徐开妍、肖奚强（2008）外国学生汉语代词照应习得研究，《语言文字应用》第 4 期。

徐棠、胡秀梅（2007）母语负迁移对日本留学生学习语气词"呢"的影响，《语言文字应用》
　　第 S1 期。

徐婷婷、郝瑜鑫、邢红兵（2018）汉语作为第二语言习得研究现状与展望（2007—2016），《云
　　南师范大学学报（对外汉语教学与研究版）》第 1 期。

徐子亮（2004）对外汉语学习理论研究二十年，《世界汉语教学》第 4 期。

焉德才（2016）韩国学生习得汉语程度副词"很"语法偏误生态描写，《海外华文教育》第 2 期。

闫丽（2012）中亚留学生汉语动量词使用情况调查分析，《云南师范大学学报（对外汉语教学
　　与研究版）》第 5 期。

杨春雍（2005）越南学生汉语补语习得偏误分析，云南师范大学硕士学位论文。

杨德峰（2003a）朝鲜语母语学习者趋向补语习得情况分析——基于汉语中介语语料库的研究，
　　《暨南大学华文学院学报》第 4 期。

杨德峰（2003b）英语母语学习者趋向补语的习得顺序——基于汉语中介语语料库的研究，
　　《世界汉语教学》第 2 期。

杨德峰（2004a）20 世纪 80 年代中期以来的动趋式研究述评，《语言教学与研究》第 2 期。

杨德峰（2004b）日语母语学习者趋向补语习得情况分析——基于汉语中介语语料库的研究，《暨南大学华文学院学报》第 3 期。

杨吉春（2011）对外汉语词汇教学应以常用基本层次范畴词汇教学为中心，《民族教育研究》第 3 期。

杨建（2018）老挝预科留学生汉语状语语序偏误分析，《海外华文教育》第 2 期。

杨娟（2018）汉语学习者个体量词语义特征认知研究，《云南师范大学学报（对外汉语教学与研究版）》第 3 期。

杨骐冰、齐春红（2011）泰国留学生汉语单项定语习得顺序研究，《华文教学与研究》第 1 期。

杨泉（2011）基于 HSK 作文语料库的留学生离合词偏误计算机自动纠错系统初探，《语言文字应用》第 2 期。

杨素英（2016）"体假设"及"了""着"的二语习得，《世界汉语教学》第 1 期。

杨素英（2017）句子类型、情状类型、语篇进展与汉语中介语体标记的使用，《汉语学习》第 2 期。

杨永生、肖奚强（2020）韩国学生汉语"这 / 那"句习得考察，《华文教学与研究》第 1 期。

杨圳、施春宏（2013）汉语准价动词的二语习得表现及其内在机制，《世界汉语教学》第 4 期。

姚倩（2011）利用韵律信息解读"都"字句歧义的实验研究——汉语母语者与二语者的对照，《华文教学与研究》第 4 期。

姚倩（2016）以汉语为第二语言的学习者习得"任何"的研究，《语言教学与研究》第 3 期。

姚倩（2018）母语者和二语者加工汉语否定极项允准语的实验研究——以"从来"为例，《华文教学与研究》第 4 期。

应玮、骆健飞（2019）初中级留学生形式动词"进行"的习得研究，《华文教学与研究》第 4 期。

于洋（2015）CSL 学习者同素同义单双音名词混淆分布特征及其成因，《语言教学与研究》第 6 期。

袁博平（1995）第二语言习得研究的回顾与展望，《世界汉语教学》第 4 期。

袁博平（2002）汉语中的两种不及物动词与汉语第二语言习得，《世界汉语教学》第 3 期。

袁嘉（2011）外国学生习得汉语任指范畴的难易度探析，《汉语学习》第 4 期。

袁毓林（1992）现代汉语名词的配价研究，《中国社会科学》第 3 期。

袁毓林（2005a）试析中介语中跟"不"相关的偏误，《语言教学与研究》第 6 期。

袁毓林（2005b）试析中介语中跟"没有"相关的偏误，《世界汉语教学》第 2 期。

曾莉（2012）母语为英语的留学生对汉语反身代词的习得研究，《华文教学与研究》第 3 期。

曾莉（2015）语境对汉语长距离反身代词习得的影响，载《对外汉语研究》（总第 13 期），北京：商务印书馆。

曾莉（2016）母语为英语的外国学生习得汉语"自己"阻断效应实证研究，《外国语》第 6 期。

张博（2005）对外汉语学习词典"同（近）义词"处理模式分析及建议，载《对外汉语学习词典学国际研讨会论文集》，香港：香港城市大学出版社。

张博（2013）针对性：易混淆词辨析词典的研编要则，《世界汉语教学》第 2 期。

张江丽、孟德宏、刘卫红（2011）汉语第二语言学习者单音多义词习得深度研究——以动词"打"为例，《语言文字应用》第 1 期。

张京鱼（2001）英汉心理使役动词应用对比研究，《外语研究》第 3 期。

张静静（2008）跟介词"从"有关的偏误分析，《云南师范大学学报（对外汉语教学与研究版）》第 2 期。

张静静（2011）整指全称限定词偏误分析，《云南师范大学学报（对外汉语教学与研究版）》第 6 期。

张君博（2007）程度副词"很"的有关偏误分析，《海外华文教育》第 2 期。

张俊萍、任文娇（2018）日本学习者使用"其他、别的、另外、另"的偏误研究，《海外华文教育》第 1 期。

张岚（2012）母语为英语者对中文光杆名词的习得分析，《世界汉语教学》第 2 期。

张丽（2008）留学生"会"与"能"的使用情况分析，《暨南大学华文学院学报》第 3 期。

张麟声（2011）从"也"及日语相关形式"も"习得过程中的词序偏误看母语迁移的心理语言学条件——兼谈"双向二语习得研究"的意义，《海外华文教育》第 3 期。

张蔚（2010）英日母语者在学习汉语形容词时迁移作用的异同，《知识经济》第 21 期。

张先亮、孙岚（2010）留学生习得能否式"V 得 / 不 C"的偏误分析及教学策略，《汉语学习》第 5 期。

张秀密（2015）留学生形式动词习得研究——以"进行""加以""给予"为例，安徽大学硕士学位论文。

张雅冰（2005）对外汉语教学时量补语的偏误分析，《辽宁教育行政学院学报》第 11 期。

张艳华（2005）韩国学生汉语介词习得偏误分析及教学对策，《云南师范大学学报（对外汉语教学与研究版）》第 3 期。

赵春利（2005）对外汉语偏误分析二十年研究回顾，《云南师范大学学报（对外汉语教学与研究版）》第 2 期。

赵春秋（2009）形容词作状语与补语的情况考察——兼论对外汉语教学策略，《沈阳师范大学学报（社会科学版）》第 5 期。

赵金铭（1996）对外汉语语法教学的三个阶段及其教学主旨，《世界汉语教学》第 3 期。

赵静、王同顺、叶李贝贝（2015）英语母语学习者对汉语心理动词的习得研究，《世界汉语教学》第 4 期。

赵葵欣（2000）留学生学习和使用汉语介词的调查，《世界汉语教学》第 2 期。

赵琪（2009a）英汉动结构式的论元实现，复旦大学博士学位论文。

赵琪（2009b）英汉动结式的共性与个性，《外语教学与研究》第 4 期。

赵淑华、刘社会、胡翔（1995）北京语言学院现代汉语精读教材主课文句型统计报告，《语言教学与研究》第 2 期。

赵淑华、张宝林（1996）离合词的确定与离合词的性质，《语言教学与研究》第 1 期。

赵杨（2009a）汉语非宾格动词和心理动词的习得研究——兼论"超集—子集"关系与可学习性，《世界汉语教学》第 1 期。

赵杨（2009b）中介语中的题元层级——母语为日语的学习者对汉语心理动词习得研究，《云南师范大学学报（对外汉语教学与研究版）》第 6 期。

赵杨（2018）汉语作为第二语言的习得研究四十年，《国际汉语教育（中英文）》第 4 期。

郑丽娜（2015）英语背景学习者汉语不及物动词带宾语结构习得研究，《世界汉语教学》第 3 期。

郑艳群（2006）中介语中程度副词的使用情况分析，《汉语学习》第 6 期。

周刚（2005）汉语"离"和日语"から""まで"的认知模式和语用特征之对比，载《对外汉语研究》（总第 1 期），北京：商务印书馆。

周静、杨海明（2008）"既 A 又 B"与"既 A 也 B"的类型及习得策略，载《对外汉语研究》（总第 4 期），北京：商务印书馆。

周上之（1998）HSK 双音动宾结构考察，载《对外汉语论丛》，上海：上海外语教育出版社。

周文华（2009）韩国学生"给"及相关句式习得研究，载《对外汉语研究》（总第 5 期），北京：商务印书馆。

周文华（2011b）介词"对"不同义项的中介语使用情况考察，《华文教学与研究》第 1 期。

周文华（2011c）外国学生习得时间介词的中介语考察，《汉语学习》第 2 期。

周文华（2013）韩国学生不同句法位"在 + 处所"短语习得考察，《华文教学与研究》第 4 期。

周文华（2014）母语语序类型对目的语习得的影响——以汉语介词语序偏误为例，《语言教学与研究》第 5 期。

周小兵（1997）动宾组合带时量词语的句式，《语言教学与研究》第 4 期。

周小兵、薄巍（2017）时间副词"才"与句尾"了"共现偏误的跨语言分析，《华文教学与研究》第 1 期。

周小兵、邓小宁（2009）两种"得"字补语句的习得考察，《汉语学习》第 2 期。

周小兵、雷雨（2018）泰国人汉语多项定语语序习得研究，《华文教学与研究》第 1 期。

周小兵、欧阳丹（2014）日本学习者句末助词"了₂"的习得情况考察，《华文教学与研究》第 4 期。

周小兵、王宇（2007）与范围副词"都"有关的偏误分析，《汉语学习》第 1 期。

周媛媛（2012）面向对外汉语教学的现代汉语形式动词研究，沈阳师范大学硕士学位论文。

朱锦岚（2008）"停"和"停止"及其偏误分析，《汉语学习》第 2 期。

朱京津（2017）趋向补语"过来""过去"的二语习得释义策略，《汉语学习》第 2 期。

朱京津（2019）"V 起来"误代偏误的认知语义分析及教学应用，《语言文字应用》第 2 期。

朱旻文（2017）基于构式的第二语言学习者汉语动结式习得研究，《语言教学与研究》第 4 期。

朱艳欣、赵杨（2016）英语、日语母语者汉语双宾语结构习得研究，《国际汉语教学研究》第 4 期。

Chen, Ping (2004) Identifiability and definiteness in Chinese. *Linguistics* 42(6): 1129–1184.

Clahsen, H. & C. Felser (2006) Continuity and shallow structures in language processing. *Applied Psycholinguistics* 27(1): 107–126.

Correa-beningfield, M. R. (1985) *Prototype and Language Transfer: The Acquisition by Native Speakers of Spanish of Four English Prepositions Location.* PhD thesis at Teachers College, Columbia University.

Davies, W. & T. Kaplan (1998) Native speaker vs. L2 learner grammaticality judgments. *Applied Linguistics* (2): 183–203.

Dryer, M. S. (1992) The Greenbergian word order correlations. *Language* 68(1): 81–138.

Dulay, H. & M. Burt (1974) Natural sequences in child second language acquisition. *Language Learning* 24: 37–53.

Frazier, L. (1978) On comprehending sentences: Syntactic parsing strategies. Unpublished PhD thesis at University of Connecticut, Storrs.

Frazier, L. (1985)Syntactic complexity. In D. R. Dowty, L. Karttunen & A. M. Zwicky (eds.) *Natural Language Parsing: Psychological Computational, and Theoretical Perspectives.* Cambridge: Cambridge University Press.

Frazier, L. & Rayner, K. (1988) Parameterizing the language processing system: Left versus right branching within and across languages. In J. A. Hawkins(ed.) *Explaining Language Universals* 247–279. Oxford Basil Blackwell.

Goldberg, Adele. & Jackendoff, R. (2004) The English resultatives as a family of constructions. *Language* 80: 532–568.

Hawkins, R. & C.–Y. Chan (1997) The partial availability of universal grammar in second language acquisition: The failed functional features hypothesis. *Second Language Research* 13(2): 187–226.

Heine, Bernd & Christa König (2010) On the linear order of ditransitive objects. *Language Science* 32: 87–131.

Hendriks, P. & C. Koster (2010) Production/comprehension asymmetries in language acquisition. *Lingua* 120(8): 1187–1197.

Huang, C. (1984) On the distribution and reference of empty pronouns. *Linguistic Inquiry* (4): 531–574.

Huang, J. C. T. (1982) Logical relations in chinese and the theory of grammar. PhD thesis at the MIT.

Ijaz, H. (1986) Linguistic and cognitive determinants of lexical acquisition in a second language. *Language Learning.* 36(4): 401–451.

Jaeggli, O. & N. Hyams (1989) Morphological uniformity and the setting of the null subject parameter. In J. Blevins & J. Carter(eds.) *Proceedings of the 18th Meeting of the Northeast Linguistic Society* (Vol. 1) Amherst: GLSA.

Jin, H. G. (1994) Topic-prominence and subject-prominence in L2 acquisition: Evidence of English to Chinese typological transfer. *Language Learning* 44 (1): 101–122.

Kong, S. (2001) L1 Chinese speakers and asymmetry of null matrix and embedded subjects in their L2 English. *Essex Graduate Student Papers in Language and Linguistics* 3: 33–58.

Kong, S. (2007) English speakers and the asymmetrical matrix embedded null subjects in L2 Chinese.

Concentric: Studies in Linguistics (2): 23–52.

Li, X. (2014) Variation in subject pronominal expression in L2 Chinese. *Studies in Second Language Acquisition* (1): 39–68.

MacWhinney, B. (2005) Extending the competition model. *International Journal of Bilingualiam* 9(1).

Pan, H. H. & Hu J. H. (2008) A semantic-pragmatic interface account of (dangling) topics in Mandarin Chinese. *Journal of Pragmatics* 40(11): 1611–1981.

Perlmutter, D. M. (1978) Impersonal passives and the unaccusative hypothesis. In *Proceedings of the 4th Annual Meeting of the Berkeley Linguistic Society.* 157–189. Berkeley: Berkeley Linguistic Society.

Pires, Acrisio & Jason, Rothman (2011) An integrated perspective on comparative bilingual differences: Beyond the interface problem? *Linguistic Approaches to Bilingualism* 1:74–78.

Schwartz, B.& R. Sprouse (1996) L2 cognitivestates and the full transfer/full access model. *Second Language Research* 12: 40–72.

Sorace, Antonella & Francesca Filiaci (2006) Anaphora resolution in near-native speakers of Italian. *Second Language Research* 22(3): 339–368.

Sorace, Antonella (2011) Pinning down the concept of 'interface' in bilingualism. *Linguistic Approaches to Bilingualism* 1(1): 1–33.

Swain, M. (1985) Communicative competence: Some roles of comprehensible input and comprehensible output in its development. In S. Gass & C. Madden(eds.) *Input in Second Language Acquisition.* 235–253. Rowley: Newbury House.

Swain, M. (1988) Focus on form through conscious reflection. In C. Doughty & J. Williams (eds.) *Focus on Form in Classroom Second Language Acquisition.* 64–81. Cambridge: Cambridge University Press.

Talmy, Leonhard (1985) Lexicalization patterns: Semantic structure in forms. In Timothy Shopen (ed.) *Language Typology and Syntactic Description* 3. Cambridge: Cambridge University Press.

Tsimpli I. M. & Roussou A. (1991) Parameter-resetting in L2? *UCL Working Papers in Linguistics* (3): 149–169.

White, L. (1989) The adjacency condition on cases assignment: Do L2 learners observe the subset principle? In S.M. Gass & J. Schachter (eds.) *Linguistic Perspectives on Second Language Acquisition,* 134–158. Cambridge: Cambridge University Press.

White, L. (1991) Argument structure in second language acquisition. *Journal of French Language Studies*(1): 189–207.

White Lydia (2011) Second language acquisition at the interfaces. *Lingual* 121: 577–590.

Young-Davy, B. (2000) *A cognitive-semantic approach to the acquisition of English prepositions.* Unpublished PhD thesis at University of Oregon.

Yuan, B. (1993) Directionality of difficulty in second language acquisition of Chinese and English. Unpublished PhD thesis at the University of Edinburgh.

Yuan, B. (1995) Acquisition of base-generated topics by English-speaking learners of Chinese. *Language Learning* 45(4):567–603.

Yuan, B. (1997) Asymmetry of null subjects and null objects in Chinese speakers' L2 English. *Studies in Second Language Acquisition* 19(4): 467–497.

Yuan, B. (2008) Discrepancy in English speaker' L2 acquisition of Chinese wh-words as existential polarity words: The L1-dependent interface hypothesis. In R. Slabakova, J. Rothman, P. Kempchinsky & E. Gavruseva (eds.) *Proceedings of the 9th Generative Approaches to Second Language Acquisition Conference* (GASLA 2007). Somerville: Cascadilla Press.

Zhao, L. (2012) Interpretation of Chinese overt and null embedded arguments by English-speaking learners. *Second Language Research* 28 (2): 169–190.

后　记

　　进入 21 世纪以来，对外汉语教学事业蓬勃发展，全世界汉语学习者的数量逐年递增，这进一步推动了汉语作为第二语言习得的相关研究。汉语二语语法的习得一直是学界关注的热点，相关的论文和著作不断涌现，对相关问题的探讨和研究也日趋全面、深入。因此，对近 20 年汉语二语语法习得的研究进行一个阶段性的回顾和梳理，将有助于我们加强对语法习得研究进展的把握，也助于进一步推动后续研究的细化和深化。

　　本书（《近 20 年汉语作为第二语言语法习得研究·语法（上）》）为"近 20 年汉语作为第二语言习得研究"丛书的第二分册，也是语法习得研究部分的上册。全书分为上下两编，共十五章，其中上编为词类习得研究，共九章；下编为句子成分习得研究，共六章。全书的编排主要参照汉语语法体系，上编按不同的词类分为名词习得研究、动词习得研究、形容词习得研究、代词习得研究、副词习得研究、介词习得研究、助词习得研究和其他词类的习得研究；下编按不同的句法成分分为主语习得研究、宾语习得研究、定语习得研究、状语习得研究和补语习得研究。

　　本书在写作中注重述评结合，论述研究现状与进展的部分，力求真实地陈述相关作者的观点和研究成果，使读者能够较为全面地了解相关研究的发展现状；评价部分力求客观公允地对当前研究存在的不足进行说明，并结合汉语语法的特点，对未来研究的空间和方向提出自己的观点，以期为二语研究者尤其是青年研究者开展进一步的研究提供一定的参考。

　　本书的编写思路、框架及统稿主要由曹春静负责，书稿的撰写工作由曹春静、李虹合作完成，具体分工如下：

　　第一章至第四章：曹春静（杭州电子科技大学）

　　第五章至第九章：李虹（陕西师范大学）

　　第十章至第十五章：曹春静（杭州电子科技大学）

　　本书从选题的确定、体例的讨论到书稿的撰写与修改，整个过程都离不开书系总主编齐沪扬教授的温暖鼓励和悉心指导。感谢齐老师一直如定海神针一般给予我们勇气和信心，当我们在写作中遇到困惑难以解决时，齐老师总是能及时地帮助我们发现问题的症结所在，并指导我们解决。初稿完成之后，齐老师更是不顾辛劳，小到字、词、标点，都一一精心审阅。本书各章的小结部分更是倾注了齐老师对汉语语法自身的特点以及当前汉语二语语法习得的深度思考。正是齐老师极具启发性的修改意见，使得本书有了质的提升。

　　历时一年多，而今书稿终于付梓，希望本书能为汉语二语语法习得研究的发展贡献绵薄之力。不当之处，敬请批评指正。

曹春静　李虹

2020 年 5 月